高等学校应用型特色规划教材 经管系列

国 际 贸 易

(第三版)

主　编　胡俊文

副主编　吴云雁　邵柏春

清华大学出版社
北京

内 容 简 介

本书共分十二章，系统地介绍了国际贸易的基础理论、基本政策和基本知识。本书在编写过程中尽可能地吸收了该领域的最新成果，力求能够在内容上反映本学科发展的前沿动态。同时，为了区别于传统的国际贸易教材，本书更加注重理论联系实际，突出应用型人才培养的特点，强化实际动手能力的培养。每章都配有案例和案例点评。

本书具有体系的完整性、理论的深刻性、知识的新颖性和可读性等特点。既可作为高等院校经管类和非经管类本科教材，也可作为相关专业专科生及成人高等学历教育的教材，还可作为涉外经济工作者和理论工作者研究国际贸易问题的参考用书。

本书封面贴有清华大学出版社防伪标签，无标签者不得销售。
版权所有，侵权必究。举报：010-62782989，beiqinquan@tup.tsinghua.edu.cn。

图书在版编目(CIP)数据

国际贸易/胡俊文主编. —3 版. —北京：清华大学出版社，2018（2023.7重印）
(高等学校应用型特色规划教材　经管系列)
ISBN 978-7-302-48950-4

Ⅰ.①国…　Ⅱ.①胡…　Ⅲ.①国际贸易—高等学校—教材　Ⅳ.①F74

中国版本图书馆 CIP 数据核字(2017)第 286693 号

责任编辑：温　洁
封面设计：杨玉兰
责任校对：李玉茹
责任印制：杨　艳

出版发行：清华大学出版社
　　　　　网　　址：http://www.tup.com.cn, http://www.wqbook.com
　　　　　地　　址：北京清华大学学研大厦 A 座　　邮　编：100084
　　　　　社 总 机：010-83470000　　邮　购：010-62786544
　　　　　投稿与读者服务：010-62776969, c-service@tup.tsinghua.edu.cn
　　　　　质量反馈：010-62772015, zhiliang@tup.tsinghua.edu.cn
　　　　　课件下载：http://www.tup.com.cn, 010-62791865
印 装 者：大厂回族自治县彩虹印刷有限公司
经　　销：全国新华书店
开　　本：185mm×230mm　　印　张：22.5　　字　数：547 千字
版　　次：2006 年 8 月第 1 版　2018 年 1 月第 3 版　　印　次：2023 年 7 月第 6 次印刷
定　　价：59.00 元

产品编号：073848-03

出版说明

应用型人才是指能够将专业知识和技能应用于所从事的专业岗位的一种专门人才。应用型人才的本质特征是具有专业基本知识和基本技能，即具有明确的职业性、实用性、实践性和高层次性。进一步加强应用型人才的培养，是"十三五"时期我国经济转型升级、迫切需要教育为社会培养输送各类人才和高素质劳动者的关键时期，也是协调高等教育规模速度与培养各类人才服务国家和区域经济社会发展的重要途径。

教育部要求今后需要有相当数量的高校致力于培养应用型人才，以满足市场对应用型人才需求量的不断增加。为了培养高素质应用型人才，必须建立完善的教学计划和高水平的课程体系。在教育部有关精神的指导下，我们组织全国高校的专家教授，努力探求更为合理有效的应用型人才培养方案，并结合当前高等教育的实际情况，编写了这套"高等学校应用型特色规划教材"丛书。

为使教材的编写真正切合应用型人才的培养目标，我社编辑在全国范围内走访了大量高等学校，拜访了众多院校主管教学的领导，以及教学一线的系主任和教师，掌握了各地区各学校所设专业的培养目标和办学特色，并广泛、深入地与用人单位进行交流，明确了用人单位的真正需求。这些工作为本套丛书的准确定位、合理选材、突出特色奠定了坚实的基础。

✧ 教材定位

- 以就业为导向。在应用型人才培养过程中，充分考虑市场需求，因此本套丛书充分体现"就业导向"的基本思路。
- 符合本学科的课程设置要求。以高等教育的培养目标为依据，注重教材的科学性、实用性和通用性。
- 定位明确。准确定位教材在人才培养过程中的地位和作用，正确处理教材的读者层次关系，面向就业，突出应用。
- 合理选材、编排得当。妥善处理传统内容与现代内容的关系，大力补充新知识、新技术、新工艺和新成果。根据本学科的教学基本要求和教学大纲的要求，制订编写大纲(编写原则、编写特色、编写内容、编写体例等)，突出重点、难点。
- 建设"立体化"的精品教材体系。提倡教材与电子教案、学习指导、习题解答、课程设计、毕业设计等辅助教学资料配套出版。

✧ 丛书特色

- 围绕应用讲理论，突出实践教学环节及特点，包含丰富的案例，并对案例作详细解析，强调实用性和可操作性。
- 涉及最新的理论成果和实务案例，充分反映岗位要求，真正体现以就业为导向的培养目标。
- 国际化与中国特色相结合，符合高等教育日趋国际化的发展趋势，部分教材采用双语形式。
- 在结构的布局、内容重点的选取、案例习题的设计等方面符合教改目标和教学大纲的要求，把教师的备课、授课、辅导答疑等教学环节有机地结合起来。

◇ 读者定位

本系列教材主要面向普通高等院校和高等职业技术院校，适合应用型、复合型及技术技能型人才培养的高等院校的教学需要。

◇ 关于作者

丛书编委特聘请执教多年且有较高学术造诣和实践经验的教授参与各册教材的编写，其中有相当一部分教材的主要执笔者是精品课程的负责人，本丛书凝聚了他们多年的教学经验和心血。

◇ 互动交流

本丛书的编写及出版过程，贯穿了清华大学出版社一贯严谨、务实、科学的作风。伴随我国教育改革的不断深入，要编写出满足新形势下教学需求的教材，还需要我们不断地努力、探索和实践。我们真诚希望使用本丛书的教师、学生和其他读者提出宝贵的意见和建议，使之更臻成熟。

清华大学出版社

第三版前言

本书第三版是在第二版的基础上修改而成的。自 2006 年 8 月第一版出版至今，转眼已有 10 多年了，2011 年 2 月第二版出版至今也有 6 个年头。这期间，本书被国内多所高校作为本科国际经济与贸易专业教材或作为硕士生入学考试参考书，受到广大读者的欢迎和喜爱。本书编写质量较高，内容符合应用型人才培养需求，在四川、湖北、江苏等地使用广泛，赢得了社会及学校良好的口碑。2014 年 4 月，本书荣获清华大学出版社"高等学校应用型特色规划教材"系列"优秀专业图书奖"。

本次修订，对有关章节的部分内容和案例重新进行了修改和更新，使其内容更加新颖和完善，体系更趋合理，使用更加方便。

必须强调，本书是团队合作的产物，是集体智慧的结晶。本书第三版修订工作由江汉大学商学院胡俊文教授主编，并负责对全书进行统稿、总纂和最终定稿。参加第三版修订的人员及具体分工为：江汉大学胡俊文编写了第一、第二、第五、第八章，江汉大学吴云雁编写了第三、第四、第九、第十章，江汉大学邵柏春编写了第六、第七、第十一、第十二章。

另外，昆明大学苏怡、昆明大学庄嘉琳两位老师，由于工作变动等原因无法参加此次修订，但他们曾为本书的编写付出了辛勤的劳动，我们深表感谢！本书的修订工作得到了清华大学出版社温洁编辑的全力支持和帮助，在此一并感谢！

由于时间仓促及水平所限，书中难免出现错误及不足之处，敬请各位读者、专家批评指正。

编　者

第一版前言

中国加入世界贸易组织后，外贸进出口权已逐步放开，中国经济已经融入世界经济，并正在持续快速地发展。因此，对从事国际贸易专业人才的需求数量日益增加，综合素质要求也不断提高。为了适应这一新形势的要求，加快培养更多高素质的国际经济与贸易专业人才，已成为我国高校人才培养的紧迫任务。为此，我们在广泛吸收国内外国际贸易理论与政策方面教材的基础上，结合多年国际贸易的教学实践，编写了《国际贸易》这本教材。

在本书的编写过程中，我们在注重系统介绍国际贸易的基础理论、基本政策、基本知识的同时，尽可能地吸收该领域的最新成果，力求使其在内容上能够反映本学科发展的前沿动态。同时，为了区别于传统的国际贸易教材，本书更加注重理论联系实际，突出应用型人才培养的特点，强化实际动手能力的培养。书中每章都配有案例和案例点评，并附有思考题和讨论题，以增强教材的思辨性和启发性。本书还附有本章导读、知识重点、专业词汇和习题。在体例上力求与国际通用教材接轨，有利于学生巩固国际贸易理论与政策的相关知识，加深对问题的理解，开阔视野，培养独立思考及对于现实问题的分析和解决的能力。

总之，本书具有体系的完整性、理论的深刻性、知识的新颖性和生动可读性等特点。既可作为高等院校经管类和非经管类本科教材，也可作为相关专业专科生及成人高等学历教育的教材，还可作为涉外经济工作者和理论工作者研究国际贸易问题的重要参考用书。

本书配有电子课件，以适应多媒体教学的需要。

本书的总体编写框架和编写大纲由胡俊文教授负责设计和拟订，并负责对全书进行统稿、总纂、修改和最终定稿。参加本书编写的成员及各自分工为：胡俊文编写了第一、第二章，吴云雁编写了第三、第四章，庄嘉琳编写了第五、第十章，苏怡编写了第六、第七章，郑玉琳编写了第八、第九章，邵柏春编写了第十一章，杨光明编写了第十二章。

感谢清华大学出版社的编辑对本书编写工作的热情帮助和大力支持，感谢他们为本书所付出的辛勤劳动。

在本书的编写过程中，我们参阅了大量的国内外有关国际经济学和国际贸易方面的经典著作及文献资料，吸收和借鉴了不少国内外学者的有关研究成果，在此一并表示衷心感谢。

由于水平有限，对于书中的疏漏和失当之处，恳请读者批评指正。

编 者

目 录

第一章 导论 ... 1

第一节 国际贸易的基本概念 ... 2
一、国际贸易与对外贸易 ... 2
二、国际(对外)贸易额和国际(对外)贸易量 ... 2
三、国际(对外)贸易商品结构 ... 3
四、国际(对外)贸易地理方向 ... 3
五、对外贸易依存度 ... 4
六、贸易条件 ... 4

第二节 国际贸易的主要分类 ... 6
一、按商品流向可分为出口贸易、进口贸易、过境贸易 ... 6
二、按商品形态可分为货物贸易和服务贸易 ... 7
三、按是否有第三国参加可分为直接贸易、间接贸易和转口贸易 ... 8
四、按清偿工具可分为自由结汇贸易和易货贸易 ... 9
五、按统计标准可分为总贸易和专门贸易 ... 9

第三节 国际贸易的产生与发展 ... 10
一、国际贸易的产生及必要条件 ... 10
二、资本主义社会以前的国际贸易 ... 10
三、资本主义生产方式下国际贸易的发展 ... 12
四、第二次世界大战后国际贸易的新发展 ... 14

本章小结 ... 17
案例与分析 ... 17
复习思考题 ... 20
推荐书目 ... 20

第二章 国际分工理论 ... 21

第一节 亚当·斯密的绝对优势(成本)理论 ... 22
一、绝对优势(成本)理论产生的背景 ... 22
二、绝对优势(成本)理论的核心内容 ... 23
三、绝对优势(成本)理论的举例说明 ... 24
四、绝对优势(成本)理论简评 ... 25

第二节 李嘉图的比较优势(成本)理论 ... 26
一、比较优势(成本)理论产生的背景 ... 26
二、比较优势(成本)理论的核心内容 ... 27
三、李嘉图模型的基本假设条件 ... 27
四、简单的李嘉图模型 ... 28
五、用生产可能性边界表示的李嘉图模型 ... 29
六、比较优势(成本)理论简评 ... 31

第三节 赫克歇尔-俄林的要素禀赋理论 ... 32
一、要素禀赋理论产生的背景 ... 32
二、与要素禀赋理论有关的几个概念 ... 33
三、要素禀赋的基本假设条件 ... 36
四、要素禀赋的基本内容 ... 37
五、要素价格均等化定理 ... 41
六、斯托珀-萨缪尔森定理 ... 43
七、罗伯津斯基定理 ... 43

八、赫克歇尔-俄林要素禀赋理论
　　　　简评..44
　第四节　里昂惕夫之谜..................................45
　　　一、对要素禀赋理论的检验——
　　　　里昂惕夫之谜..................................45
　　　二、对里昂惕夫之谜的不同解释......46
　本章小结..49
　案例与分析..50
　复习思考题..53
　推荐书目..54

第三章　第二次世界大战后国际贸易
　　　　理论的新发展..................................55
　第一节　技术扩散与贸易模式..................56
　　　一、技术差距论..................................56
　　　二、产品生命周期阶段理论..................57
　第二节　产业内贸易理论与国际贸易......59
　　　一、产业内贸易理论产生的背景......59
　　　二、产业内贸易的定义与分类..........59
　　　三、产业内贸易的测量标准..............60
　　　四、产业内贸易的理论解释..............61
　　　五、产业间贸易与产业内贸易的
　　　　比较..63
　　　六、产业内贸易理论简评..................64
　第三节　规模经济与国际贸易..................65
　　　一、规模经济与市场结构..................65
　　　二、外部规模经济与国际贸易..........65
　　　三、内部规模经济、不完全竞争与
　　　　国际贸易..68
　第四节　国家竞争优势理论......................69
　　　一、国家竞争优势理论的
　　　　产生背景..69
　　　二、国家竞争优势理论的
　　　　思想体系..70
　　　三、国家竞争优势理论简评..............73

　第五节　新-新贸易理论............................75
　　　一、新-新贸易理论产生的背景......75
　　　二、新-新贸易理论的思想体系......76
　　　三、新-新贸易理论简评..................77
　本章小结..78
　案例与分析..78
　复习思考题..80
　推荐书目..81

第四章　贸易保护理论..................................82
　第一节　重商主义理论..............................83
　　　一、重商主义理论产生的背景..........83
　　　二、重商主义理论的核心内容..........83
　　　三、重商主义理论简评......................85
　第二节　幼稚工业保护理论......................87
　　　一、汉密尔顿的保护关税思想..........87
　　　二、李斯特幼稚工业保护理论
　　　　产生的背景......................................88
　　　三、李斯特幼稚工业保护理论的
　　　　核心内容..88
　　　四、李斯特幼稚工业保护理论
　　　　简评..93
　第三节　超保护贸易理论..........................94
　　　一、凯恩斯的超保护贸易理论
　　　　产生的背景......................................94
　　　二、凯恩斯的超保护贸易理论的
　　　　核心内容..94
　　　三、凯恩斯的超保护贸易理论
　　　　简评..97
　第四节　战略性贸易理论..........................98
　　　一、战略性贸易理论产生的背景......98
　　　二、战略性贸易理论的核心内容......99
　　　三、战略性贸易理论简评................101
　第五节　其他有关理论............................102
　　　一、管理贸易论................................102

二、公平贸易论..................................103
　　三、关于贸易保护的其他依据..........105
本章小结..107
案例与分析..107
复习思考题..108
推荐书目..109

第五章　关税措施..................................110

第一节　关税的概念及主要分类..........111
　　一、按照关税征收目的分类..............111
　　二、按照商品流向分类......................112
　　三、按照关税优惠条件分类..............113
　　四、其他关税......................................118
第二节　关税在局部均衡中的效应......120
　　一、贸易小国的关税效应..................121
　　二、贸易大国的关税效应..................122
　　三、最优关税税率..............................124
第三节　关税在一般均衡中的效应......126
　　一、贸易小国关税的一般均衡
　　　　分析..126
　　二、贸易大国关税的一般均衡
　　　　分析..127
第四节　关税结构和有效保护率..........128
第五节　征收关税的依据和方法..........130
　　一、关税的征收依据..........................130
　　二、关税的征收方法..........................134
本章小结..136
复习思考题..136
推荐书目..136

第六章　非关税措施..................................137

第一节　非关税措施概述......................138
　　一、非关税措施的含义......................138
　　二、非关税措施的特点......................139
　　三、非关税措施的作用......................140

第二节　进口配额..................................140
　　一、进口配额的定义和分类..............140
　　二、进口配额的经济效应..................142
　　三、进口配额与进口关税的比较......144
第三节　自动出口限制..........................145
　　一、自动出口限制的含义..................145
　　二、自动出口限制的主要形式..........145
　　三、自动出口限制协议的
　　　　主要内容......................................146
　　四、自动出口限制的经济效应..........147
第四节　其他非关税措施......................147
　　一、进口许可证制度..........................147
　　二、外汇管制......................................148
　　三、歧视性政府采购政策..................149
　　四、最低限价制..................................150
　　五、进口押金制度..............................150
　　六、海关估价制度..............................150
　　七、各种国内税..................................152
　　八、国家垄断......................................152
第五节　当前非关税壁垒的新进展......152
　　一、反倾销壁垒..................................152
　　二、反补贴壁垒..................................154
　　三、保障措施壁垒..............................155
　　四、技术性贸易壁垒..........................156
　　五、绿色壁垒......................................159
　　六、社会壁垒......................................160
本章小结..161
案例与分析..161
复习思考题..162
推荐书目..163

第七章　出口鼓励与出口管制措施..........164

第一节　出口鼓励措施..........................164
　　一、出口信贷及出口信贷
　　　　国家担保制..................................165

IX

二、出口补贴..................168
　　三、商品倾销..................171
　　四、外汇倾销..................173
　　五、促进出口的组织和服务措施......173
　　六、经济特区政策..................175
　第二节　出口管制措施..................179
　　一、出口管制的对象..................180
　　二、出口管制的形式..................180
　　三、出口管制的措施..................181
　　四、巴黎统筹委员会..................181
　第三节　贸易政策的国际协调..................182
　　一、贸易政策国际协调的
　　　　主要形式..................182
　　二、贸易制裁..................185
　本章小结..................185
　案例与分析..................186
　复习思考题..................189
　推荐书目..................189

第八章　区域经济一体化..................190

　第一节　区域经济一体化概述..................191
　　一、区域经济一体化的概念..................191
　　二、区域经济一体化的形式..................191
　第二节　关税同盟理论..................193
　　一、关税同盟的静态效应..................194
　　二、关税同盟的动态效应..................197
　第三节　区域经济一体化的其他理论..................197
　　一、大市场理论..................197
　　二、协议性国际分工理论..................199
　　三、综合发展战略理论..................202
　第四节　世界主要经济一体化组织的
　　　　　发展..................203
　　一、欧洲联盟..................203
　　二、北美自由贸易区..................208
　　三、亚太经合组织..................210
　　四、东南亚国家联盟..................212
　本章小结..................215
　复习思考题..................216
　推荐书目..................216

第九章　国际资本流动与国际贸易..................218

　第一节　贸易发展与要素流动..................218
　　一、要素流动的原因..................218
　　二、要素流动与国际贸易的
　　　　相互关系..................221
　　三、要素流动的内容..................221
　第二节　国际资本流动的类型及趋势..................223
　　一、国际资本流动的概念及类型..................223
　　二、国际资本流动的趋势..................224
　第三节　国际直接投资理论..................225
　　一、垄断优势理论..................225
　　二、市场内部化理论..................227
　　三、国际生产折衷理论..................229
　　四、小岛清的比较优势理论..................231
　第四节　跨国公司..................235
　　一、跨国公司的定义与特征..................235
　　二、跨国公司的形成与发展..................236
　　三、跨国公司的内部贸易..................242
　第五节　国际资本流动与国际贸易的
　　　　　发展..................243
　　一、蒙代尔的贸易与投资替代
　　　　模型..................243
　　二、小岛清的贸易与投资互补
　　　　模型..................244
　　三、投资替代贸易的产品生命
　　　　周期模型..................244
　　四、贸易与投资新型关系的理论
　　　　新进展..................246
　　五、对贸易与投资关系模型的
　　　　实证分析..................249

本章小结..................249
复习思考题..................250
推荐书目..................250

第十章 世界贸易组织..................252

第一节 关贸总协定与乌拉圭回合..........252
 一、关贸总协定..................252
 二、关贸总协定的多边贸易谈判..........253
 三、乌拉圭回合谈判..................254

第二节 世界贸易组织概述..................254
 一、世界贸易组织的产生..........255
 二、世界贸易组织的内容..........257
 三、世界贸易组织的基本原则..........259
 四、世界贸易组织与关贸总协定的比较..................264
 五、世界贸易组织的发展..........264

第三节 世界贸易组织与中国..................266
 一、中国与关贸总协定的早期历史..................266
 二、中国复关的历程..........267
 三、中国入世的历程..........268
 四、中国入世后的权利与义务..........268

本章小结..................276
复习思考题..................277
推荐书目..................277

第十一章 发展中国家的经济发展与贸易发展战略..................278

第一节 对外贸易和经济发展的关系..........278
 一、经济增长对国际贸易的影响..........278
 二、对外贸易在一国经济发展中的作用..................280
 三、对外贸易的静态和动态利益..........285

第二节 贸易发展战略..................288
 一、贸易发展战略的内涵及分类..........288
 二、贸易发展战略的经济绩效分析..................296

第三节 贸易发展战略的现实选择..........302
 一、贸易发展战略的选择：进口替代还是出口导向..........302
 二、发展中国家贸易战略的现实选择..................304
 三、影响贸易发展战略选择的因素..................307

本章小结..................309
案例与分析..................309
复习思考题..................311
推荐书目..................311

第十二章 国际服务贸易..................312

第一节 国际服务贸易的产生与发展..........312
 一、国际服务贸易的产生..........312
 二、国际服务贸易的发展..........313

第二节 服务贸易的概念及其特征..........321
 一、服务、服务业、国际服务贸易的概念..................321
 二、国际服务贸易的特征..........325
 三、服务贸易与货物贸易的关系..........327

第三节 服务贸易理论..................327
 一、服务贸易理论的规范分析..........328
 二、服务贸易理论的实证分析..........330

第四节 服务贸易总协定与中国服务贸易..................331
 一、服务贸易总协定..........331
 二、中国服务贸易..........334

本章小结..................341
案例与分析..................341
复习思考题..................344
推荐书目..................344

第一章

导 论

本章导读：

作为经济学分支之一的国际贸易(International Trade)是指世界各国或地区之间在商品和服务方面的交换活动，是各国之间分工的表现形式，反映了世界各国在经济上的相互依存度。在学习国际贸易这门课程之前，必须了解和掌握国际贸易的基本概念以及国际贸易的主要分类，为后面的国际贸易理论和国际贸易政策的学习做好准备。国际贸易是一个历史范畴，是社会历史发展到一定阶段后才出现的一种经济活动，国际贸易的发展伴随着社会生产力的发展而发展，并在发展的不同阶段显示出不同的特点。

学习目标：

通过对本章的学习，重点理解国际贸易的相关概念；掌握国际贸易的主要分类；了解国际贸易的产生与发展。

关键概念：

国际贸易(International Trade)

对外贸易(Foreign Trade)

国际贸易额(Value of International Trade)

国际贸易量(Quantum of International Trade)

国际贸易商品结构(International Trade by Commodities)

国际贸易地理方向(International Trade by Region)

对外贸易依存度(Degree of Dependence upon Foreign Trade)

贸易条件(Terms of Trade)

出口贸易(Export Trade)

进口贸易(Import Trade)

过境贸易(Transit Trade)

货物贸易(Commodity Trade)

服务贸易(Service Trade)

直接贸易(Direct Trade)

间接贸易(Indirect Trade)

转口贸易(Entrepot Trade)
自由结汇贸易(Cash Settlement Trade)
易货贸易(Barter Trade)
总贸易值(General Trade)
专门贸易值(Special Trade)

第一节　国际贸易的基本概念

一、国际贸易与对外贸易

国际贸易(International Trade)是指世界各国或地区之间在商品和服务方面的交换活动，是各国之间分工的表现形式，反映了世界各国在经济上的相互依存度。如果从单个国家或地区的角度出发，一个特定的国家或地区同其他国家或地区之间所进行的商品和服务的交换活动，就称为对外贸易(Foreign Trade)。一些海岛国家或地区以及某些对外贸易活动主要依靠海运的国家或地区，如英国、日本、中国台湾等，也把这种交换活动称为海外贸易(Oversea Trade)。可见，国际贸易与对外贸易的最大区别是看待同一事物时所处的角度不同。

另外，随着国际贸易在规模上的不断扩大，其本身的内涵也在不断变化。我们把包括货物与服务在内的对外贸易称为广义的对外贸易或国际贸易；把不包括服务在内的对外贸易称为狭义的对外贸易或国际贸易。概念本身的发展也在一定程度上反映了国际贸易的发展。

二、国际(对外)贸易额和国际(对外)贸易量

反映一国的对外贸易规模，既可用具体的计量单位表示，也可用货币单位表示。但是计量单位不能很好地表现出贸易对象的质量，因此，当前世界多数国家普遍使用货币单位来反映本国的对外贸易规模。对外贸易额(Value of Foreign Trade)，又叫对外贸易值，是用货币来表示在一定时期一国的对外贸易总值。一般都用本国货币表示，也有用国际上通用的货币来表示的国家和地区。例如，联合国编制和发表的世界各国对外贸易额的相关数据就是以美元表示的。

对于一国而言，出口额加上进口额就是该国的对外贸易总额。当计算国际贸易总额时，则不能简单地采用上述方法。这是因为一国的出口就是另一国的进口，两者相加无疑是重复计算。为此，在统计世界贸易总额时，采用的办法是把世界上的所有国家的进口总额或出口总额按同一种货币单位换算后加在一起。但是，在实际操作中，人们通常采用的是把世界各国的出口额汇总起来。为什么不能把各国进口值之和算作国际贸易总额呢？这是因为各国的进口额一般都是按照 CIF 价格计算的。在商品的进口额中，通常还包括运输和保险等服务费用，而按 FOB 价格来统计的出口总额则比较合理。

由于进出口商品价格是经常变动的，因此国际贸易额往往不能准确地反映国际贸易的实际规模及其变化趋势。如果以国际贸易的商品实物数量来表示，则能够比较有效地解决上述问题。可是，参与对外贸易的商品种类繁多，计量标准各异，如小汽车要按辆计算，彩电要按台计算，棉花要按吨计算，无法把它们直接相加。所以，只能选定某一时点上的不变价格为标准，来计算各个时期的国际贸易量(Quantum of International Trade)，以反映国际贸易实际规模的变动。具体来讲，就是要选用某一固定年份为基期计算的出口价格指数去除国际贸易额。这样修正后的国际贸易额就可以剔除价格因素的影响，比较准确地反映不同时期国际贸易规模的实际变动幅度。由此可见，国际贸易量就是以不变价格计算的国际贸易额。一个国家的对外贸易量就是以不变价格计算的进出口值之和。

区分国际贸易额与国际贸易量，除了能够准确衡量国际贸易的规模以外，还可以通过不同时期某一国家(或地区)国际贸易额与国际贸易量的比较，了解该国(或地区)贸易收益的变化。如果在一段时期内，一国出口额的增长快于出口量的增长，则出口收益上升；否则就是出口收益下降。

三、国际(对外)贸易商品结构

国际贸易商品结构(International Trade by Commodities)是指各类商品在国际贸易中所处的地位，通常以它们在世界出口总额中的比重来表示。

随着生产力发展和科学技术的进步，国际贸易商品结构不断发生变动。其基本趋势是初级产品的比重大大下降，工业制成品的比重不断上升，特别是机电产品、化工产品和办公自动化产品等资本货物以及技术密集型产品的比重显著增加。随着国际分工的深化，20世纪90年代以来，服务于跨国公司全球化生产的需要，零部件等中间产品在国际贸易中的比重日益提高。

对某一个国家来说，对外贸易商品结构是指一定时期内进出口贸易中各类商品的构成情况，通常以各类商品在进口总额或出口总额中所占的比重来表示。对外贸易或国际贸易商品结构可以反映出一国或世界的经济和科技发展水平以及资源的禀赋状况。一般情况下，发达国家的出口(商品)中机械设备等制成品所占比重较大，而发展中国家的出口(商品)则以初级产品和劳动密集型制成品为主。

四、国际(对外)贸易地理方向

国际贸易地理方向亦称"国际贸易地区分布"(International Trade by Region)，用以表明世界各地区、各国或各个国家集团在国际贸易中所占的地位。计算各国在国际贸易中的比重，既可以计算各国的进、出口额在世界进、出口总额中的比重，也可以计算各国的进出口总额在国际贸易总额(世界进出口总额)中的比重。

对外贸易地理方向(Direction of Foreign Trade)又称对外贸易地区分布或国别构成，指一定时期各个国家或国家集团在一国对外贸易中所占的地位，通常以它们在该国进、出口总额或进出口总额中的比重来表示。对外贸易地理方向指明一国出口货物和服务的去向和进口货物和服务的来源，从而反映一国与其他国家或国家集团之间经济贸易联系的程度。一国的对外贸易地理方向通常受经济互补性、国际分工形式与贸易政策的影响。

由于对外贸易是一国与别国之间发生的货物与服务交换，因此，把对外贸易按货物与服务分类和按国家分类结合起来分析研究，即把货物与服务结构和地理方向的研究结合起来，可以查明一国出口商品中不同类别货物与服务的去向和进口商品中不同类别货物与服务的来源，具有重要意义。

五、对外贸易依存度

对外贸易依存度(Degree of Dependence upon Foreign Trade)也叫对外贸易系数，指一国对外贸易总额(出口额和进口额之和)在该国国民生产总值或国内生产总值中所占的比重。其计算公式为

[(出口额+进口额)/国民生产总值(GNP)或国内生产总值(GDP)]×100%

由于进口额不是该国在一定时期内新创造的商品和劳务值，使外贸依存度的数值表现较高，因此，一般用出口依存度来替代外贸依存度。

出口依存度是指一国在一定时期内对外出口贸易额在国民生产总值或国内生产总值中的比重。其计算公式为

[对外出口贸易额(X)/国民生产总值(GNP)或国内生产总值(GDP)]×100%

出口依存度反映一国在一定时期内(如1年)，国内新创造的商品和劳务总值中有多少比重是输出到国外的，也反映一国国民经济活动与世界经济活动的联系程度。出口依存度越高，说明该国国民经济活动对世界经济的依赖程度越高。

另外，一国在一定时期进口额与国民生产总值或国内生产总值之比称为进口依存度，也称市场开放度。其计算公式为

[进口贸易额(M)/国民生产总值(GNP)或国内生产总值(GDP)]×100%

外贸依存度过高，国内经济发展易受国外经济影响或冲击，世界经济不景气对本国经济冲击较大。外贸依存度过低，就说明没有很好利用国际分工的长处。各国应根据本国国情，探讨不同阶段选择本国最佳的外贸依存度。

六、贸易条件

贸易条件(Terms of Trade，TOT)，又称贸易比价或交换比价，是指一国在对外贸易中，出口一单位商品(价格、购买力、要素)所能换回的进口商品(价格、购买力、要素)数量之间的比率。作为一个"交换效率"指标，是衡量一国获取贸易利益空间大小的重要指标。贸易条件的变化不仅可以反映一国贸易获利程度的高低，也可反映一国出口竞争力的优劣。

在国际贸易中,贸易条件主要有以下几种。

1. 净贸易条件

净贸易条件(商品贸易条件)是指出口价格指数与进口价格指数之比。它的经济含义是:一国与其他国家进行商品交换的比率,即一国一定数量的出口商品能换回多少数量的进口商品。表达式为

$$N=(P_x/P_m) \times 100$$

其中:N 为净贸易条件;P_x 为出口价格指数;P_m 为进口价格指数。

【计算实例】

某国贸易条件以 1990 年为基期(100),2001 年出口价格指数下降 5%,进口价格指数上升 10%,那么该国 2001 年的贸易条件为

$$N=(95/110) \times 100 = 86.36$$

这表明该国从 1990—2001 年,贸易条件从 100 下降到 86.36,即与 1990 年相比,2001 年贸易条件恶化了 13.64。

2. 收入贸易条件

收入贸易条件是在净贸易条件的基础上,把贸易量加进来。反映了一国进口能力的变化与出口变化之间的关系。计算方法为

$$I = (P_x/P_m) \times Q_x$$

其中:I 为收入贸易条件;Q_x 为出口数量指数。

【计算实例】

假定某国以 1995 年价格及出口量为基期(100);2000 年的出口价格指数为 80%,进口价格指数为 120%,出口商品数量指数为 150。试计算该国 2000 年的净贸易条件和收入贸易条件。

净贸易条件=(0.8÷1.2)×100=2÷3×100=66.7

收入贸易条件=(0.8÷1.2)×150=100

可以看出,尽管贸易条件恶化了,但由于出口量的上升,本身的进口能力并没有得到削弱。

3. 单项因素贸易条件

单项因素贸易条件是在净贸易条件的基础上,考虑劳动生产率提高或降低后贸易条件的变化。计算公式为

$$S=(P_x/P_m) \times Z_x$$

其中:S 为单项因素贸易条件;Z_x 为出口商品劳动生产率指数。

单项因素贸易条件往往被看作结构变动的信号。原因在于,经济增长与劳动生产率的提高是并行的,当一国的经济增长时,其劳动生产率也开始上升。劳动生产率的上升意味

着同样数量的劳动力投入可以获得更多的产出,也就是说出口量将进一步增加,这将迫使净贸易条件发生恶化。如果发生了这样的情况,即净贸易条件恶化的程度大于劳动生产率上升的程度,那么单项因素贸易条件发生了恶化。根据该贸易条件的经济含义,表明该国的人均实际收入降低了。这说明,该国在经济增长的同时,发生了人均实际收入降低的情况,也就是所谓的贫困化增长的现象。此时,就不能不把造成陷入这种状态的贸易类型停下来,而转向其他类型的贸易,这就是单项因素贸易条件被视为需要进行结构变动的信号的原因。

4. 双项因素贸易条件

双项因素贸易条件不仅考虑到出口商品劳动生产率的变化,而且考虑到了进口商品的劳动生产率的变化。其计算公式为

$$D=(P_x/P_m)(Z_x/Z_m)\times 100$$

其中:D 为双项因素贸易条件;Z_m 为进口商品劳动生产率指数。

第二节 国际贸易的主要分类

一、按商品流向可分为出口贸易、进口贸易、过境贸易

出口贸易(Export Trade)是将本国生产和加工的商品输往国外市场进行销售;进口贸易(Import Trade)又称输入贸易,是指将外国生产和加工的商品输入本国市场销售。出口贸易与进口贸易是一笔贸易的两个方面,对卖方而言是出口贸易,对买方而言则是进口贸易。此外,在国际贸易活动中,一国对从外国进口的商品不经任何实质性加工,就向外出口时,称为复出口(Re-export Trade);反之,一国的产品销往别国后未经加工又被该国重新购回时,称为复进口(Re-import Trade)。一国往往在同一类商品上既有出口也有进口,如果一国或地区在某种商品的对外贸易中,出口量大于进口量,其超出部分被称为净出口(Net Export);反之,如果进口量大于出口量,其超出部分被称为净进口(Net Import)。净出口和净进口一般以实物数量来表示,它反映的是一国(地区)在某些商品贸易上是处于出口国(地区)的地位,还是处于进口国(地区)的地位。

一个国家通常既有进口也有出口。在一定时期内(通常为1年),一个国家的出口总额与进口总额之间的差额,称为贸易差额(Balance of Trade)。如果出口总额大于进口总额,就称为贸易顺差(A Favorable Balance of Trade),或者出超(Excess of Export Over Import);反之,若是进口总额大于出口总额,则称为贸易逆差(An Unfavorable Balance of Trade),或者入超(Excess of Import Over Export)。通常贸易顺差以正数表示,贸易逆差以负数表示。如果出口总额与进口总额相等,则称为贸易平衡。

过境贸易(Transit Trade)又称通过贸易,是指贸易货物通过一国国境,不经加工运往另

一国的贸易活动。例如，甲国经过乙国国境向丙国运送贸易商品，对丙国而言，便是过境贸易。过境贸易属于直接贸易。另外，如果过境贸易货物不经过境国海关仓库存放，完全为了运转过境，属于直接过境贸易；而由于种种原因，如商品需要分类包装、暂时转运困难、购销当事人的意愿中途变更等，把货物先存放在过境国的海关仓库，而后再进行分类包装、转运出境的过境，属于间接过境贸易。

二、按商品形态可分为货物贸易和服务贸易

国际贸易按照商品形态的不同，可以分为货物贸易(Commodity Trade)和服务贸易(Service Trade)。货物贸易是指物质商品的进出口。因为物质商品是看得见、摸得着的，因此货物贸易又常常被称为有形贸易(Visible Trade)。世界市场上的物质商品种类很多，为了统计和其他业务的便利，联合国曾于1950年编写了《国际贸易商品标准分类》(SITC)，并于1960年和1972年先后两次修订，它一度被世界上多数国家所采用。根据这个标准，国际贸易中的商品共分为10大类、63章、233组、786个分组和1924个基本项目。10大类的商品分别是：食品及主要供食用的活动物(1)，饮料及烟类(2)，燃料以外的非食用粗原料(3)，矿物燃料、润滑油及有关原料(4)，动植物油脂及油脂(5)，化学品及有关产品(6)，主要按原料分类的制成品(7)，机械及运输设备(8)，杂项制品(9)，没有分类的其他商品(10)。其中(1)~(3)类商品称为初级产品，(4)~(9)类商品称为工业制成品。按此标准，在国际贸易统计中，每一种商品目录编号都采用5位数。第1位数表示类，第2位数表示章，第3位数表示组，第4位数表示分组，第5位数表示项目。

上述标准分类法几乎囊括了国际贸易的所有商品，但是它主要用于贸易统计。现在使用最为广泛的是海关合作理事会于1983年编制的《商品名称及编码协调制度》，简称《协调制度》(HS)，它是一种新型的、系统的、多用途的国际贸易商品分类体系。我国也采用这一分类标准。

国际服务贸易是指国家之间出售或购买服务的交易。按照《服务贸易总协定》(GATS)的定义，国际服务贸易是指服务贸易提供者从一国境内，通过商业现场或自然人的商业现场向服务消费者提供服务，并获取外汇收入的过程。

根据《服务贸易总协定》的定义，服务贸易有四种方式。

(1) 过境交付，即服务提供者和消费者都不跨越国境。比如，通过网络进行的国际远程教育、国际医疗、在线游戏等方面的服务。

(2) 境外消费，即服务消费者到服务提供者国内接受服务，如出国旅游、出国留学等。对服务提供者而言，是在国内从事服务的出口。例如，为外国旅游者提供服务，接受外国留学生来本国学习等。

(3) 商业存在，即服务企业到国外开办服务场所，提供服务。例如，律师事务所、会计师事务所到国外开办分支机构提供相应的服务等。

(4) 自然人移动，即一国的自然人到服务消费者所在国或第三国提供服务，如出国讲学、行医等。

国际服务贸易按照与生产过程的关系，可以分为要素服务贸易(Factor Service Trade)和非要素服务贸易(Non-Factor Service Trade)两种。要素服务贸易是一国向他国提供劳动、资本、技术及土地等生产要素的服务而从国外得到报酬的活动。它包括对外直接投资和间接投资的收益、侨民汇款及技术贸易的收入。非要素服务贸易是狭义的服务贸易，它指提供严格符合"服务"定义的服务而获取外汇收入的交易，如国际运输、旅游、教育、工程咨询、会计等。

与有形贸易相对应，包括上述两类服务的服务贸易也常被称作无形贸易(Invisible Trade)。在实际活动中，按照 WTO 的分类，国际服务贸易可以分为商业、通信、建筑及工程、销售、教育、环境、金融、健康与社会、旅游、文化与体育、运输以及其他 12 大类 155 个项目。

货物贸易和服务贸易是密切联系在一起的，正是货物贸易带动了服务贸易，而服务贸易又促进了货物贸易的发展。但是，货物贸易与服务贸易之间仍然存在着一个重要区别，这就是货物的进出口要通过海关手续，从而表现在海关的贸易统计上，同时它也是国际收支的主要构成部分；而服务贸易不经过海关手续，通常不显示在海关的贸易统计上，可是它也是国际收支的一部分。

三、按是否有第三国参加可分为直接贸易、间接贸易和转口贸易

直接贸易(Direct Trade)是指贸易商品由生产国与消费国之间不通过第三方直接进行的贸易活动。贸易双方交易的货物既可以直接从生产国运到消费国，也可以通过第三国的国境转运到消费国，只要两者之间直接发生关系，即不通过第三国的商人作为中介人来进行贸易就是直接贸易。例如，过境贸易就是直接贸易，而不是间接贸易。生产国商品出口到消费国，从生产国来说，是直接出口；从消费国来说，是直接进口。

间接贸易(Indirect Trade)是指货物生产国与消费国之间经由第三国商人进行贸易的行为。贸易双方交易的货物既可以直接从生产国运到消费国，也可以通过第三国过境转运到消费国，只要两者之间没有直接关系，而是通过第三国的商人作为中介人来进行贸易则是间接贸易。

转口贸易(Entrepot Trade)也称中转贸易，是指一国(或地区)进口某种商品不是以消费为目的，而是将它作为商品再向别国出口的贸易活动。即使商品直接从生产国运到消费国，只要两者之间并没有直接发生交易关系，而是通过第三国(地区)转口商分别同生产国与消费国签订进口合同与出口合同所进行的贸易，仍属转口贸易。转口贸易与间接贸易的区别在于看问题的角度不同。商品生产国与消费国通过第三国进行的贸易对生产国和消费国而言是间接贸易，对第三国(地区)而言，则是转口贸易。

转口贸易与过境贸易的区别在于前者有第三国(地区)的商人参与商品的交易过程,而不论货物是否经由第三国(地区)运送,后者则无第三国(地区)的商人参与;转口贸易以营利为目的,通常有一个正常的商业加价,而过境贸易只收取少量的手续费。

四、按清偿工具可分为自由结汇贸易和易货贸易

在国际贸易活动中,以货币作为清偿手段的贸易为自由结汇贸易或叫作现汇结算(Cash Settlement)贸易。在此作为支付手段的货币必须能在国际金融市场上自由兑换。目前能作为清偿货币的主要是发达国家的货币,如美元、欧元、日元等。

易货贸易(Barter Trade)是指以货物经过计价作为清偿工具的国际贸易,又称换货贸易、对销贸易,它起因于贸易参与国双方的货币不能自由兑换,而且各国的自由外汇短缺,因此双方把进口和出口直接联系起来,互通有无,以保持进出口大体平衡。

易货贸易的特点是:它只涉及贸易的双方,如政府对政府、政府对企业或企业对企业;易货商品按照各自的需要,可采用一对一、一对多或多对多的方式交换;贸易合同往往是短期的;在清偿时,既可以是逐笔支付平衡,也可以是定期综合平衡。

同自由结汇贸易相比,易货贸易虽然可以缓解进口支付能力不足的矛盾,然而它也存在一些明显的局限性。首先,易货贸易取决于双方对对方商品的直接需求,这样可供交换的商品种类就很有限。其次,双方的进口和出口要直接保持平衡,贸易规模受到限制。最后,货物计价通常是通过谈判确定的,而不是由市场竞争来决定,贸易条件(即交换比例)对于某一方来讲往往不是很合理。

在当前全球范围市场经济体制占主导地位的条件下,自由结汇贸易是最常用的贸易方式,易货贸易只在一些外汇比较短缺的发展中国家间被采用。

五、按统计标准可分为总贸易和专门贸易

总贸易体系与专门贸易体系是指贸易国进行对外货物贸易统计时所采用的统计制度。现在世界上通行的统计体制有两种。

一种是以国境作为统计对外贸易的标准。凡是进入该国国境的商品一律列为进口,称为总进口(General Import);凡是离开该国国境的商品均列为出口,称为总出口(General Export)。总进口额加上总出口额就是一国的总贸易额(General Trade)。美国、英国、加拿大、澳大利亚、日本等90多个国家和地区均采用这个统计标准。

另一种是以关境作为统计对外贸易的标准。关境是一个国家海关法规全部生效的领域。当今世界上关境与国境不一致是相当普遍的现象。根据这个标准,外国商品进入关境之后才能被列为进口,称为专门进口(Special Import)。如果外国商品虽已进入国境,但仍暂时存放于海关的保税仓库之内,或只是在免税的自由经济区流通,则不能被统计为进口。另一方面,凡是离开关境的商品都要列为出口,称为专门出口(Special Export)。但从关境外国境内

输往他国的商品,则不能被统计为出口。专门出口额加上专门进口额,即是一个国家的专门贸易额(Special Trade)。德国、意大利、瑞士等80多个国家和地区均采用这种统计办法。联合国在公布各国对外贸易统计数字时,一般都要注明该国是总贸易体制还是专门贸易体制。

总贸易与专门贸易统计出来的贸易数额是不相同的。这是因为:第一,关境和国境往往不一致,既有国境大于关境的情况,比如印度和埃及在本国境内都设有许多的自由贸易区;也有国境小于关境的,如欧盟各国就是很好的例子。第二,对某些特殊形式的贸易,两者的处理不同,例如,过境贸易会计入总贸易值但不会计入专门贸易值。

总贸易和专门贸易反映的问题也不相同。前者包括所有进出该国的商品,反映一国在国际商品流通中所处的地位;后者指包括那些进口是用于该国生产和消费的商品,出口是由该国生产和制造的商品,反映一国作为生产者和消费者在国际贸易中所起的作用。

第三节 国际贸易的产生与发展

一、国际贸易的产生及必要条件

国际贸易属于历史范畴,它是在一定的历史条件下产生和发展起来的。国际贸易的产生必须同时具备两个条件:一是生产力发展到一定水平,有可供国际间交换的剩余产品;二是社会分工的扩大和国家的产生。从根本上说,社会生产力的发展和社会分工的扩大,是国际贸易产生和发展的基础。

在原始社会初期,人类处于自然分工状态,生产力极其低下,人们依靠集体劳动、平均分配所获得的有限生活资料简单维持生存,没有剩余产品,不存在交换,人类社会第一次大分工——畜牧业和农业的分工,使原始社会的生产力有了显著发展,开始有了少量剩余产品,于是,在氏族公社、部落之间出现了原始的、偶然的物物交换。随着生产力的继续发展,手工业从农业中分离出来,形成了人类社会第二次大分工,产生了以交换为目的的商品生产,但那时还没有货币,没有专门从事贸易的商人,没有阶级和国家,也就不存在国际贸易。直到原始社会末期、奴隶社会初期,随着商品生产和商品交换的不断扩大,产生了货币,商品交换便由物物交换过渡到以货币为媒介的商品流通。随着私有财产和阶级的产生及商品流通的扩大,出现了商业和商人,形成了第三次社会大分工。这时,国家产生了,商品流通超越了国界,形成了最早的对外贸易。

二、资本主义社会以前的国际贸易

1. 奴隶社会的国际贸易

奴隶社会制度最早出现在古代东方各国,如中国(殷、商时期已进入奴隶社会)、埃及、巴比伦，但是以欧洲的希腊、罗马的古代奴隶制最为典型。奴隶社会的基本特征是奴隶主占有生产资料和奴隶本身，同时存在维护奴隶主阶级专政的完整的国家机器。在奴隶社会，生产力水平前进了一大步，社会文化也有了很大的发展，国际贸易初露端倪。

早在公元前2000多年前，因为水上交通便利，地中海沿岸的各奴隶社会国家之间就已开始了对外贸易，出现了腓尼基、迦太基、亚历山大、希腊、罗马等贸易中心和贸易民族。但是从总体上来说，奴隶社会是自然经济占统治地位，生产的直接目的主要是为了消费。商品生产在整个社会的经济生活中还是微不足道的，进入流通的商品很少。由于生产技术落后，交通工具简陋，各个国家对外贸易的范围受到很大限制。上面提到的那些商业发达的民族或国家，在当时仍只是一种局部现象。

从贸易的商品构成来看，奴隶是当时欧洲国家对外交换的一种主要商品。希腊的雅典就是当时奴隶贩卖的一个中心。此外，奴隶主阶级需要的奢侈消费品，如香料、宝石、各种织物和装饰品等，在对外贸易中占有很重要的地位。奴隶社会的对外贸易虽然影响有限，但对手工业发展的促进作用较大，在一定程度上推动了社会生产力的进步。

2. 封建社会的国际贸易

封建社会的经济仍然是自然经济，农业在各国经济中占据主导地位，商品生产仍处于从属地位。因而当时国际贸易的规模仍十分有限，但比奴隶社会有了进一步发展。在封建社会早期，封建地租采取劳役和实物形式，进入流通领域的商品不多。到了封建社会中期，随着商品生产的发展，封建地租转变为货币地租的形式，对外贸易得到了发展。在封建社会晚期，随着城市手工业的发展，商品经济和对外贸易都有了较大的发展。

在封建社会，奢侈品仍然是国际贸易中的主要商品。西方国家以呢绒、酒等换取东方国家的丝绸、香料、珠宝等。中国、埃及、印度、伊朗等亚非国家的对外贸易发展比较迅速。公元前2世纪的西汉时代，我国就开辟了从新疆经中亚通往中东和欧洲的"丝绸之路"。中国的丝绸经"丝绸之路"输往西方。明朝郑和七次下"西洋"，向亚洲等许多国家传播了我国的火药、指南针和手工业等技术，同时，也把这些国家的土产、优良种子等输入我国，促进了我国人民与世界各国人民的友好往来和文化技术交流。

在封建社会时期，西方的贸易中心曾发生多次转移。早期的国际贸易中心位于地中海东部，君士坦丁堡、威尼斯和北非的亚历山大曾经是中世纪著名的三大国际贸易中心。公元11世纪以后，随着意大利北部和波罗的海沿岸城市的兴起，国际贸易的范围逐步扩大到地中海、北海、波罗的海和黑海沿岸。城市手工业的发展推动了当时国际贸易的发展，而国际贸易的发展又促进了手工业的发展，促进了社会经济的进步，并促进了资本主义因素在欧洲各国内部的迅速发展。

奴隶社会和封建社会由于社会生产力水平低下，社会分工不发达，自然经济占据统治地位。因此，对外贸易发展缓慢，国际商品交换只是个别的、局部的现象，还不存在真正的世界市场，更不存在实际意义上的国际贸易。

三、资本主义生产方式下国际贸易的发展

国际贸易虽然源远流长，但真正具有世界性质是在资本主义生产方式确立以后。在资本主义生产方式下，国际贸易急剧扩大，国际贸易活动遍及全球，贸易商品种类日益增多，国际贸易越来越成为影响世界经济发展的一个重要因素。在资本主义发展的各个不同历史时期，国际贸易的发展又各具特点。

1. 资本主义生产方式准备时期的国际贸易

16 世纪至 18 世纪中叶是西欧各国资本主义生产方式的准备时期，这一时期工场手工业的发展使劳动生产率得到提高，商品生产和商品交换进一步发展，这为国际贸易的扩大提供了物质基础。这一时期的地理大发现，更是加速了资本的原始积累，促使世界市场初步形成，从而大大扩展了世界贸易的规模。

1492 年意大利航海家哥伦布由西班牙出发，经大西洋发现了美洲；1498 年葡萄牙人达·伽马从欧洲绕道南非好望角通往印度，这些对欧洲的经济与贸易产生了深远的影响。地理大发现的结果，使西欧国家纷纷走上了向亚洲、美洲和拉丁美洲扩张的道路，在殖民制度下进行资本的血腥原始积累。殖民主义者用武力、欺骗和贿赂等办法，实行掠夺性的贸易，把广大的殖民地国家卷入到国际贸易中，国际贸易的范围和规模空前地扩大。

地理大发现还导致世界贸易中心的转移，伊比里亚半岛上的里斯本、塞维里亚，大西洋沿岸的安特卫普、阿姆斯特丹、伦敦等地取代远离大西洋海上商路的威尼斯、亚历山大和君士坦丁堡，成为世界贸易中心。国际贸易中的商品结构也开始转变，工业原料和城市居民消费品的比重上升，一些从未进入欧洲市场的新商品，如烟草、可可、咖啡和茶叶等，都进入国际商品的流通范围。可见，资本主义生产方式准备时期的国际贸易比奴隶社会和封建社会有很大的发展。

2. 资本主义自由竞争时期的国际贸易

18 世纪后期至 19 世纪中叶是资本主义的自由竞争时期，这一时期欧洲国家先后发生了产业革命和资产阶级革命，资本主义机器大工业得以建立并广泛发展。而机器大工业的建立和发展，一方面使社会生产力水平有了巨大的提高，商品产量大大增加，可供交换的产品空前增多，真正的国际分工开始形成；另一方面，大工业使交通运输和通信联络发生了巨大的变革，极大地便利和推动了国际贸易的发展。

在资本主义自由竞争时期，国际贸易的各方面都发生了显著变化。

第一，国际贸易量显著增加。在 1720—1800 年的 80 年间，世界贸易量总共增长了 1 倍。进入 19 世纪之后，国际贸易量的增长速度明显加快。19 世纪的前 70 年中，国际贸易量增长了 10 多倍。

第二，英国在国际贸易中占据垄断地位。在 19 世纪的国际贸易中，英、法、德、美居

于重要地位,其中又以英国居最前列。依靠工业革命所造就的雄厚技术基础,英国取得世界工业的霸主地位,成为名副其实的"世界工厂"。在19世纪50年代的世界生产中,英国冶炼的铁约占一半,采掘的煤占一半多,纺织的棉布将近一半,机器制造几乎处于独占地位。当时正在进行工业革命的其他资本主义国家也都要从英国取得先进技术和设备。英国的机器制造商承包了全世界的机器、火车车辆、铁路设备的制造。1870年,英国在国际贸易中的比重达25%,几乎相当于法国、德国和美国的总和。与其在国际贸易中的垄断地位相适应的是,1870年英国拥有的商船吨位也占世界第一位,超过荷、法、美、德、俄等国的商船吨位的总和。依靠强大的海运业,英国从其他国家获得廉价的原料,控制着其他国家的贸易往来,并取得了巨额的贸易收入。由于英国在世界工业和贸易中的垄断地位,使伦敦成为国际金融中心,英格兰银行成为各国银行的银行,英镑成为世界货币,直接影响着全世界的信用系统。

第三,国际贸易商品结构发生很大变化,工业品的比重显著上升。18世纪末以前的大宗商品,如香料、茶叶、丝绸和咖啡等,虽然绝对量在增加,但所占份额已经下降。在工业品的贸易中以纺织品的增长最为迅速并占据重要地位。以前欧洲国家都从中国和印度进口棉布,19世纪英国完成工业革命以后,它成为棉布的主要出口国,其出口商品中有1/2～1/3是纺织品。煤炭、钢铁,机器等商品的贸易也有了很大的增长。同时,粮食也开始成为国际贸易的大宗商品,由于工业发展的需求和运输费用的降低,粮食占当时国际贸易额的10%左右。

第四,国际贸易的方式有了进步。国际定期集市的作用下降,现场看货交易逐渐转变为样品展览会和商品交易所,根据样品来签订合同。1848年美国芝加哥出现了第一个谷物交易所,1862年伦敦成立了有色金属交易所,19世纪后半期在纽约成立了棉花交易所。期货交易也已经出现,小麦、棉花等常常在收获之前就已售出,交易所里的投机交易也应运而生。

第五,国际贸易的组织形式有了改进。19世纪之前,为争夺对殖民地贸易的独占权,英国、荷兰、法国等纷纷建立了由政府特许的海外贸易垄断公司(如东印度公司等)。这些公司享受种种特权,拥有自己的机构、船队等。随着贸易规模的扩大,享有特权的外贸公司逐步让位于在法律上负有限责任的股份公司,对外贸易的经营组织日趋专业化,成立了许多专门经营某一种或某一类商品(如谷物、纺织品、金属等)的贸易企业。同时,为国际贸易服务的组织也趋向专业化,出现了专门的运输公司、保险公司等,银行信贷业务在国际贸易中也开始广泛运用。

第六,政府在对外贸易中的作用也出现了转变。自由竞争时期的资本主义在国内主张自由放任,这反映在对外贸易上,就是政府对具体经营的干预减少。而在国际上为了调整各国彼此间的贸易关系,协调移民和其他待遇方面的问题,国家之间开始普遍签订贸易条约。这些条约最初是为了资本主义国家能公平竞争,发展相互的贸易往来,后来逐步变成在落后国家谋求特权、推行侵略扩张的工具。在这一时期,英国作为"世界工厂"的地位确立后,大力鼓吹和实行自由贸易政策,这对推动英国的出口起了很大的作用,形成了19世纪50年代以后的又一次工业增长高潮。在德国和美国等后起的资本主义国家中,政府则极力充当民族工业发展保护人角色,采用各种措施限制进口、抵制英国产品的强大竞争。但当本国工业发展起来之后,就转向了自由贸易。

3. 垄断资本主义时期的国际贸易

19世纪末20世纪初,各主要资本主义国家从自由竞争阶段过渡到垄断阶段。国际贸易也出现了一些新的变化。

第一,国际贸易仍在增长,但增长速度下降,贸易格局和商品结构发生了重大变化。继第一次产业革命后,19世纪70年代又发生了以电力的发明与应用为标志的第二次科技革命。科技革命不仅推动了全球经济增长,也促进了国际贸易的增长。但由于垄断形成了市场分割和垄断高价,对国际贸易的发展带来了负面影响,因此这一时期同自由竞争时期相比较增长速度有所下降。随着世界工业生产的迅速发展,工业制成品特别是重工业产品以及有色金属、稀有金属、石油等矿产原料在国际贸易中的比重大大提高;同时,由于大城市的发展,食品贸易的比重也有所上升。在这一时期内,美国和德国迅速崛起,工业生产取得了跳跃式的发展,而英国则相形见绌,其作为"世界工厂"的地位已逐步丧失,在国际贸易中的地位也显著下降。

第二,国际贸易由一国垄断变为多国垄断。19世纪80年代以来,资本主义各国的经济实力发生了重大变化。美国和德国在贸易保护主义政策的实施中,保护国内市场,加速工业生产的发展,赶上并超过了英国的工业生产能力。1870—1913年,英国的工业生产仅增长了1.3倍,而美国则增长了8.1倍,德国增长了4.6倍。工业的增长必然带来了贸易的扩大。同时,美国与德国对外贸易额的增长速度均达到160%,而英国为89%。这使得英国在世界贸易额中的比重由22%下降到15%,美国则由8%上升到11%,德国由9.7%上升到13%。随着美、德两国对外贸易的扩大与发展,英国长期独霸和垄断国际贸易的地位被一组发达的资本主义国家所取代,国际贸易由一国垄断变为多国垄断。

第三,一些主要资本主义国家的垄断组织开始输出资本。为了确保原料的供应和对市场的控制,少数资本主义国家开始向殖民地输出资本。垄断组织把资本输出和商品输出直接结合起来,加重了对殖民地、附属国的掠夺。同时,殖民地、附属国不仅在对外贸易上,而是全部经济都卷入到错综复杂的国际经济联系中,形成了资本主义的世界经济体系。这些经济落后国家由于加入了国际分工体系,或是由于受跨国公司或殖民体系的影响,不仅成为发达国家的原料产地、商品销售市场,而且成为重要的投资场所。

四、第二次世界大战后国际贸易的新发展

第二次世界大战以后,世界政治经济形势发生了深刻变化。国际分工、世界市场和国际贸易也都发生了巨大的变化。概括起来,第二次世界大战后国际贸易发展有以下一些新

特征。

1. 国际贸易规模空前扩大

第二次世界大战后，不仅国际贸易的规模迅速扩大，而且国际贸易的增长速度也超过了世界生产的增长速度。其主要原因，一是世界经济高速增长，为国际贸易的增长奠定了雄厚的物质基础；二是第二次世界大战后发生的以原子能、信息技术、新材料技术为标志的第三次科技革命，导致世界各国产业结构和产业组织形式的调整，促进了进出口贸易的快速增长，也带动了国际技术贸易的迅速发展。

2. 国际贸易的商品结构发生了重大变化

第二次世界大战后国际贸易商品结构的变化，不仅表现在工业制成品和初级产品两大部门间的贸易相对比重的升降上，而且两大部门贸易的内部结构也有了改变。在工业制成品贸易中，劳动密集型轻纺产品的比重下降，而资本密集型商品所占比重上升，高技术产品的增长加快，化工产品、机器和运输设备等的贸易比重增长也较快，知识经济时代的到来，将导致世界范围内产业结构的智能化、高级化。智能的物化产品将成为世界商品市场的主体。在未来的国际商品贸易中，技术密集型产品尤其是高附加值的成套设备和高科技产品将成为出口增长最快、贸易规模最大和发展后劲最足的支柱商品，高科技密集型产品所占比重将越来越大。在初级产品贸易中，石油贸易增长迅速，而原料和食品贸易发展缓慢。

3. 国际贸易地理分布和贸易地位发生了变化

第二次世界大战后国际贸易的地理分布表现为越来越多的国家参与国际贸易，各种类型国家的对外贸易都有了不同程度的增长。增长最快的仍是发达国家相互间的贸易，发达国家与发展中国家贸易关系则相对缩减了。在国际贸易中，发达国家继续保持支配地位。在发达国家中，日本和欧洲的贸易地位上升较快。发展中国家在国际贸易中的作用在加强。在发展中国家中，新兴工业化国家处于领先地位。中国在国际贸易中的地位近几年来迅速提高，已逐渐成为一个重要的贸易大国。

4. 国际服务贸易急剧发展

第二次世界大战后世界经济的恢复和发展，各类行业对服务的需求增加，形成了部门齐全的大规模的国际服务市场，使国际服务贸易成为可能。随着第三次科学技术革命的发生，各国，尤其是发达国家产业结构不断优化，第三产业急剧发展，加上资本国际化和国际分工的扩大和深化，使国际服务贸易得到迅速发展。

5. 跨国公司的迅速发展推动了国际贸易的快速增长

第二次世界大战后跨国公司的迅速发展，推动了国际贸易的快速增长。随着生产与投资的国际化，跨国公司迅速发展。跨国公司全球性的投资活动、技术转让和国际性的生产专业化过程，一方面引发了公司内货物贸易的扩大，另一方面也促进了专家、技术人员和劳动力的国际流动，带动了金融、法律、技术服务、保险、运输、计算机服务、工程咨询等服务业务的发展。

6. 区域集团化贸易日益活跃

第二次世界大战后，国际竞争日益激烈，世界主要贸易国为保持其在全球市场上的竞争力，不断寻求与其他国家联合，通过优惠贸易安排、自由贸易区、关税同盟、共同市场等不同方式，组建区域贸易集团，实现在区域内贸易自由化。以1957年成立的欧共体为导线，贸易集团在全球迅速蔓延。进入20世纪90年代，区域经济合作不断地向深度和广度推进，区域贸易集团化步伐进一步加快，贸易集团激增，区域内贸易日益活跃和扩大。区域内贸易的发展和扩大有力地推动了国际贸易的发展。

因区域内贸易的开放性高于排他性，预计今后区域内贸易的发展速度仍将高于其对外贸易的增长速度，在国际贸易中的比重会进一步加大。但是，区域贸易集团的排他性和程度不同的贸易转移效应，对国际贸易也产生了一些消极影响，在一定程度上困扰着世界贸易组织体制的正常运行和进一步发展。

7. 国际贸易协调机制的促进作用明显加强

第二次世界大战后，国际贸易政策和体制发生了很大变化。20世纪50年代到60年代的贸易政策和体制总的特征是自由贸易，但70年代以来，贸易政策有逐渐向贸易保护主义转化的倾向，国际贸易体制从自由贸易逐步走向管理贸易。这其中，关贸总协定的缔结和国际贸易组织的建立，对战后国际贸易政策和体制的调整以及贸易自由化的推动和多边贸易体制的确立，均起到了十分重要的促进作用。进入90年代以来，经济全球化趋势使生产要素在全球间更加自由地流动和有效配置，限制性的各种壁垒不断减少甚至逐步消除，自由贸易已是不可逆转的基本潮流。特别是21世纪初国际贸易组织新一轮谈判的启动，各成员方都力图通过更多的国际协调和干预，使国际贸易更加规范有序，以应付日益激烈的竞争形势，为国际贸易的顺利发展提供有利条件。但是也必须注意，世界贸易组织诸协议在为自由贸易运作提供制度保证的同时，其所允许的诸如反倾销、反补贴、技术标准、环境标准等规则，也为发达国家对发展中国家实施歧视性的贸易政策助威增势，诱发了新一轮的贸易保护主义。不仅如此，发达国家还力图通过贸易与环境保护、贸易与劳工标准、贸易与竞争政策等新贸易问题，提上世界贸易组织的议事日程，以抵制环境倾销、绿色补贴、不公平竞争等为由对发展中国家实施贸易制裁，这将成为国际贸易"自由化"发展中的障碍。

8. 国际贸易方式多样化发展

第二次世界大战后，除了传统的国际贸易方式，如包销、代理、寄售、招标、拍卖、展卖等方式外，又出现了一些新的贸易方式，如补偿贸易、加工装配贸易、对等贸易和租赁贸易等。这些新型的国际贸易方式的发展，不仅扩大了国际贸易的范围，而且增加了国际贸易的深度，使经济发达国家和经济落后的发展中国家，都能借助不同的贸易方式加入到国际分工体系和国际贸易合作的阵营中来。

总之，从以上国际贸易的历史发展中可以看出，尽管世界政治与经济的发展道路并不平坦，但总的趋势仍是不断前进的，特别是和平与发展已成为当今时代的两个主题。在科学技术革命的推动下，经济全球化、生产国际化的趋势越来越突出，这是国际贸易不断发展的强大动力。各个国家在积极参与国际竞争的同时，都有必要也有可能更多地参与国际分工和国际贸易，以促进本国经济的发展。可以预言，21世纪国际贸易的发展前景将更加广阔。

本章小结

国际贸易的基本概念，主要包括国际贸易与对外贸易、国际(对外)贸易额和国际(对外)贸易量、国际(对外)贸易商品结构和地理方向、对外贸易依存度和贸易条件。

国际贸易按照不同的划分标准，可以有不同的贸易分类，其中主要的贸易类型有出口贸易与进口贸易、货物贸易与服务贸易、直接贸易与间接贸易、自由结汇贸易和易货贸易、专门贸易与总贸易。

从历史上看，虽然对外贸易产生于人类社会发展的初期，但是它的迅速发展，都是在资本主义生产方式确立之后。自18世纪以来，除少数特殊时期以外，国际贸易的平均增长速度均大大快于世界生产的平均增长速度。

案例与分析

对中国当前外贸形势的判断

1. 外部环境不稳定、不确定因素增多

全球经济复苏依然脆弱。2017年，世界经济仍处于国际金融危机以来的深度调整阶段。IMF预计，2017年全球经济增长3.4%，比2016年略有提高。其中，发达国家增长1.8%，新兴经济体增长4.6%，均较2016年略有提高。主要发达国家中，美国经济可能继续温和增长，但大选走向不明，未来经济政策取向存在一定变数，美联储加息预期时有反复，企业投资和消费者信心不足，经济走势的不确定性增大。得益于低油价和持续宽松的货币政策，欧元区和日本经济增长有望进一步趋稳。但发达经济体货币宽松政策的空间接近极限，政策边际效用在减弱；在英国脱欧、难民问题和地缘政治等因素影响下，欧洲经济不排除回升受阻的可能；由于日元升值抑制出口，日本经济增速回升的动力依然不足。新兴市场和发展中国家经济增长仍然面临许多困难，资本外流风险依然存在，结构性改革有待进一步深化。初级产品价格低位震荡仍将影响巴西、俄罗斯和南非等资源出口依赖型国家的经济复苏步伐。

国际贸易格局继续深刻演变。随着主要经济体结构调整的进行，全球价值链进入重构期，"消费国—生产国—资源国"为核心链条的全球贸易大循环发生重大调整，经济全球化路径深刻变化。传统的消费大国尤其是美国正大力推进"再工业化"，部分进口商品和生产环节被国内生产替代。部分发达国家的跨国公司出于贴近市场、降低成本等方面的考虑，从离岸生产转向近岸、在岸生产，缩短全球供应链，将一些高附加值生产环节重新转移回去。在经贸规则领域，多边贸易体制举步维艰，自由贸易区迅猛发展，全球贸易碎片化风险上升。

"逆全球化"升温、国际贸易投资环境恶化。当前世界经济增速放缓，需求回升乏力，国际市场竞争加剧，再加上英国脱欧、欧洲极右翼政党兴起、美国大选走向都表明发达经济体民粹主义思潮盛行，主要经济体在经济政策上"逆全球化"倾向愈发严重。一是各国纷纷实施显性或隐性的贸易保护政策和措施，影响国际市场的公平竞争。世贸组织报告显示，2015年10月至2016年5月，20国集团成员实施了145项新的贸易限制措施，平均每月有近21项新措施出台，月均新措施数量为2009年世贸组织开始监测贸易限制措施以来的最高水平。二是多边贸易体制的权威性受到严重削弱，新一轮谈判难以取得预期成果。与WTO非歧视原则不同，双边或区域自贸协定具有一定排他性，区外经济体存在被歧视和边缘化的风险。三是不少政客把经济问题政治化，为了争取选票，不惜把攻击矛头对准反映国际贸易自由化与投资便利化要求的措施和政策。这些混乱现象反映了当前世界经济的一系列深层次结构性失衡和利益矛盾，对国际贸易和世界经济的持续稳定增长构成威胁。

2. 外贸发展下行，压力仍然较大

国际市场需求疲弱。金融危机以来，发达国家投资活动低迷，对能源资源、中间产品、机械设备的需求不振，使投资品国际贸易增长显著放缓。2013—2015年，美国企业设备投资年均增长5.5%，比2009—2011年平均增速低9.3个百分点。在经济低增长的环境下，发达国家消费者信心不足，耐用品消费增长有限；新兴经济体增速总体放缓，拖累居民收入增长，需求不振使消费品国际贸易缺乏增长动能。

外贸传统竞争优势继续弱化。中国外贸传统竞争优势正在减弱，新的竞争优势尚未形成，正处于"青黄不接"阶段，产业发展面临发达国家和其他发展中国家的"双头挤压"。一方面，中国与发展中国家在劳动密集型产业方面的竞争更加激烈，2016年前8个月，中国劳动密集型产品在美国和日本进口市场份额比2015年同期分别下降1.4和2.6个百分点，而同期越南产品在美、日进口市场份额分别上升0.7和1.2个百分点；另一方面，中国与发达国家资本、技术密集型领域以互补为主的关系将发展为互补与竞争并存关系，尤其新兴产业发展将面临发达国家更严苛的遏制，贸易摩擦加剧。全球贸易保护主义愈演愈烈，对中国贸易负面影响加大。中国已成为一些国家实施贸易保护主义的首要对象，2016年前三季度，中国出口产品共遭遇来自21个国家(地区)发起的91起贸易救济调查案件，同比上升44%；涉案金额109亿美元，同比上升90%。中国的钢铁、铝业和光伏等领域成为遭受国外贸易摩擦的重灾区，严重影响相关行业出口。

3. 外贸发展新动能加快积聚

外贸新优势正在加快培育。中国外贸企业自主开拓国际市场能力进一步增强。"一带一路"和国际产能合作带动装备制造业出口不断增长，出口产品技术含量、附加值不断提高。民营企业加快转型升级步伐，以技术、品牌、质量、服务为核心的外贸竞争新优势正在形成。跨境电商、市场采购贸易、外贸综合服务企业等外贸新业态保持快速增长。中国电子商务研究中心发布的数据显示，2016年上半年，中国跨境电商交易规模达2.6万亿元，同比增长30%，占中国进出口总值的23.4%。外贸稳增长调结构政策效力日益显现。本届政府以来，国务院连续出台了16个支持外贸发展的政策文件，相关部门狠抓政策落实，集中开展清理、规范进出口环节收费，多措并举促进加工贸易稳定发展；支持中西部地区承接加工贸易转移，加快外贸新业态发展，修订、鼓励进口技术和产品目录，深入开展服务贸易创新发展试点，积极应对钢铁、铝业、光伏等领域贸易摩擦重大案件，维护中国相关产业发展正当权益。随着外贸稳增长调结构各项举措的落实见效，中国外贸发展的政策环境将进一步优化，进出口企业的信心增强，外贸发展的积极因素不断积聚。外贸发展环境不断优化。新一轮高水平对外开放深入推进，中国进一步扩大开放领域，推动辽宁等7个新自由贸易试验区建设，在全国范围内实行以准入前国民待遇加负面清单管理为核心的外商投资管理模式，不断提高贸易投资便利化、自由化水平。国际产能和装备制造合作已取得初步成效，一批重大合作项目建设取得积极进展。对外贸易与跨境双向投资相互促进的局面正在形成。中国多双边经贸合作取得新进展，成功主办20国集团杭州峰会，推动《区域全面经济伙伴关系协定》(RCEP)、中日韩自贸区、中国—海合会、中国—以色列、中国—斯里兰卡等自贸区谈判取得新进展，为中国外贸发展营造了良好的制度环境。

总体来看，2017年，中国外贸发展面临的形势依然严峻复杂，但也正处在结构调整步伐加快、新旧动能接续转换的关键阶段，长期向好的基本面没有变。面对外贸发展面临的新形势和新要求，中国政府将继续坚持推进新一轮高水平对外开放，着力加快培育外贸发展新动能，着力推动外贸转型升级。各地区、各有关部门将继续贯彻落实国家支持外贸稳增长调结构一系列决策部署，进一步提高贸易便利化水平，推动加工贸易创新发展和梯度转移，加快外贸新业态发展，提升进口综合效益，提高服务贸易发展水平，鼓励企业积极融入全球价值链和供应链，促进中国外贸优进优出。

（资料来源：http://finance.ifeng.com/a/20161102/14979667_0.shtml，2016-11-02）

【点评】中国经济进入新常态后，国内外贸环境已经发生了根本性的变化。内需较弱、固定资产投资持续放缓、要素成本快速上升、产业和订单转移加快、融资难融资贵、人民币汇率波动等多种不利因素交织叠加。新形势下如何加快培育中国外贸发展新动能，着力推动中国外贸转型升级，成为目前中国外贸实现战略调整的关键。

复习思考题

1. 什么是国际贸易？
2. 什么是国际贸易额和国际贸易量？两者有何区别？
3. 什么是国际贸易的商品结构和地理方向？
4. 什么是对外贸易依存度？如何看待一国(地区)的对外贸易依存度？
5. 什么是贸易条件？贸易条件的种类有哪些？
6. 什么是间接贸易？什么是转口贸易？
7. 对外贸易产生的必备条件是什么？
8. 资本主义自由贸易时期国际贸易有何特点？
9. 垄断资本主义时期国际贸易有何新变化？
10. 第二次世界大战后国际贸易有何特点？

推 荐 书 目

1. [美] Dominick Salvatore. 国际经济学. 8 版. 北京：清华大学出版社，2004
2. [美] Jeffrey A. Frankel. 国际贸易与国际收支. 10 版. 北京：北京大学出版社，2008
3. 许斌. 国际贸易. 北京：北京大学出版社，2009
4. 赵忠秀，吕智. 国际贸易理论与政策. 北京：北京大学出版社，2009

第二章

国际分工理论

本章导读：

亚当·斯密是古典经济学的奠基者，也是古典贸易理论的创始者。他在批判重商主义时期贸易保护主义思想的基础上，主张各国应该基于劳动生产率"绝对优势"的原则展开国际分工，实施自由贸易。大卫·李嘉图在继承斯密自由经济思想的基础上，弥补了斯密理论的一些缺憾，提出了"比较优势"的国际分工原则。瑞典经济学家赫克歇尔-俄林用各国生产要素丰裕程度的差异来解释比较优势的形成和国家贸易的原因，又被称为H-O理论，是对古典贸易理论的补充和发展。此后，要素价格均等化定理、斯托珀-萨缪尔森定理和罗伯津斯基定理的提出，进一步发展并完善了要素禀赋理论。20世纪50年代初，美国经济学家里昂惕夫通过实证研究，对要素禀赋的理论提出了质疑，被后人称为"里昂惕夫之谜"，并引发了人们对传统国际贸易理论的长期争论，同时也促进了国际贸易理论在第二次世界大战之后的发展。

学习目标：

通过对本章的学习，重点掌握亚当·斯密绝对优势(成本)理论的核心内容；掌握大卫·李嘉图比较优势(成本)理论的核心内容与李嘉图模型；掌握赫克歇尔-俄林要素禀赋理论的基本内容与要素价格均等化定理、斯托珀-萨缪尔森定理和罗伯津斯基定理；了解里昂惕夫对要素禀赋理论的实证检验。

关键概念：

绝对优势(成本)(Absolute Advantage(cost))

比较优势(成本)(Comparative Advantage(cost))

机会成本(Opportunity Cost)

贸易条件(Terms of Trade)

劳动/资本比率(Labor Capital Radio(L/K))

要素禀赋(Factor Endowments)

资本/劳动比率(Capital Labor Radio(K/L))

要素丰裕度(Factor Abundance)
相对要素价格(Relative Factor Price)
要素密集度(Factor Intensity)
赫克歇尔-俄林(赫-俄)理论(Heckscher-Ohlin(H-O)Theory)
赫克歇尔-俄林(赫-俄)定理(Heckscher-Ohlin(H-O)Theory)
要素比例(Factor Proportions)
要素价格均等(赫-俄-萨)定理(Factor-Price Equalization(H-O-S)Theorem)
斯托珀-萨缪尔森定理(The Stolper-Samuelson Theorem)
罗伯津斯基定理(Rybczynski Theorem)
里昂惕夫之谜(Leontief Paradox)
要素密集度逆转(Factor-Intensity Reversal)
劳动熟练说(Skilled Labor Theory)
人力资本(Human Capital)
劳动密集型商品(Labor Intensive Commodity)
资本密集型商品(Capital Intensive Commodity)

第一节 亚当·斯密的绝对优势(成本)理论

一、绝对优势(成本)理论产生的背景

亚当·斯密(Adam Smith,1723—1790)是资产阶级经济学古典学派的主要奠基人之一,也是国际贸易理论的创始者,是倡导自由贸易的带头人。他处在英国从手工业开始向大机器工业过渡时期。

在斯密所处的时代,英国的产业革命逐渐展开,经济实力不断增强,新兴的产业资产阶级迫切要求在国民经济各个领域迅速发展资本主义,但却受到了中世纪遗留下来的封建行会制度和资本原始积累时期建立起来的重商主义政策体系的束缚。当时仍存在于乡间的行会规章制度严重限制了生产者和商人的正常活动,重商主义提倡的极端保护主义则从根本上阻碍了对外贸易的扩大,使新兴资产阶级很难从海外获得生产所需的廉价原料,并使其为产品寻找更大的海外市场的愿望难以实现。斯密站在产业资产阶级的立场上,在1776年发表的《国民财富的性质和原因的研究》(*Inquiry into the Nature and Causes of the Wealth of Nations*,简称《国富论》(*The Wealth of Nations*))一书中,批判了重商主义,创立了自由放任(Laissez-fairs)的自由主义经济理论。在国际分工和国际贸易方面,提出了主张自由贸易的绝对优势(成本)理论(The Theory of Absolute Advantage(cost))。

二、绝对优势(成本)理论的核心内容

1. 交换是人类天然的倾向

交换是斯密理论的逻辑起点。在斯密看来，交换是出于利己心并为达到利己的目的而进行的活动。人类与其他动物不同，不能孤立生活，需要他人协助，但要想得到别人的帮助，就要刺激对方的利己本性，即利己心(Self-interest)，使对方知道这种帮助对他自己是有利的。斯密认为："不论是谁，如果他要与旁人做买卖，他首先就要这样提议：请给我所要的东西吧，同时，你也可以获得你所要的东西。"这句话是交易的通义。由此，他认为，人类有一种特殊的倾向，这种倾向就是"互通有无，物物交换，互相交易"。交换是由人类本性决定的一种自然现象。斯密还戏言道："我从未见过甲乙两狗公平地交换骨头。"

2. 交换产生分工

亚当·斯密认为，分工是由交换引起的。他说："由于我们所需要的互相帮助，大部分是通过契约、交换和买卖取得的，所以当初产生分工的也正是人类要求相互交换这个倾向。"由于人们能够从交换中获得利益，人们便乐于进行这种交换，但是，要进行交换，就要生产能交换的物品，每个人都各自生产一种物品，这就产生了分工，其结果是"鼓励大家各自委身于一种特定业务，使他们在各自的业务上，磨炼和发挥各自的天赋资质或才能"。"在每一个私人家庭的行为中是精明的事情，在一个大国的行为中就很少是荒唐的。如果外国能以比我们自己制造还便宜的商品供应我们，我们最好就用我们有利的、使用自己的产业生产出来的物品的一部分向他们购买。有时，在某些特定商品的生产上，某一国占有那么大的自然优势，以致全世界都认为，跟这种优势作斗争是枉然的。至于一国相比另一国具有的优势的地位，是固有的，还是后来获得的，在这方面就无关紧要了。只要一国具有这种优势，另一国无此优势，后者向前者购买，总是比自己制造有利。一种技艺的工匠比另一种技艺的工匠具有优势的地位，只是后来获得的，但他们两者都认为互相交换彼此产品比自己制造更有利。"他举例说，在气候寒冷的苏格兰，人们可以利用温室生产出极好的葡萄，并酿造出与国外进口的一样好的葡萄酒，但要付出高 30 倍的代价。他认为，如果真的这么做，那明显就是愚蠢的行为。

3. 分工的原则是各自集中生产具有优势的产品

亚当·斯密以家庭之间的分工为例指出："如果一件东西在购买时所费的代价比在家里生产时所费的小，就永远不会要在家里生产，这是每一个精明的家长都知道的格言。裁缝不想制作他自己的鞋子，而是向鞋匠购买，鞋匠不想制作他自己的衣服，而是雇裁缝缝制。农民工不想缝衣，也不想制鞋，而宁愿雇用那些不同的工匠去做。他们都感到，为了他们自身的利益，应当把他们的全部精力集中使用到比别人处于某种有利地位的方面，而以劳动生产物的一部分或同样的东西，即其一部分的价格，购买他们所需要的任何其他

物品。"

4. 国际分工的基础是有利的自然禀赋或后天的有利生产条件

亚当·斯密指出,分工的原则"于个别家庭为得策者,于全国亦不致为失策。"因此,国际分工的原则也应该是充分发挥各国的优势。斯密认为,自然禀赋(Natural Endowment)和后天的有利条件(Acquired Endowment)因国家不同而不同,这就为国际分工提供了前提,因为有利的自然禀赋或后天的有利条件可以使一个国家生产某种产品的成本绝对低于别国,而在该产品的生产和交换上处于绝对有利地位。各国按照各自有利的条件进行分工和交换,将会使各国的资源、劳动力和资本得到最有效的利用,将会大大提高劳动生产率和增加物质财富,并使各国从贸易中获益,这便是绝对利益论的基本精神。

三、绝对优势(成本)理论的举例说明

为了理论分析的简化,斯密模型作了以下假设。
(1) 世界上只有两个国家和两种可贸易商品。
(2) 两种商品的生产都只有一种要素投入——劳动。
(3) 两国在不同产品上的生产技术不同,存在着劳动生产率差异。
(4) 给定生产要素(劳动)的供给,要素可以在国内不同部门间流动,但不能在国家间流动。
(5) 规模报酬不变。
(6) 完全竞争市场,即各国生产产品的价格都等于产品的平均成本,无经济利润。
(7) 无运输成本。
(8) 两国之间的贸易是平衡的。

假定英国、葡萄牙两国都生产葡萄酒和毛呢两种产品,生产情况如表2-1所示。

表2-1 绝对优势(成本)理论举例(分工前)

国 家	酒产量(单位)	所需劳动人数(人/年)	毛呢产量(单位)	所需劳动人数(人/年)
英国	1	120	1	70
葡萄牙	1	80	1	110

由表2-1可知,英国在生产毛呢上具有绝对优势,因为单位产品的劳动投入量为70人,小于葡萄牙的110人。葡萄牙在葡萄酒的生产上具有绝对优势,因为其单位产品的劳动投入量为80人,小于英国的120人。所以,英国应该专业化生产毛呢,葡萄牙应该专业化生产葡萄酒。生产情况如表2-2所示。

英国用所有的劳动来生产毛呢,共生产出2.7个单位;同样,葡萄牙也用所有的劳动来生产葡萄酒,共产出2.375个单位。可见,尽管两国投入的总劳动量没有变,但由于实

行国际分工,世界总产出增加了。

表2-2 绝对优势(成本)理论举例(分工后)

国　家	酒产量(单位)	所需劳动人数(人/年)	毛呢产量(单位)	所需劳动人数(人/年)
英国	/	/	(120+70)÷70=2.7	70+120=190
葡萄牙	(110+80)÷80=2.375	80+110=190	/	/

假设英国用毛呢来换取葡萄牙的葡萄酒,交换比例为1∶1。显然,1∶1的交换比例对双方都有利,因为在分工前,英国1个单位的毛呢在国内只能交换(70∶120)=0.58单位的葡萄酒;对于葡萄牙来说,分工前,1单位的葡萄酒在国内只能交换(80∶110)=0.72单位的毛呢。

由表格2-3可以看出,贸易后,英国得到1单位葡萄酒和1.7单位毛呢,与自给自足时相比多得了0.7单位毛呢;而葡萄牙得到1.375单位葡萄酒和1单位毛呢,与自给自足时相比多得到0.375单位葡萄酒。

表2-3 按照1∶1交换后的结果

国　家	酒产量(单位)	毛呢产量(单位)
英国	1	1.7
葡萄牙	1.375	1

综上所述,斯密绝对优势(成本)的基本含义是各国生产上的绝对优势来源于该国的自然优势和获得性优势。如果一国在某种产品的生产成本方面相对于对方国家的同样产品来说处于绝对优势,就应该完全专业化生产并出口这种产品;如果一国在另一种产品的生产成本方面相对于对方国家的同样产品来说处于绝对劣势,就不应该进行该种产品的生产,本国所需应从对方国家进口,其结果是参加贸易的双方都能从中获得利益。国际贸易是双赢,而不是零和博弈。故绝对优势论(Theory of Absolute Advantage)可表述为:每个国家都有其适宜于生产某些特定产品的绝对有利的生产条件。如果每个国家都按照其绝对有利的生产条件去进行专业化生产,然后彼此进行交换,则对所有国家都是有利的。

四、绝对优势(成本)理论简评

亚当·斯密的国际分工和贸易理论包含着科学的成分。斯密对社会经济现象的研究从流通领域转到生产领域,从而对国际贸易问题提出了新的观点,这与重商主义相比是一大进步。绝对优势理论说明了社会分工和国际分工能使资源得到更有效的利用,国际贸易并不像重商主义者所说的那样只能使交易的一方获得利益,而是双方都能获得利益。贸易利益的普遍性原则为自由贸易政策主张奠定了基础,成为英国新兴产业资产阶级反对贵族地主和重商主义者发展资本主义的有力理论工具。他关于分工能够提高劳动生产率,参加国际分工、开展国际贸易对所有参加国都有有利的见解,虽然经历了 200 多年的历史,仍具有重大的现实意义。

亚当·斯密关于交换引起分工,而交换又是人类固有的倾向的观点是错误的。事实上,交换以分工为前提。在历史上,分工先于交换。秘鲁人的分工很早就出现了,但那时并没有私人交换;印度共同体内部有严密分工的时候,也不存在商品交换。同时,交换也不是人类本性的产物,而是社会生产力和分工发展的结果。

此外,亚当·斯密的绝对优势论本身具有一定的局限性,它不能解释国际贸易的全部,而只能说明国际贸易中的一种特殊情形,即具有绝对优势的国家参加国际分工和国际贸易能够获益。如果在现实生活中,有的国家没有任何一种产品处于绝对有利的地位,那么是不是这个国家就不能参加国际贸易呢?对于这一重要问题,斯密的绝对优势论并未论及,大卫·李嘉图的比较优势论对此作出了解释。

第二节 李嘉图的比较优势(成本)理论

一、比较优势(成本)理论产生的背景

大卫·李嘉图(David Ricardo,1772—1823)是著名的英国经济学家,是古典经济学的完成者。他出身于犹太族家庭,父亲是伦敦证券交易所的经纪人。他 14 岁开始从事交易所活动,25 岁便成为百万富翁。1809 年,他开始钻研政治经济学,处女作《黄金的价格》使他一举成名,后当选为国会议员,备受政府要员的青睐。李嘉图的主要代表作是 1817 年发表的《政治经济学及赋税原理》(《Principles of Political Economy and Taxation》)。萨谬尔森评论道:"只有少数著作家才能得到雅俗共赏的好运气,而李嘉图就是那些少数人中的一个。古典学派、新古典学派以及后凯恩斯主义的学者都把他奉为鼻祖。马克思社会主义的著作家们也是如此。我们将看到,卡尔·马克思不喜欢古典学派庸俗的资产阶级经济学者。然而,李嘉图却是一个幸运的例外,马克思认为可以从李嘉图那里获得真理[①]"。李嘉图所处的时代是英国工业革命迅速发展、资本主义不断上升的时代,当时英国社会的主要矛盾是工业资产阶级同地主贵族阶级的矛盾,这一矛盾由于工业革命的进展而达到异常尖锐的程度。在经济方面,他们的斗争焦点主要表现在《谷物法》存废的问题上。《谷物法》是维护地主贵族阶级利益的法令。该法令规定,必须在国内谷物价格上涨到限额以上时,才准进口,而且这个价格限额不断提高。《谷物法》限制了英国对谷物的进口,使国内粮价和地租长期保持在很高的水平上,增大了英国工业资产阶级的工业品生产成本,削弱了工业品的国际竞争力。因限制谷物进口而招致的国外报复,也不利于英国工业品的出口。于是,英国工业资产阶级和地主贵族阶级围绕着《谷物法》的存废展开了激烈的斗争。李嘉

[①] 萨谬尔森. 经济学(下册)[M]. 北京:商务印书馆,1996

图在这场斗争中站在工业资产阶级一边,继承和发展了斯密的理论,在《政治经济学及赋税原理》一书中提出了以自由贸易为前提的比较优势论(The Theory of Comparative Advantage),为工业资产阶级的斗争提供了有力的理论武器。

二、比较优势(成本)理论的核心内容

李嘉图的比较优势论是在斯密绝对优势论的基础上发展起来的。斯密认为由于自然禀赋和后天的有利条件不同,各国均有一种产品生产成本低于他国而具有绝对优势,按绝对优势原则进行分工和交换,各国均获益。李嘉图发展了斯密的观点,认为各国不一定要专门生产劳动成本绝对低(即绝对有利)的产品,而只要专门生产劳动成本相对低(即利益较大或不利较小)的产品,便可进行对外贸易,并能从中获益和实现社会劳动的节约。

李嘉图在阐述比较优势论时,是从个人的情况谈起的。他在《政治经济学及赋税原理》一书的"论对外贸易"一章中讲道:"如果两个人都能制造鞋和帽,其中一个人在两种职业上都比另一人强一些,不过制帽时只强 1/5 或 20%,而制鞋时则强 1/3 或 33%,那么这个较强的人专门制鞋,而那个较差的人专门制帽,岂不是对双方都有利吗?

李嘉图由个人推及国家,认为国家间也应该遵循"两优取其重,两劣取其轻"的比较优势原则进行分工。如果一个国家在两种商品的生产上都处于绝对有利地位,但有利的程度不同,而另一个国家在两种商品的生产上都处于绝对不利的地位,但不利的程度也不同,在这种情况下,前者应专门生产最有利(即有利程度最大)的商品,后者应专门生产其不利程度最小的商品,然后通过对外贸易,双方都能取得比自己以等量劳动所能生产的更多的产品,从而实现社会劳动的节约,给贸易双方都带来利益。

三、李嘉图模型的基本假设条件

李嘉图的贸易思想是建立在一系列假设条件上的,其中基本的假设条件如下。

(1) 每个国家拥有的资源是固定的,每种资源用计量单位计量时,所有单位资源的质量是完全相同的。

(2) 生产要素在一个国家内部各个产业之间可以充分流动。这也同时意味着,每个国家同种生产要素的价格是相同的。

(3) 生产要素在国际间不能流动。因此在贸易前,同一种生产要素的价格在不同的国家里可能是不同的。

(4) 在只有一种生产要素的模型中,生产要素通常是指劳动。商品相对价格的唯一基础就是相对的劳动量。这意味着:生产过程中不使用任何其他的投入,或者生产过程中使用的任何其他投入都能折算成劳动量,或者各种商品生产过程中使用的其他投入的量与劳动量的比是相同的。简单地说,这个假设条件表明:一件用 2 劳动小时生产的商品的价格比另一件用 1 劳动小时生产的商品的价格多 1 倍。

(5) 各个国家的生产技术可能是不同的，但是，无论有没有发生贸易，每个国家的技术水平都是固定不变的。

(6) 商品的生产成本是固定的，也就是说，不管一种商品的产量发生什么变化，每单位商品的劳动时数是不变的。

(7) 每个国家始终处于充分就业的状况。

(8) 国内市场和国际市场都是完全竞争的，没有任何单个的生产者或消费者能够影响市场，也没有政府干预。所有商品的价格都等于他们的边际生产成本。

(9) 商品的成本只计生产成本，其他成本如运输成本等都假设为零。

四、简单的李嘉图模型

李嘉图的贸易思想可沿用两个国家、两种商品、一种生产要素模型表示。在此，我们可以沿用上一节的例子进行说明。假设两个国家是英国和葡萄牙，他们都生产葡萄酒和毛呢两种产品，设单位产品两国所需投入的劳动量，如表2-4所示。

表2-4 比较优势理论示例(分工前)　　　　　　　　　　单位：劳动小时

国　家	1单位葡萄酒	1单位毛呢
英国	120	100
葡萄牙	80	90

由表2-4可知，葡萄牙在生产葡萄酒和毛呢上均具有绝对优势，因为单位产品的劳动投入量均小于相对应的英国劳动投入量。按照斯密的理论，此时不会发生贸易。但是，李嘉图认为在上述情况下仍然可以发生贸易，而且对双方国家均有利。这是因为，对于葡萄牙来说，毛呢的生产成本为英国的0.9，即90/100，而葡萄酒的生产成本为英国的0.67，即80/120，两相比较，葡萄酒的成本相对于英国更低，因而优势更大。就英国来说，葡萄酒的生产成本相当于葡萄牙的1.5倍，毛呢的生产成本相当于葡萄牙的(100÷90)=1.1倍，两相比较，毛呢的生产成本相对低一些，因而具有相对优势，这就是比较成本的意义之所在。接着，李嘉图根据"两优取其重，两劣取其轻"的分工原则指出，葡萄牙应分工生产葡萄酒，英国应分工生产毛呢。这样，两国都能从国际分工中获得好处。分工后的生产情况如表2-5所示。

表2-5 比较优势理论示例(分工后)

国　家	葡萄酒产量(单位)	毛呢产量(单位)
英国	/	(120+100)÷100=2.2
葡萄牙	(80+90)÷80=2.125	/

由表2-5可知，英国用所有的劳动来生产毛呢，共生产出2.2个单位；同样，葡萄牙也用所有的劳动来生产葡萄酒，共产出2.125个单位。可见，尽管两国投入的总劳动量没有

变,但由于实行国际分工,世界总产出增加了。这是比较优势带来的利益。

假设英国用毛呢来换取葡萄牙的葡萄酒,交换比例为1∶1,则交换后的情况如表2-6所示。

表2-6 比较优势理论示例(交换后)

国　家	葡萄酒	毛　呢
英国	1	2.2-1=1.2
葡萄牙	2.125-1=1.125	1

交换后英国拥有1单位葡萄酒和1.2单位毛呢,比没有交换时同时生产两种产品多了0.2单位的毛呢。葡萄牙拥有1.125单位的葡萄酒和1单位的毛呢,比没有交换时同时生产两种商品多了0.125单位葡萄酒。

英国的0.2单位的毛呢和葡萄牙的0.125单位的葡萄酒就是两国贸易后取得的比较优势(Comparative Advantage)。比较优势的关键是比较,也就是两个国家生产两种商品需要投入的劳动时数的比较,或者说两个国家没有贸易时两种产品生产成本的比较。用生产商品需要的劳动时数比较,两个国家同种商品相比较可以得出一个比率,两种商品就有两个比率,其中较小的比率意味着这个国家生产这种商品需要的劳动时数少,或者说劳动生产率较高,生产成本较低,相对价格较便宜。也就是说这个国家生产这种商品具有比较优势。绝对优势(成本)论不是比较两个国家的两种商品,而是单独比较两个国家的一种商品,哪个国家生产这种商品需要的实际劳动时数少,就有绝对优势。

绝对优势(成本)论要求两个国家都有一种商品有绝对优势,相互贸易才对双方有利,所以满足这种条件的贸易机会是十分有限的。比较优势(成本)扩大了贸易机会,令人信服地说明了表2-4中的英国通过贸易也可取得利益,这就是李嘉图的贡献。

五、用生产可能性边界表示的李嘉图模型

在表2-4中,葡萄牙国内葡萄酒和毛呢的交换比率用劳动小时表示为80∶90,用产品的数量表示就是1单位葡萄酒可以换8/9单位毛呢。如果这1单位的葡萄酒可以换英国的1单位毛呢,就等于葡萄牙用80个劳动小时"间接地"生产了1单位毛呢,比葡萄牙用90个劳动小时直接生产1单位毛呢节省了10个劳动小时,这是葡萄牙1个单位商品交换取得的比较利益。

一个国家如何使取得的比较利益极大化?整个分析过程要复杂些。比较利益的多少首先受到生产资源的限制。

假定葡萄牙总的劳动数量为7200小时,按照表2-4中提供的数据,葡萄牙全部生产葡萄酒,可以生产90单位葡萄酒;全部生产毛呢,可以生产80单位毛呢。

生产可能性边界(Production Possibilities Frontier,PPF)表示一个国家用给定的生产资源

生产两种商品的数量组合的所有可能性。由于假设商品的生产成本是固定的，所以图 2-1 中的生产可能性边界都是直线。直线的斜率表示生产两种商品需要的劳动量的比率，也就是没有贸易的情况下国内两种商品价格的比率。

生产可能性边界上的任意一点都表示两种商品数量的一种组合。生产可能性边界上的所有点都具有以下特点：①给定的生产资源全部被有效地使用；②每单位商品都是在当时的技术条件下，充分利用生产资源的前提下生产出来的，每单位商品的边际成本都等于给定的固定成本；③生产资源在不同商品生产之间转移不计成本。

不能满足这些特点的两种商品数量组合的点的位置就会在生产可能性边界的下方，而生产可能性边界上方的任意点都表示一种现有条件无法达到的数量组合。

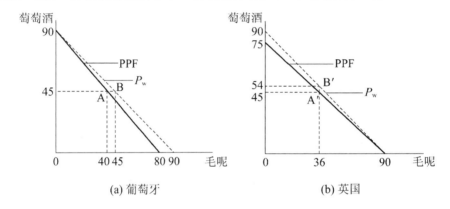

图 2-1 用生产可能性边界表示的李嘉图模型

图 2-1(a)的纵轴表示葡萄酒的数量，横轴表示毛呢的数量。90 单位的葡萄酒和 80 单位毛呢之间的连线就是生产可能性边界。

图 2-1(a)中的 A 点是生产可能性边界上的任意一点，表示两种商品的一种特定的数量组合，即葡萄牙把全部 7200 个劳动小时中 3600 个劳动小时生产 45 单位葡萄酒，另外 3600 个劳动小时生产 40 单位毛呢。

图 2-1(a)中生产可能性边界的斜率为-9/8，意味着每增加 1 单位葡萄酒的产量，就必须减少 8/9 单位毛呢的生产。或者说，每增加 1 单位毛呢的生产，必须减少 9/8 单位葡萄酒的产量。

图 2-1(a)中虚线 P_w 是国际市场上葡萄酒和毛呢的价格比率。P_w 的斜率为-1，表示国际市场上葡萄酒和毛呢的价格为 1∶1，即 1 单位葡萄酒换 1 单位毛呢。这里的价格比率是假定的。生产可能性边界同纵轴的交点是一种特殊的数量组合，是指葡萄牙生产了 90 单位的葡萄酒，而毛呢的产量为零。

如果葡萄牙把 90 单位的葡萄酒中的 45 单位用于消费，另外 45 单位葡萄酒用于交换，按照国际市场上价格的比率可以换到 45 单位的毛呢。而葡萄牙把生产 45 单位葡萄酒的劳动量改为生产毛呢的话,只能生产 40 单位毛呢。葡萄牙得到的比较利益为 5 单位毛呢,即图 2-1(a)中的 AB。简单地说,葡萄牙如果在 A 点生产,在 A 点消费,那么生产等于消费,酒的数量为 45 单位,毛呢的数量为 40 单位。葡萄牙如果生产 90 单位的葡萄酒,通过交换在 B 点消费,就可以多消费 5 单位毛呢。

图 2-1(b)假定英国全部劳动 9000 个小时,按照表 2-4 中提供的数据,如果在生产可能性边界上任意点 A′ 生产,可以生产 45 单位酒和 36 单位毛呢。如果全部生产毛呢,可以生产 90 单位。把其中 54 单位毛呢按 1∶1 的价格比率交换,可以换到 54 单位的葡萄酒,比本国生产多 9 单位的葡萄酒,这是英国取得的比较利益,用 A′B′ 表示。

一个国家怎样才能在既定的条件下,取得最大的比较利益呢?图 2-1 表明,一个国家分工越彻底,贸易量越大,取得比较利益就越多。在图 2-1(a)中,葡萄牙全部生产葡萄酒,把葡萄酒全部换成毛呢,取得最大的比较利益为 10 单位毛呢。在图 2-1(b)中,英国全部生产毛呢,把毛呢全部换成葡萄酒,取得最大的比较利益是 15 单位葡萄酒。

必须指出的是,这里所说的最大比较利益,是在一系列既定条件下,特别是假定在国际市场上两种商品价格比率为 1∶1 的条件下取得的。事实上,商品的价格比率本身是一个需要讨论的问题,对比较利益的大小有直接关系,这将有待进一步探讨。另外,一个国家为了取得最大的利益,必须实行完全的分工,生产的商品必须全部用于交换,这些做法显然与实际情况不相符合。但是,这些并不是李嘉图模型的缺陷,因为结论是在严格的假设条件下推导出来的,要使模型更切合实际,必须放宽假设条件,然后再进行分析。

六、比较优势(成本)理论简评

李嘉图的比较优势理论具有合理、科学的成分和历史进步意义。

首先,比较优势理论比绝对优势理论更全面、更深刻。它的问世改变了过去一些学者关于自由贸易的利益只是来自商品成本绝对低的国家生产的观点,因而具有划时代的意义。比较优势理论揭示了一个客观规律——比较优势定律,它从实证经济学的角度证明了国际贸易的产生不仅在于绝对成本的差异,而且在于比较成本的差异:一国只要按照比较优势原则参与国际分工和国际贸易,即专业化生产和出口本国生产成本相对较低(即具有比较优势)的产品,进口本国生产成本相对较高(即具有比较劣势)的产品,便可获得实际利益。这一理论为世界各国参与国际分工和国际贸易提供了理论依据,成为国际贸易理论的一大基石。萨谬尔森曾给予比较优势的思想极高的评价:"如果理论能够参加选美比赛的话,那么比较优势理论一定能够夺得桂冠。"

其次,比较优势理论在历史上起过重大的进步作用。它曾为英国工业资产阶级争取自由贸易政策提供了有力的理论武器,促进了当时英国生产力的迅速发展,使英国成为"世界工厂",在世界工业和贸易中居于首位。

但是，比较优势理论也存在一些缺陷和问题，并具有一定的历史局限性。主要表现在：李嘉图把比较优势理论建立在一系列简单的假设前提基础上，把多变的经济世界抽象成静止的、均衡的世界，因而是一种静态理论，只能说明短期内贸易利益的问题，无法将开展国际贸易同各个国家的经济增长和发展联系起来；李嘉图的假设前提与现实相去太远；李嘉图未能解决商品的国际交换比例问题；忽略了国际贸易对收入分配的影响，李嘉图虽然偶尔也承认，当各国的生产技术及生产成本发生变化后，国际贸易的格局也会发生变化，但遗憾的是，他并没有进一步阐明这一思想，更没有修正他的理论。问题的存在也为后来的理论发展提出了新的研究方向。

第三节 赫克歇尔-俄林的要素禀赋理论

一、要素禀赋理论产生的背景

要素禀赋理论(Factor Endowment Theory)又称要素比例学说(Factor Proportion Theory)或赫克歇尔-俄林理论(Heckscher-Ohlin Theory)，是当代著名的瑞典经济学家 E. 赫克歇尔(E. Heckscher，1879—1952 年)和 B. 俄林(B. Ohlin, 1899—1979 年)提出来的。这个理论认为，各国资源条件不同，也就是市场要素供给情况的不同，是产生国际贸易的基本原因。

要素禀赋理论的基本论点是赫克歇尔首先提出来的，俄林师承赫克歇尔，创立了要素禀赋理论。1919 年，赫克歇尔在纪念经济学家戴维的文集中发表了题为《对外贸易对收入分配的影响》的著名论文，提出了要素禀赋论的基本论点。他在该论文中，以比较优势理论各项假设为依据，提出了一个问题，即如何解释李嘉图理论中两国比较成本之间的差异？他认为，如果这两个国家之间不存在要素禀赋的差异，在各个生产部门中的技术水平也都一样，再假定不存在任何运输成本，则两国间进行贸易的结果对它们中的任何一国既不会带来利益，也不会带来损失。故而两国间存在比较成本的差异必须有两个前提条件：一个是两国的要素禀赋不同；另一个是两国生产不同商品时使用的要素比例不同。例如，有的产品在其生产过程中使用劳动的比重大，因此是劳动密集型产品；另一些产品在其生产过程中使用资本的比重大，因此是资本密集型产品。在这两个前提下，两国间才会形成比较成本的差异，从而两国才会发生贸易交往。

1929—1933 年，由于西方世界经历了世界上最为严重的经济危机，贸易保护主义抬头，各国都力图对外倾销商品，同时提高进口关税，限制商品进口。对此，瑞典人民深感不安，因为瑞典国内市场狭小，一向对国外市场依赖程度很大。在此背景下，1933 年俄林在哈佛大学出版的名为《区际贸易与国际贸易》的博士论文中，更加深入而广泛地阐述了赫克歇尔的思想，使要素禀赋理论得以成形。在该书中俄林用两个国家、各生产两种产品、使用两种生产要素(劳动和资本)的 2×2×2 模型系统阐述了要素禀赋理论，从而成为国际贸易理论最重要的著作之一。俄林本人也因在这部著作中所作出的开创性研究成果而于 1977 年荣获诺贝尔经济学奖。要素禀赋理论又被称为赫克歇尔-俄林定理或模型(H-O 理论)。

1941 年，P. A. 萨谬尔森(P. A. Samuelson)和斯托尔帕(W. F. Stolper)合著了《实际工资和保护主义》一文，提出了生产要素价格日趋均等化的观点。萨谬尔森还在 1948 年前后发表的《国际贸易和要素价格均衡》《国际要素价格均衡》及《论国际要素价格的均衡》等文中对上述观点作出进一步的论证，建立了要素价格均等化学说，发展了要素禀赋理论。

二、与要素禀赋理论有关的几个概念

1. 生产要素和要素价格

生产要素(Factor of Production)是指生产活动必须具备的主要因素或在生产中必须投入或使用的主要手段。通常指土地、劳动和资本三要素，加上企业家的管理才能称为四要素，也有人把技术知识、经济信息也当作生产要素。要素价格(Factor Price)则是指生产要素的使用费用或要素的报酬。例如，土地租金、劳动工资、资本利息、管理利润等。

2. 要素禀赋和要素丰裕度

要素禀赋(Factor Endowment)是指一国拥有各种生产要素的数量。国家之间生产要素禀赋的差异，并不是指生产要素的绝对量在两个国家不同，而是指各种生产要素的相对量在两个国家不同。要素禀赋是用要素丰裕度来衡量的。要素丰裕度(Factor Abundance)则是指在一国的生产要素禀赋中某要素供给所占比例大于别国同种要素的供给比例，而相对价格低于别国同种要素的相对价格。假设有两个国家 A、B，可以从两个角度来计量一个国家的要素丰裕度。

一种办法是物理量定义法(Physical Definition)，如果两国资本——劳动的禀赋比例分别为 K_A/L_A 和 K_B/L_B，而且有 $K_B/L_B > K_A/L_A$，就可以认为相对于 A 国而言，B 国是资本丰裕型国家；相对于 B 国而言，A 国是劳动力丰裕型国家。即 A 国劳动力丰裕而资本稀缺，B 国资本丰裕而劳动力稀缺。几何图示如图 2-2 所示。

在 E_A 点，A 国拥有资本总量为 K_A，劳动总量为 L_A，相对量为 K_A/L_A。

在 E_B 点，B 国拥有资本总量为 K_B，劳动总量为 L_B，相对量为 K_B/L_B。

由于假设有 $K_B/L_B > K_A/L_A$，所以图中 OE_B 斜率大于 OE_A 斜率。OE_B 斜率值与 OE_A 斜率值分别为 A、B 两国的要素禀赋状况。

另一种办法是价值定义法(Price Definition)，在 A、B 两个国家中资本要素价格为 r，劳动要素价格为 w，如果两国的工资利率比分别为 r_A/w_A 和 r_B/w_B，而且有 $r_A/w_A > r_B/w_B$，就可以认为相对于 A 国而言，B 国是资本丰裕型国家；相对于 B 国而言，A 国为劳动丰裕型国家。

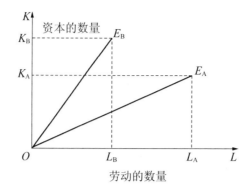

图 2-2 要素丰裕度

仅仅从生产要素供给角度而言,物理量定义法是一种相对的数量关系,而价格定义法则受要素市场供求的影响。对生产要素的需求主要有两个影响因素:一是生产技术的变化会使生产一个单位的商品所需要的生产要素量发生变化;二是消费偏好变化会使消费商品数量改变,从而使生产商品所需要的生产要素量发生变化。如果假定两国的生产技术和消费偏好相同,那么要素禀赋的两种计量方法的关系就是明确的。比如,B 国 K/L 大于 A 国 K/L,则必定有 B 国的 r/w 小于 A 国的 r/w,即 B 国无论从哪种方法计量都是资本丰裕型国家。如果两国生产技术或消费偏好不同,运用不同定义得出的国家的要素丰裕情形将不一致。

3. 要素密集度和要素密集型产品

要素密集度(Factor Intensity)是指生产某种商品所投入的两种生产要素的配合比例。要素密集度主要通过两种产品中投入的生产要素比,如资本/劳动比率比较而定,与生产要素的绝对投入量没有关系,是一个相对的概念。一般来说,如果某一要素投入比例大,可以称该产品为要素密集程度高,并根据产品生产过程中投入比例最高的要素种类不同,将产品分为若干种类型。例如,生产纺织产品投入劳动比例最大,则称之为劳动密集型产品;生产电子产品,资本投入比例最大,则称之为资本密集型产品。

假设两种产品 X、Y,使用两种生产要素资本 K 和劳动 L,其生产中所使用的资本/劳动的投入比例分别为 K_X/L_X 和 K_Y/L_Y。如果有 $K_Y/L_Y < K_X/L_X$,就可以称 X 产品为资本密集型产品(K-intensive),Y 产品为劳动密集型产品(L-intensive)。

如果 X、Y 商品的生产采用的都是固定要素比例的生产技术,那么在任何情况下,X、Y 产品的生产资本/劳动的投入比例保持不变。此时,X、Y 商品的要素密集度可以直接比较 K_X/L_X 和 K_Y/L_Y 来确定。然而,对于绝大多数产品,其生产的要素配合比例是可变的,资本和劳动在生产过程中可以相互替代。资本和劳动的相互替代关系要受资本和劳动的价格影响,即利率 r 和工资率 w。

图 2-3 表示了两种生产要素生产一种产品的组合情况。Q_1、Q_2、Q_3 表示等产量线。沿

着 Q_1 曲线上的所有的点的组合能实现在 Q_1 的产量水平。A 点要素投入比例为(K_1,L_1)，B 点要素投入比例为$(K_2、L_2)$[①]。

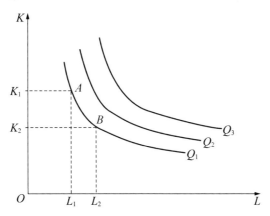

图 2-3　等产量线与边际技术替代率

生产者可以选择曲线上的任意一点生产。从生产技术角度讲，K_1K_2 的资本量和 L_1L_2 的资本量是可以相互替代的，不会影响产出数量。

产量水平 $Q_1<Q_2<Q_3$，离原点越远产量越大。等产量线是建立在要素可以相互替代的假设基础上的。在维持产量不变的前提下，一种要素增加要求另一种要素减少的数量称之为边际技术替代率。如图 2-3 由 A 点到 B 点，劳动增加ΔL(即 L_1L_2)，则资本减少 ΔK(即 K_1K_2)，此时产量保持 Q_1 水平不变。$MRTS_{LK}=-\Delta K/\Delta L$，当 ΔL 趋于 0 时，$MRTS_{LK}=-dK/dL$，此时边际技术替代率等于等产量线上定点的斜率绝对值。

按照生产要素最优组合原则，当产量既定时，生产者按要素价格的比例来选择要素组合点，即 $MRTS_{LK}=w/r$。

Q_X、Q_Y 分别为 X、Y 产品的等产量线，其中 Q_X 更偏向于 K 坐标轴，Q_Y 更偏向于 L 坐标轴。在 r 和 w 既定的条件下，厂商选择等成本线与等产量线的切点为最佳组合点[②]，即 $MRTS_{LK}=w/r$，两条等成本线(平行线)斜率为$-w/r$，分别与等产量线 Q_X、Q_Y 相切于 A、B 两点。此时，X、Y 产品的要素投入比例为 K_X/L_X 和 K_Y/L_Y，且 $K_X/L_X>K_Y/L_Y$，由图 2-4 可以看出 OK_X 线比 OK_Y 线陡峭，更偏向于资本坐标轴。可以确定 X 为资本密集型产品，Y 为劳动密集型产品。如果 w、r 改变，等成本线相应改变，如斜率为$-w'/r'$，则均衡点改变为 A'、B' 点，此时判断依据和结论同上。

---

① [美]斯蒂格利茨. 经济学(上册)[M]. 北京：中国人民大学出版社，1997
② [美]斯蒂格利茨. 经济学(上册)[M]. 北京：中国人民大学出版社，1997

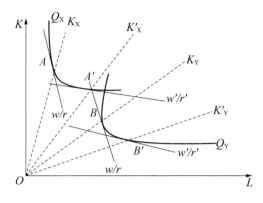

图 2-4　要素密集度

三、要素禀赋的基本假设条件

(1) 2×2×2 假定：贸易中只有两个国家(A 国与 B 国)、两种商品(X 与 Y)、两种生产要素(劳动与资本)。做这一假设的目的就是为了用一个二维的平面图来说明这一理论。当这一假设被放松后(即研究更为现实的多个国家、多种商品、多种要素)理论模型的基本结论也不会发生根本性改变。

(2) 技术相同假定：两国在生产中都使用相同的技术。意味着如果要素价格在两国是相同的，两国在生产同一种商品时就会使用相同数量的劳动和资本。由于要素价格通常是不同的，因此各国的生产者都将使用更多的低价格要素以降低生产成本。

(3) 要素密集度假定：在两个国家中，商品 X 都是劳动密集型产品，商品 Y 都是资本密集型产品。由于两个国家生产同种产品的技术相同，生产函数相同，所以同种商品在两个国家的密集度是相同的。不存在"生产要素密集度逆转"，即在一国是劳动密集型产品，在另一国也是劳动密集型产品，或者说，如果一定的资本劳动比例在一国生产出一定数量的某种产品，那么在另一国也不会有任何改变。这一假定是出于分析简化的考虑，并不意指他们否认技术差别的存在。

(4) 规模收益不变假定：在两个国家中，两种商品的生产都是规模报酬不变的。意味着增加生产某一商品的劳动和资本投入会带来该商品的产量的同一比例的增加。例如，如果在生产商品 X 时增加 10%的劳动和资本投入，X 的产量也会增加 10%。如果劳动和资本投入增加 1 倍，X 的产量也会增加 1 倍。对于 B 国生产的商品也是一样。

(5) 两国不完全分工假定：两国在生产中均为不完全分工。表明即使在自由贸易的条件下，两国也要继续生产两种商品。这一假设也表明两国都不是"很小"的国家。

(6) 消费者偏好相同假定：两国需求偏好相同。表明由无差异曲线的位置和形状所反映的需求偏好在两国是完全相同的。也就是说，如果两国的相对商品价格是相同的，两国消费 X 和 Y 的比例是相同的。

(7) 完全竞争假定：在两个国家中，两种商品与两种要素市场都是完全竞争的。表明没有任何单个的生产者和消费者能够左右商品的价格，也没有任何单个的厂商或要素的拥有者能够决定要素市场的价格。完全竞争也意味着在长期内，完全竞争市场商品的价格等于生产商品的边际成本，同时等于商品的边际收益。

(8) 要素流动性假定：在一国内，要素可以自由流动，但要素不能在国际间自由流动。表明劳动和资本可以自由、快速地从低收入的地区和产业流向高收入的地区和产业，直到该国各个地区和产业同类劳动和资本的收益相当为止；同时，国际间要素流动为零，不存在国际贸易的情况下，国际要素收入差异将会永久存在。

(9) 自由贸易假定：没有运输成本、没有关税或影响国际贸易自由进行的其他壁垒。说明在贸易存在的条件下，当两国的相对(或绝对)商品价格完全相等时，两国的生产分工才会停止。如果存在运输成本和关税，则当两国的相对(或绝对)价格差不大于每单位贸易商品关税和运输成本时，两国的生产分工就会停止。

(10) 资源充分利用假定：两国资源均得到了充分利用。表明在两国中均不存在未被利用的资源和要素。

(11) 两国贸易平衡假定：两国的贸易是平衡的。意味着每一国的总进口额等于其总出口额。

四、要素禀赋的基本内容

从上述的基本假设出发，我们可以这样表述赫克歇尔-俄林定理(Hechscher-Ohlin Theorem)：即一国或地区应当出口该国相对丰裕和便宜的要素密集型的商品，进口该国相对稀缺和昂贵的要素密集型的商品。简而言之，劳动相对丰裕的国家应当出口劳动密集型的商品，进口资本密集型的商品。在所有可能造成国家之间相对商品价格差异和比较优势的原因中，赫-俄定理认为各国的相对要素丰裕度或称要素禀赋是国际贸易中各国具有比较优势的基本原因和决定因素。正是因为这个原因，赫-俄定理又常被称为要素比例或要素禀赋理论(Factor-Proportions or Factor-Endowment Theory)。

1. 生产可能性边界

新古典主义的等产量线是一条严格凸向原点，连续可导的光滑曲线。如图 2-5 所示，等产量线斜率为负，曲线从左上方向右下方倾斜。

新古典等产量线的性质表明在产品生产过程中，两种生产要素 K、L 的使用是可以相互替代的。

如果 K、L 不能相互替代，而必须具备固定的生产比例关系，则等产量线为一条带有拐点，并凸向原点的 L 形曲线，如图 2-5 所示的虚线 Q_1'、Q_2'。将两种产品的等产量线共同置于一个埃奇渥斯(Edgeworth)方盒中，如图 2-6 所示，可以得到一条向下弯曲的、由左下方向右上方倾斜的曲线，即契约线。

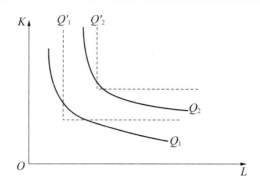

图 2-5 等产量曲线的不同形式

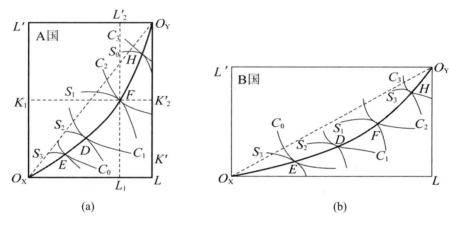

图 2-6 埃奇渥斯方盒

X 产品的坐标原点在左下角，Y 产品的坐标原点在右上角。假定一国生产要素禀赋既定，O_XL 的长度表示可供劳动总量，O_YL 的长度表示可供资本总量。A 国为资本丰裕国家，B 国为劳动丰裕国家。方盒中对角线(虚线)的斜率，实际上反映了一个国家的要素禀赋特征，即 K/L 的值，$K_A/L_A > K_B/L_B$。在两个国家中，埃奇渥斯方盒中的任意一点表示该国拥有的生产要素在两种产品生产中的分配。例如，F 点表示 X 产品要素投入组合为(K_1、L_1)、Y 产品的要素投入组合为(K_2'、L_2')。在 A、B 两个国家，X 产品都是劳动密集型产品，Y 产品都是资本密集型产品。在这里，要素密集度是一个相对的概念，与投入的绝对量没有关系。比如一个单位的 X 产品要素投入组合为(1、2)，一个单位的 Y 产品要素投入组合为(1、3)。尽管 X 产品本身生产要素投入中资本大于劳动，按照要素密集度界定，X 产品被认为是劳动密集型产品。

在埃奇渥斯方盒中，两个产品等产量线的交点 E、D、F、H 为帕累托有效点。把无数个这样的均衡点连接起来，就可以得到一条向下弯曲的、向右上方倾斜的曲线，即契约线。契约线表示为帕累托最优均衡点的连线，曲线上任何一点都意味着经济资源处于最有效的配置状态。研究契约线，可以得到各国特定禀赋条件下的生产可能曲线。

生产可能性曲线如图 2-7 所示，与等产量线一样，连续可导，是一条严格凹向原点的曲线，如图 2-8 所示。图 2-7 中 Y_{max} 点表示全部资源运用于 Y 产品的生产，相当于埃奇渥斯方盒中图 2-6 的 O_X 点。X_{max} 点表示全部资源用于 X 产品的生产，相当于埃奇渥斯方盒中图 2-6 中 O_Y 点。

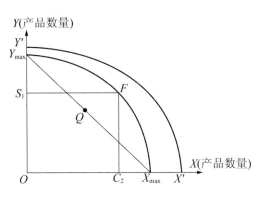

图 2-7 生产可能性曲线　　　　图 2-8 A、B 两国的生产可能性曲线

F 点相当于埃奇渥斯图 2-6 中的 F 点，其产量组合分别为 X 产品为 C_2，Y 产品为 S_1。Q 点相当于埃奇渥斯图中的对角线上的一个点，对角线上的点意味着要素在两种产品生产上的分配是均等的，而不是按照两种产品的要素密集程度不同来进行安排。根据赫克歇尔-俄林模型的假设和前面的埃奇渥斯图，我们知道在分析中，Y 产品是资本密集型产品，X 产品是劳动密集型产品。因此在埃奇渥斯方盒图 2-6 中契约线 EDFH 向 O_X 轴倾斜。埃奇渥斯方盒(图 2-6)中的对角线上的点表明 X 和 Y 产品的要素密集度相等。在要素可以相互替代的前提下，只要生产的均衡点是根据要素密集度不同来进行分配的，那么生产的均衡点总是处于 Y_{max} 与 X_{max} 连接的直线之外，即生产可能性曲线总是凹向原点。当一种生产要素增加，生产可能性会有偏向的扩展，如劳动供给的增加使 Y_{max} 与 X_{max} 扩大为 $Y'X'$，对于劳动密集型的 X 产品生产的扩大要高于 Y 产品生产的扩大。

在图 2-8 中将 A、B 两国的生产可能性曲线共同置于一个图中。AA' 代表 A 国的生产可能性曲线，BB' 代表 B 国的生产可能性曲线。

A 国的生产可能性边界比 B 国更偏向于 X 坐标轴，B 国更偏向于 Y 坐标轴。即资本相对丰裕的 B 国生产的可能性边界更偏向资本密集型产品，劳动丰裕的 A 国的生产可能性边界更偏向于劳动密集型产品。因此，在生产技术条件相同时，两国生产要素禀赋的差异，将导致两国生产可能性边界的差异。资本丰裕的国家在资本密集型产品上的相对供给能力较强，劳动丰裕的国家在劳动密集型产品上的相对供给能力较强，即 A 国在 X 产品上的供给能力高于 B 国，B 国在 Y 产品上的供给能力高于 A 国。

2. 赫克歇尔-俄林定理

在封闭的条件下，两国要素禀赋的差异将引起生产可能性边界的差异，进而导致相对供给的差异。两国相对供给的差异将导致两国相对价格的差异。

图 2-9 表示在贸易前两个国家在封闭条件下的均衡状况。AA' 代表 A 国的生产可能性曲线，BB' 代表 B 国的生产可能性曲线。各自对应的社会无差异曲线为 I_1 和 I_2。两个国家都根据本国的社会需求偏好和生产成本，选择均衡点。在两国消费者偏好相同条件下，无差异曲线形状相同。A 国均衡点为 E_A，B 国均衡点为 E_B。A、B 两国在封闭条件下的相对价格差异由无差异曲线与生产可能性边界曲线相切来决定。A 国国内 X、Y 产品价格比为 $(P_X/P_Y)_A$，即图示中的相对价格线 P_A；B 国国内 X、Y 产品价格比为 $(P_X/P_Y)_B$，即图中的相对价格线 P_B。无差异曲线与生产可能性边界切线 P_A 与 P_B 的斜率值分别为 $(P_X/P_Y)_A$ 和 $(P_X/P_Y)_B$。P_A 的斜率小于 P_B 斜率，两国产品的相对价格 $(P_X/P_Y)_A < (P_X/P_Y)_B$。因此，A 国在 X 产品上具有相对优势，B 国在 Y 产品上具有相对优势，即劳动丰裕的国家在劳动密集型产品的生产上具有相对优势，而资本丰裕的国家在资本密集型产品上具有相对优势。

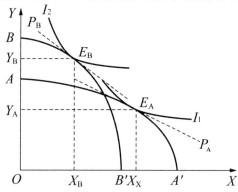

图 2-9 封闭条件下的均衡

图 2-10 表示自由贸易条件下两国的均衡状况。在封闭的条件下，两国的要素禀赋差异导致了产品的相对价格差异。在自由贸易条件下，由于 B 国市场 X 产品的价格高于 A 国，A 国将出口 X 产品到 B 国，同样，B 国也将出口 Y 产品到 A 国。即 A 国进口 Y 产品，B 国进口 X 产品。A、B 两国自由贸易会使同一产品的相对价格趋于一致，两国将面对相同的国际均衡价格 P(international)。

图 2-10 中两条 P_i 价格线平行，表示两国面对相同的国际均衡价格(均衡的国际贸易条件)。国际均衡价格 P_i 必然位于 $(P_X/P_Y)_A$、$(P_X/P_Y)_B$ 之间，比图 2-9 中的相对价格线 P_A 陡峭，比相对价格 P_B 平坦。在国际贸易中，A 国出口 X 产品，进口 Y 产品，B 国正好相反。此时，两国的均衡点由原来没有发生国际贸易时的 E_A、E_B 转移到 E'_A、E'_B。E'_A 与 E_A 相比，X 的产量增加，Y 的产量减少，均衡点下移。同理，B 国的均衡点上移到 E'_B。贸易条件形成后，两国的消费组合为 C_A、C_B 点，对应的无差曲线为 I'_1、I'_2，两国福利提高。对于新

的均衡点，A 国出口量为 $O_AE'_A$，进口量为 O_AC_A，形成 $O_AC_AE'_A$ 贸易三角形；B 国出口量为 $O_BE'_B$，进口量为 O_BC_B，形成 $O_BC_BE'_B$ 贸易三角形。

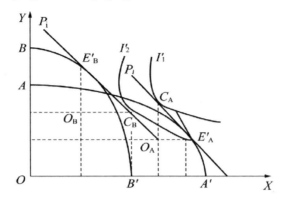

图 2-10　自由贸易条件下的均衡

A 国为劳动丰裕国家，X 为劳动密集型产品，A 国出口 X 产品进口 Y 产品。B 国为资本丰裕国家，Y 产品为资本密集型产品，B 国出口 Y 产品进口 X 产品。结论：A、B 两国在封闭条件下，资源禀赋差异导致供给能力差异，进而引起相对价格差异。价格差异是两国发生贸易的直接原因。开展自由贸易后，一个国家会出口密集使用其要素丰裕的产品，进口密集使用其要素稀缺的产品，这就是赫-俄定理。

五、要素价格均等化定理

赫克歇尔-俄林理论认为，封闭条件下产品的相对价格差异导致国际贸易的发生。随着贸易的开展，产品的相对价格不断调整，贸易参加国内的相对价格等于均衡价格，密集使用丰裕要素的产品，相对价格会因为出口的增加而上升，密集使用稀缺要素的产品，价格会因进口而下降，两个国家两种产品的价格最终会趋于一致。

产品价格的变化对要素价格的变化有重要影响。国际贸易可能导致要素价格均等化的论点首先由赫克歇尔提出。俄林则认为，虽然各国要素缺乏流动性，使世界范围内要素价格相等的状态不能实现，但是商品贸易可以部分代替要素流动，弥补缺乏流动性的不足，因此，国际贸易使要素价格存在均等化的趋势。萨谬尔森于 1948 年发表了《国际贸易与要素价格均等化》一文，在赫克歇尔-俄林定理的基础上，考察了国际贸易对生产要素价格的影响，论证了自由贸易将导致要素价格均等化(The Factor-Price Equalization Theorem)，该理论被称之为赫克歇尔-俄林-萨谬尔森定理(H-O-S 定理)。萨谬尔森认为，在完全竞争和技术不变的条件下，产品的价格等于其边际成本($P=MC$)，边际成本由生产要素投入的数量和价格决定。国际贸易改变了产品的相对价格，必然也将改变生产要素的相对价格。自由贸易将带来国际同质生产要素相对和绝对的价格均等。

如图 2-11 所示，Q_X、Q_Y 分别为 X、Y 产品的等产量线，Q_X 更偏向于 L 坐标轴，Q_Y 更偏向于 K 坐标轴。K_X、K_Y 分别代表 X、Y 产品使用的要素的比例。按照要素密集度定义，可以确定 X 是劳动密集型产品，Y 是资本密集型产品。P 为相对价格线 w/r，P'为变动后的相对价格线$(w/r)'$。A、B、A'、B'为相应情况下的最优组合点。当价格 P 变动为 P' 时，表示 $w/r > (w/r)'$，劳动的相对价格上升，资本的相对价格下降。此时，等产量线与相对价格线切点改变 A'、B'，K'_X、K'_Y 为新的价格下的要素使用比例。K'_X 比 K_X 更陡峭，X 产品的资本密集程度提高；K'_Y 比 K_Y 更陡峭，X 产品的资本密集度提高。虽然，两种商品的资本密集度增加，按照赫-俄模型的假设，X 产品仍为劳动密集型，Y 产品仍为资本密集型。正如图 2-11 所示，K'_X 仍更接近 L 坐标轴，K'_Y 仍更接近 K 坐标轴。

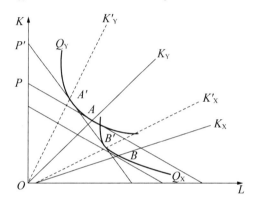

图 2-11　要素价格与要素密集度

假定 A 国劳动丰裕、资本稀缺，贸易前工资与利率相比，前者较低，A 国出口 X 产品，进口 Y 产品。B 国劳动稀缺、资本丰裕，贸易前利率相对工资率较低，B 国出口 Y 产品，进口 X 产品。随着两国贸易的展开，A 国 X 产品的产量增加，Y 产品的产量减少；B 国则相反，Y 产品的产量增加，X 产品的产量减少。生产的变化导致对生产要素需求的变化，A 国对劳动要素需求增加，工资率上升，对资本的需求下降，利率随之下降；B 国则对资本的需求上升，利率上升，对劳动的需求下降，工资率随之下降。

如图 2-12 所示，表示 A 国等产量线 Q_X 偏向于 L 轴，A 国劳动丰裕；B 国等产量线 Q_Y 偏向于 K 轴，B 国资本丰裕。按照要素禀赋论假定，两国生产函数相同，两国的等产量线无差别。Q_X、Q_Y 曲线分别表示 X、Y 产品在两国的单位价值等产量线，$K_B L_B$、$K_A L_A$ 分别为两国等成本线，表明贸易前用于购买资本和劳动的支出。$OL_A > OK_A$，$OL_B > OK_B$。

A、B 两国经过自由贸易，已形成均衡贸易价格水平。A 国出口 X 产品，B 国出口 Y 产品。两国对本国丰裕要素的需求随出口而增长。在供给不变的情况下，需求的增长将改变要素的相对价格，两国要素价格差异将不断缩小。自由贸易的持续开展，直至将两国要素价格拉平为止。$K_B L_B$、$K_A L_A$ 等成本线发生旋转，直到与 $K_W L_W$ 重合，即两国面临同一等成本线，要素价格趋于一个共同的水平。

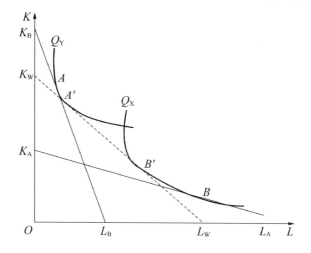

图 2-12 两国自由贸易后要素价格相等

要素价格均等化定理：在均衡的条件下，两国商品贸易的绝对价格和相对价格相等，由于两国具有相同的生产函数，生产要素同质，因此，两国商品的绝对成本和相对成本相同，两国的国内生产要素的相对价格必然相同。

六、斯托珀-萨缪尔森定理

斯托珀-萨缪尔森定理(The Stolper-Samuelson Theorem)认为：在一国不存在完全专业化和要素密集度逆转的条件下，商品价格的变化将影响生产要素价格的变化。某一商品相对价格的上升，将导致该商品密集使用的生产要素的实际价格或报酬提高，而另一种生产要素的实际价格或报酬则下降。

由斯托珀-萨缪尔森定理，立即可以引申出另一项重要结果：国际贸易会提高该国丰富要素所有者的实际收入，降低稀缺要素所有者的实际收入。这是因为商品相对价格上升，则这种商品产量增加，对密集使用的生产要素的需求增加，在生产要素供给量既定的条件下，这种密集使用的生产要素的价格将上升。而其他商品的相对价格下降，商品产量减少，对密集使用的生产要素的需求减少。在生产要素供给量既定的条件下，这种密集使用的生产要素的价格将下降。由于要素价格就是要素所有者的报酬，因此斯托珀-萨缪尔森定理也揭示出商品价格变动和收入分配之间的关系。这一结果的重要含义是，国际贸易虽然改善了一国整体的福利水平，但并不是对每一个人都是有利的，因为国际贸易会对一国要素收入分配格局产生实质性影响。

七、罗伯津斯基定理

各国的生产要素禀赋不是固定不变的，一般会随着时间推移而发生变化。一般而言，如果资本和技术积累较快，而劳动力增长较慢，则土地和资源的增长更慢且有限。罗伯津斯基定理(Rybczynski Theorem)阐述了一国生产要素禀赋的变化对该国产出及国际贸易的影响。

罗伯津斯基定理认为，如果商品的相对价格保持不变，某种生产要素的增加，将使密集使用该要素的商品产量增加，使密集使用其他生产要素的商品产量减少。举例来说，一国资本的增加会使资本密集型产品的生产增加，同时会减少劳动密集型产品的生产。因为资本的增加可使资本的成本降低，并且资本密集型产品成本降低的程度大于劳动密集型产品，因为资本密集型产品使用资本比例大，价格下降明显。利润的增长促使资本密集型产品生产扩张，由于资本密集型产品生产的增加需要增量劳动要素的配合，这样劳动密集型产业中的一部分劳动就会转移到资本密集型产业，从而导致资本密集型产品生产增加的同时，劳动密集型产品生产在减少。

八、赫克歇尔-俄林要素禀赋理论简评

赫克歇尔-俄林的要素禀赋论，比李嘉图的比较优势理论从体系上更加完整、全面，是在比较优势论基础上的一大进步，有其合理的成分和借鉴意义。

赫克歇尔-俄林的要素禀赋论，正确指出了生产要素拥有状况在各国对外贸易中的重要地位，指出了在各国对外贸易竞争中，土地、劳动力、资本、技术等要素的结合所发挥的重要作用。他们研究所得出的结论有一定的实用价值。例如，关于国家间商品相对价格的差异是国际贸易的直接原因。一国某种生产要素丰富，要素价格低廉，出口该要素密集型产品具有比较优势；某种生产要素稀缺，要素价格昂贵，进口这种要素密集型产品对本国有利，出口这种要素密集型产品则没有比较利益，这些观点或结论既有理论意义，也有政策意义。

但是，赫克歇尔-俄林的要素禀赋理论也有明显的局限性。要素禀赋理论所依据的一系列假设条件都是静态的，忽略了国际国内经济因素的动态变化，使理论难免存在缺陷。就技术而言，现实是技术不断进步，而技术进步能使老产品的成本降低，也能产生新产品，因而会改变一国的比较利益格局，使比较优势产品升级换代。另外，赫克歇尔-俄林的要素禀赋理论只能用来解释要素禀赋不同国家间的分工与贸易行为。按照他们的理论，国际贸易应发生在要素禀赋不同的工业国与产品生产国之间，国家之间要素禀赋差异越大，贸易机会就越多，贸易利益越明显。但当代国际贸易的一个重要特点是，大量贸易发生在要素禀赋相似、需求格局接近的工业国之间。

在赫克歇尔-俄林的要素禀赋理论的基础上，许多经济学家进一步分析了贸易对商品价格、要素价格及收入分配、产出与贸易模式的影响，同时逐步放松两要素-两产品分析假定，丰富和完善了要素禀赋理论。

第四节 里昂惕夫之谜

里昂惕夫(W. Leontief，1906—1999)是美国著名经济学家，投入-产出经济学的创始人，第四届诺贝尔经济学奖获得者。里昂惕夫的代表作为《投入产出经济学》，该书收录了他从1947年到1965年公开发表的11篇论文，其中有两篇主要研究国际贸易，即《国内生产与对外贸易：美国地位的再审查》(1953年)和《要素比例和美国的贸易结构：进一步的理论和经济分析》(1956年)。

下面主要介绍里昂惕夫对赫克歇尔-俄林要素禀赋理论的检验。

一、对要素禀赋理论的检验——里昂惕夫之谜

里昂惕夫于1953年利用美国投入产出模型计算了1947年美国的贸易结构，对赫克歇尔-俄林的理论进行了实证分析。其中，他将生产要素分为两类：资本和劳动。对200多个部门进行了分析，再整合为50多个产业部门，其中有38个部门和国际贸易有关。计算出百万元的进口商品和出口商品的资本和劳动投入，其中美国的进口是利用美国的进口替代产业的资料计算的，如表2-7所示。

表2-7 美国每百万美元进出口商品需要的资本和劳动

项　目	生产要素的种类和单位	出口产品	进口产品	进口产品/出口产品
1947年投入产出和贸易结构	资本($)	2 550 789	3 091 339	
	劳动(人年)	182	170	
	资本/劳动	14 100	18 180	1.30
1951年投入产出和贸易结构	资本($)	2 256 800	2 303 400	
	劳动(人年)	174	168	
	资本/劳动	12 977	13 726	1.06
1958年投入产出和贸易结构	资本($)	1 876 000	2 132 000	
	劳动(人年)	131	119	
	资本/劳动	14 200	18 000	1.27

(资料来源：[美]W. Leontief (1953), "Domestic Production and Foreign Trade: The American Capital Position Reexamined", in J. Bhagwati ed. International Trade: Selected Readings. 转引自薛敬孝等. 国际经济学[M]. 北京：高等教育出版社，2000年版，第65页；[美]罗伯特·鲍尔德温. 美国贸易中商品结构的决定因素. 转引自尹翔硕. 国际贸易教程[M]. 上海：复旦大学出版社，2001年版，第87页)

根据1947年的统计资料，美国生产进口替代产品时，每单位劳动力所使用的资本数量是生产出口商品的1.3倍，即美国进口产品的资本/劳动比率要大于出口产品的资本/劳动比

率。里昂惕夫因而得出与要素禀赋论相反的结论:"美国参加国际分工是建立在劳动密集型生产专业化的基础上,而不是建立在资本密集型生产专业化基础上。"1956年,里昂惕夫在《要素比例和美国结构:理论经验再分析》一文中,运用1951年的统计数据,对美国贸易结构进行了第二次调查,其结果肯定了第一次调查的结论,美国生产进口替代商品时,每个劳动力所使用的资本数量是生产出口商品的1.06倍。然而,按照第二次世界大战后初期美国要素禀赋状况,美国明显属于资本相对充裕,劳动相对稀缺的国家。按照要素禀赋理论,它的出口应以资本密集型产品为主,进口以劳动密集型产品为主。何以出现如此大的反差?里昂惕夫的惊人发现,引起了经济学界的极大关注,他的这项研究被称为"里昂惕夫之谜"或"里昂惕夫悖论"(Leontief Paradox)。

对于这种矛盾现象的出现,里昂惕夫本人也觉得难以置信,他曾反思自己没有认真评估美国的要素禀赋,想当然地假设美国是资本丰裕的国家。对此,他从有效劳动(Effective Labor)角度作出如下解释:由于劳动素质各国不同,在同样的资本配合下,美国的劳动生产力约为他国(如意大利)的3倍。因此,以他国作为衡量标准,则美国的有效劳动应是现存劳动量的3倍。从有效劳动数量看,美国应为(有效)劳动相对丰裕的国家,而资本在美国则成为相对稀缺的要素。这样一来,上述矛盾现象,即里昂惕夫之谜也就不存在了。

二、对里昂惕夫之谜的不同解释

对里昂惕夫之谜的解释成为国际贸易理论发展的契机。对里昂惕夫之谜的解释可以分为三种:第一种是从要素禀赋和要素密集度入手进行解释;第二种是从H-O理论的假设入手,说明假设如果不成立,则理论不能成立;第三种则是在H-O理论的框架以外进行的。

1. 要素密集度逆转

在赫克歇尔-俄林理论假定中,对于要素密集度,假设两种商品的要素密集度不同,同种商品在两个国家密集度相同,没有要素密集型转变的情况。严格的假设条件限制了理论的实际适用。如果同种产品在两个国家的要素密集度不同,赫-俄定理就难以成立。要素密集度逆转(Factor Intensity Reversal)是指同一种产品在资本丰裕的国家是劳动密集型产品的情况。如果两种商品的替代弹性有较大差异时,要素相对价格变化,就将发生要素密集度逆转的现象。即在某些要素价格下,X产品是资本密集型的,Y产品是劳动密集型的;而在另一些要素价格下,X产品却又是劳动密集型的,而Y产品是资本密集型的。

如图2-13所示,由于X的生产要素替代弹性比Y的要素替代弹性小,即X等产量曲线的弯曲程度小于Y等产量曲线的弯曲程度,因此,X、Y的等产量曲线有两个交点。

当要素相对价格如图2-13所示的P_1线时,$K_X=(K/L)_X>K_Y=(K/L)_Y$,即X的要素密集度大于Y;但当要素相对价格如图2-13所示的P_2线时,$K'_X<K'_Y$,即X的要素密集度小于Y。所以,当要素相对价格由P_1变为P_2时,两个产品的要素密集度发生了逆转。

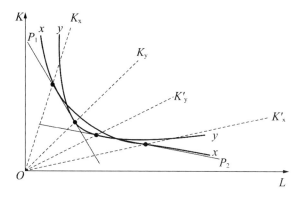

图 2-13 要素密集度逆转

当存在要素密集度逆转时，同样一种产品，虽然两国生产函数形式相同，但在两国不同的要素价格下，可能属于不同类型。例如，封闭条件下 X 在 A 国是资本密集型的，但在 B 国却可能是劳动密集型的。这样一来有可能发生这样情形：资本丰裕的国家可比较廉价地生产某种资本密集型商品，而在劳动丰裕的国家，也可以比较廉价地生产同样一种产品，因为该产品在劳动丰裕的国家是劳动密集型的而不是资本密集型。在这种情形下，两个国家就无法进行国际分工与贸易了。

在现实中，由于不同地方生产要素间的替代弹性可能互不相同，因此，要素密集度逆转现象可能存在。而且现实中商品的种类远不止两种，因此即使存在某些要素密集度逆转现象，贸易仍可进行。如果考虑到要素密集度逆转现象，则里昂惕夫之谜也就不难解释。因为里昂惕夫是根据美国的技术条件来测算进口商品在他国生产时的要素密集度，但在要素密集度逆转存在的情况下，这可能会造成误会。例如，美国的农业生产机械化程度很高，属于典型的资本密集型，但在其他一些落后国家，农业生产则是一种典型的劳动密集型生产。因此以美国自身的情形来衡量其进口产品在生产中的要素密度，可能不能真实地反映国际贸易中蕴含在商品中的要素比例。

2. 要素需求逆转

在赫克歇尔-俄林理论中，假设两国消费者对两种商品偏好相同，所以，对国际贸易原因的考察剔除了需求方面的影响，仅仅考虑要素禀赋差异。但是，在实际贸易活动中，供求双方都会对国际贸易产生影响。如果一国对于某一种商品享有生产上的比较优势，而且其国民在消费上特别偏好该商品时，将会使得原来依据 H-O 原理决定的进口方向发生改变，即发生了需求逆转(Demand Reversal)。

图 2-14 描述了需求逆转对国际贸易可能产生的影响。在生产上，A 国由于资本相对丰裕，所以在资本密集型产品 X 上具有比较优势，B 国则在劳动密集型产品 Y 上具有比较优势；而在消费上，假设 A 国特别偏好 X 商品，B 国特别爱好 Y 商品，若仅依据 H-O 定理，A 国将出口 X，B 国将出口 Y。但事实上因需求逆转的原因，A 国在封闭条件下 X 商品的

相对价格 P_A 反而高于 B 国的水平 P_B，所以开放后，A 国反而进口 X 商品，B 国反而进口 Y 商品。在这种情况下，我们看到比较优势与比较成本优势不再是一致的，需求方面的影响超过了生产(成本)方面的影响。基于需求逆转，里昂惕夫之谜可以这样解释：虽然美国的资本比较充裕，但如果在美国消费者的消费结构中，资本密集型商品(以制成品为主)占据绝大部分比重，那么美国则有可能出口劳动密集型产品，进口资本密集型产品。

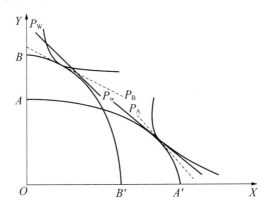

图 2-14　要素需求逆转

3. 自然资源说

有人曾指出，自然资源与资本在生产过程中往往是互补的。因此，一些自然资源密集型产品，如能源，往往也是资本密集型的。从自然资源的角度看，美国的某些自然资源是相对稀缺的(自然或人为因素造成的)，如石油。这样，美国的大量进口商品很多是自然资源密集型产品。因此，在考虑自然资源这一因素之后，里昂惕夫之谜也可以得到较好的解释。里昂惕夫悖论中，许多作为资本密集型的进口品，实际上可以说是资源密集型产品，里昂惕夫在计算进口品的要素需求时，抬高了进口品资本/劳动的比率，没有计算自然资源。比如，美国大量进口的石油、煤炭、钢铁等产品的生产，既包含资本的贡献，同时也离不开自然资源的贡献。美国的进口产品中初级产品占 60%～70%，这些产品的自然资源密集度很高，把这些产品归入资本密集型产品加大了美国进口产品的资本/劳动比率。

4. 劳动熟练说

劳动熟练说(Skilled Labor Theory)又称人类技能说(Human Skill Theory)，最先是由里昂惕夫自己提出，后来由美国经济学家基辛(D．B．Keesing)加以发展，这一理论利用劳动效率和劳动熟练程度或技能的差异来解释里昂惕夫之谜。

里昂惕夫认为，"谜"的产生可能是由于美国工人的劳动效率比其他国家工人高所造成的。他认为美国工人的劳动效率大约是其他国家工人的 3 倍(这一说法没有得到经验研究的支持)。因此，如果劳动以效率单位衡量，美国就成为劳动要素相对丰裕，资本要素相对稀缺的国家，因而其出口产品的资本密集度低于进口产品的资本密集度就很容易理解了。至于为什么美国工人的劳动效率比其他国家高，他认为这是由于美国企业管理水平较高，工人所受的教育和培训较多、较好，以及美国工人具有较强的进取精神。但是，有些学者却认为里昂惕夫的解释过于武断，一些研究表明，实际情况并非如此。例如，美国经济学家克雷宁(Krchnin)经过验证，认为美国工人的效率和欧洲工人相比，最多高出 1.2～1.5 倍，因此，里昂惕夫的这个论断，通常不为人们所接受。

后来，美国经济学家基辛对这个问题进一步加以研究。他利用美国 1960 年人口普查资料，将美国企业职工区分为熟练劳动和非熟练劳动两大类。熟练劳动包括科学家、工程师、经理人员、技术员、制图员、机械工人、电工、办事员、推销员、其他专业人员和熟练的手工操作工人等。非熟练劳动指不熟练和半熟练工人。他还根据劳动的两大分类对 14 个国家的进出口商品结构进行分析，其结论是：资本较丰富的国家，如美国，倾向于出口熟练劳动密集型商品；资本较缺乏的国家，如印度，倾向于出口非熟练劳动密集型商品。基辛认为熟练劳动程度的不同是对国际贸易发生的重要影响因素之一。

5. 人力资本说

受里昂惕夫有效劳动解释的启发，后来一些学者在要素禀赋理论框架下引入人力资本(Human Capital)这一因素。由于质量上的差异，一般劳动可区分为非熟练劳动(Unskilled Labor)和熟练劳动(Skilled Labor)两类。其中，熟练劳动是指具有一定技能的劳动，这种技能不是先天具备的，而是通过后天的教育、培训等手段积累起来的。由于这种后天的努力类似于物质资本的投资行为，所以称后一类劳动为人力资本。这样一来，资本的含义就更广泛了，它既包括有形的物质资本，又包括无形的人力资本。在加入了人力资本后，里昂惕夫之谜也就可以解释了。美国经济学家凯恩(Pete B. Kenen)后来发现，美国的出口以物质资本加人力资本密集型商品为主。

本 章 小 结

斯密绝对优势(成本)理论的基本含义是各国生产上的绝对优势来源于该国的自然优势和获得性优势。如果一国在某种产品的生产成本方面相对于对方国家的同样产品来说处于绝对优势，就应该分工生产并出口这种产品；如果一国在另一种产品的生产成本方面相对于对方国家的同样产品来说处于绝对劣势，就不应该进行该种产品的生产，本国所需应从对方国家进口。其结果是参加贸易的双方都能从中获取利益。然而，绝对优势理论只能解释当今国际贸易的一小部分问题。

李嘉图的比较优势(成本)理论，提出当两国的比较成本存在差异，且贸易条件介于两者之间时，两国将各自完全专业化生产所占比较优势的产品，通过自由贸易，相互交换各自的所需产品均可获得贸易利益。同时，按照这种分工方式不仅能够使各自收入达到最大化，而且还能够实现世界收入的最大化。

H-O 定理从要素禀赋相对差异出发，解释国际贸易的起因与贸易形态的决定，根据比较优势，一国应出口密集使用其相对丰裕要素的产品，进口密集使用相对稀缺要素的产品；要素价格均等化理论指出国际贸易通过商品价格的均等化，会导致要素价格的均等化，从而在世界范围实现资源的最佳配置，同时由于要素价格的变动，国际贸易会影响一国收入分配格局，即相对丰裕要素的所有者会从国际贸易中获利，而相对稀缺要素的所有者会因贸易而受损；罗伯津斯基定理说明，在商品价格不变的前提下，某一要素的增加会导致密集使用该要素产品的生产增加，而另一产品的生产则下降。

要素禀赋理论由于过于严格的假设不能解释所有的现实贸易。里昂惕夫悖论是对要素禀赋理论适用性进行实证研究的最具有代表性的一次。尽管实证研究的结果有反对赫克歇尔-俄林模型的，也有支持的，但大多数学者并不认为仅仅资源禀赋的差异就可以解释国际贸易模式。经济学家进一步研究了里昂惕夫悖论并提出了不同的解释。

案例与分析

产业再次转移，中国还剩什么？

中国制造业曾经依靠廉价劳动力、土地、能源等优势，成为"世界工厂"。然而 2011 年以来，中国制造业从辉煌走向停滞，到底发生了什么？我们的对手是谁？我在《拯救中国制造业：产业链理论实践案例》中深度分析了中国制造业面临的危机，东南亚等地抢夺了低端市场，而高端市场则回流至欧美地区，中国还剩什么呢？

1. 要承认中国不再是"世界工厂"的事实

近代世界史上共有三次大的产业转移。第一次是 20 世纪 50 年代，美国把钢铁、纺织这些没有比较优势的产业转移到了德国和日本。第二次转移是六七十年代，日本、德国把纺织、玩具、服装等劳动密集型产业转移到亚洲国家和地区，诞生了"亚洲四小龙"。第三次就是我们熟悉的，20 世纪 90 年代"亚洲四小龙"把玩具、纺织、服装等产业转移到中国沿海地区。当时，中国大陆正在进行改革开放，两边一拍即合，大陆凭借当时低廉的生产成本和政府开出的优惠政策，吸引了大批劳动密集型产业，逐渐形成了"世界工厂"。这三次转移都是从生产成本高的向生产成本低的国家和地区迁移，是正常的经济现象。这之后又过了 20 多年，我们的生产成本不可避免地不断上涨，而越南、印度这些东南亚国家的成本优势逐渐显露。就像 20 多年前我们很自然地承接了来自"亚洲四小龙"的产业转移一样，现在我们也要面对劳动密集型产业转移到东南亚国家的现实。在这里，我还必须特别强调一个可怕的对手——墨西哥。为什么说它可怕？墨西哥不但吸引了西门子、克莱斯勒等跨国公司到它那里建厂，还在悄无声息的情况下，"突袭"了我们对美洲的出口额度，甚至极有可能抢占我们在全球的订单。一组数据显示，2009 年，中国商品占美国制成品进口额的 29.3%，但到了 2012 年，这个数字下降到了 26.4%。再看墨西哥，2005 年，墨西哥商品占美国制成品进口额的11%,但到了2012年这个数字上升到了14.2%。可以说,我们失去的美国订单几乎都被墨西哥抢去了。另外,墨西哥现在生产的电视和冰箱已经超过中国和韩国,成为全世界第一。

2. 高端制造业也流失,中国还剩什么

如果今天我们面临的这次产业转移也仅仅是阿迪达斯、耐克这类服装品牌把生产线迁移到越南、印度尼西亚等地,这也没什么好讨论的,这就是劳动密集型产业的特点——寻找廉价劳动力和土地。所以它们要离开中国,这很正常。但事实上并不仅仅是这样,因为这次转移走的主力不是耐克和阿迪达斯的工厂,而是高端制造业,比如通用、卡特彼勒、福特等,现在已经迁走100多家了。这次产业转移集中在以下四大行业:首先是高端消费品,其次是精密制造业,最后是汽车和工程机械。这些企业回到美国后效率均大幅提升。在高端消费品领域,通用电气已经将洗衣机、电冰箱和加热器的业务从中国回迁到肯塔基州,而且回迁以后效率更高。搬回美国后,生产Geospring热水器的原料成本下降25%,组装时间提高了5倍。以前在中国生产这种热水器终端零售价是1599美元,现在在美国生产后只卖1299美元。2009年高端厨具商国王制品公司搬回美国,物流效率提高15倍,在中国生产时它们对大客户的交货时间一般在30~60天,搬回美国后2天就能交货。另一家高端炊具制造商All-Clad Metalcrafters也正把生产线从中国转移到美国。在精密制造领域,NCR公司的自动取款机工厂也从中国搬回了美国。美国AmFor公司把在中国的生产线搬回俄勒冈州。亨特实业有限公司把灌溉控制系统生产线从中国大连迁回了美国加利福尼亚州。谷歌新推出的谷歌眼镜以及2012年上市的无线家庭媒体播放器Nexus Q也都是在美国本土生产。上面这些是已经走了的,计划走的还有更多。2012年,波士顿咨询公司(BCG)对106家年收入超过10亿美元的美国企业进行调查发现,37%的企业考虑将制造业迁回美国本土,相关企业主要集中在橡胶和塑料制品行业(67%准备回撤)、机械行业(42%准备回撤)、电子行业(41%准备回撤)以及计算机相关行业(40%准备回撤)。麻省理工学院(MIT)进行的类似研究也得出了相似结论,即33%的全球化美国企业考虑开展制造业务的本土布局。埃森哲调查的跨国公司高管中约65%表示,过去24个月进行了转移制造业的活动,2/5表示工厂已经迁回美国。表2-8列出了一些回流企业的简单情况。

表2-8 回流美国企业情况

公司	原来所在地	项目
卡特彼勒	(新建项目)	油压挖掘机
福特	中国、墨西哥	零部件生产
星巴克	中国	陶瓷杯
通用电气	中国、墨西哥	家电
Wham-o	中国	飞盘、呼啦圈
NCR公司	中国	自动取款机工厂

过去的三次产业转移,本土留下的都是拥有全球竞争力的产业。美国把钢铁、纺织等行业转移出去了,国内留下的是飞机制造、医疗器械、生物工程、航空航天等至今仍然是全世界最领先的行业。德国、日本用20年时间把纺织、服装等行业转移出去,剩下的是汽车制造、精密仪器、电子行业。即使到今天,德国、日本制造的精密仪器、光学元件依然可以和美国匹敌,德国、日本的汽车也是行销全球,一个占据高端一个占据中低端。亚洲"四小龙"也用了20年时间把低端制造转移出去,它们也有自己的独门绝技:中国香港是金融和旅游;新加坡除了这两项还有造船和石油化工;中国台湾也是可圈可点,是全球最大的半导体芯片制造基地,全世界每一台计算机里面都有台湾制造的产品,光学产品可以和日本同台竞争,联发科的IC设计也是全球一流,能和高通、三星竞争;韩国自然不用说,消费类电子产品已经超过日本,其他如造船、半导体、液晶面板也都是全球一流。但是这次产业转移后,中国会剩下什么呢?

3. 不是产业升级,而是"产业链整合"

面对重重危机,中国制造企业的出路在哪里呢?我们的传统制造不是要简单地转型为高科技产业,而是要把我们的重心从加工制造这个"1",转移到产品研发、原料采购、仓储运输、订单处理、批发以及零售这个"6"上来,在"6+1"全产业链上发展,如图2-15所示。

图2-15 制造业6+1产业链

下面通过一个简单例子——西班牙的飒拉(Zara)这个世界知名的服装品牌,系统地解答这一问题。飒拉的成功,就在于整条产业链"6+1"的高效整合。而我国服装制造业有没有"6+1"的产业链呢?基本上都有,但大多分属于不同的企业,更重要的是缺乏高效整合。什么叫作高效整合?简单来讲,我国服装业者走完整条"6+1"的流程需要180天,而飒拉走完整个流程只需要12天。也就是说,它们整条产业链的整合速度是我国服装业者的15倍。这种高效整合意义重大,因为这是节省成本最有效的方法。例如,一件衣服库存12天的成本比库存180天的成本起码节省了90%以上。而飒拉85%的生产都在欧洲,由于飒拉大部分的销售市场也都在欧洲,因此在欧洲生产可以提高速度。但是读者可能会问我,他们在欧洲生产劳动成本不是很高吗?其实,劳动成本只占了整条产业链的2.5%,而这正是飒拉选择在欧洲生产的原因——劳动成本在整条产业链中不重要。而真正能节省成本的方式就在于产业链的高效整合,这是我所提出的现代意义的成本控制新思维。飒拉怎么做产业链的高效整合呢？我想简单谈一下"6+1"的几个环节，包括仓储运输、终端零售和产品设计。首先谈谈仓储运输。飒拉为了加快运输的速度，他们在物流基地挖了200公里的地下隧道，用高压空气运输，速度奇快无比。此外，为了加快运输速度，他们用飞机而不是轮船从西班牙将成品运送到上海或香港，虽然飞机运费很高，但是高效整合更重要，总成本还是降低了。再谈一下终端零售。飒拉有意减少需求量最大的中号衣服，故意弄成供不应求。因为他们发现当女性顾客想买中号衣服而买不到的时候，她们心中那种极度的挫败感让她们下礼拜还会来。这样，不但加快了周转率，同时吸引了更多的顾客。此外，飒拉的产品设计思路也是一绝。他们首先放弃了自主创新，而代之以"市场快速反应"的思路。我对这点特别推崇，因为要放弃大家都认同的自主创新，那就是一个最大的创新。那么，他们怎么做市场的快速反应者呢？我举个例子，为什么女性总认为衣橱里少了一件衣服？肯定是她们不知道自己到底需要什么类型的衣服，如果她们知道的话就会去买了，衣橱里就不会缺少一件衣服了。如果消费者自己都不知道自己需要什么样式的衣服，企业搞自主创新的产品能讨好这些消费者吗？显然不行。因此，什么才是最好的策略呢？首先想一想，能卖掉的衣服肯定是消费者喜欢的衣服。假设他们一共向市场推出了100件衣服，前天卖了12件，昨天卖了6件，今天卖了7件，他们就根据这三天卖掉衣服的共性来设计衣服，根据趋势变化稍作修改，而不要创新。这样不但大幅缩减了产品设计的速度，而且可以在市场需求还没变化之前迅速推向市场，抓住市场脉动。他们设计的衣服几天可以推向市场呢？12天。这12天的速度就是产业链高效整合的结果，如果我们的速度是180天，那就根本不可能当市场的快速反应者。

我想总结一下我的观点，飒拉通过产业链的高效整合大幅压缩成本，而同时通过高效整合做市场的快速反应者，因此他们的衣服总是最新潮、最受消费者喜爱。虽然品质不一定很好，但是这年头谁还一辈子穿同样的衣服呢？因此，品质没那么重要了。飒拉的产业链高效整合思维对我们的企业启发很大，因为这才是我们企业的未来战略出路。

(资料来源：郎咸平. 拯救中国制造业：产业链理论实践案例[N]. 东方政经参考，2016-12-21)

讨论：
1. 经济新常态背景下中国比较优势发生了哪些变化？其深层原因是什么？
2. 面对新形势下中国比较优势的动态变化？中国企业该如何应对？

复习思考题

1. 试述比较优势理论的主要内容及其局限性。
2. 比较亚当·斯密和大卫·李嘉图的贸易分工理论的异同，解释为什么说斯密的"绝对优势"论是"比较优势"论的特殊形式？
3. 怎样用物理量定义法和价值定义法来计量一个国家的要素丰裕度？

4. 赫-俄要素禀赋理论的主要内容是什么？
5. 什么是要素价格均等化定理？
6. 什么是"里昂惕夫之谜"？
7. 如何理解比较优势与竞争优势之间的关系？
8. 运用比较优势理论讨论经济全球化条件下发展中国家如何参与国际分工问题。

推 荐 书 目

1. [英]亚当·斯密. 国民财富的性质和原因的研究. 北京：商务印书馆，1979
2. [英]大卫·李嘉图. 政治经济学及赋税原理. 北京：商务印书馆，1976
3. [瑞典]贝蒂尔·俄林. 地区间贸易和国际贸易. 王继祖等，译. 北京：首都经济贸易大学出版社，2001
4. [美]多米尼克·萨尔瓦多. 国际经济学. 8版. 朱宝宪等，译. 北京：清华大学出版社，2004
5. [美]克鲁格曼，奥伯斯法尔德. 国际经济学. 海闻等，译. 北京：中国人民大学出版社，2000
6. [日]小岛清. 对外贸易论. 周宝廉，译. 天津：南开大学出版社，1987
7. 薛敬孝. 国际经济学. 北京：高等教育出版社，2000
8. P A Samuelson. International Trade and the Equalization of Factor Price. Economic Journal, 1948(6)
9. Wolfgang Stolper, P A Samuelson. Protection and Real Wages. Review of Economic studies, 1941(9)
10. Rybczynski T M. Factor Endowment and Relative commodity price. Economic, 1955, 22

第三章

第二次世界大战后国际贸易理论的新发展

本章导读：

20世纪中期出现的第三次科技革命，大大推动了第二次世界大战后世界经济的发展，同时也对国际贸易格局产生了重大影响。而传统国际贸易理论的确无法解释这些现象，传统贸易理论的假设前提、分析框架被突破。学者们从完善和怀疑古典国际贸易理论入手，提出了各种新的能够从理论上解释国际贸易现实的理论。这些理论主要包括产品生命周期理论、规模经济与产品差异贸易理论、不完全竞争与产业内贸易理论以及国家竞争优势理论。

学习目标：

通过对本章的学习，掌握产品生命周期理论，包括技术差距论、产品生命周期阶段理论、制成品生命周期和原材料生命周期等理论；掌握产业内贸易理论、规模经济与国际贸易以及国家竞争优势理论的思想体系。

关键概念：

技术差距(Technological Gap)

模仿时滞(Imitation Gap)

产品生命周期(Product Cycle)

产业间贸易(Inter-industry Trade)

产业内贸易(Intra-industry Trade)

行业内贸易指数(Intra-industry Trade Index)

不完全竞争(Imperfect Competition)

差异产品(Differentiated Product)

规模经济(Scale Economy)

内部规模经济(Internal Economies of Scale)

外部规模经济(External Economies of Scale)

国家竞争优势(Competitive Advantage of Nations)

异质性企业贸易(Heterogeneous-Firms Trade，HFT)

出口中学(Learning by Exporting)

第一节 技术扩散与贸易模式

无论是古典还是新古典贸易理论，都是从不同的角度阐述贸易的基础和原因，但这些理论都只是静态分析贸易行为，还有些贸易现象得不到令人信服的解释。比如汽车，最早美国是主要的生产和出口国，现在则大量从日本进口汽车。最近几年，韩国也成为重要的汽车出口国了。如何解释这种进出口主体随着时间变化而变化的现象呢？20世纪六七十年代，美国经济学家波斯纳(M.U.Posner)和弗农(R.Vernon)，根据对产品技术变化及其对贸易格局影响的分析，提出了技术差距和产品生命周期理论，从动态的角度解释技术变化对国际贸易格局的影响。

一、技术差距论

技术差距理论(Theory of technological gap)从各国技术的动态变化，即从技术进步、技术创新、技术传播的角度，分析了国际贸易产生的原因。技术差距理论主要由美国经济学家波斯纳在1961年提出。因为该理论建立在模仿滞后假设的基础上，又称为模仿滞后假说(Imitation lag hypothesis)。很多学者认为该理论为此后发展起来的产品生命周期理论奠定了基础。

(1) 当一国通过技术创新研究开发出新产品后，它可能凭借这种技术差距所形成的比较优势向其他国家出口这种产品。这种技术差距将持续到外国通过进口此新产品或技术合作等方式逐渐掌握了该先进技术，能够模仿生产从而减少进口后才会逐步消失。技术优势所获取的垄断利润的丧失会促使创新国不断地引进新技术、新工艺、开发出新产品，创新出新一轮的技术差距。

(2) 和H-O理论的各国技术水平相同的前提条件假定不同的是，该理论认为世界各国技术水平存在差异，且技术的传播存在着时滞(lag)。即从一国引进新技术或开发新产品到外国的消费者和生产者对这种创新、技术领先作出反应有一个时间上的滞后。这种反应的滞后可具体分为生产者的模仿滞后和消费者的需求滞后。所谓模仿滞后(Imitation lag)是指从创新国的新产品问世到模仿国开始模仿生产的时间间隔。模仿国需要学习时间，学习技术诀窍(Know-How)，并且需要时间去采购原材料、安装设备、新产品测评等。所谓需求滞后(Demand-lag)是指创新国的消费者和模仿国的消费者对这种新产品的接受、了解、使用和消费的时间差距。

(3) 技术领先是否会导致贸易取决于需求滞后和模仿滞后的净效应。如果需求时滞长于模仿时滞，即模仿国的生产者在本国消费者尚未产生对创新国新产品的需求之前就已模仿成功，则两国之间不会产生贸易。但是，一般情况下，模仿滞后的时间通常比需求滞后的时间长，这样技术领先国就可以从贸易中获取因技术优势而产生的垄断利润。例如，创新国先行开发某新产品,3 个月以后,模仿国开始了解新产品并开始购买该产品。8 个月以后,模仿国开始模仿生产。净时滞为 5 个月,在这 5 个月内创新国向模仿国出口该产品,5 个月之后,模仿国也开始生产,模仿国对创新国所生产的新产品的需求消失,如图 3-1 所示。

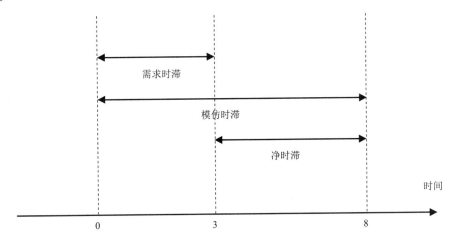

图 3-1 技术差距与模仿滞后

技术差距理论证明了即使在禀赋和偏好均相似的国家间,技术领先也会形成比较优势,从而产生贸易。这也很好地解释了实践中常见的技术先进国与落后国之间技术密集型产品的贸易周期。但是该理论也有一定的局限性,它没有进一步解释国际贸易流向的变动及其原因,在技术差距模型基础上发展起来的产品生产周期理论正好弥补了这一缺陷。

二、产品生命周期阶段理论

产品生命周期模型,是技术差距模型的扩展和一般化,1966 年由维农(R.Vernon)最先提出。他将市场营销学中的产品生命周期概念引入国际贸易的理论分析中。所谓国际贸易产品生命周期,就是指由于各国的经济发展水平和消费水平不同,使同一产品在同一时点上,在不同的国家分别处于产品生命周期的不同阶段。

图 3-2 是产品生命周期模型的图示,横轴表示时间,纵轴表示产品数量。图中上面两条曲线表示技术创新国的产品生产量和消费量随时间推移而变化的情形,下面两条曲线表示模仿国的情形。产品的生命周期分为五个阶段,当各国的产品生产处于不同阶段时,其贸易格局也各不相同。

第一阶段 OA 段,即技术创新期。发达国家(如美国)的某个企业发明一种新产品,开始生产并投放国内市场,满足国内高收入阶层的特殊需要。在这一阶段,需要投入大量的研究开发费用和由熟练劳动进行生产,生产技术尚不确定,产量较低,没有规模经济效益,成本较高，但创新国厂商在新产品的世界市场上拥有实际的技术垄断优势。

第二阶段 AB 段，即新产品成长期。创新国大量生产，取得生产的规模经济，且出口迅速增长，以满足国内外日益增长的需求，但模仿国由于技术差距尚未能生产该产品，满足该产品的消费需求完全依赖从创新国进口。

第三阶段 BC 段，即新产品成熟期。这时，生产技术已扩散到创新国外，生产技术广为流传，变得普遍、简单，大规模生产已成为可能，产品已从技术知识密集型产品转为资本密集型产品；产品的使用也逐渐普及，国内外需求持续增加，创新国出口量大幅度增加，并达到最高点。这期间，模仿国资本丰裕，在该产品的生产上具有相对优势，模仿国只需引进而无须开发新技术，开始生产该产品以满足其国内需求。因此，进口量逐渐缩小直到为零。

第四阶段 CD 段，对于创新国而言，为产品销售下降期。创新技术优势已丧失，产量开始下降，出口量也逐渐缩小为零。模仿国以其低价格的生产将创新国产品逐步排挤出第三国。

第五阶段为产品衰落期。由于价格竞争，创新国成为该创新产品的进口国，而技术模仿国凭借其成本及价格优势，不断扩大生产及出口，占据该产品的销售市场。

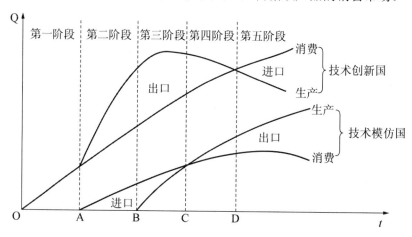

图 3-2　产品生命周期模型

至此，这个周期在创新国是结束了，但在开始生产这种新产品的其他发达国家即模仿国，产品生命周期还在继续着，它可能处于第二或第三阶段。产品的技术已完成了其生命周期，生产过程已经标准化了，甚至生产该产品的机器本身也成为标准化的产品而变得比较便宜，操作也较为简单，到这一阶段，技术和资本已逐步失去了重要性，而劳动力成本则成为决定产品是否具有比较优势的重要因素。发展中国家劳动力成本低廉，生产标准化产品极具竞争力。当生产过程标准化后，生产便转移到发展中国家进行。这些国家最终会成为该产品的净出口国，把产品出口到创新国和其他发达国家。与此同时，创新国在第二、第三阶段又在开始其他新产品的创新与生产。这意味着一个新的产品生命周期即将开始。

在国际贸易中，许多产品都经历了或正经历着这样的生命周期。例如，纺织品、皮革制品、橡胶制品和纸张在20世纪80年代就进入了产品周期的第四阶段，而汽车则在90年代也已开始标准化而进入第三阶段，这一时期韩国大量向美国、日本等发达国家出口汽车就说明了这一事实。

新产品的国际贸易模式之所以发生上述有规则的变化，是因为不同类型的国家，在产品生命周期的各个阶段上的比较优势不一样，而比较优势不一样，又是与新产品生命周期各个阶段产品的要素密集度联系在一起的。美国是工业比较先进、技术力量相当雄厚、国内市场广阔、资源相对丰富的国家，生产技术知识密集型产品具有比较优势。发达国家资本丰裕，且拥有相对丰富的科技工程实践经验，生产产品生命周期处于第二、第三阶段的资金密集型成熟产品具有相对优势。发展中国家有相对丰富的非技术工人，因此生产成熟标准化产品具有相对优势。

不难看出，产品生命周期理论是把动态比较成本理论和生产要素禀赋理论结合起来的一种理论。这一理论运用了动态分析法，从技术创新、技术传播的角度分析国际分工的基础和贸易格局的演变。因此，产品生命周期理论也可视作是对比较成本理论和要素禀赋理论的一种发展。还应指出的是，产品生命周期理论发展至今，与国际投资、技术转让等生产要素的国际转移、产业转移结合在一起，不仅对国际贸易，而且对其他国际经济领域有着很大的影响。这一理论是第二次世界大战后最有影响的国际贸易理论之一。

第二节　产业内贸易理论与国际贸易

一、产业内贸易理论产生的背景

20世纪中期出现的第三次科技革命，大大推动了第二次世界大战后世界经济的发展，同时也对国际贸易格局产生了巨大影响。这次科技革命使国际贸易量、贸易的商品结构和地理方向都发生了根本性的变化。这主要表现在：发达国家之间相互贸易的比重迅速上升，并逐渐成为占主体的国际贸易类型，而且，在发达国家之间的相互贸易中，"产业内贸易"越来越成为贸易的主要形式。当代西方国际经济学家认为，对于这些国际贸易的新现象，传统的生产要素禀赋理论是难以作出令人信服的解释，因为这个理论只是以各国生产要素禀赋的差异来说明贸易格局，无法说明生产要素禀赋相似的发达国家之间为什么贸易量最大和产业内贸易迅速发展的原因。当代经济学家对产业内贸易现象进行了深入研究，使国际贸易分工理论发展到了一个崭新的阶段。

二、产业内贸易的定义与分类

国际贸易从产品内容上来看大致可以分为两种基本类型：一种是一国进口和出口属于

不同产业部门生产的商品,即产业间贸易(Inter-industry Trade),也称作部门间贸易,如出口初级产品、进口制成品、出口钟表、进口电视机等;另一种是产业内贸易(Intra-industry Trade),也称作部门内贸易,即一国既出口同时又进口某种同类型制成品。在这里,相同类型的商品是指按国际商品标准分类法统计时,至少前 3 位数都相同的商品。也就是至少属于同类、同章、同组的商品,既出现在一国的进口项目中,又出现在该国的出口项目中。还要指出的是,产业内贸易并不是泛指广义的工业部门内贸易,或工业制成品的相互贸易。产业内贸易是指两国以上的某些相当具体的工业部门内进行相互贸易,即两国互相进口和出口属于同一部门或类别的制成品。比如,美国和一些西欧国家都既是机动车辆的出口国,同时也是机动车辆的进口国;既出口酒类饮料和食品,也进口酒类饮料和食品。

三、产业内贸易的测量标准

产业内贸易的发展程度可用产业内贸易指数来衡量。从某一产业的角度分析,产业内贸易指数的计算公式为

$$A_i = 1 - \frac{|X_i - M_i|}{X_i + M_i} \tag{3-1}$$

式中:X_i 指一国 i 产品的出口额,M_i 指该国 i 产品的进口额。A_i 代表 i 产品的产业内贸易指数,A_i 在 0~1 之间变动;A_i 愈接近 1,说明产业内贸易的程度愈高;A_i 愈接近 0,则意味着产业内贸易程度愈低。

从一个国家的角度来看,产业内贸易指数由各种产品的产业内贸易指数加权平均数求得,它表示一国产业内贸易在对外贸易总额中的比重。其计算公式为

$$A = 1 - \frac{\sum_{i=1}^{n}|X_i - M_i|}{\sum_{i=1}^{n}X_i + \sum_{i=1}^{n}M_i} \tag{3-2}$$

式中:A 表示某国所有产品综合产业内贸易指数,n 表示该国产品的种类。其他字符的含义与公式(3-1)相同。

20 世纪 70 年代以来,产业内贸易得到迅速发展。格鲁贝尔(H.G.Grubel)和劳埃德(P.J.Lloyd)在 1975 年对这一贸易现象做过系统研究。他们采用国际贸易标准分类 3 位数水平,发现美国等 10 个发达国家的产业内贸易比率为 50%左右,其中以化工产品、机械和运输设备的产业内贸易比例为最高。有学者利用 1990 年的贸易资料,对美国、日本、德国、意大利、英国、加拿大、比利时、卢森堡、法国、荷兰和澳大利亚等发达国家以及新加坡、韩国、中国、前南斯拉夫和印度尼西亚等国家的 181 组商品(3 位数国际贸易标准分类)的产业内贸易强度进行考察,发现第一组国家的平均产业内贸易比例接近 60%,其中以欧共体国家产业内贸易的比例为最高;同时也发现,在 10 个国际贸易标准分类商品中,以第 9 类——未分类的其他商品、第 5 类——化工产品和第 6 类——按材料分类的工业制成品的

产业内贸易比例为最高。

四、产业内贸易的理论解释

我们知道,以比较成本理论和生产要素禀赋理论为核心的传统国际贸易理论有两个重要假设前提:一是假设产品的规模报酬不变,二是假设各国生产的产品都是同质同样的,且国际市场是完全竞争的。这些假设前提已与当今社会经济生活相去甚远。现实世界中的许多商品是以递增规模报酬生产的,大规模的生产会降低单位产品的成本。同时,大多数工业品虽然类似但不同样,国际市场是垄断竞争市场。20 世纪 70 年代末,以美国经济学家保罗·克鲁格曼(Paul Krugman)为代表的一批经济学家吸取以往国际贸易理论的合理因素,创建了一个新的分析框架,提出了所谓"新贸易理论"。这些经济学家利用产业组织理论和市场结构理论来解释国际贸易新现象,用不完全竞争、规模报酬递增、产品差异化等概念和思想来构造新的贸易理论模型,分析产业内贸易的基础。

1. 产品的同质性和异质性

产业内贸易理论认为同一产业部门的产品可以区分为同质产品和异质产品。同质产品指产品品质、功能、效用相同的产品,产品之间可以相互替代。异质产品称为差异产品,是指企业生产的产品在规格、款式、品牌上区别于其他厂商生产的产品。

大多数工业品市场是垄断竞争性市场。一方面,各种产品类似并有一定的替代性,因此互相竞争;另一方面,产品又不完全一样,各有一定特征,所以各自又有一定的垄断性。产品的客观差别又可以分为两种类型:垂直差别和水平差别。产品根本特性在其程度上的差别,就是垂直差别,即同一种产品在档次上的差别。这种差别主要体现在产品的质量等级上。比如,所有小汽车都属于具有一样的根本特征的同类产品,但有豪华型、普及型之分。同时,具有完全相同的根本特性并属于同一档次的同类产品,又会有一系列不同的规格款式,各规格、款式之间的差别就称为水平差别。比如同为高档豪华小汽车或普及型小汽车,又有多种颜色或外形,这些颜色或外形的差别就是水平差别。工业制成品所具有的差异化或多样化程度要远远超过初级产品。每一类制成品不但在质量等级上,而且在规格上都可以呈现无数差别,任何一个微小的改动甚至仅仅是一个商标的变动,都可使一种商品具有与众不同的特点。总之,同一种商品,由于质量等级不同,规格、款式不同,即差异产品的存在,导致垄断竞争市场格局的产生。

产品的异质性可以满足消费者的多种需求偏好,成为产业内贸易的客观条件。例如,美国和日本都生产小汽车,但日本汽车以轻型、节能、价廉为特色,而美国汽车则以空间宽畅、豪华耐用为特色,从而产生两国消费者对对方产品的需求,导致产业内贸易的产生。

2. 消费者的需求偏好

瑞典经济学家林德(StaffanB.Linder)在 1961 年出版的《论贸易和转变》一书中提出了偏

好相似理论,从需求角度对国际贸易的原因做出分析。

消费者的偏好也是极其多样化且互有差别的。这种差别同样可以分为垂直差别和水平差别两类。消费者偏好的垂直差别主要体现在消费者对同类产品中不同质量等级的选择上,而水平差别则主要体现在消费者对同类、同一质量等级产品的不同规格或款式的选择上。消费者偏好的垂直差别受其收入水平的制约,而水平差别则不受其收入水平的制约,完全取决于主观上的偏好。消费者偏好上这种不同层次的多样性,就需要有相应的产品多样化来予以满足。

林德提出了一个基本论点:两个国家的需求结构越相似,即两国消费者的消费偏好越相似,一国代表性需求的商品也越容易在另一国找到市场,因而这两个国家之间的贸易品多为同一产业内的产品。如果两个国家需求结构完全一样,一个国家所有可能进出口的商品也是另一个国家可能进出口的商品,就会产生产业内贸易。

3. 经济发展水平

林德认为,人均收入水平是影响需求结构的最主要因素。人均收入水平的相似可以用来作为需求结构相似的指标。由于工业化国家的人均收入水平比较接近,消费者的偏好相似程度比较高,这为工业制成品贸易和产业内贸易提供了广阔的市场基础。这就是为什么第二次世界大战后工业化国家之间的制成品贸易在国际贸易中所占比例越来越高的原因。

经济发展水平越高,产业内贸易分工就越精细;经济发展水平越高,人均国民收入就越高,消费需求就会呈现出多样性。经济发展水平相似的国家,其需求偏好重叠的会越多。经济发展水平相同国家的产品层次结构和消费层次结构是存在重叠现象的。对发达国家来说,由于发达国家的经济发展水平相近,其产品层次结构和消费层次结构大体相同。这就是说,甲国厂商提供的各种档次的同一种类产品基本上能够为乙国各种层次的消费者所接受;反过来说,甲国各种层次的消费者也能接受乙国厂商提供的各种档次的同类产品。这种重合是发达国家之间产业内贸易的前提和必要基础。

4. 规模经济

规模经济是导致产业内贸易的前提条件。正是由于规模经济的作用,使众多生产同类产品的企业在竞争中优胜劣汰,形成一国内某种产品由一家或少数几家厂商来生产的局面,大型企业进而能发展成为出口商。由于规模经济的制约作用,每一国的大型企业只能生产出系列有限的产品来,并在有限种类的产品上实现规模生产。产业内分工越细化,产品在生产上就越专业化。这有助于企业采用更好的生产设备,提高效率,扩大生产规模和市场规模。

以上四个方面的内容,被西方学者看作是产业内贸易的主要原因。综合众多经济学家的观点,造成产业内贸易现象的原因可同时从供求两方面来考察:从供给方面来看,由于参与国际贸易的厂商通常不是处于完全竞争的条件下,而是处在垄断竞争条件下,因而造成了同类产品的差异化;从需求方面看,由于消费者的偏好具有多样性,以及各国的消费需求形式常常有一部分是互相重叠的。产品差异的存在,既是促进企业走向专业化、大型化的因素,从而能获得经营上的规模效益,又为生产者的相互竞争提供了市场,为消费者的多样化选择提供了物质保证。可以说,规模经济和产品差异化之间的相互作用,是导致产业内贸易的基础性原因。

五、产业间贸易与产业内贸易的比较

产业间贸易与产业内贸易的差异不仅表现在贸易对象国的不同,在适用的理论基础、贸易动因、对收入分配的影响等其他方面两者也存在很大的差别,可以用表3-1来归纳。

表3-1 产业间贸易与产业内贸易的主要区别

区别要素	产业间贸易	产业内贸易
贸易伙伴国	要素禀赋差异大,经济发展水平不同的国家	要素禀赋相似,经济发展水平相同的国家
理论基础	要素资源禀赋理论	产业内贸易理论
贸易动因	比较优势	差异产品条件下的规模经济
对收入分配的影响	较强的收入分配效应	没有强烈收入分配效应
是否易于引起贸易摩擦	较易引起贸易摩擦	不易引起贸易摩擦
竞争优势	国家之间要素资源的竞争	公司优势的竞争

产业间贸易反映出比较优势。产业间贸易的模式就是资本充裕的国家成为资本密集型产品的出口国,劳动力丰裕的国家成为劳动密集型产品出口国。因此,比较优势是产业间贸易的主要动因。产业内贸易不反映比较优势。即使两国具有完全一样的资本/劳动比率,它们的厂商仍会生产有差异的产品。同时,消费者对不同产品的需求会继续促使两国进行产业内贸易。产业间贸易会降低一国稀缺资源的藏量,所以易于导致贸易摩擦和冲突的发生,而基于差异产品规模化生产的产业内贸易则避免了这些问题。开展贸易的两国企业都可以通过规模经济来降低成本,从而获益。在产业内贸易中,各国的竞争优势主要表现为公司的特定竞争优势,而不像产业间贸易那样,首先表现为国家的竞争优势。公司的特定优势是一个公司相对于其他竞争对手所具有的垄断优势,主要有两类:一类是知识资产优势,另一类是规模节约优势。所谓知识资产包括技术、管理与组织技能、销售技能等一切无形技能在内。公司拥有并控制了这些知识资产,就能生产出差别产品并到国际市场上进行竞争。同时,这类公司通常也容易迅速地扩大生产,获得规模节约的效益,增强国际竞争能力。

总之,造成产业内贸易现象的主要原因是产品差别、规模经济、消费者偏好差别以及国家之间产品层次结构和消费层次结构的重合。不同国家公司或产业的国际竞争力对于产业内贸易的格局起决定性作用，而不是依赖于各国由于生产要素禀赋不同而造成的相对优势。当两国要素禀赋结构相似而无多少产业间贸易发生，且规模经济占重要地位和产品高度差异化时，从生产规模化和产品多样化中获得的利益就会超过常规的比较利益，产业内贸易便成为贸易利益的主要来源。这些利益明显表现在两个方面：一是生产效益将依仗着规模优势而不断提高；二是消费者可以从产品多样化或更便宜的价格水平中得到更大满足，从而提高社会福利程度。

六、产业内贸易理论简评

1. 产业内贸易理论的积极意义

产业内贸易理论是对传统贸易理论的批判，其假定更符合实际。如果产业内贸易的利益能够长期存在，说明自由竞争的市场是不存在的。因为其他厂商自由进入这一具有利益的行业将受到限制，因而不属于完全竞争的市场，而是属于不完全竞争的市场。另外，该理论不仅从供给方面进行了论述，还从需求方面分析和论证了部分国际贸易现象产生的原因以及贸易格局的变化，说明了需求因素和供给因素一样是制约国际贸易的重要因素，这实际上是将李嘉图理论中贸易利益等于国家利益的隐含假设转化为供给者与需求者均可受益的假设。这一理论还认为，规模经济是当代经济重要的内容，它是各国都在追求的利益，而且将规模经济的利益作为产业内贸易利益的来源，这样的分析较为符合实际。此外，这一理论还论证了国际贸易的心理收益，即不同需求偏好的满足，同时又提出了产业间贸易与产业内贸易的概念，揭示了产业的国际分工和产业间国际分工的问题。

2. 产业内贸易理论的不足之处

同其他理论一样，产业内贸易理论也有不足之处，它只能说明现实中的部分贸易现象。其不合理的地方尚有如下几点。

(1) 虽然在政策建议上，该理论赞同动态化，但它使用的仍然是静态分析的方法，这一点与传统贸易理论是一样的。它虽然看到了需求差别和需求的多样化对国际贸易的静态影响，但是，它没有能够看到需求偏好以及产品差别是随着经济发展、收入增长、价格变动而不断发生变化的。

(2) 只能解释现实中的部分贸易现象而不能解释全部的贸易现象，这是贸易理论的通病。

(3) 对产业内贸易发生的原因还应该从其他的角度予以说明。产业内贸易理论强调规模经济利益和产品差别以及需求偏好的多样化对于国际贸易的影响无疑是正确的。但是，有些产品的生产和销售不存在规模收益递增的规律，对于这些产业的国际贸易问题，产业内贸易理论显然无法解释。

第三节 规模经济与国际贸易

一、规模经济与市场结构

规模经济是指在产出的某一范围内,平均成本随着产出的增加而递减。但是,我们并没有说明这种生产力的提高源自何处——是由于现有厂商生产规模的扩张,还是行业中厂商数目的增加呢?因此,为了分析规模经济对市场结构的影响,我们必须清楚哪种生产的增加对削减成本是必要的。规模经济可分外部的和内部的。外部规模经济指的是单位产品成本取决于行业规模而非单个厂商的规模;内部规模经济则指的是单位产品成本取决于单个厂商的规模而不是其所在的行业规模。

通过一个假定的例子,我们来说明外部经济与内部经济的区别。假设某行业最初由10家厂商组成,每家生产100件产品。整个行业的产出是1000件。现在考虑两种情形:首先,假设该行业规模扩张了一倍,即由20家厂商组成,每家仍生产100件产品。生产效率提高了吗?如果提高了,这就是存在外部规模经济的情形,即厂商效率的提高是由于更大的行业规模,尽管各单个厂商规模并没有变化。其次,假设全行业产出总量不变,仍是1000件,但只剩下一半厂商(5家),每家各生产200件产品。若每件产品的生产成本下降,则存在内部规模经济:单个厂商产出越多,效率越高。

外部的和内部的规模经济对市场结构具有不同的影响。一个只存在外部规模经济的行业(即大厂商没有优势)一般由许多相对较小的厂商构成,且处于完全竞争的状态;相反,存在内部规模经济的行业中,大厂商比小厂商更具有成本优势,就可以形成不完全竞争的市场结构。

外部和内部两种规模经济都是国际贸易的重要原因。但是,由于它们对市场结构具有不同的含义,我们很难在同一个贸易模型中包括这两种不同形态的规模经济。因此,将分别进行讨论。

二、外部规模经济与国际贸易

外部规模经济是一种外部经济性表现,其产生的根源有很多方面。例如,行业地理位置的集中往往会带来外部规模经济效应。因为随着行业集中,相应的基础设施和配套服务也逐渐完善起来,这对行业中的每个企业来说都是一件好事,有利于企业成本的降低。

【案例3-1】 中关村电脑城

中关村电脑城(又称北京新技术产业开发试验区)初步建成于1988年。这个试验区是在20世纪80年代全世界兴建科学园区的热潮中始建的,目前已逐步成为一个有中国特色的电子产品研究和销售中心。

试验区的范围包括北京市西北郊海淀区大约 100 平方公里的区域。在这个区域内，分布着北京大学、清华大学等 70 余所院校以及中国科学院等 230 多家政府研究机构。试验区拥有的研究人员和技术人员超过 38 万人。放眼全世界，科研机构和人员如此密集的地方还绝无仅有。

1991 年底，试验区拥有的高科技企业仅 200 家，到 1999 年 9 月，这类企业已跃升为 4500 家。许多代表中国一流水平的高科技企业在试验区诞生。例如，中科院出资创建的顶尖级电脑公司联想，民营高科技企业的代表、经营中文打字机的四通，还有北京大学投资兴办、专营电子出版的北大方正等。外资企业约占 1000 家，IBM、微软和 AT&T 等欧美企业也积极在此建立研究开发中心。

在海淀区中心部，有一条南北走向、长约 1 万米的电子街，两旁密布着据称多达 2 万家的商店。自从 1999 年江泽民主席提出"把中关村建成中国的硅谷"以后，中关村的道路被拓宽，两旁建起了大楼，环境焕然一新。目前中关村有三家比较有名的电子市场，即"硅谷电脑城""海龙电子城"和"太平洋电脑市场"。这三家市场面积都很大，建筑都在 4 万～5 万平方米，形成具有一定规模的企业群落。群落内的每个企业都能分享生产、销售、信息、辅助性服务等方面的外部规模经济效益，增强了中小企业的竞争优势与生存发展能力。

(资料来源：参考消息，1999-09-18)

地理上集中的行业能够维持专业化的供应商队伍，培育出可以共享的劳动力市场和有利于知识的外溢(地理的集中能使信息与新构思迅速扩散)效应。假设一个在中关村的电脑销售公司每天出售一台电脑，设在北京郊区的电脑生产基地不得不专程开一辆车将这台电脑送到中关村，收取 100 元。也就是说，每台电脑的运输成本为 100 元。如果现在有 10 家电脑公司聚集在中关村，每家公司每天只出售一台电脑，这些公司可以共同雇用一辆车运送电脑，每个公司为此只需支付 10 元就够了。由此产生的成本的下降就是外部规模经济。

可以把外部经济理论简单地表达为：行业规模越大，生产成本越低。因为生产中的一些技能或知识往往直接来自实践经验的积累。对于单个企业来说，由于生产规模较小，这种直接来源于单个企业生产活动的经验积累是极其有限的。但从整个行业角度来看，随着整个行业的规模扩大，来自实践的经验积累就比较显著了。因此，行业内每个企业都可从整个行业的规模扩大中获得更多的知识积累，这便是肯尼思·阿罗(K. Arrow)所说的"边干边学"(learning by doing)效应。

在具备外部经济的行业中，生产成本则取决于经验。这种经验一般用该行业迄今为止的累积产量来衡量。譬如说，生产 1 吨钢的成本可能取决于该国钢铁工业从开工以来的总产量，累积产量越高，每吨钢的生产成本就越低。我们经常用学习曲线来概括这种关系。如图 3-4 所示，学习曲线描述向下倾斜，随着时间流逝，累积产量不断增加，成本也因而不断下降。这种成本随着累积产量而非当前劳动生产率下降的情形就是所谓的动态收益递增。学习曲线说明一国工业的累积产出越大，则其单位成本也就越低。一个在行业内具有广泛经验的国家(L)比没有或只有一点经验的国家具有更低的单位成本优势，即使后者的学习曲线(L^*)由于较低的工资等原因而更低。

和普通的外部经济一样，动态外部经济也能通过在某一行业的初始优势或先期进入而保持下来。在图3-3中，L是先期进入某一行业的国家的学习曲线，L^*则是另一个具有低投入成本(譬如工资水平低)但却缺乏生产经验的国家的学习曲线。只要前者进入该行业足够早，那么即使后者具有潜在的低成本，它也无法进入该市场。例如，假定前者的累积产量为Q_L单位，对应成本C_1，而后者从未生产过该产品，那么，后者的初始成本C_0^*就会比前者现有工业的当前单位成本C_1高。所以，即使新的生产国可能具有潜在的低成本，但由于历史原因建立起来的原有专业化生产模式仍会持续下去。

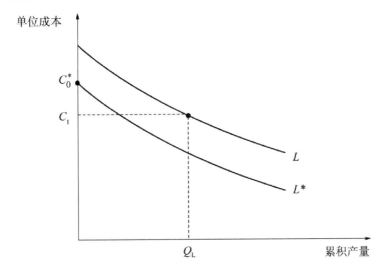

图3-3 学习曲线

以瑞士的钟表行业为例，在18世纪，钟表行业主要是手工作坊式的，属于技能密集型行业。当时瑞士可以恰好满足该行业的这种特点，所以早期钟表行业在瑞士率先得到了发展。随着瑞士表业的发展壮大，这种在发展初期"领先一步"的优势，由于规模经济的存在，转化为成本上的优势，从而限制了"后来者"的进入，奠定了瑞士钟表行业在国际分工中的地位。从这个例子中我们可以看到，在历史因素决定一国的生产模式中外部经济发挥了多么大的潜在作用，而且它使一些已经形成的专业化生产模式得以持续下去，即使这些国家已不再拥有比较优势。

假如一国只要有更多的生产经验就可以生产出成本足够低的商品来出口，那么目前苦于缺乏经验，生产出来的产品就将缺乏竞争力，这样的一个国家完全可能为了增进社会长期福利，而通过补贴来鼓励该产品的生产或排除外来竞争以保护该行业直到它能在国际市场站稳脚跟。这种认为通过暂时性保护能使落后产业获取生产经验的观点就是著名的幼稚工业论。幼稚工业论在有关贸易政策和经济发展作用的争论中扮演了重要角色。

三、内部规模经济、不完全竞争与国际贸易

内部规模经济与外部规模经济对市场结构的影响不同。在存在内部规模经济的企业中，规模大的厂商比规模小的厂商更能降低成本，因而更有优势，竞争的结果就会形成不完全竞争的市场结构。因此，内部规模经济对国际贸易的影响是用垄断竞争模型来分析的。

内部规模经济是与一定行业内企业的生产规模相对应的。对于一家企业，只有在产量达到相当大的规模时，像大型机器设备和生产线这样的不可分割的设备才能达到充分负荷，组织管理、车间操作、专门销售、大规模的研究和发展工作等专业分工的潜在优势才能充分地利用起来，并从中取得经济效益，大幅度降低成本，获取更大利润。

让我们举一个简单的例子来说明规模经济在国际贸易中的重要性。表 3-2 列出了某一假想行业的投入产出关系，且该产品的生产只需要劳动这一种投入。表中显示出生产中所需的劳动是如何取决于这种产品的产量的。生产 10 件产品需要 15 小时的劳动，而生产 25 件只需要 30 小时。规模经济表现在：劳动投入增加 1 倍(从 15 小时到 30 小时)，产出却增加了 1.5 倍。同样，从每单位产品所需的平均劳动量中也可发现这一点：产量是 5 件时，每件的平均劳动投入为 2 小时；而当产量为 25 件时，平均劳动投入却只要 1.2 小时。

表 3-2 某一假定行业的投入产出关系

产出/件	总劳动投入/小时	平均劳动投入/(小时/件)
5	10	2
10	15	1.5
15	20	1.33
20	25	1.25
25	30	1.2
30	35	1.167

假定世界上只有日本和英国两个国家，二者具有生产这种产品的同样技术，最初都生产 10 个单位。根据表 3-2 所示，该产量在每个国家均要 15 小时的劳动投入，即全世界用 30 小时来生产 20 单位的产品。现在假定该新产品的生产集中到一个国家，比如说日本，且日本在这一行业也投入 30 小时的劳动。然而，在一个国家内投入 30 小时的劳动，却能生产出 25 件产品。显然，生产集中到日本使世界能以同样的劳动投入多产出 25% 的产品。

在不完全竞争模型中，有两个关键性的假设：一是同行业中只有为数不多的几家主要厂商，二是每个厂商均能生产与竞争对手有差异的产品，也就是说它的顾客不会由于微小的价格差别而去购买其他厂商的产品，产品的差异能确保每家厂商在行业中对它所特有的

产品拥有垄断地位，从而在某种程度上摆脱了竞争。现实生活中到底有没有垄断竞争的行业呢？有些行业很近似，如欧洲的汽车工业就相当符合垄断竞争模型的假定。在那里，主要的生产厂家(福特、通用、大众、雷诺、标致、菲亚特、富豪以及新近的尼桑)提供着大量有显著差异然而又相互竞争的汽车。

我们分别给这些差异产品编号：1、2、3……为了利用规模经济，每个国家必须集中生产有限类别的产品，日本生产 1、3、5 等类产品，而英国生产 2、4、6 等类产品。如果每个国家都只生产几类产品，那么每种产品的生产规模均能比以往各国什么都生产时要大得多，世界也因而可以生产出更加丰富多样的产品。

国际贸易又是如何产生的呢？很简单，消费者希望能消费花色繁多的商品。假定型号 1 在日本生产，型号 2 在英国生产。那么日本产品 2 的需求者必须购买从英国进口的产品 2；同样，英国产品 1 的需求者也只能购买从日本进口的产品 1。国际贸易在这一过程中扮演了关键角色，它使各国既能利用规模经济来生产有限类别的产品，同时又不牺牲消费的多样性。上述例子充分说明作为规模经济的结果，互利性的贸易是如何开始在各国用比以往更有效的规模来专业化生产有限类别的产品；同时，它们之间的相互贸易又使消费者消费所有产品成为可能。

在具有内部规模经济的行业中，内部规模经济的实现与市场容量有着密切关系。一国能生产的产品种类及其生产规模都受到该国市场规模的限制，对于那些人口较少、国内市场狭小但资本供给相对丰裕的小国来说，要得到像生产汽车这样的比较优势，就更需要一个能够自由进行贸易的广阔市场。国际贸易能克服这种限制，它所造就的一体化的世界市场为互利性的生产提供了机会。各国能够在一个比贸易前更窄的范围内从事某些产品的大规模专业化生产；同时，通过从别国购买自己不生产的产品来扩大消费者可获取的商品种类。内部规模经济的这种作用，促进了贸易与区域经济一体化的发展。

第四节　国家竞争优势理论

一、国家竞争优势理论的产生背景

迈克尔·波特(Michel E. Porter)是美国哈佛大学商学院教授。他在 20 世纪 80 年代发表了著名的三部曲，即《竞争战略》(1980 年)、《竞争优势》(1985 年)、《国家竞争优势》(1990 年)，系统地提出自己的竞争优势理论。波特的竞争优势理论反映了当时的需要，他的理论对 20 世纪 90 年代美国对外贸易政策产生了重大影响。

第二次世界大战后，世界经济中出现的产业全球化和企业国际化现象，导致一些人认为企业的国际竞争已不具有国家意义，跨国企业已成为超越国家的组织。但波特并不同意这种观点，他认为经济发展的事实是：几十年来，在某些特定的产业或行业中，竞争优胜者一直集中在少数国家并保持至今。不能离开国家谈论产业竞争力的原因在于：竞争优势通过高度的当地化过程是可以创造出来并保持下去的，国民经济结构的差别、价值观念、文化传统、制度安排、历史遗产等种种差别都对竞争力有深刻的影响。竞争全球化并没有改变产业母国的重要作用，国家仍然是支撑企业和产业进行国际竞争的基础。20世纪80年代美国的一些传统支柱产业，如汽车制造业的竞争力被日本和西欧国家所超过，一些新兴产业也受到这些国家强大竞争压力的挤压。如何提高国际竞争力是当时美国学术界、企业界和政府有关部门急需解决的一个问题。1983年，里根总统设立产业竞争力委员会，波特就是这个委员会的成员之一。同时，随着经济全球化进程的加快，使国际竞争日趋激烈，获取企业、产业乃至国家的竞争优势已成为一种现实的迫切需求。

二、国家竞争优势理论的思想体系

波特在《竞争战略》中提出了"五种竞争作用力(competitive force)，即进入威胁、替代威胁、买方砍价能力、供方砍价能力、现有竞争对手的竞争等共同决定着产业竞争的强度以及产业利润率，最强的一种或几种作用力占据着统治地位并且从战略形成的观点来看起着关键性作用。"还提出三种提供成功机会的基本战略方法：①总成本领先战略(overall cost leader ship)；②标新立异战略(differentiation)；③目标集聚战略(focus)。在《竞争优势》中，波特创立了价值链(value chain)的方法论，他认为："竞争者价值链之间的差异是竞争优势的一个关键来源。"在《国家竞争优势》一书中，波特把他的国内竞争优势理论运用到国际竞争领域，提出了著名的国家竞争优势理论。从《竞争战略》《竞争优势》到《国家竞争优势》，我们可以发现波特研究的逻辑线索是：国家竞争优势取决于产业竞争优势，而产业竞争优势又决定了企业竞争战略。作者是站在产业(中观)层次，从下而上，即从企业(微观)层面向上扩展到国家(宏观)层面上。这是对国际贸易研究方法的一种拓展，因为以往国际贸易理论的立足点大多侧重于贸易活动，即从贸易研究入手，把产业研究仅作为一个附属领域，而波特的研究视角则是从产业经济入手，再去探讨它对企业乃至国家对外贸易的决定作用。

波特认为，一个国家的竞争优势，就是企业、行业的竞争优势，也就是生产力发展水平上的优势。一国兴衰的根本在于是否能在国际市场竞争中取得优势地位，而国家竞争优势取得的关键又在于国家能否使主导产业具有优势、企业具有合宜的创新机制和充分的创新能力。创新机制可以从微观、中观和宏观三个层面来阐述。

1. 微观竞争机制

国家竞争优势的基础是其企业内部的活力。企业不思创新就无法提高生产效率，生产效率低下就无法建立优势产业，从而国家就难以树立整体竞争优势。企业活动的目标在于使其最终产品的价值增值，而增值要通过研究、开发、生产、销售、服务等诸多环节才能逐步实现。这种产品价值在各环节上的联系，就构成了产品的价值链。价值链有三个含义：其一，企业各项活动之间都有密切联系，如原料供应的计划性、及时性和协调一致性与企业的生产制造有着密切联系；其二，每项活动都能给企业带来有形无形的价值，例如服务这条价值链，如果密切注意顾客所需或做好售后服务，就可以提高企业信誉，从而带来无形价值；其三，不仅包括企业内部各链式活动，而且更重要的是，还包括企业外部活动，如与供应商之间的关系以及与顾客之间的联系。

2. 中观竞争机制

中观层次的分析由企业转向产业、区域等范畴。

(1) 从产业看，个别企业价值链的顺利增值，不仅取决于企业的内部要素，而且有赖于企业的前向、后向和旁侧关联产业的辅助与支持。

(2) 从区域上看，各企业为寻求满意利润和长期发展，往往在制定区域战略时，把企业的研究开发部门设置在交通方便、信息灵通的大城市，而将生产部门转移到劳动力成本低廉的地区，利用价值链的空间差，达到降低生产成本，提高竞争力的目的。

3. 宏观竞争机制

波特认为，一国的国内经济环境对企业开发其自身的竞争能力有很大影响，其中影响最大、最直接的因素就是生产要素、需求因素、相关支持产业以及企业战略、组织结构、竞争状态。在一国或地区的许多行业中，最有可能在国际竞争中取胜的是那些国内"四要素"环境对其特别有利的那些行业，因此"四要素"环境是产业国际竞争力的最重要来源。波特在其"国家竞争优势四要素"模型(因其形状犹如一个菱形，人们称之为波特菱形)中详细分析了四要素对行业国际竞争优势的影响，如图3-4所示。

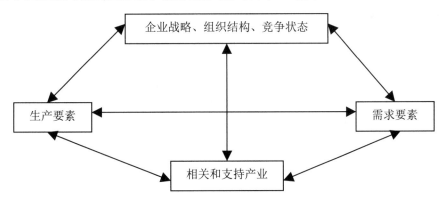

图3-4 国家竞争优势的决定因素

(1) 生产要素。波特把生产要素分为基本要素(basic factors)和高等要素(advanced factors)两类。基本要素包括自然资源、气候、地理位置、非熟练劳动力、债务资本等一国先天拥有或不需大代价便能得到的要素；高等要素包括现代化电信网络、高科技人才、高精尖技术等需要通过长期投资和后天开发才能创造出来的要素。在许多行业中，基本要素对企业竞争力有很大的影响，但在第二次世界大战后，基本要素的重要性正日益下降，其原因有三：一是世界贸易结构高级化趋向使初级产品在世界贸易中的比重下降；二是科学技术的发展，减轻和摆脱了生产对自然资源的依赖程度；三是贸易投资自由化的发展使企业比以往更容易从国外获得生产资源，国内资源稀缺对企业竞争能力的影响减小。与此相反的是，高等要素的重要性则与日俱增。高等要素是开发新产品、设计新工艺的必要条件，而且其供给相对稀缺。因为高等要素的"创造"需要长期大量的人力资本投入，而且要有适宜其生长的社会、经济、文化环境，这使供给更有限，公开市场交易更困难。因此，高等要素的获得是一国行业竞争取胜的重要条件。

(2) 需求因素。一般企业的投资、生产和市场营销首先是从本国需求来考虑的，企业从本国需求出发建立起来的生产方式、组织结构和营销策略是否有利于企业进行国际竞争，是企业是否具有国际竞争力的重要影响因素。所谓有利于国际竞争的需求，取决于本国需求与别国需求的比较。一是需求特征的比较，这包括：①本国需求是否比别国需求更具有全球性；②本国需求是否具有超前性，具有超前性需求会使为之服务的企业能相应走上其他同行企业领导者的地位；③本国需求是否最挑剔，往往最挑剔的购买者会迫使当地企业在产品质量和服务方面具有较高的竞争力。二是需求规模和需求拉动方式的比较，当地需求规模大的某一产品有利于提高该行业的国际竞争力。而在需求拉动方式中，消费偏好是很重要的，一国国民的普遍特殊消费偏好容易激发企业的创新动力。三是需求国际化的比较，一国的需求方式会随着本国人员在国际上的流动而传播到国外，反过来本国人员在异国接受的消费习惯也会被带回国并传播开来。因此，只要一国对外开放程度越高，其产品就越容易适应国际竞争。

(3) 相关支持产业。对一国某一行业的国际竞争力有重要影响的另一因素是该国中该行业的上游产业及其相关行业的国际竞争力。相关支持产业的水平之所以对某一行业的竞争优势有重要影响，其原因有：①有可能发挥群体优势；②可能产生对互补产品的需求拉动；③可能构成有利的外在经济和信息环境。显然，是否具有发达而完善的相关产业，不仅关系到主导产业能否降低产品成本、提高产品质量，从而建立起自己的优势。更重要的是，它们与主导产业在地域范围上的邻近，将促使企业互相之间频繁而迅速地传递产品信息、交流创新思路成为可能，从而极大地促进企业的技术升级，形成良性互动的既竞争又合作的环境。

(4) 企业战略、组织结构、竞争状态。良好的企业管理体制的选择，不仅与企业内部条件和所处产业的性质有关，而且取决于企业所面临的外部环境。因此，各种竞争优势能否被恰当地匹配在企业中，很大程度上取决于国家环境的影响。国家环境对人才流向、企业战略和企业组织结构的形成及影响都决定了该行业是否具有竞争能力。波特强调，强大的本地本国竞争对手是企业竞争优势产生并得以长久保持的最强有力的刺激。正是因为国内竞争对手的存在，会直接削弱企业相对于国外竞争对手可能享有的一些优势，从而促使企业努力去苦练内功，争取更为持久、更为独特的优势地位，也正是因为国内激烈的竞争，迫使企业向外部扩张，力求达到国际水平，占领国际市场。

除了上述四个基本因素外，波特认为，一国所面临的机遇和政府所起的作用对国家整体竞争优势的形成也具有辅助作用。他主张政府应当在经济发展中起催化和激发企业创造能力的作用。政府政策和行为成功的要旨在于为企业创造一个宽松、公平的竞争环境。

波特的竞争优势理论特别重视各国生产力的动态变化，强调主观努力在赢得优势地位中所起的重要作用。他将一国优势产业的发展划分为四个不同阶段：第一阶段是要素推动阶段。此阶段的竞争优势主要取决于一国在生产要素上拥有的优势，即是否拥有廉价的劳动力和丰富的资源。这种表述与传统的比较优势理论的表述是一致的，表明比较优势蕴含在竞争优势之中。第二阶段是投资推动阶段。此阶段的竞争优势主要取决于资本要素，大量投资可更新设备、扩大规模、增强产品的竞争能力。第三阶段是创新推动阶段。竞争优势主要来源于产业中整个价值链的创新，特别要注重和投资高新技术产品的研究和开发，并把科技成果转化为商品作为努力的目标。第四阶段是财富推动阶段。在这一阶段产业的创新、竞争意识和竞争能力都会出现明显下降的现象，经济发展缺乏强有力的推动，这就提醒人们要居安思危。通过促进产业结构的进一步升级来提高价值链的增值水平，防止被淘汰的厄运。

三、国家竞争优势理论简评

和传统的国际贸易理论相比，该理论的主要特点表现在以下几个方面。

1. 竞争优势理论具有战略性意义

自大卫·李嘉图(D. Ricardo)以来，比较优势理论就一直是国际贸易理论发展的基石。长期以来有关学者的研究基本上大都围绕着以下两个问题开展：①是什么决定了比较优势？②在不同的假设前提下，比较优势应当做何修正？传统的比较优势理论认为，比较优势主要取决于一个国家要素禀赋的不同，这种要素禀赋来自自然条件或来自历史原因。假如一个国家由于历史原因而经济落后、开发不足、技术低下，按照比较优势理论分工，只能生产和出口类似矿产品、农产品等初级产品，在国际分工中处于较低的层次。而波特在比较优势基础上提出了更为科学的"竞争优势"概念。他认为，有了比较优势并不一定就拥有竞争优势，例如出口成本低的国家、有大量贸易顺差的国家以及在世界出口贸易总额中比重不断上升的国家，却不一定有很强的竞争力。有的国家实行货币贬值，一时扩大了出口；有的国家被动地采取低价出口方式，都不能说竞争力很强。竞争优势主要取决于一个国家的创新机制，取决于企业的后天努力和进取精神。所以说，比较优势和竞争优势不仅是概念上的不同，从根本上讲，它会导致一国经济政策制定过程中出现两种不同的思路。显而易见，以竞争优势为出发点的国际贸易和产业政策更具有战略眼光。

2. 竞争优势理论具有综合性特征

传统的国际贸易理论基本上有自己特定的研究领域和研究角度。例如，赫克歇尔-俄林(Hecksher-Ohlin)的资源禀赋模型是从生产要素的角度加以考察的；林德(S. B. Linder)需求相似理论的出发点是需求；维农(L.Vernon)的产品生命周期理论是从企业角度出发。而竞争优势理论分别从国家、产业、企业的角度出发，考虑怎样才能使一国在贸易活动中得到的福利更多一些，生产效率提高得更快一些，在国际分工中占据更有利的地位。它的分析框架包括微观、中观和宏观三个层面，涉及生产要素、需求因素、市场竞争、政府作用等各个方面的因素以及相互关系，因而更加贴近现实，也更加系统和全面。

3. 竞争优势理论具有启示性指导意义

竞争优势理论摒弃了传统国际贸易理论所假设的完全竞争市场，转向了对不完全竞争条件下的企业特别是主导产业的分析。波特指出，试图从国家这个过于抽象的层次来解释竞争优势的思路是不可取的，只有抓住产业这个经济运行的主体进行分析，才能正确理解竞争优势的形成。因此，竞争优势形成的关键在于优势产业的建立，产业要具备优势就必须提高生产效率，而不断提高生产效率的源泉在于企业建立和培育自我加压、不断进取的创新机制。波特提出的产业分析框架、竞争优势的演进规律对一国产业政策的制定有着很强的参考价值，因此，竞争优势理论对于企业经营战略的选择具有深刻的启示，对于一国政府制定经济政策具有很强的指导意义。

波特提出的国家竞争优势理论，是对传统的国际贸易理论的一个超越，是对当代国际贸易现实的接近。但是，波特的竞争优势理论也存在着一些局限性。这表现在竞争优势理论中对产业的选择是基于已经存在的产业而言的，是对已结构化或未完全结构化产业进行的选择，这样使企业在所选择的产业中取得领先地位是相当困难的。在一个已结构化的产业中，企业生存发展的空间是十分有限的。因为产业结构化程度越高，产业内的竞争强度就越大，企业选择的余地(即竞争空间)也越小，并且边际产出递减。此外，波特的竞争优势理论尽管研究角度新、理论框架较为完整，但基本上是一般经济学原理的重新组合，逻辑性不是很强，其产业结构的分析方法也略显不足。产业结构分析适用于描述竞争力的内涵(即某企业或产业容易获利的优势何在)，波特的注意力都集中在探讨成本、质量、顾客服务、营销等竞争优势上，而对企业"为什么"的问题反而忽略了。即：为什么有些企业能不断开创新的竞争优势而有些企业却停滞不前？我们的理论不仅应该发掘企业现有的竞争优势，更重要的是能够解释企业为什么具有优势，只重视知其然，而不注重知其所以然，那么竞争优势落后的企业将永远难以取得竞争优势。波特竞争优势理论的不足之处还表现在，它过多地强调了企业和市场的作用，而对政府在当代国际贸易中所扮演的角色的重要性认识还不足，仅把政府的作用作为一个辅助的因素。

第五节 新-新贸易理论

一、新-新贸易理论产生的背景

以 20 世纪 50 年代为界,我们大致可以将 21 世纪以前的国际贸易理论划分为古典贸易理论和新贸易理论两个阶段。古典贸易理论认为贸易的基础是各国之间产品生产的比较优势,即生产的机会成本存在差异。比较优势之所以产生,一方面是因为劳动生产率存在差异(李嘉图的古典贸易理论),另一方面则是由于国家间要素丰裕度差异和产业间要素密集度差异共同作用的结果(赫克歇尔-俄林的新古典贸易理论)。其主要的理论核心是以技术的绝对和相对差异来解释国际贸易的动因以及国际贸易双方的福利分配,进而指出国际贸易模式应该是发达国家和发展中国家的垂直贸易,各国之间的贸易主要是不同产品之间的贸易,即"产业间贸易"。

然而,国际贸易的实践表明,第二次世界大战以来,越来越多的贸易发生在资源禀赋、技术水平相似或相近的国家之间,同一产业内同类产品之间的贸易额大大增加,传统的古典贸易理论显然无法对此做出解释。实践的发展迫切需要国际贸易理论的创新。以斯蒂格利茨、格鲁贝尔等人的产业内贸易理论为代表的新贸易理论打破了传统贸易理论的规模报酬不变、完全竞争市场和同质产品的假设,从规模经济、产品异质性入手,提出了新贸易理论,从而合理地解释了产业内贸易模式和国家之间双向贸易产生的根本原因。建立在产品差异性和垄断竞争基础上的产业内异质性概念被首次引入到贸易理论中。但是,异质性仅仅用来解释发达国家之间为什么会出现大量的产业内贸易现象,而企业生产率或规模上的差异性没有成为新贸易理论研究的重点。

自 20 世纪 90 年代以来,许多学者通过大量实证分析发现,国际贸易其实是一种相对稀少的企业行为,并非一国所有的企业都选择对外贸易。即使在同一产业内部,也存在着出口企业和非出口企业在劳动生产率、资本技术密集度和工资水平上的显著差异,并且同一产业内部企业之间的差异更加显著。所以,无论在规模还是在生产率方面,企业都是异质的。基于此,许多学者对新贸易理论体系及其对现实贸易的解释能力产生了质疑,于是,新贸易理论被称为"旧的新贸易理论"(The Old New Trade Theory)。随着贸易实践和贸易理论研究的不断深入,以企业异质性为前提假设,以异质性企业贸易模型和企业内生边界模型为代表的"新-新贸易理论"(New-New Trade Theory)便应运而生。新-新贸易理论的概念最先由 Baldwin 于 2004 年提出,即 Baldwin 和 Nicoud(2004)、Baldwin 和 Forslid(2004),不过最早研究新-新贸易理论的文献当属 Bernard 等(2003)、Melitz(2003)以及 Antras(2003),只不过这些文献还没有真正将其称作新-新贸易理论。该理论打破了传统贸易理论和新贸易理论关于企业同质性的假设,基于异质企业视角将贸易理论的研究引入一个异质企业的微观分析框架中,来解释当前国际贸易领域内的新现象、新特征,从而为国际贸易理论的研究开拓了新的空间,如表 3-3 所示。

表 3-3 新-新贸易理论与传统贸易理论的比较

	基本假设	主要结论
传统贸易理论	企业和产品同质性,完全竞争市场,规模报酬不变	比较优势和要素禀赋差异是产生国际贸易的主要原因,产业间贸易是国际贸易的主要模式
新贸易理论	企业同质性,产品差异化,不完全竞争市场,规模经济	市场结构的差异、规模经济和产品差异化推动了贸易的产生,产业内贸易是国际贸易的主要模式
新-新贸易理论	企业异质性,产品差异化,不完全竞争,规模经济	企业的异质性的假定使企业面临不同的贸易抉择,主要解释了企业内贸易、产业间贸易以及不同企业异质性的根源

二、新-新贸易理论的思想体系

新-新贸易理论模型的基本出发点是企业的异质性(heterogeneity),即使是从事同一产业(或行业、部门)的企业也存在很大差异。企业的异质性在企业行为决策上表现为两个方面:一是国际进入决策(international entry decision),即选择出口还是 FDI;二是内部化决策(internalization decision),即选择外包还是一体化(integration),这是企业组织形式选择的核心。前者主要关注最终产品的贸易和 FDI,而后者则主要涉及中间产品的贸易和 FDI。

1. 企业内部生产率改进:自选择机制和"出口中学"

从总体上来看,企业异质性主要表现为企业生产率、产品质量以及工人技能方面的差异,而贸易自由化则可以促使企业"质"的提升。出口与企业生产率增长之间存在着必然联系。

众所周知,企业进入出口市场会产生一定的沉没成本,如市场搜寻、消费者信息的搜集、现有商品的适应性改进、国外新的销售网络的建立等。但是并非所有的企业都能出口,只有那些收益高的足以抵补沉没成本的企业才愿意出口。可见,只有当企业已经达到某一必要的生产率临界值时,它们才有能力克服进入海外市场的出口壁垒,这时它们才会考虑出口。因此,自选择机制是决定企业是否出口的重要机制,即沉没成本与异质性生产率之间相互影响,通过充分有序的市场竞争筛选出优质企业,生产率最高的企业最终进入出口市场。

生产率的提升也有可能是企业进入出口市场后"出口中学"的结果。国际市场上更加激烈的竞争提高了企业的绩效,从而推动生产率进一步增长。在现实中,学习效应来源于三条途径。首先,与国外竞争对手和消费者之间的互动可以为出口企业提供有关降低产品成本、提高产品质量以及改进技术的信息。其次，出口有利于企业扩大生产规模，获得规模经济效益。最后，国外市场激烈的竞争也会促使企业推动产品技术创新。总之，进入出口市场后，竞争加剧、知识积累、技术转移等因素都有助于企业生产率的进一步提升。

2. 企业内部组织形式选择

当国外市场的规模扩大并且出口成本也相应提高时，与出口相比，在国外直接从事生产活动则更为有利。如果企业选择 FDI 替代出口的话，那么，它就会放弃增加固定成本投入的集中生产，但是却可以通过接近市场规避交易成本而节省可变的单位成本，并且有可能节省单位生产成本。在同一产业内部，不断增加的异质性可使企业在国际化经营方式选择上存在着差异，从而也就决定了哪些企业出口，而哪些企业从事跨国生产。一般来说，最具有生产效率的企业才能够成为跨国公司(TNC)，生产率居于中等水平的企业出口产品，而最低生产效率的企业则只能服务于国内市场。

一个在企业内部边界生产中间投入品的企业，可以选择是在本国还是在外国进行生产。如果在本国生产，则企业从事的是标准的垂直一体化；如果在外国生产，该企业进行的就是 FDI 和公司内贸易。同样，一个选择进行中间投入品外包的企业，如果在本国购买投入品，就是国内外包(domestic outsourcing)，如果在国外采购投入品，就是国际外包(international outsourcing)。当外包跨越国境且由同一个跨国公司提供时，这样的国际外包必然会涉及国际直接投资。当生产阶段的不同部分趋于国际化分散时，企业会从事投入品贸易，而这可以看作是部分外包。此时，不同的企业拥有不同的生产阶段，因而其中所发生的贸易类型被称为公司间贸易。外包也可以发生在垂直一体化经营的跨国公司内部，这样的贸易称为公司内贸易。公司内国际外包与垂直型经营的跨国公司相关。一般而言，具有资本和技术密集型特征的企业往往倾向于采用垂直一体化，相应的贸易模式更多采用母公司与子公司之间或者子公司之间的内部贸易，而对市场有较少的依赖。这就有助于解释为什么发达国家的跨国公司有着越来越集中的资本和技术垄断以及为什么发展中国家的企业垂直一体化程度远远落后于发达国家。

三、新-新贸易理论简评

毫无疑问，新-新贸易理论已经成为研究国际贸易和国际投资问题的理论前沿。该理论创造性地打破了传统贸易理论和新贸易理论关于企业同质性的假定，并将理论的研究视角从产业层面细化到企业层面，从而发现生产率、技术、拥有异质性技术工人是企业异质性的根源，并进一步解释了出口企业和非出口企业生产率差异的原因，同时，分析了企业组织形式的差异，以及该差异对 FDI 和国际贸易的影响，并进一步探讨了企业内贸易产生的原因以及跨国公司对企业内贸易的影响。从某种意义上讲，新-新贸易理论只是对之前贸易理论进行了补充，是用来解释最新的贸易现象和趋势的前沿理论。它不是对以前理论的否定，而是开创了一个研究国际贸易的新视角。

本 章 小 结

第二次世界大战以后，特别是 20 世纪 60 年代以来，国际贸易出现了许多新的倾向，主要表现在：同类产品之间的贸易量大大增加，发达的工业国家之间的贸易量大大增加，以及产业领先地位不断转移。这些现象用传统的赫克歇尔－俄林模型都无法解释。

波斯纳的技术差距模型说明了技术差距的存在是产生国际贸易的重要原因。

维农用产品生产技术的周期变化来解释各国比较优势的变化。产品生产技术发展的不同阶段对生产要素的需求不同，生产该产品的比较优势会逐渐从技术发达国家转移到劳动力充裕的国家。

垄断竞争模型中，贸易可以划分为两类：产业间贸易和产业内贸易。产业内贸易指某一行业内差异产品之间的双向贸易。产业间贸易则指的是一个行业的产品与另一个行业产品的交换。产业内贸易对收入分配的影响不如产业间贸易那么强烈。

当代贸易理论用"规模经济"和"不完全竞争"来解释资源储备相似国家之间和同类工业产品之间的双向贸易，这种双向贸易的基础是由企业生产规模不同而产生的成本差异。这一理论的代表人物包括保罗·克鲁格曼、坎姆等。

波特理论的中心思想是，一个国家的竞争优势，就是企业、行业的竞争优势，也就是生产力发展水平的优势。

企业异质性有两种形式，由产业内部不同企业生产率的差异而产生的异质性以及企业组织形式差异而产生的异质性，这两种异质性紧密相连。新－新贸易理论通过异质企业贸易模型的建立，阐明了现实中只有部分企业选择出口和对外直接投资的原因；通过企业内生边界模型的建立和拓展，将产业组织理论和契约理论的概念融入贸易模型，很好地解释了公司内贸易模式，并在企业全球化生产研究领域进行了理论创新。

案例与分析

如何迎接国际汽车产业转移——从通用破产说起

2009 年 6 月 1 日，通用汽车公司(GM)破产。尽管全球金融危机爆发以来，人们对大公司破产已经司空见惯，但 GM 的破产仍然引起了国内外的广泛关注，不仅因为这是美国制造业发生的最大破产案，更因为通用一直是美国工业的荣耀和象征，曾经被奥巴马描绘成"美国精神的标志"，是"撑起千千万万美国人民梦想的精神支柱"。

在整个 20 世纪，GM 和全球汽车工业的发展可以说是同步的。GM 成立于 1908 年，之后创始人杜兰特开始大肆扩张，先后取得了别克、奥兹、凯迪拉克、奥克兰及其他 6 家汽车公司、3 家卡车公司和 10 家零部件公司的控股权或相当比例的股份。1921 年，GM 面临重大危机，杜兰特被迫下台，继任者斯隆开始推行基于控制与协调的"集中政策控制下的分权经营"，带领通用走上了复兴和腾飞之路，并超越福特公司成为世界上最大的汽车产业集团。但进入21世纪以来，其相对于日本汽车的优势逐渐被蚕食与削弱，最大汽车厂商的地位到2008年被日本丰田汽车超越。2008年，GM亏损309亿美元。2008年12月，GM从政府救市金中获得了94亿美元。2009年3月，GM没有拿出美国政府要求的"能够让人信服"的整改计划，美国政府不再投入资金拯救。2009年6月1日，GM申请破产保护。

迄今为止，汽车产业发展中心已经经历了四次转移。1886年德国人卡尔·奔驰发明了世界上第一辆以汽油为动力的汽车，欧洲成为人类历史上第一个汽车产业中心。1903年亨利·福特创办了福特汽车，1908年推出了著名的T形车，汽车成为真正意义上的大众交通工具之一，同年通用成立。1913年，福特公司首先在生产中使用流水线装配汽车，这给汽车工业带来了革命性变化，美国随即出现了普及汽车的高潮，世界汽车产业发展中心从欧洲转移到美国，产生了汽车工业的第一次国际转移。随着欧洲经济的发展，20世纪50~60年代，欧洲汽车产量超过北美汽车产量，成为世界第二个汽车产业发展中心，实现了汽车工业的第二次国际转移。20世纪60年代，小型汽车市场开始增长。此后，日本汽车制造商的凌厉攻势使得美国三大汽车巨头难以招架。1980年，日本汽车产量达到1 100万辆，超过了美国。这标志着世界汽车产业发展中心转移到了日本，完成了汽车工业的第三次国际转移。到20世纪90年代，发展中国家的经济迅速增长，汽车产业发展势头良好。进入21世纪后，美国汽车年产量逐年下降，日本、欧洲保持相对稳定，而以中国、印度、韩国为代表的发展中国家汽车产销量迅猛增长。国际汽车制造商协会网站的数据显示，到了2007年全球汽车产量为73 152 696辆，其中美国占比下降到了15%，日本为16%，包括法国、德国、意大利和英国在内的欧洲为17%，包括中国、印度、韩国、墨西哥、巴西和南非在内的发展中国家上升至23%。其中，中国的表现尤为惹眼，每年都以超过两位数的百分比递增，2007年的汽车产量为8 882 456辆，占全球汽车产量的12%，占5个发展中国家的53%。由此，全球汽车工业开始了第四次转移。

GM的破产也许并不会宣告其会消失，相反，它的品牌和文化还在，经过一系列的重组运作，瘦身之后的新通用在世界汽车市场上仍将可能是一个强有力的竞争者。美国的汽车产业也还会生存下去，它的存在更多的是为了容纳大量的普通工作岗位，从而维持美国社会的稳定。但长期而言，美国汽车工业的衰落已不可避免，政治的因素可能影响产业转移的速度，但并不能扭转产业转移的趋势。对中国而言，这是一次承接产业转移促进汽车工业发展的重大历史机遇。

(资料来源：中华人民共和国财政部网站，http://czzz.mof.gov.cn 2010-01-19)

【点评】美国经济学家维农认为，生产技术的发展变化过程影响了产品生产地点的变动，并进而影响了贸易格局。经济学者把这种产品生命周期理论引用到产业中，认为一个产业的建立和发展过程也遵循这个一般规律。毫无疑问,产业转移是世界经济发展过程中的一种必然现象,某种产业在空间的扩散与转移是不可逆的历史过程。

要素资源禀赋理论解释的是静态比较优势,而产品生命周期理论试图解释新产品或新工艺的动态比较优势。对于一个新产品,制造这种产品的生产要素的比例会随生命周期发生规律性的变化。当汽车属技术、资本密集型产品时,美国具有生产它们的比较优势,当汽车属劳动密集型产品时,发展中国家则具有生产它们的比较优势。

复习思考题

1. 绘制一幅图,以表示产品生命周期的各个阶段创新国与模仿国的出口情况。
2. 给定某国某些行业的进出口数据如表 3-4 所示,请计算该国各行业的行业内贸易指数 IIT。

表 3-4　某国某些行业的出口数据　　　　　　　　　单位:万美元

行业	向其他国家的出口额	从其他国家的进口额
新鲜水果	65	54
玩具	56	680
微型面包车	700	200
电影电视	300	97

3. 在下列进出口条件下,计算产业内贸易的程度。
(1) 1000,1000。
(2) 1000,750。
(3) 1000,500。
(4) 1000,25。
(5) 1000,0。
4. 下述例子中,主要显示出的是外部规模经济还是内部规模经济?
(1) 云南省昆明市郊斗南镇的鲜花市场。
(2) 天津的食街。
(3) 微软公司。
(4) 香港作为亚洲的金融中心。
(5) 美国的大型家庭农场。
5. 下述例子中,决定贸易模式的主要是比较优势还是规模经济?
(1) 加拿大是主要的新闻纸出口国。

(2) 英特尔生产了世界上半数以上的 CPU。

(3) 美国和日本相互出口复印机。

(4) 中国是主要的电视机出口国。

(5) 东南亚国家大量出口运动服装和鞋。

6. 什么是规模经济？它如何成为现代贸易理论的基础？

7. 什么是产品差异？它如何导致不完全竞争？基于产品差异的国际贸易是怎么发生的？

8. 产业内贸易与产业间贸易的本质区别是什么？

9. 讨论以下问题：美国为什么在喷气式飞机制造方面还保留有比较优势，而在钢铁制造和汽车生产方面都正在失去比较优势？

推 荐 书 目

1. 克鲁格曼·奥伯斯法尔德. 国际经济学. 5 版. 海闻等, 译. 北京：中国人民大学出版社，2000

2. 海闻. 国际经济学的新发展. 经济研究，1995

3. Brader J A, Krugman P R. A "Reciprocal Dumping" Mldel of intenational Trade. Journal of International Economics, 1983(15): 313-321

4. Brander J A. Intra-Industry Trade in Identical Commodities. Journal of International Economices, 1981(11): 1-14

5. Chipman J S. External Economics of Scale and Competitive Equilibrium. Quarterly Journal of Economics, 1970(84): 347-385

6. Kemp M C. The Pure Theory of International Trade and Investment. Prentice-Hall, Englewood Cliffs, 1969

7. Krugman P R. Increasing Returns, Monopolistic Competition and International Trade. Journal of International Economics, 1979(9): 469-479

8. Linder S B. An Essay on Trade and Transformation. New York: John Wiley and Sons, 1961

9. Vernon, Raymond. International Investment and International Trade in the Product Cycle. Quarterly Journal of Economics, 1966(83): 190-207

第四章

贸易保护理论

本章导读：

西方国际贸易理论按其理论的基本结论及其政策含义的差别大致可以区分为自由贸易理论和保护贸易理论。自由贸易理论的开端就是亚当·斯密的绝对成本理论，以后经过李嘉图、俄林等人的发展而逐步形成了一个较为完整的理论体系。保护贸易理论最早开始于重商主义，以后经过汉密尔顿、李斯特、凯恩斯及普雷维什等人的发展，形成了一个和自由贸易理论相对抗的保护贸易理论体系。本章对保护贸易理论及其发展将作专门的评介。和自由贸易理论一样，每一个保护贸易理论的提出基本上都是建立在维护某些国家一定时期的对外贸易和经济利益的基础上的。那些处于经济发展的相对较低水平阶段的国家，那些认为自由贸易不会给他们带来更多利益的国家，往往都需要保护贸易理论作为自己的挡箭牌。因此，从这个意义上说，保护贸易理论和自由贸易理论是一对伴随于国际贸易过程始终的孪生兄弟。和自由贸易理论一样，保护贸易理论对国际贸易的影响也是巨大的，它作为自由贸易的对抗力量一直影响着国际贸易的格局、规模、流向、结构及利益等诸方面。和自由贸易理论相比，保护贸易理论似乎更强调其实用性，保护贸易理论往往都有一套针对性很强的政策体系，而第二次世界大战后保护贸易理论则更注重政策效应的研究。尽管这些政策的提出都是针对相关国家一定发展时期的特定产业或部门而言的，但是这些政策也具有普遍意义。

学习目标：

通过对本章的学习，重点掌握重商主义理论的核心内容；掌握李斯特幼稚工业保护理论和凯恩斯的超保护贸易理论的核心内容；在此基础上了解战略性贸易理论的核心内容及其他的有关理论。

关键概念：

重商主义(Mercantilism)
超保护贸易理论(Super-protective Trade Policy)
零和游戏(Zero-sum Game)
幼稚工业(Infant Industry)
战略性贸易政策(Strategic Trade Policy)
公平贸易(Fair Trade)

第一节　重商主义理论

一、重商主义理论产生的背景

15世纪末、16世纪初，西欧封建制度瓦解，代表新兴政治力量的民族国家产生，与此相适应的新的经济力量——商业资本正在兴起。这个时期的商业资本已经不是过去那种生存于自然经济夹缝中的微不足道的力量，而是不断冲击自然经济并因此而发展壮大的压倒一切的力量。重商主义就是这个时期社会政治经济剧烈变化在经济理论和政策上的反映。

当时的巨商大贾、政府官员、学者对资源有一个共同的静态认识，就是世界的资源是一定的和有限的，因此，本国商人、制造业和航海业为获得足够多的利润而不断扩大业务的结果必然会和其他国家发生经济冲突以及由此引起政治、军事冲突，政府要维护本国利益，就必须保持国家强大。因此，利用一切方式和途径增强国家力量，就成为当时西欧新兴民族国家的根本目标。他们认为，国家强大首先就要有强大的军队，而要建立强大的军队就必须要有足够的财力并由政府统一管理和支配。在他们看来，国家积累财富的途径除了对外掠夺之外就是贸易顺差，而贸易顺差则是最可靠、最有效地积累财富的途径。重商主义由此提出。

二、重商主义理论的核心内容

1. 理论观点

重商主义是15～17世纪欧洲资本原始积累时期代表商业资本利益的经济思想和政策体系。重商主义者认定，货币是财富的唯一形态，一切经济活动的目的就是为了获取金银货币，一国金银货币拥有量的大小，反映了该国的富裕程度和国力的强弱。那么，怎样才能尽可能多地获取金银货币呢？重商主义者认为，除了开采金银矿藏外，只有发展对外贸易，才是增加一国货币财富的真正源泉。因此，所谓重商主义，实际上是重国际贸易主义。很明显，要通过对外贸易来积累金银货币财富，就必须保持贸易顺差。重商主义在国际贸易学说史上首创了国际贸易收支差额理论，并着重分析了这个问题。重商主义者认为，在金属货币时代，只有发生贸易顺差，才能使外国的金银财富流入国内。他们还认为，只有通过对外贸易使金银货币发生净流入，才算是获得了贸易利益。

重商主义经历了两个发展阶段：大约从15世纪到16世纪中叶为早期重商主义阶段，16世纪下半叶至17世纪为晚期重商主义阶段。

早期重商主义者主张国家采用行政或法律手段禁止货币出口以防止货币外流。在对外贸易上反对进口，鼓励出口，多卖少买，最好是只卖不买，以便既保有国内原有的货币又增加从国外输入的货币。

早期重商主义的主要代表人物是英国的威廉·斯塔福(W.Stafford, 1554—1612)和法国的孟克列钦(Montchretien, 1575—1622)。他们认为,积累财富的主要途径就是对外贸易顺差,因此在对外贸易活动中必须使每笔交易和对每个国家都保持顺差,以使金银流入本国;而在顺差中流入本国的金银必须窖藏起来,以通过金银积累实现国家力量的增强。另一方面,为了增强国力,应阻止本国金银货币外流,禁止金银输出。由于早期重商主义学说把眼光盯在货币收支上,因此又称重货币主义、重金主义或货币差额论。

晚期重商主义者则和以守财奴眼光看待货币的早期重商主义不同,他们已经能用资本家的眼光看待货币,认识到货币只有在运动中、在流通中才能增殖自己。因此,晚期重商主义者不反对对外贸易,不但主张多卖,而且主张多买,以扩大对外贸易。但是有一个底线必须守住,即一定要保持贸易顺差,以使金银的净流入成为可能。

晚期重商主义的主要代表人物是英国的托马斯·曼(Thomas Mun, 1571—1641)。晚期重商主义的认识比早期重商主义大大前进了一步。认为尽管对外贸易顺差是利润和财富的源泉,但是本国国内金银积累过多也不是绝对的好事。因为金银积累增加,国内商品价格将上涨,一方面国内消费减少,另一方面出口量因成本上升而萎缩,并直接影响贸易顺差,甚至因此而出现贸易逆差和金银外流现象。因此最好的办法是将金银投入流通,通过不断流通,持续地为本国带来利益,即所谓"货币产生贸易,贸易增加货币"。其结果,输出的用于贸易的金银不仅不会流失,而且还会像猎鹰一样,叼回"肥鸭"来,使本国金银增加。与此相对应,一国保持贸易顺差的办法应是保持本国对外贸易总额的顺差,而不必使对每个国家的每笔交易中都保持顺差。晚期重商主义严厉地批评了货币差额论的观点,认为本国禁止金银输出,或保持每一笔交易都顺差的结果是对方国家的对等措施的报复,因而贸易会减少甚至消失,这样,积累金银的目的就永远不可能实现。所以,后期的重商主义被称作"贸易差额论",是名副其实的重商(即重国际贸易)主义。

2. 政策主张

重商主义者根据自己对财富和贸易的理解,提出了一系列关于贸易政策方面的主张。可以说,重商主义对后世深远影响,与其说是理论方面的"成就",倒不如说是外贸政策方面的主张。由于当时西欧各国的具体情况不同,因此各国所奉行的政策也不尽一致,但综观这些政策,都有一个特点,即都属于奖出限入的贸易政策。这些政策措施主要有以下几个方面。

(1) 由国家管制对外贸易的政策。一是管制金银货币。早期重商主义者严禁金银出口,这个禁令流行于16~17世纪的西班牙、葡萄牙、荷兰、英国、法国等国。西班牙执行最久,也最严格,输出金银币或金银块者甚至可以判处死刑。政府还通过法令规定外国商人必须将出售货物所得的全部金银用于购买当地商品,以避免金银外流;二是实行对外贸易的垄断。例如,葡萄牙和西班牙在16世纪实行的贸易垄断。葡萄牙国王直接掌握并垄断对东方的贸易。西班牙则垄断它和美洲殖民地的贸易,不许外国人插手经营。1600年,英国给予东印度公司以贸易独占经营权,以发展并控制其海外殖民地的贸易,开组织海外公司之先河。三是制定发展本国航运业的法律,禁止外国船只从事本国沿海航运和本土与殖民地之间的航运。

(2) 奖出限入的政策。为了实现贸易顺差,重商主义者大都提倡奖出限入政策,反对进口奢侈品,对一般制成品的进口也采取严格的限制政策,对进口货物无一例外地征收重税,往往高到使人不能购买的地步。但对原材料则免税进口。在出口方面,重商主义者主张阻止原料或半成品出口,奖励制成品出口,对本国商品的出口给予津贴,降低或免除对一些商品的出口关税。实行出口退税,即对出口商品的原料征捐税,当出口后,把原征税退给出口厂商。例如在英国,如果本国货在国际或国内不能与外国货竞争时,可以退还对原料征收的税款,必要时国家给予津贴。

(3) 管制本国工业,鼓励和扶持幼弱工业的政策。重商主义者主张政府对本国工业的发展进行严格管制,并采取包括保护关税等措施来扶植本国幼弱工业的发展,以达到实现贸易顺差的目的。根据当时的制造业还是以手工劳动为主的情况,重商主义者提出了鼓励工业发展的一些具体建议,比如奖励增加人口,以增加劳动力的供应;实行低工资政策以降低生产成本;高薪聘请外国工匠,禁止本国熟练技术工匠外流和工具设备的出口;给本国工场手工业者发放贷款和提供各种优惠条件以扶持工业发展等。

三、重商主义理论简评

重商主义是西方最早的国际贸易理论。重商主义产生于资本原始积累时期,是西方经济学界对国际贸易最早的理论说明。在当时特定的历史条件下,重商主义冲破封建思想的束缚,开始了对资本主义生产方式的最初考察。它指出,只有对外贸易才能增加一国的货币量,才能增加一国的财富;对外贸易是财富的源泉,因此一国的全部经济活动应服从于对外贸易的需要。这些论点代表了当时处于上升时期的商业资本的利益,因而促进了资本的原始积累,推动了资本主义生产方式的发展,具有历史进步意义。

但是,重商主义在理论上是不成熟的,有些甚至是完全错误的。具体表现在:第一,理论基础是脆弱的。重商主义建立在重商主义的错误的财富观的基础上,不能说明国际贸易的一系列基本理论问题,包括国际贸易的原因和利益问题。把货币看作是财富的唯一形态,认为开展对外贸易的目的就是为了获取金银货币,而通过对外贸易,并不不能使双方互利,一方之所得必然是另一方之所失。因此重商主义的保护贸易政策也必然是以损人利己为目的的奖出限入。重商主义的保护贸易学说,财政思想重于经济思想,一心只想着通过对外贸易积累货币财富。这是重商主义者只注重考察流通领域而忽略生产领域所必然出现的现象。第二,理论方法是肤浅的。重商主义对国际贸易的理论说明仍停留在对国际贸易活动的表象的描绘上,因而无法把对外贸易看成是一国经济活动的一个方面,更看不到对外贸易对一国经济发展的影响,相反还得出了贸易是财富的源泉的错误结论。第三,理论体系是破碎的。重商主义没有自己完整的理论体系，在逻辑上也是混乱的，因而无法对国际贸易活动做出系统的理论概括。第四，理论观点基本上是不科学的。重商主义认为财富就是金银，价值和财富来源于流通领域，对外贸易是财富的唯一源泉，而生产不过是创造财富的前提等看法都是错误的，没有能够抓住生产过程这一事物的本质，只满足于对经济活动现象的简单描述。一个国家拥有越多的金银，就会越富有、越强大，因此政府应当竭尽所能鼓励出口，不主张甚至限制商品(尤其是奢侈类消费品)的进口。然而，由于不可能所有贸易国同时出超，而且任一时点上金银总量是固定的，一个国家的获利总是基于其他国家的损失。因此，重商主义者主张政府严格控制经济活动，鼓吹经济民族主义，因为他们认为国家利益在根本上是冲突的，贸易是一种零和游戏(zero-sum game)。

值得注意的是，重商主义者用国家所拥有的稀有金属来衡量国家的财富。相对而言，如今是以可用在生产产品与提供服务的人力与自然资源的多少来衡量国家财富的。就是说，这些有用资源越多，生产与提供能满足人们需要的产品与服务就越多，一国的生活水平也就越高。重商主义理论上的不成熟，除了理论自身的原因外，主要是受到了当时社会经济条件的限制。当时的资本主义生产方式尚未成熟，商业资本具有严重的历史狭隘性，国际贸易活动还处于初始阶段。重商主义无法脱离已经给定的社会历史条件，从而对国际贸易活动做出超越时空的理论说明。重商主义的政策主张不仅具有历史上的进步意义，而且还有现实的借鉴意义。重商主义最早为西方提供了一套较为完整的对外贸易政策体系，其政策主张为当时西欧各国所普遍采用，收到了较好的效果，在一定程度上促进了当时社会商品货币关系的发展，加速了资本原始积累过程，刺激了国际贸易的发展，推动了历史的进步。不仅如此，重商主义的许多政策主张至今仍然影响着世界各国的对外贸易政策。例如，政府干预对外贸易，利用关税，实行奖出限入的保护贸易政策；积极发展本国工业，加强管理，提高产品质量，增强产品国际竞争力；争取贸易顺差，改善本国贸易地位，利用对外贸易积累本国经济发展的外汇资金；鼓励原材料进口和制成品出口，提高出口产品的加工程度；保护国内人才，引进国外人才；等等。所有这些措施和主张都具有重要的现实意义。事实上，当今各国对外贸易政策的制定和选择都自觉或不自觉地受到重商主义政策主张的影响。

【案例4-1】 托马斯·曼的重商主义贸易观点

托马斯·曼可能是最有影响力的重商主义作家，他的著作《贸易带给英格兰的财富》是重商主义思想的杰出代表作。事实上，亚当·斯密对重商主义的观点进行抨击时，矛头主要指向的就是他。下面是托马斯·曼的著作的摘录。

"尽管一个王国可以通过接受馈赠或是别国的购买变富，但是，这些事情的发生是不确定的，并且影响很小。因此我们增加财富的一般做法应当是通过国际贸易，规则是：每年卖给外国人商品的价值大于我们从他们那里购入的商品价值。因为……我们出口的东西不会以进口的形式再回来，换回的一定是财富(金、银)……"

"我们可以……减少进口,如果我们可以清醒地限制在饮食、衣着方面过度消费别国的产品……在出口中,我们不应当只考虑我们的多余,而且必须考虑邻国的需要……我们可以……尽可能多生产,而且试图卖高价,只要高价不会引起出口数量的减少。但对于我们多余的商品,他们也许能更方便地从别国得到,在这种情况下,我们必须尽可能卖低价,以防这些商品不能出口……"

(资料来源:Thomas Munn, England's Treasure by Foreign Trade (Reprinted, Oxford: Basil Blackwell, 1928))

第二节 幼稚工业保护理论

一、汉密尔顿的保护关税思想

汉密尔顿是美国独立后第一任财政部长。当时美国在政治上虽然独立,但经济上仍属殖民地经济形态,国内产业结构以农业为主,工业方面仅限于农产品加工和手工业品的制造,处于十分落后的水平。美国北方工业资产阶级要求实行保护关税政策,以独立地发展本国的经济。南部种植主则仍主张实行自由贸易政策,继续向英国、法国、荷兰等国出售小麦、棉花、烟草、木材等农林产品,用以交换这些国家的工业品。

在这样的背景下,汉密尔顿代表工业资产阶级的愿望和要求,于 1791 年 12 月向国会提交了《关于制造业的报告》,明确提出实行保护关税政策的主张。他在报告中系统阐述了保护和发展制造业的必要性和重要性,提出:一个国家如果没有工业的发展,就很难保持其独立地位。美国工业起步晚,基础薄弱,技术落后,生产成本高,根本无法同英国、法国等国的廉价商品进行自由竞争,因此,美国应实行保护关税制度,以使新建立起来的工业得以生存、发展和壮大。汉密尔顿还较详细地论述了发展制造业的直接和间接的利益。他认为,制造业的发展,有利于推广机器使用,提高整个国家的机械化水平,促进社会分工的发展;有利于扩大就业,诱使移民移入,加速美国国土开发;有利于提供更多的开创各种事业的机会,使个人才能得到充分发挥;有利于消化大批农业原料和生活必需品,保证农产品销路和价格稳定,刺激农业发展,等等。

为了保护和促进制造业的发展,汉密尔顿提出了一系列具体的政策主张,主要有:①向私营工业发放政府信用贷款,为其提供发展资金;②实行保护关税制度,保护国内新兴工业;③限制重要原料出口,免税进口极端必需的原料;④为必需品工业发放津贴,给各类工业发放奖励金;⑤限制改良机器输出;⑥建立联邦检查制度,保证和提高制造品质量。

汉密尔顿提出《关于制造业的报告》时,自由贸易学说仍在美国占上风,因而他的主张遭到不小的反对。随着英法等国工业革命的不断发展,美国的工业遇到了来自国外越来越强有力的竞争和挑战,汉密尔顿的主张才在美国的贸易政策上得到反映。1816 年,美国提高了制造品进口关税,这是美国第一次实行以保护为目的的关税政策。1828年,美国再度加强保护措施,工业制造品平均税率(从价税)提高到49%的高度。

与旨在增加金银货币财富、追求贸易顺差,因而主张采取保护贸易政策的重商主义不同,汉密尔顿的保护思想和政策主张,反映的是经济不发达国家独立自主地发展民族工业的正当要求和愿望,它是落后国家进行经济自卫并通过经济发展与先进国家进行经济抗衡的保护贸易学说。汉密尔顿保护关税学说的提出标志着保护贸易学说的基本形成。

二、李斯特幼稚工业保护理论产生的背景

阶段保护论是由李斯特(Friedrich List,1789—1846)提出的,他是德国历史学派的先驱者,保护贸易理论的倡导人。

李斯特所处时代的德国是一个政治上分裂割据、经济上十分落后的封建农业国家。在政治上,拿破仑战争后的德国仍保持着中古时代的封建制度,全境分裂为38个小邦,每个小邦都拥有自己的政府、军队、法庭、货币及外交。这种状况一直持续到1848年革命后,才由于完成政治统一而结束。在经济上,各邦之间实施封锁政策,存在不同的地方税率,关税壁垒林立,商品流通渠道严重阻塞。经济发展水平不但远远落后于已经完成工业革命的英国,而且与早已进入工业革命阶段的法国以及美国和荷兰等国也存在着相当大的差距。德国19世纪30年代才开始工业革命,到1848年革命爆发时,它甚至还没有建立起自己的机器制造业,工场手工业和分散的小手工业仍占主导地位。在对外贸易经济方面,由于没有统一的保护国内工业成长的关税制度和贸易政策,致使英国等国廉价的商品涌入德国国内市场。贸易商品结构则是出口原料和食品,进口本国所需的半成品和制成品。德国经济发展实际上受到了来自外国强大经济力量的冲击。因此,对于对外贸易政策的选择问题,德国国内产生了激烈的辩论。一派主张实行自由贸易,认为任何保护税制在理论上都是站不住脚的,这种观点占主导地位。另一派主张实行保护贸易,认为只有实行保护关税制度,德国经济才会发展,这种观点受到排挤。李斯特受到汉密尔顿的关税保护论的启发和影响,从当时德国的实际情况出发,强烈呼吁实行保护贸易。李斯特的保护贸易理论主要集中在他于1841年出版的主要代表作《政治经济学的国民体系》一书中。

三、李斯特幼稚工业保护理论的核心内容

1. 基本理论框架

19世纪德国最进步的资产阶级经济学家李斯特,1841年出版了他的名著《政治经济学的国民体系》,发展了汉密尔顿的保护关税学说,建立了一套以生产力理论为基础、以保护关税制度为核心、为后进国家服务的保护贸易理论。李斯特代表德国新兴资产阶级的利益,在与流行学派即英国古典学派的论战中提出了自己系统的保护贸易理论。其理论主要包括以下内容。

(1) 普遍的自由贸易理论是无边无际的世界主义经济学,它完全忽视了国家的存在,不考虑如何满足国家利益,而以所谓增进全人类利益为出发点。

李斯特认为,在不存在一个"世界范围的共和国"和一个包括一切国家在内的世界联盟作为持久和平的保证时,国家之间、民族之间充满了利益冲突以至战争。因此,对每一个国家来说,民族利益高于一切。英国古典学派所论证的自由贸易理论,只有利于英国的利益而不利于其他国家,尤其是工业发展较为落后的国家。当时英国工业发展水平高,而其他国家因经济落后而不具备自由贸易的条件。在这种情况下,推进自由贸易,对落后国家无疑是场灾难。因此,自由贸易制度和政策,不适应经济落后国家。① 可见,英国古典学派的世界主义经济学是不合时宜的,而要以国家经济学来代替它。国家经济学的任务就是"研究如何使某一指定国家(在世界当前形势下)凭工农商业取得富强、文化和力量"。②

(2) 流行学派只考虑交换价值,即通过对外贸易增进财富,而没有考虑到国家的精神和政治利益、眼前和长远的利益以及国家生产力。发展生产力是制定国际贸易政策的出发点。

李斯特认为,斯密、李嘉图从他们的价值理论出发,提出绝对成本说和比较成本说作为自由贸易学说的基础。李斯特否认英国古典学派的价值理论,并以此作为其保护贸易学说的理论基础。

在李斯特看来,财富本身和财富的生产力是有重大区别的。财富本身固然重要,但发展生产力更为重要。他写道:"财富的生产力比之财富本身,不晓得要重要多少倍;它不但可以使已有的和已经增加的财富获得保障,而且可以使已经消失的财富获得补偿。个人如此,拿整个国家来说,则更加是如此。"③ 李斯特还强调指出:"生产力是树之本,可以由此而产生财富的果实,因为结果子的树比果实本身价值更大。力量比财富更加重要,因为力量的反面——软弱无能——足以使我们不丧失所有一切,不但使我们既得的财富难以保持,就是我们的生产力量、我们的文化、我们的自由,还不仅是这些,甚至我们国家的独立自主,都会落到在力量上胜过我们的那些国家的手里"④。因此,一国在对外贸易中实行什么样的外贸政策,首先必须考虑的,是国内生产力的发展,而不是从抽象中获得财富增加多少。

(3) 普遍的自由贸易理论是狭隘的本位主义和个人主义,完全抹杀了国家和国家利益的存在。

李斯特认为,鼓吹狭隘的个人主义,抹杀国家利益,是导致古典学派反对国家干预国际贸易的原因之一。认为私人利益与国家利益总是一致,国家不应对经济包括外贸活动进

---

① [德]弗里德里希·李斯特. 政治经济学的国民体系[M]. 北京:商务印书馆.1961:113
② [德]弗里德里希·李斯特. 政治经济学的国民体系[M]. 北京:商务印书馆.1961:106
③ [德]弗里德里希·李斯特. 政治经济学的国民体系[M]. 北京:商务印书馆.1961:118
④ [德]弗里德里希·李斯特. 政治经济学的国民体系[M]. 北京:商务印书馆.1961:47

行干预的看法是错误的。李斯特指出，国家利益独立于私人利益，具有十分重要的意义，私人利益应当服从于国家利益。单个个人知道最清楚的和所促进的只是他自己的利益，追求私人利益不一定必然促进整个社会的利益，有些在私人经济中也许是愚蠢的事，在国家经济中却会成为聪明之举。古典学派把私人利益与国家利益混为一谈，用以提倡自由贸易，反对任何贸易限制，从经济强国的角度看是正确的，是符合自身利益的。但是如果把自由竞争原则强加到落后国家身上，反对任何保护贸易的做法，就是非常荒谬的了。在经济落后国家实行贸易保护政策，实际是为个人投资提供保护，为本国商品提供市场，这才符合个人利益。因此，在经济落后国家，高度的保护政策是可以与最大限度的个人自由并行不悖的，是落后国家发展经济的一种十分必要的工具。

（4）保护贸易政策只是一种手段，而不是目的。李斯特明确提出，"国际贸易的自由和限制，对于国家的富强有时有利，有时有害，是随着时期的不同而变化的"[①]。因此，一国采取何种贸易政策，要根据本国经济发展的不同情况而定。

李斯特提出经济发展阶段论，阐明经济发展阶段与贸易政策之间的相互联系，作为保护贸易理论的基本依据。李斯特认为，经济贸易政策的制定不应该是主观随意的，而应该取决于经济发展的进程。一般来说，"第一阶段是，对比较先进的国家实行自由贸易，以此为手段，使自己脱离未开化状态，在农业上求得发展；第二阶段是，用商业限制政策，促进工业、渔业、海运事业和国外贸易的发展；第三阶段是，当财富和力量已经达到了最高程度以后，再逐步恢复到自由贸易原则，在国内市场进行无所限制的竞争，使从事于农工商业的人们在精神上不至于松懈，并且可以鼓励他们不断努力于保持既得的优势地位。"

为了更准确地表明自己的上述观点，李斯特进一步将国民经济的发展分为五个阶段，即原始未开化时期、畜牧时期、农业时期、农工业时期、农工商业时期。李斯特认为，处于不同经济发展阶段的国家，其贸易政策也应有所区别。在李斯特看来，处于第五个阶段的先进国家需要自由贸易，比如英国正处于这个时期，理应坚持自由贸易。法国正处于这个时期的边缘，自由贸易也会给它带来利益。而处于第二、第三阶段的国家还没有值得保护的工业，因此应实行自由贸易，致力于建立国内新兴工业部门。至于处于第一阶段的国家，如果实行自由贸易，也是可以获得好处的。唯有处于第四阶段的国家，才有理由也才值得实行保护贸易。这是因为这类国家"由于还存在着一个比它们更先进的工业国家的竞争力量，使它们在前进道路上受到阻碍——只有处于这样情况下的国家，才有理由实行商业限制以便建立并保护它们自己的工业"。因为实践证明，"在自由竞争下，一个无保护的国家要想成为一个新兴的工业国已经没有可能。"概括起来说，李斯特认为，当一国处于未开化时期或以农业为主的发展阶段时，即第一至第三阶段，可以实行自由贸易，当一国处于经济发展的最高阶段即第五阶段时，也应实行自由贸易，只有当一国处于经济发展的第四阶段并加快向第五阶段过渡时，即当本国工业逐渐发展，出现了工业与农业的分工

---

① [德]弗里德里希·李斯特. 政治经济学的国民体系[M]. 北京：商务印书馆. 1961：15

与协作的关系，形成了国内市场的有机结合时，就应采取保护贸易政策，防止发达国家的工业冲击本国工业，而当工业生产能力强大到足以同外国竞争时，就应该立即采取自由贸易政策，通过自由竞争防止本国工业家产生保守止步的思想，保持已有的优势地位。李斯特指出，德国处于第四发展阶段，必须实行贸易保护主义。

2. 政策分析

在上述分析的基础上，李斯特主张建立和合理实施保护关税制度，壮大国家综合生产力。

李斯特指出，从统计和历史资料分析，国家在立法和行政方面的干预往往是随着经济发展的进程而不断加强的。为了国家的最高利益，国家必须保持对经济活动的干预。从保护关税制度来看，保护关税制度源于国家要求独立和富强的自然努力，它是战争与优势工业国家实行敌对性法规的必然结果。对于落后国家来说，自由贸易将使落后国家的国民经济最终断送在发达国家竞争优势的手中。因此落后国家只有依靠国家干预，实行保护关税制度，用人为的方法把自己提高到先进国家曾经用同样方法达到的那个文化阶段，才能使普遍的自由贸易获得自然推行。李斯特强调："保护制度是使落后国家在文化上取得与那个优势国家同等地位的唯一方法。"

李斯特认为，保护关税政策的根本目标就是通过国家干预，促进国家综合生产力的发展。由于国家综合生产力的根本点在于工业成长，因此，保护关税的主要对象自然是工业部门。在李斯特看来，一个国家工业生产力发展了，农业自会随之发展。当然，农业不是绝对不需要保护，只有那些刚从农业阶段跃进的国家，距离工业成熟期尚远，这时的农业才适宜于保护。他指出，着重农业的国家，人民精神萎靡，一切习惯与方法必然偏于守旧，缺乏文化福利和自由；而着重工商业的国家则全然不同，人民充满自信，具有自由的精神。从这一点看，也应该保护和提高工业生产力。

在保护关税制度的具体实施方面，李斯特认为，国家应该保护受到冲击的有前途的幼稚工业。李斯特强调，对工业的保护不应是全面的，而是有选择的。国家应选择那些目前处于幼稚阶段的、受到竞争的强大压力的、但经过一段时期的保护和发展能够被扶植起来并达到自立程度的工业。因此，如果幼稚工业没有强有力的竞争者，或者，预期经过一段时期的保护和发展不能实现自立的幼稚工业，就不应保护。李斯特认为，这里的"一段时期"的最高时限为30年。也就是说，保护必须有一个时限，而不应该是永远的。但是，保护程度要因工业部门的不同而有所区别。李斯特认为，那些有关国计民生的重要工业部门，保护程度要高一些。比如，建立和经营时需要大量资本、大规模机械设备、高水平技术知识和经验丰富以及人数众多的生产最主要的生活必需品的工业部门，就应该特别保护。那些次要的工业部门，保护程度要相对低一些。

关于保护关税的税种和税率的确定问题，李斯特认为，从税种来看，一是要区别从量税和从价税，对外国进口商品应设置从量税，而不应设置从价税，这样可以避免出现外国商人利用隐瞒商品真实价值的方法偷逃关税的现象。二是要区别保护关税和收入关税，对进口的自然产品如谷物、畜牧产品等只能征收收入关税，不能苛以保护关税。收入关税的主要苛税对象应该是奢侈品。李斯特强调，征收收入关税应当相当节制，不应因此而影响商品的进出口，否则将会削弱国内生产力。从税率来看，首先应考虑设置不同国家之间的差别税率。李斯特举例说，如果德国希望荷兰实行有利于德国的差别关税没有得到响应，德国就应该对荷兰实行不利于其产品进口的差别税率。其次应考虑根据不同类型产品制定不同的关税税率。李斯特认为，对那些在国内生产比较方便又供普通消费者消费的物品，可以征收较高的保护税率，对那些在国内生产比较困难、制作精细、价值昂贵又容易产生走私的物品，保护税率应按程度逐级予以降低。李斯特强调指出，如果一个国家的专门技术和机器制造业还未获得高度发展，那么它就应该对国外输入的一切复杂机器设备免税或只征收极低的税率。因为如果征税影响了机器设备的正常进口，就等于限制了国内工业的发展。

李斯特还强调，保护制度要分阶段按步骤渐进实施。他认为，保护制度实施的第一步是通过保护关税的实施把外国工业品逐渐从国内市场上排挤出去，并造成外国的工人和资本等过剩，逼迫其到国外寻找出路。第二步是通过特惠、奖励或补助等措施，配合保护关税，吸引外国的工人和资本，增强国内的工业生产能力。李斯特强调指出，在保护制度实施的全过程中，关税税率在各个时期是不应该相同的。在实行保护制度的初期，关税税率应该定得较低，以免突然完全割断与别国的经济联系，彻底排除国外竞争，使本国工业者不求进取。随着本国工业生产能力的提高、技术力量的增强、进取精神的稳定，关税税率可根据此种状况而逐渐提高。在从禁止制度转变到温和的保护制度的过程中，关税税率则应由高到低，为逐步实行自由贸易做准备。

李斯特同时也指出，保护关税制度也不是绝对没有缺点的，但比起它的优点来，这些缺点是微不足道的。李斯特承认，保护关税制度可能会在一定时期内使本国生产率下降，但从长期看，这种损失不过是一项再生产支出，它将会得到加倍的补偿。因此，一个国家应把长远利益放在重要的位置上，不应只看到眼前利益的得失。李斯特也承认，保护制度会形成国内垄断，国内工业者会不思进取，但由于国内竞争的存在，国内工业者也会保持精益求精。李斯特还承认，保护制度会使短期内国内市场商品价格提高，消费者的支出会增加，但从长期看，一旦本国建成了发达的工业，商品价格水平反而会落到国外进口商品价格以下。消费者不仅不会遭受损失，相反会获得更多的好处。至于古典学派所认为的保护制度有利于工业资本家而不利于农业生产者的观点。李斯特认为，这种看法是不全面的，因为，本国工业力量的强大给农业带来的利益，与农业生产者所遭受的损失相比，前者要远远大于后者。古典学派还指出，维持一个保护制度，需要很大开支，而且会引起走私。对此，李斯特认为，这些缺点与维护国家根本利益、促进国家繁荣富强的保护制度的贡献来说，是非常微不足道的。李斯特强调，要用长远的眼光，衡量国家的根本利益，正确对待保护关税制度。

四、李斯特幼稚工业保护理论简评

李斯特保护贸易理论的提出标志着从重商主义分离出来的西方两大国际贸易理论体系——自由贸易体系和保护贸易体系的形成。在汉密尔顿开辟了建立保护贸易理论体系的道路后,李斯特继承和发展了汉密尔顿的保护贸易理论,从理论和实践上批评了古典学派的自由贸易学说,阐述了保护贸易对落后国家经济发展的重要意义,并具体分析了保护关税制度的实施方法和步骤,讨论了保护制度的利弊得失,形成了一套较为完整的理论体系,确立了保护贸易理论在国际贸易理论体系中的地位,具有非常重要的理论意义。在李斯特之后,20世纪20年代初奥地利的旭雷和20世纪30年代罗马尼亚的孟路赖斯库等对保护贸易理论的发展,都是建立在李斯特的保护贸易的理论基础上。

李斯特保护贸易理论的许多具体观点是正确或积极的,对当今发展中国家开展对外贸易是有启发的。主要有:第一,国家综合生产力水平直接关系到国家兴衰存亡,因此,一切经济活动应以提高生产力为目的。第二,建立本国高度发达的工业是提高生产力水平的关键,因此,要对本国工业采取适当的保护措施。第三,经济发展的不同阶段应选择不同的对外贸易政策,在同一发展阶段中对不同的工业部门的保护要因其与国民经济关系的密切程度而有所区别。第四,保护制度的实施是有条件和渐进的,也是暂时和过渡性的,随着生产力的高度发展它将被自由贸易制度所取代。第五,灵活运用关税税种和适时调整关税税率。

李斯特的保护贸易理论体系从总体上看是不科学的,有不少观点是错误的。具体表现在:第一,李斯特用生产力理论同古典学派的劳动价值论相对抗,以资产阶级利益替代国家利益,并无限夸大了国家干预经济的积极作用。第二,李斯特用社会经济发展阶段论说明人类社会的变迁,并把这种变迁归结为国民经济部门的转换,撇开了生产关系这个根本因素。第三,李斯特的保护关税理论片面扩大了保护制度的积极作用和自由贸易制度的消极作用。此外,还有不少具体论点带有很明显的主观随意性。

李斯特的保护贸易理论在历史上曾经起到推动德国工业资本主义发展的积极作用。李斯特保护贸易理论的提出,为当时德国工业资产阶级反对封建专制制度提供了锐利的理论武器,增强了工业资产阶级的力量,促进了德国从封建制度向资本主义制度的过渡。不过,由于李斯特曾尖锐地批评英国打着科学的旗号,以自由贸易手段摧残别国正在发展中的工业,其理论为当时德国的主要贸易竞争对手英国所嫉恨,因此在所谓"正统的"国际贸易理论中,李斯特的理论常常是占不上一席之地的。但是,由于李斯特实际上为落后国家提供了一条可供选择的经济贸易发展道路,所以他的理论往往为落后国家所欢迎和接受。

第三节 超保护贸易理论

一、凯恩斯的超保护贸易理论产生的背景

凯恩斯(J. M. Keynes,1883—1946)是英国当代最著名的经济学家,凯恩斯主义经济学的创始人。

凯恩斯所处的时代是资本主义进入垄断阶段的时代。科学技术的进步促进了国际分工和世界市场的迅速发展。在新的历史条件下,传统的经济贸易理论失去了昔日的威风。由于对新情况、新问题不能做出合理的和科学的说明,传统经济贸易理论实际上已经陷入困境。而1929—1933年资本主义世界历史上最深刻的经济危机则更是给古典学派和新古典学派以当头一棒。1936年,凯恩斯出版了他的主要代表作《就业、利息和货币通论》(简称《通论》)。在这本著作中,凯恩斯批判了传统经济贸易理论,以有效需求不足为基础,以边际消费倾向、边际资本效率和灵活偏好三个所谓基本心理规律为核心,以国家对经济生活的干预为政策目标,把对外贸易和国内就业结合起来,创立了用以取代传统经济贸易理论的新学说。

凯恩斯的贸易理论主要集中在《通论》及《劝说集》(1932年出版)中,其基本思想主张国家干预对外经济,利用贸易顺差保持国内充分就业。从性质上看属于保护主义。到了20世纪70年代,西方国家经济出现了"滞胀"现象,民族国家经济的独立和发展开始改变旧的经济贸易格局,而科技革命对生产的推动又造成了新的供求市场失衡状况。这种情况导致了以凯恩斯经济理论为依据,以保护国内充分就业和维持国际收支平衡为中心论据的"超保护贸易理论"思潮的产生。

二、凯恩斯的超保护贸易理论的核心内容

在1929—1933年大危机以前,凯恩斯是一个坚定的自由贸易论者。他坚决反对那种认为实行保护主义可以增加国内就业和维持经济增长繁荣的观点。他指出:"若保护主义者认为可以医救失业,则保护主义之谬误可以说是到了最荒唐最赤裸裸之地步。"但是,30年代的大危机彻底改变了凯恩斯的立场。他开始批评自己以前师承并且拿来教人的自由贸易学说,认为传统的自由贸易理论缺乏牢固的理论基础,而且已不适用于当代社会经济贸易发展的新情况和新问题。

凯恩斯及其追随者认为,古典学派的国际贸易理论假定国内是充分就业的,并认为一国的进出口能够通过用出口偿付进口的办法自行平衡,然而这些假定都是不现实的。事实上,失业现象普遍地和大量地存在着,而且由于失业的存在,进出口贸易的自动平衡就成为不可能。所以,古典自由贸易论者的论证只有在根本不需要论证的时候才是正确的。

凯恩斯本人还尖锐地批评了批判重商主义的经济学家,认为他们对重商主义的批判是

缺少远大眼光，没有看到重商主义有关理论和政策的合理性和科学性。至于他本人过去的观点和态度，凯恩斯反省说，他过去之所以对重商主义抱错误的批判态度，是因为当时没有读好书，只是看了别人的一些书后盲目乱说了一通。凯恩斯认为，重商主义学说中有许多科学真理，其中，主张追求贸易顺差就是重商主义最高智慧的结晶。因为，当时国家既不能直接控制利率，又不能直接操纵影响国内投资的因素，所以对于国家来说，增加国外投资的唯一和直接的办法就是保持对外贸易顺差。一旦对外贸易产生顺差，那么国外贵金属将流入本国，这样政府就可以减低国内利率，从而达到增加国内投资的目的。

但是，凯恩斯同时认为，如果像重商主义希望的那样永远保持贸易顺差，而且顺差数额越大越好，那么对经济发展也是不利的，因此这种观点是不可取的。因为贸易顺差，外国贵金属流入，导致本国利率下降，可能会产生两种不利情况：一是利率下降使投资量增加，就业率大幅度上升，如果此时投资继续增加，劳动工资就会以更快的速度增加，因而使国内生产成本提高，这种结果定会影响对外贸易，从而造成本国贸易利益因出口数量降低而减少；二是如果本国利率水平下降到比其他国家更低的程度，本国贵金属将会以对外贷款的形式流向国外，一旦这种对外贷款数额超过贸易顺差额，就会形成贵金属外流。而且，国家愈大，其国际地位愈重要，出现上述两种情况的可能性也就愈大。所以，凯恩斯指出，重商主义过度追求贸易顺差的不利影响不仅来自国内成本上涨，利率下降，也来自国外成本下降，利率上升。因此，贸易逆差要不得，因为它"很快就会产生顽固的经济衰退"，但贸易顺差也不宜太大，否则会物极必反，使一切努力前功尽弃。

据此，凯恩斯认为，经典理论的假定前提和理论结论都不符合现实情况，它的卓越之处就在于它能克服常人所相信的东西，而同时自己却是错的，重商主义虽已感觉到了问题的存在，但却未加分析，或其分析不能解决问题。看来理论创新是必然的。

但是，凯恩斯本人并没有专门研究国际贸易的著作，他的许多有关国际贸易问题的论述都散见于其他著作之中。凯恩斯的追随者在凯恩斯就业理论和乘数理论的基础上倒是提出了一些比较系统的有关国际贸易问题的理论观点。

凯恩斯认为，现代社会实际上存在三种失业形态：一种是摩擦失业，一种是自愿失业，还有一种是非自愿失业。非自愿失业是政府必须解决的问题。在凯恩斯看来，产生非自愿失业的主要原因是社会的有效需求不足。有效需求包括消费需求和投资需求两部分。消费需求主要取决于边际消费倾向，投资需求主要取决于边际资本效率和灵活偏好决定的利息率。投资需求对有效需求的影响是很大的，投资需求又包括国内投资需求和国外投资需求。国内投资需求主要决定于利息率，国外投资需求则和贸易收支状况相联系。如果对外贸易产生顺差，国外投资增加，并因此而导致国内货币供给增加，利率下降，可刺激国内投资增加；如果对外贸易产生逆差，则情况相反。因此保持贸易顺差，就可以不断扩大国外投资，增加投资需求和有效需求，解决就业问题，促进经济繁荣。

根据这样的认识，凯恩斯及其追随者极力主张政府对经济生活的全面干预，实行贸易上的保护主义。凯恩斯本人曾敦促英国政府彻底放弃自由贸易政策，通过实施保护关税制度，确保经济稳定增长。他指出，保护关税制度一可以推动消费者增加对本国产品的消费，以增加就业；二可以减轻本国国际收支逆差的压力，以储备足够多的货币用来偿付在扩张政策下必要的进口量，并实施对贫困债务国家的贷款；三可以得到社会舆论普遍和最有力的支持。凯恩斯的追随者则将注意力集中在贸易收支状况对一国国民收入和就业水平可能产生的各种影响的分析上。他们认为，在失业普遍和大量存在的现代社会，贸易收支是不可能自动调节实现平衡的，必然会出现贸易逆差或贸易顺差。如果是贸易逆差，本国黄金外流将导致国内利率提高，国内商品价格下降和因利率提高而导致的投资成本上升将使资本边际效率下降，这将压缩本国投资需求和有效需求，使就业率下降，经济活力减弱，危机程度加深。如果是贸易顺差，情况完全相反。外国黄金流入将导致国内利率下降，国内商品价格上升和因利率下降而导致的投资成本下降将使资本边际效率提高，这将扩大本国投资需求和有效需求，使就业率上升，经济活力增强，危机程度减轻或消失，甚至会出现经济高速增长的繁荣景象。因此，政府必须加强对国家对外经济贸易活动的干预，实行贸易保护主义政策，通过各种途径和渠道，扩大出口，保持贸易顺差，实现充分就业。

为了进一步说明投资对就业和国民收入的影响，凯恩斯提出了著名的乘数原理。他指出，政府投资增加会增加对生产资料的需求，生产资料需求的增加又会促使从事生产资料生产的企业主和工人的人数和收入增加；收入增加会增加对消费品的需求；消费品的需求增加又会促使从事消费品生产的企业主和工人的人数和收入增加。其结果，就业量和国民收入的增加量将倍数于引起这一结果的新增投资量，亦即投资量的变动对就业和国民收入的影响要比投资量的实际变动本身要大得多。用公式表示为

$$K = \frac{1}{1-\frac{\Delta C}{\Delta Y}} = \frac{1}{\frac{\Delta S}{\Delta Y}} = \frac{\Delta Y}{\Delta S}$$

式中：K 为乘数；Y 为收入；ΔY 为收入增量；C 为消费；ΔC 为消费增量；S 为储蓄；ΔS 为储蓄增量；$\frac{\Delta C}{\Delta Y}$ 为边际消费倾向；$\frac{\Delta S}{\Delta Y}$ 为边际储蓄倾向。如果 $\frac{\Delta C}{\Delta Y}=0$，则没有倍增作用；如果 $\frac{\Delta C}{\Delta Y}=1$，则乘数或倍增作用为无穷大；在 $0<\frac{\Delta C}{\Delta Y}<1$ 时，$1<K<\infty$。

凯恩斯主义者把凯恩斯的一般乘数原理引入对外贸易领域，建立了对外贸易乘数理论。他们把进口看成是一国收入流量的漏损，是国内的货币收入开辟国内的消费支出重返收入流的结果；把出口看成是外国人的货币收入直接注入国内收入流的结果。他们认为，进口会对本国国民收入和产出产生倍缩效应；而出口则会对本国国民收入和产出产生倍增效应。因此，只有当贸易产生顺差时，对外贸易才能增加一国的国民收入和就业量，而且由于乘数的作用，国民收入的增量将倍数于贸易顺差的增量。

一般认为，对外贸易乘数取决于两大因素：一是边际进口倾向，二是边际储蓄倾向。这两个比率越大，对外贸易乘数就越小。反之，这两个比率越小，对外贸易乘数就越大。

至于具体的计算方法，比较简单的如纳克斯(R. Narkse)提出的 $K = \dfrac{1}{\dfrac{\Delta M}{\Delta Y}}$，即对外贸易乘数为边际进口倾向的倒数(式中 ΔM 为进口增量)。马卡洛普(F.Machlup)则认为，如果假定储蓄和投资不变，收入的增量只能用于国内消费，或购买外国进口商品，那么乘数当然与边际进口倾向相关，即 K 为边际进口倾向的倒数。但是，如果收入的增量中还有一部分用于储蓄，即考虑储蓄和投资的变化因数，那么乘数还与边际储蓄倾向有关，即 K 为边际进口倾向和边际储蓄倾向之和的倒数，其公式为

$$K = \dfrac{1}{\dfrac{\Delta M}{\Delta Y} + \dfrac{\Delta S}{\Delta Y}}$$

一般而言，边际储蓄倾向与边际进口倾向之和总是小于 1，因为收入增量中通常有一部分要用于购买本国货物。这意味着，出口收入的增加值总是高于购买外国商品的价值和资本输出的价值之和，也就是说，国际收支可以经常保持顺差。

如果考虑贸易收支状况对国民收入的不同影响，可采用这一公式：

$$\Delta Y = [\Delta I + (\Delta X - \Delta M)] \times K, \left\{ K = \dfrac{1}{1 - \dfrac{\Delta C}{\Delta Y}} \right\}$$

式中：ΔI 为投资增量；ΔX、ΔM 分别为出口增量和进口增量。当 $(\Delta X - \Delta M) > 0$ 时，边际消费倾向越高，对外贸易对国民收入的倍增效应就越大。当 $(\Delta X - \Delta M) < 0$ 时，边际消费倾向越高，对外贸易对国民收入的倍缩效应就越大。由此可见，实行贸易保护主义，特别是实施重商主义的"奖出限入"政策，保持贸易顺差，一国的国民收入和就业量就会持续不断地增长。

三、凯恩斯的超保护贸易理论简评

凯恩斯的超保护贸易理论是传统保护贸易理论在当代的新发展。传统保护贸易理论说明的是落后国家如何通过实施贸易保护政策，发展本国经济，摆脱发达国家的控制和剥削，尽快赶上世界先进水平。但是，超保护贸易理论说明的是发达国家如何通过实施贸易保护政策，实现国内充分就业，提高国民收入水平，以保持其在国际贸易中的优势地位。其特点是：不是以保护国内幼稚工业、增强其竞争能力为主要目的，而是以保护国内先进的和发达的工业、增强其在国际市场的垄断地位为根本宗旨；不是简单地和消极地抵制外国商品的进口以保护本国市场，而是积极地和大规模地扩张本国商品的出口以最大限度地占领国际市场；不是为了维持国际收支平衡，而是利用对外贸易促进国内经济发展的良性循环。正因为如此，这种保护贸易理论也被称为超保护贸易理论。

超保护贸易理论代表了当代垄断资本的利益。超保护贸易理论是在资本主义从自由竞

争过渡到垄断阶段后形成和发展起来的，它不过是垄断资本的利益在对外贸易中的集中体现。也正因为如此，这一理论旨在通过对外贸易，解决国内经济滞胀，摆脱周期性经济危机。但是，由于超保护贸易理论建立在具有明显辩护目的的凯恩斯宏观经济理论的基础上，把经济危机看成是有效需求不足的产物，因而无法科学地揭示经济危机产生的原因，所以要从根本上解决危机和失业问题是不可能的，尽管其反危机方案可以在一定程度上减轻经济危机的压力。但是，超保护贸易理论的许多具体论点仍然有理论上的研究价值和实践上的借鉴意义。比如对外贸易乘数理论，该理论分析了贸易量与一国宏观经济各主要变量之间的相互依存关系，在一定程度上揭示了对外贸易与国民经济发展之间某些内在的规律性，值得重视和进一步研究。再如，高德莱的保护贸易理论模式及其政策结论，也在一定程度上反映了现实经济活动的某些方面，有一定的参考价值。

第四节　战略性贸易理论

一、战略性贸易理论产生的背景

第二次世界大战以来，随着产业内贸易、公司内贸易的发展，跨国投资成为经常现象。"里昂惕夫之谜"导致了人类对传统贸易理论的反思，产生了很多新的贸易理论。20世纪80年代以来，出现了对各种新的贸易理论进行综合的趋势。这种综合的成果被称为"新贸易理论"(Neotrade Theory)，在此基础上，格罗斯曼(G. Grosman)、斯本瑟(B. Spencer)、布兰德(J. Brander)与狄克西特(A. Dixit)等人以规模经济与不完全竞争为前提，以产业组织理论与市场结构理论为研究工具，提出了战略性贸易政策理论(Strategic Trade Policy)。该理论认为，在规模收益递增和不完全竞争条件下，市场本身的运行处于一种"次优"的境界，这种次优的境界并不能保证潜在收益一定能得以实现，适当的政府干预或许有可能改进市场的运行结果，从而论证了政府贸易干预的合理性，提出适当运用关税、补贴等战略性贸易政策措施，将有利于一国贸易利益。战略性贸易政策理论因其理论的创见性、方法的独到性及现实的解释力等方面的突破而日益受到人们的重视。战略性贸易政策理论的产生除了第二次世界大战以来国际贸易环境发生重大改变这一根本原因之外，还有产生它的直接原因。

1. 各国经济受国际因素的影响日渐增强

第二次世界大战以来，世界经济的最显著变化是贸易的重要性日益提高。例如，统计显示，在1960年至1980年的20年中，美国制造业中进出口份额增加了一倍以上。至20世纪80年代，美国大多数厂商面临着国际市场的激烈竞争。这一变化使一些传统的国内问题，如市场力量与超额收益率、创新与技术变化等因素变成了影响贸易政策的因素。政府政策目标多重化，既要保护国内消费者免受剥削，又要努力扩大国内厂商的国际市场份额；

既要发挥技术外溢作用，又要避免外国的技术"瞄准"，政策的多元化目标需要新的理论指导。

2. 新的分析方法出现

近几十年以来，经济学内部各领域的相互融合与影响日益增强，经济学其他领域的思想被应用到贸易学中。在20世纪70年代，由于发现了对少数厂商相互竞争的寡头产业的新分析方法，产业组织理论取得重大突破。而参与国际贸易的大多数厂商都具有规模生产的优势、经验积累的优势，以及创新带来的短期优势，即具有寡头竞争和博弈竞争的特征。各大厂商具有直接影响价格的能力，它们会采取战略性行为来影响其竞争对手的行为，国际贸易市场呈现更为复杂的行为特征。厂商的战略性选择与国际市场的变化互为因果，国内与国际的界限已被打破。由于在不完全竞争产业方面已有相当的研究，贸易理论完全可以借此来分析国际贸易的这种新特征。

二、战略性贸易理论的核心内容

战略性贸易政策的提出者认为，由于现代国际贸易中不完全竞争和规模经济的存在，国际市场竞争演变为少数企业之间围绕着市场份额进行的博弈。在寡头垄断的市场结构下，政府采取战略性贸易政策，通过出口补贴等积极干预措施可以提高本国企业在国际市场上的占有率，而企业因此所得的利润将大大超过政府所支付的补贴部分。这种情况大多发生在规模经济优势比较明显的跨国公司竞争中。

1. 战略性贸易政策的古诺模型

假定国际市场上只有来自本国和外国的两家企业，其生产技术条件完全相同，即一种双寡头市场结构。再假定企业行为模式是非合作型的，两家企业同时进行决策，其决策变量为产量或销售量，这是典型的古诺模型所讨论的问题。

在寡头市场条件下，每个企业的决策都取决于其对竞争对手情况的判断；对应于竞争对手的不同情况，每个企业的最佳对策也不同。因此，我们采用反应曲线来说明寡头市场的均衡的决定。在图4-1中，横轴表示本国企业在国际市场的销售量，纵轴表示外国企业在国际市场的销售量，曲线AA'和BB'分别为本国和外国企业的反应曲线。AA'和BB'两条反应曲线相交的E点即古诺均衡点。对应于E点，本国和外国企业的均衡销售量分别是Q'_A、Q'_B。市场处于均衡时，每个企业都将获得一部分垄断利润。利润的多少取决于企业的销售量，销售量越大，则企业获得的利润就越多。

那么，能否设想本国的企业通过扩大销售量来增加利润呢？不能。因为如果它自行扩大产出和销售量，市场价格会立即下降，从而使增加销售量所得的收益被价格下降抵消。因此本国的企业只能接受均衡的产出和利润水平。

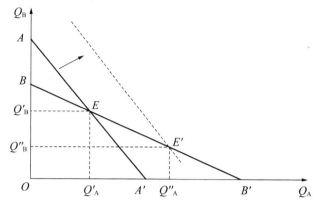

图 4-1 战略性贸易政策的古诺模型

但是,如果本国政府实施战略性贸易政策,对本国企业提供出口补贴,则本国企业出口的边际成本将低于生产中的边际成本。此时,本国企业再增加产出和销售量,虽然市场价格下降会导致其边际收益下降,但由于边际成本的下降,所以增加出口可使本国企业获得更多的利润。与此同时,外国企业的利润将受到影响,为了抵消因价格下降而导致的利润损失,外国企业不得不减少产出和销售量。

在图 4-1 中,政府提供补贴后,本国企业的反应曲线向右移动,新的反应曲线与外国企业的反应曲线相交于 E' 点。对应于新的均衡点,本国企业的产出和销售量扩大到 Q''_A,相应的,利润比以前增加;而外国企业的产出和销售量减少到 Q''_B,相应的,利润则比以前下降。因此,在政府实行补贴的情况下,本国企业利润的增加是以外国企业利润的损失为代价的,即发生了"利润转移"。

出口补贴对本国的经济效应有两个方面的影响:一方面增加了本国企业的利润,另一方面增加了政府支出。如果本国企业利润的增加超过了政府补贴,那么本国的净福利也将增加。在这种情况下,本国实行贸易保护要优于自由贸易。

2. 战略性贸易政策的博弈分析

关于战略性贸易政策的博弈分析通常以美国波音公司与欧洲空中客车公司之间的竞争性博弈为例。

假定规模经济在某一个行业中(如飞机制造业)如此之大,以致在作为一个整体的世界市场上只容得下一个能获利的进入者(不管是美国波音公司还是欧洲空中客车公司),也就是说,如果两个厂商进入,它们都会遭受损失。那么,不管哪一厂商,若设法让自己在该行业中立足,就能够获得竞争失败者不能得到的超正常利润。表 4-1 是波音和空中客车公司在各种情况下假设的损益表。

表 4-1　没有补贴时的损益　　　　　　　　　　　　　单位：万美元

波音公司		空中客车公司	
		生　产	不　生　产
波音公司	生产	波音-5，空中客车-5	波音100，空中客车0
	不生产	波音0，空中客车100	波音0，空中客车0

波音公司和空中客车公司都只有两种选择，要么生产，要么不生产。假定在没有政府干预的情形下，波音公司由于历史原因而先于空中客车公司生产并占领了世界大型宽体客机市场，此时的结果是：波音公司生产获得100万美元利润，空中客车公司不生产。若空中客车公司硬要挤入这个市场，则结果是两败俱伤，波音公司和空中客车公司都亏损5万美元。由于空中客车公司在投入生产前已认识到会亏损5万美元，故空中客车公司不会进入竞争。现在假设欧洲政府采取战略性贸易政策，补贴空中客车公司25万美元进行生产，这种补贴使这两家的损益情况发生了变化。如果只是空中客车公司生产，总利润达到125万美元。即使两家都生产，空中客车公司在减去亏损后，仍能有20万美元的盈利，而波音公司没有补贴，其利润与亏损没有变化。表 4-2 说明了这一情况。

表 4-2　政府对空中客车公司予以补贴时的损益　　　　　　单位：万美元

波音公司		空中客车公司	
		生　产	不　生　产
波音公司	生产	波音-5，空中客车20	波音100，空中客车0
	不生产	波音0，空中客车125	波音0，空中客车0

在新的情况下，不管波音公司是否生产，空中客车公司只要生产就有利润。对空中客车公司来说，不生产的选择已经被排除。而波音公司则处于一种两难困境：若生产，则要亏损5万美元；而若不生产，原先的市场完全被空中客车公司夺走。不论如何，波音公司已无获得利润的可能，最后只有退出竞争。

从这个虚构的例子可以看到，在某种不完全竞争市场结构的情况下，积极的政府干预政策可以改变不完全竞争厂商的竞争行为和结果，使本国企业在国际竞争中获得战略性优势，并使整个国家获益。

三、战略性贸易理论简评

应当承认，战略性贸易政策有其积极的作用。

首先，它是以 20 世纪 80 年代发展起来的不完全竞争贸易理论和规模经济贸易理论为基础的，是国际贸易新理论在国际贸易政策领域的反映和体现。不同于正统的自由贸易政策理论，战略性贸易政策理论精巧地论证了一国可以在不完全竞争条件下实行贸易干预政策，通过转移他人经济利润来提高自身的福利水平。

其次，战略性贸易政策模型是从现实世界经济中普遍存在的不完全竞争市场状况中提炼出来的，它试图设计出适宜于产业内贸易的干预政策，以改善受到扭曲的竞争环境，使市场运行处于次优境地，因而具有一定积极意义。

再次，从方法论上看，战略性贸易政策理论广泛借鉴和运用了产业组织理论与博弈的分析方法和研究成果，特别是博弈论的运用应该说是国际贸易理论研究方法上的突破。

但是，战略性贸易政策理论也有许多不完善甚至消极的地方。

首先，该理论未就政府的贸易干预和补贴给出任何总的通用解决方法，其成立亦依赖于一系列严格的限制条件。如此政策的实施除了产业必须具备不完全竞争和规模经济这两个必要条件外，还要求：政府拥有齐全可靠的信息，对实行干预或补贴可能带来的预期收益心中有数；接受补贴的企业必须与政府行动保持一致，且能在一个相对较长的时期内保持自身的垄断地位；产品市场需求旺盛，被保护的目标市场不会诱使新厂商加入，以保证企业的规模经济效益不断提高；另外，别国政府不会采取针锋相对的报复措施。一旦这些条件得不到满足，战略性贸易政策的实施就不会取得理想的效果。

其次，战略性贸易政策背弃了自由贸易传统，采取富于想象力和进攻性的保护措施，劫掠他人市场份额与经济利益。这往往使它成为贸易保护主义者加以曲解和滥用的口实，恶化全球贸易环境。因此，许多严肃的经济学家，包括国际贸易新理论学派的一些学者都指出，对这一政策必须深刻理解和正确把握，切不可片面夸大或曲解其功效，以防贸易保护主义泛滥。一般认为，在技术、知识密集程度最高、与国家利益和声望关系最大的高新技术产业中，战略性贸易政策是最有用武之地的，政府的人为干预也是最值得的。对高新技术这类战略性产业的战略性保护还可通过外部经济效应使全世界从中受益。

最后，在研究方法上，该理论还缺乏不完全竞争条件下政策干预效应的统计分析，需要进行更多的定量分析和实证研究。

第五节 其他有关理论

一、管理贸易论

管理贸易是一种介于自由贸易与保护贸易之间，以协调为中心、以政府干预为主导、以磋商为手段，政府对对外贸易进行干预、协调和管理的贸易制度。有人称之为"不完全的自由贸易"和"不断装饰的保护贸易"。20世纪70年代中期以后，在世界各国各地区贸易保护主义色彩日益浓厚，而又没有谁公开声明反对自由贸易的情况下，管理贸易便在国际贸易中逐渐盛行。管理贸易具有如下基本特点。

(1) 以立法形式使贸易管理法律化、制度化。为使国家对外贸的管理合法化，各发达国家加强贸易立法，使国家管理对外贸易的法律由过去的单行法律发展为以外贸法为中心、与其他国内法相配套的法律体系。例如，美国1974年贸易法案中的"301条款"授权总统给对美国出口实施不公平待遇的国家进行报复。1988年的"综合贸易法"更以反对一切不公平贸易为由，加强保护色彩。其中的"超级301条款"和"特别301条款"分别要求政府与公平贸易做得不好和对保护美国知识产权保护不力的国家进行谈判或报复。美国是使管理贸易合法化的代表，其涉及管理外贸的法律达1000多种。

(2) 在不放弃多边协调的同时，更多地采用单边管理、双边协调。由于世界经济区域化、集团化倾向的加强，国际多边贸易体制受到削弱。为此，主要发达国家，尤其是美国，更多地借助双边贸易谈判，必要时不惜采取单边贸易制裁，以达到"公平、互惠"的目的。例如，美国以1988年"综合贸易法"为依据，强调对等互惠条件，加强针对性的双边贸易谈判，使"自由与公平"方针成为美国对外贸易的基石。在美国的压力下，西欧、日本等对美国有贸易盈余的国家都在许多具体领域做了大量让步，有限度地开放市场，扩大内需。

(3) 管理措施以非关税措施为主，行政部门拥有越来越大的裁量权。这是因为非关税措施大多由行政机构实行，在非关税措施使用日益广泛的情况下，行政机构对贸易政策的影响必然越来越大。

(4) 跨国公司在管理贸易中的地位不断上升。随着经济实力的日渐壮大，跨国公司对发达国家的社会经济影响越来越强烈。因此，各发达国家都通过跨国公司的跨国经营活动，来贯彻其对外贸易政策，跨国公司逐渐成为各国实行管理贸易的主角。它体现在发达国家许多高科技、高层次、大规模的投资贸易活动都围绕跨国公司来进行，有时政府还特别参与公司具体的贸易活动中。例如，1996年，美国政府就直接参与美国柯达公司和日本富士公司的胶卷纠纷中，压迫日本对柯达胶卷开放市场。

二、公平贸易论

"保护公平贸易"，这是许多国家特别是西方发达国家用来进行贸易保护的另一依据。这一理论最初是用来对付国际贸易中因为政府参与而出现的不公平竞争行为的，后来又被广泛用来要求对等开放市场。与前面介绍的几种理论不同，保护公平竞争是以一种受害者的姿态出现来进行贸易保护。这种保护似乎是迫不得已的，保护的目的也似乎是为了更好地保证国际上的公平竞争，以推动真正的自由贸易。那么，什么是国际贸易中的不公平竞争呢？各国定义很不一样，但一般来说，凡是由政府通过某些政策直接或间接地帮助企业在国外市场上竞争，并造成对国外同类企业的伤害，即被看成是不公平竞争。具体来说，这又可以分为下列几种情况。

(1) 将监狱中犯人制作的产品，或使用童工生产的产品出口到国外，就是不公平贸易行为。因为犯人、童工的工资被强迫性压低，生产成本当然就低，正常企业无法与之竞争，从而形成"不公平竞争"。这种观点在发达国家颇为流行，认为由于某些发展中国家降低人权标准，强行降低工资水平，导致所生产的商品成本降低，而工资水平高的发达国家，商品成本因此增高。如果发达国家自由进口这些发展中国家的低价商品，则本国产品势难与之竞争，因此必须实行保护措施。事实上这种针对蓝领工人工资而设置的贸易保护措施也被称为"蓝色壁垒"。通过不同的汇率制度人为地降低出口成本，对外国知识产权不加保护等也包括在不公平贸易的范围之内。

(2) 抵制"环境倾销"。国际贸易会受不同国家的不同环保标准的影响。环保标准指的是一国允许的水污染、空气污染、热污染及垃圾堆积而引起的污染程度。而环保标准较低的国家实际上可以把环境当作一种可以用来吸引国外污染型厂商，从而在污染型商品与服务上取得比较优势的资源禀赋或是生产要素。例如，美国工人担心许多美国厂商为了利用墨西哥宽松的环保法律和较低的清污费而迁往墨西哥，从而使美国国内就业机会减少，故他们强烈反对北美自由贸易协定。因此，一国可以采用保护性的环境政策来抵消优势，并可以把它的环境标准强加给其他国家。

(3) 反对倾销和补贴而采取保护措施。所谓倾销是指在控制国内市场的条件下，以低于国内市场的价格，甚至低于商品生产成本的价格，向进口国抛售商品。这时，进口国就有理由对低价倾销的外国商品征收反倾销税，以抵消其倾销效果，保护国内产业。补贴是指出口补贴，它是指出口国为了降低出口商品价格，增强出口商品在国外市场上的竞争能力，在出口某种商品时给予出口厂商的现金补贴或财政上的优待。这样，进口国的同类商品明显地处于不利地位，形成不公平竞争。因此，进口国有理由采取保护措施，对进口商品征收反补贴税，以抵消补贴效果。

近年来，不公平竞争的定义扩大到不对等开放市场。许多西方国家指责发展中国家的市场开放不够，指责中央计划经济没有按市场经济的原则实行自由竞争。美国还用这一论点来针对欧洲、日本等别的发达国家，指责他们对美国产品的进入设置重重障碍。一些国家甚至把自己的贸易逆差归罪于对方市场开放上的不平等。

用公平竞争为理由来保护贸易的最主要国家是美国。美国不仅在理论上觉得自己理直气壮，还在法律上对不公平贸易行为作出报复性的明文规定。早在1897年美国就通过了《反补贴关税法》，1930年《关税法案》的第701节对反补贴作了更具体规定，并在1979年和1984年作了进一步修改。《反倾销法》在1916年首次通过后，列入《关税法案》的第731节。1974年通过的《贸易法》中的301条款进一步明确授权政府运用限制进口等贸易保护措施来反对任何外国不公平的贸易行为，以保护本国企业的利益。其中有一个"特别301款"（Special 301），专门用来对那些没有很好保护版权、专利、商标和其他知识产权的国家实行贸易制裁或制裁威胁。1988年《贸易和竞争综合法案》(The Omnibus Trade and Competitiveness Act)更是把焦点集中于对付不公平贸易和竞争方面。该法案中的"超级301

条款"(Super 301 Clause)不仅将不公平案的起诉权从总统下放到美国贸易代表(相当于外贸部长)手中,还要求贸易代表在每年4月30日将"不公平贸易国家"的名单递交国会。一旦上了这份"黑名单",该国家就可能被列入报复对象。

1988年《贸易和竞争综合法案》尤其是"超级301条款"实施以后,首登黑名单的是日本、印度和巴西。日本上名单的原因是禁止公共单位购买美国的卫星和超级电脑以及排挤美国木材制品。印度是因为不让外国(包括美国)投资其保险业。巴西则是因为对几乎所有的进口商品都实行许可证制度。中国大陆则在1991年首登"特别301"名单,经过谈判,中国同意保护美国在华的专利、版权等,美国随即撤销了对中国"不公平贸易"的指控。中国台湾因为保护知识产权不力,导致美国的影片、唱片、电脑软件、书籍等被大量盗印、盗版而在1992年接替中国大陆在黑榜留名。2001年美国对80个国家的知识产权保护问题进行了调查并认为乌克兰等51个国家对美国产品的知识产权保护不力。

用保护公平竞争为理由进行贸易保护的主要手段包括:反补贴税、反倾销税或其他惩罚性关税、进口限额、贸易制裁等。这些政策在理论上说可能有助于限制不公平竞争、促进自由贸易,但在实施中不一定能达到预期效果。首先,"反不公平竞争"可能被国内厂商用来作为反对进口的借口,一些国家的某些行业劳动生产率低下,面对国际竞争不求改进,反怪罪于外国商品。例如,1993年4月墨西哥对中国的输墨鞋类"不公平"指控,在很大程度上是因为该国制鞋工业多为家庭手工业,技术落后,面临中国及亚洲其他国家人造皮鞋的竞争而日益衰落。通过贸易保护来促进公平竞争,有可能造成更不公平的竞争,而本国的消费者则将为此付出很高的代价。其次,像其他所有贸易保护一样,以公平竞争为由实行保护也同样可能遭到对方的反指控、反报复,尤其在国际交往中各国都有国家尊严,有时明知反报复行为会使本国损失更大,但为了在某种程度上维护国家的独立性和为了特定的政治利益,仍然会制定反报复政策。

三、关于贸易保护的其他依据

当代保护贸易理论的发展,除上述对各种贸易保护理论的探讨外,还包括为实行保护贸易寻找各种论据。这些论据形形色色,有经济的,也有非经济的,不下数十种。这里是其中的一些主要论据。

属于经济方面的论据主要有以下两方面。

(1) 保护贸易政策有利于保护和增加就业机会。从理论上讲,国际贸易的扩大有利于增加世界的总产量,从而扩大生产规模,增加就业机会。然而,在一国存在就业不足的条件下,国际贸易能使失业在国家之间转移。开展贸易,固然能使出口部门(一般是具有相对优势的部门)的生产扩大,创造出一些就业机会,但进口竞争部门(尤其是失去比较优势的传统工业部门)则会受到外国竞争的冲击,有一些企业甚至可能被淘汰,从而使一些人丧失工作岗位。转换工作需假以时日，有人还要蒙受"摩擦失业"之苦。这时，政府就会在社会压力下采取保护贸易政策，以保护本国劳动者的就业。

(2) 实行保护贸易可以促进本国产业多样化。这种论点认为，如果一国高度专业化生产一种或几种产品，国内其他需求依赖进口，这样就会形成比较脆弱的经济结构。一旦国际市场发生变动，国内经济就难以适应和调整。通过贸易保护，就可以保护和促进落后产业的发展，形成产业多样化格局，以保持国民经济结构的平衡，减少对外依赖的脆弱性，因此应该使用关税保护政策促进本国产业的多样化。

保护贸易政策的非经济论据主要有以下三方面。

(1) 保障国家安全。早在17世纪，英国重商主义者就利用国防论据来论证限制使用外国船舶和海运服务是正当的。因为如果英国只购买英国船舶和海运服务，就会促进英国造船工业和商船的增长，这对加强英国的经济和军事实力是十分重要的。甚至亚当·斯密也改变了他原来对贸易壁垒的严厉攻击，而赞许为国家安全而实行贸易保护政策。他认为，一个国家的国防所需用品依赖外国供应不利于增强国防力量，因而必须通过征收关税给生产这类物品的外国产业增加若干负担，以保护本国同类产业。他说："航海条例对于国际贸易是不利的，然而当作防御工具，却非常重要。"当代经济学家继承和发展了这一思想。一些经济学家从国防观点出发，强调保护扶植基础产业，强调保全维护农业、国防工业以及防止自然资源枯竭。这虽然没有经济上的正当理由，但作为实际问题它却有着不可忽视的重要性。有些生产部门，如粮食、棉花、武器等，并非所有国家都具有比较优势，然而这些部门具有非常重要的意义，必须保持必要的生产规模。这是因为，在平时通过国际贸易获得这些商品很方便，价格也低。但一旦发生战争或出现了敌对状态，就会面临缺乏生存必需品供应的危险。因此，对这一类产业加以保护，对于保证国家安全是非常重要的。

(2) 调整社会收入的分配。不少经济学家认为，自由贸易在给整个国家带来好处时，并不会自动地均匀地将利益分配给全体社会成员，而是"几家欢乐几家愁"。出口集团由于出口商品相对价格高于国内市场而增加了企业和个人的收入，进口竞争集团则会因进口商品的增加而受损，使某些企业和个人的收入减少，有些企业甚至会因此而破产、工人失业。很明显，自由贸易会引起本国经济结构的调整，从而导致社会的收入分配格局发生变化，由此可能衍生出一系列的社会矛盾。为了"公平的收入分配"，防止因自由贸易带来收入分配格局变动而引起的社会震荡，对某些产业(尤其是停滞产业)实行保护贸易政策，就被认为是正当和合理的。

(3) 保护国民身体健康。有些商品的质量问题直接关系到人身的健康和安全，如食品、医药制品等。如果自由进口和销售，就有可能传播疾病。因此，政府对威胁人民健康和卫生的贸易产品加以管制的做法是明智的。比如，美国就禁止从有口蹄疫史的国家进口新鲜或冷冻牛肉。

第四章　贸易保护理论

本 章 小 结

本章介绍了贸易保护主义的各种理论，并对理论上和实践中的问题进行了评论。

重商主义者认为一国只有当其他国家损失时才可从国际贸易中获利。因此，他们主张进口管制，鼓励出口，政府对所有经济活动进行严格的管制。

幼稚工业保护理论考虑一国的长期利益，认为保护是短期的，短期保护的代价可以在长期得到补偿。但这一理论在实施中有两个不易克服的困难：如何选择保护对象和如何选择保护手段。信息的不完全和政府的利益所在往往使选择难以正确，实践结果往往弊大于利。

超保护贸易理论不是以保护国内幼稚工业、增强其竞争能力为主要目的，而是以保护国内先进和发达的工业、增强其在国际市场的垄断地位为根本宗旨；不是简单地和消极地抵制外国商品的进口以保护本国市场，而是积极地和大规模地扩张本国商品的出口以最大限度地占领国际市场，因此，超保护贸易理论具有很强的侵略性。

公平贸易论企图以保护作为武器来制约别国的保护措施，这一武器若使用得当也许可以推动自由贸易，但利益集团也常常以此作为保护工具。

战略性贸易保护主义是公认的在贸易保护上走得最远的。

进行贸易保护还有许多政治、经济、文化、社会的因素，诸如国家安全、社会公平等。

案例与分析

蜡烛工的请愿

有时讽刺与讥笑比理论和逻辑更有效。例如，在重商主义哲学盛行时期，保护主义蔓延，被激怒的法国经济学家巴斯底特(Frédéric Bastiat)(1801—1851)，通过以子之矛攻子之盾的方法打败了保护主义者。巴斯底特在1845年虚构的法国蜡烛工人请愿的故事中，成功地打击了贸易保护主义。现摘录如下。

"我们正在经受着无法容忍的外来竞争，它看来有一个比我们优越得多的生产条件来生产光线，因此可以用一个荒谬的低价位占领我们整个国内市场。我们的顾客全都涌向了它，当它出现时，我们的贸易不再与我们有关，许多有无数分支机构的国内工业一下子停滞不前了。这个竞争对手不是别人，就是太阳。"

"我们所请求的是，请通过一条法令，命令关上所有窗户、天窗、屋顶窗、帘子、百叶窗和船上的舷窗。一句话，所有使光线进入房屋的开口、边沿、裂缝和缝隙，都应当为了受损害的工厂而关掉。这些值得称赞的工厂使我们以为已使我们的国家满意了，作为感

107

激,我们的国家不应当将我们置于一个如此不平等的竞争之中……仅仅因为或部分因为进口的煤、钢铁、奶酪和外国的制成品的价格接近于零,你们对这些商品的进口就设置了很多限制,但为什么,当太阳光的价格整天都处于零时,你们却不加任何限制,任它蔓延?"

"如果你们尽可能减少自然光,从而创造对人造光的需求,哪个法国制造商会不欢欣鼓舞?如果我们制造更多的蜡烛,那就需要更多的动物脂,这样就会有更多的牛羊。相应,我们会见到更多人造草场、肉、毛、皮和作为植物生产基础的肥料。"

(资料来源:Frédéric Bastiat, Economic Sophisms. Edinburgh: Oliver and Boyd, 1873: 49-53,本文有删节)

【点评】 重商主义者主张政府严格控制经济活动,鼓吹经济民族主义,因为他们认为一国只有在他国损失的前提下才能获利,也就是说,贸易是一种零和游戏。值得注意的是,在美国出现这样的观点,即要抵制中国的廉价劳动力生产的纺织品以保护本国纺织工人的高工资与高生活标准,这一观点却得到了很多人的同情。从某种意义上说,持这种观点的人与几百年前的重商主义者的思维是一样的,没有多大进步。

复习思考题

1. 重商主义者的贸易观点如何?他们的国家财富概念与现在的有何不同?
2. 简述幼稚工业保护理论的主要论点。
3. 说明战略性贸易政策的主要内容。
4. 发达国家常以"公平贸易""保护就业""社会公平"为理由对贸易进行干预,结合本杰明·富兰克林在 1779 年所说的一句名言:"从来没有一个国家是被贸易所摧毁的",评析这些贸易政策。
5. 说明战略性贸易政策的古诺模型与博弈分析。
6. 如果波音公司和空中客车公司的收益矩形阵如下,则各国政府还有动力对本国厂商进行补贴吗?

		空中客车公司		
		不生产	生产 x	生产 y
波音公司	不生产	(0, 0)	(0, 100 万美元)	(0 万元, 100 万美元)
	生产 x	(100 万美元, 0)	(−5 万元, −5 万元)	(50 万元, 50 万元)
	生产 y	(100 万美元, 0)	(50 万元, 50 万元)	(−5 万元, −5 万元)

7. 假设两国贸易有贸易保护所不具有的诸多好处,为什么到目前为止没有任何一个国家实行完全的自由贸易?你估计到什么时候"自由贸易时代"会到来?

推 荐 书 目

1. 查尔斯·R. 麦克马尼斯. 不公平贸易行为概论. 陈宗胜，王利华，侯利宏，译. 北京：中国社会科学出版社，1997
2. 玛格丽特·凯利，纳希德·克马尼，米兰达·夏发，等. 国际贸易政策问题与发展情况. 国际货币基金组织《不定期刊物》选编. 北京：中国金融出版社、国际货币基金组织，1990
3. G. C. 菲特，J. E. 里斯. 美国经济史. 沈阳：辽宁人民出版社，1981：196，298
4. Krueger, anne. "The Political Economy of the Rent-Seeking Society. American Economic Review, 1974, 64(3): 291-303
5. Grossman Gene, Elhanan Helpman. Interest Groups and Trade Policy. Princeton University Press, 2002
6. Destler, I.M., 1995, American Trade Politics, 3rd edition, Institute for International Economics, Washington D.C., and the Twentieth Century fund, New York, NY
7. Bhagwagi, Jagdish, 1988, Protecionism, Cambridge: MIT Press
8. Brander, James and Barbara Spencer, 1985, "Export Subsidies and International Market Share Rivalry," Journal of International Economics, 18, pp. 83-100
9. Brander, James, 1995, "Strategic Trade Policy," Handbook of International Economice Ⅲ, Chapter 27.
10. Olson, Mancur, 1965, The Logic of Collective Action, Harvard University Press
11. Krugman, Paul, 1986. "Introduction: New Thinking about Trade Policy," in Strategic Trade Policy and the New International Economice, MIT Press
12. Bell, Martin, B, Ross-Larson and L. E. Westphal, 1984, "Assessing the Performance of Infant Industies," Journal of Development Economice, 16 (1-2), pp. 101-128, September
13. Kruger, Anne and Baran Tuncer, 1982, "An Empirical Test of the Infant Industy Argument," American Economic Review, vol. 72, no.5

第五章

关 税 措 施

本章导读：

关税和非关税措施是国家管制进出口贸易的两种常用方式。与名目繁多的非关税措施相比，关税的最大优点是它具有公开性和可计量性，能够清楚地反映关税对国内产业的保护程度。在 WTO 中，关税是唯一合法的保护方式，不断地降低关税是 WTO 最重要的原则之一。本章通过对关税概念及主要分类、关税结构和有效保护率、征收关税的依据和方法做系统的介绍；对关税在局部均衡和一般均衡中的效应进行分析，掌握关税对于国际贸易的意义，理解关税在给一国带来财政收入和一定保护作用的同时，还会对该国的经济福利带来一定的负面影响。同时，理解中国加入世界贸易组织，遵守降低关税的承诺对于中国经济可能带来的机遇和挑战。

学习目标：

通过本章的学习，重点掌握关税的种类及其特性；重点掌握关税在局部均衡和一般均衡中的效应；重点掌握名义保护率、有效保护率和最优关税税率；了解海关税则和关税的征收方法。

关键概念：

关税(Tariff)

关境(Customs Frontier)

财政关税(Revenue Tariff；Revenue Customs Duties)

保护关税(Protective Tariff)

特惠关税(Preferential Duties)

普惠关税(Generalized System of Preference，GSP)

原产地规则(Rules Of Origin)

最惠国待遇(Most-Favored Nation Treatment，MFNT)

反补贴税(Counter Vailing Duty)

反倾销税(Anti-Dumping Duty)

差价税(Variable Levy)

最优关税(Optimum Tariff)

名义保护率(Nominal Rate of Protection)
有效保护率(Effective Rate of Protection)
海关税则(Customs Tariff)
从价关税(Advalorem Duties)
从量关税(Specific Duties)
混合关税(Mixed or Compound Duties)
选择关税(Alternative Duties)

第一节 关税的概念及主要分类

关税(Customs Duties；Tariff)是指进出口货物经过一国关境(Customs Frontier)时，由政府所设置的海关(Customs)依据本国的海关法和海关税则，向其进出口商所征收的一种税。

海关是设在关境上的国家行政管理机构，它是贯彻执行本国有关进出口政策、法令和规章制度的重要工具。征收关税是海关的重要任务之一。关境是海关征收关税的领域，是执行海关法令的领土。一般来说，关境和国境是一致的，但有些国家的国境内设有自由港(Free Port)、自由贸易区(Free Trade Zone)或海关保税仓库(Bonded Warehouse)，这些均不属于关境范围之内，这时关境小于国境。有些国家间缔结关税同盟，参加关税同盟的国家的领土即成为统一的关境，这时关境大于国境。

关税具有四个方面的特点：①强制性。它是海关凭国家权力征收的，纳税人必须无条件服从。②无偿性。海关代表国家从纳税人方面征收，国家无任何补偿。③预定性。海关据预先规定的法律与规章加以征收，征、纳双方都必须共同遵守执行，不得随意变动。④间接税。关税的纳税为进出口商，但他们将关税打入商品价格，最终承担者为消费者。

一、按照关税征收目的分类

征收关税的目的主要有两个：一是增加财政收入，二是保护本国生产。按征税的目的不同，关税可以分为财政关税和保护关税。

1. 财政关税

财政关税(Revenue Tariff；Revenue Customs Duties)是以增加一国财政收入为主要目的而征收的关税。财政关税的税率视国库的需要和对贸易数量的影响而制定。财政税率不宜过高，否则便会阻碍进口，达不到增加财政收入的目的。随着社会经济的不断发展，其他税源增加，财政性关税在一国财政收入中的重要性已经相对降低。特别是经过关贸总协定的八次谈判，世界范围内关税水平大幅下降，关税的财政作用也在逐渐减弱。为了达到财政收入的目的，对进口商品征收财政关税时，必须具备以下三个条件：①征税的进口商品必须是国内不能生产或无代用品而必须从国外输入的；②征税的进口商品，应是进口数量多、消费量大、税赋力强的商品，如烟、酒、茶、咖啡；③关税税率要适中或较低。

2. 保护关税

保护关税(Protective Tariff)是指以保护国内生产和市场为主要目的而征收的关税。关税的保护程度主要决定于税率的高低。低税率所起的保护作用小，高税率所起的保护作用大。一般而言，进口商品的优势在于包括运费和进口杂费在内的成本比国内同种产品的成本低，两者之间有一个差额。如果关税税率超过这一差额，进口商品的优势将会丧失。这样，关税就达到了完全保护的目的。这种禁止性关税在现实经济生活中较少见。在绝大多数情况下，关税起着部分保护的作用。当今各国征收关税很难再区分财政性与保护性关税。以财政收入为目的的关税客观上也可以产生保护作用；以保护为目的的关税，其税率只要不高到禁止关税的程度，也会增加财政收入。

保护关税是当代各国保护贸易政策的重要措施之一，也是一些发达国家在贸易中实行歧视政策的重要工具。第二次世界大战后，经过关贸总协定主持下的八轮多边贸易谈判，发达国家的平均关税水平已降到3.8%左右，发展中国家的关税水平已降到13%左右。关税对进口国市场的保护作用已大大缩小，非关税措施在保护政策中的作用日益加强。但即便如此，关税仍是各个国家实行贸易保护的一项重要手段。

二、按照商品流向分类

按货物的流向，关税可以分为进口关税、出口关税和过境关税。

1. 进口关税

进口关税(Import Duties)是进口国家的海关在外国商品输入时，对本国进口商所征收的正常关税(normal tariff)。这种进口税在外国货物直接进入关境或国境时征收，或者外国货物由自由港、自由贸易区或海关保税仓库等提出运往进口国的国内市场销售，在办理海关手续时征收。进口税可以是常规性的按海关税则征收的关税，也可以是临时加征的附加税。进口税是保护关税的主要手段。征收进口税提高了进口商品的国内价格，从而削弱了这些商品的价格竞争力，起到了限制进口的作用。所谓关税壁垒，就是指进口税对商品输入的阻碍。发达国家对进口税率的规定，一般来说，进口税税率随着进口商品加工程度的提高而提高，即工业制成品税率最高，半制成品次之，原料等初级产品税率最低甚至免税。而发展中国家为了保护本国民族经济和国内市场，也非常重视保护关税的作用。一般来说，这些国家对国内已能生产并能满足市场需要的商品或者生活必需品以及奢侈品，征收较高进口税。而对于目前国内暂时不能生产或供不应求的生活必需品和机器设备等生产资料，征收较低的进口税或者免税。

2. 出口关税

出口关税(Export Duties)是出口国海关在本国商品输出时对本国出口商所征收的关税。由于征收出口关税会增加出口货物的成本，不利于本国货物在国际市场的竞争，为了追求贸易顺差和获取最大限度的外汇收入，目前大多数国家对绝大部分出口商品都取消了出口税，还在征收的主要是发展中国家，目的是取得财政收入与调节市场供求关系。中国目前对少数货物还征收出口税。

征收出口税的主要目的包括：①对本国资源丰富、出口量大的商品征收出口税，增加财政收入。②保护国内生产。针对某些出口的原料征收，以保证国内相关产业的原材料资源供给，防止无法再生的资源逐渐枯竭。③维护本国经济利益，限制外国跨国公司在国内低价收购。④控制和调节某些商品的出口流量，防止盲目出口，以保持在国外市场上的有利价格。⑤转嫁开发费用。对独占产品出口课征，转嫁开发和生产垄断产品所需的费用，同时又不影响该产品出口。

3. 过境关税

过境关税(Transit Duties)是一国对于通过其领土(或关境)运往另一国的外国货物所征收的关税。由于过境货物对本国生产和市场不产生影响，而且还可以从交通运输、港口使用、仓储保管等方面获得收入，因而目前绝大多数国家都不征收过境关税，而只是收取少量的签证费、准许费、登记费、统计费、印花税等。

三、按照关税优惠条件分类

按关税优惠条件分类，可分为普通税和优惠关税。

1. 普通税

普通税是指如果进口国未与该进口商品的出口国签订任何关税互惠贸易条约，则对该进口商品按普通税率征税。普通税率通常为一国税则中的最高税率，一般比优惠税率高1~5倍，少数商品甚至高达10倍、20倍。普通税率适用于无任何外交关系国家的进口商品，是最高的税率。现在仅个别国家的商品实行这种歧视性税率。

2. 优惠关税

优惠关税指一国对特定的受惠国给予优惠待遇，使用比普通税率较低的优惠税率，具体形式有特惠关税、普惠关税、最惠国待遇关税。

1) 特惠关税

特惠关税(Preferential Duties)是对有特殊关系的国家，单方面或相互间按协定采用特别低的进口税率，甚至免税的一种关税。其优惠程度高于互惠关税，但只限于对有特殊关系的国家适用。

特惠税最早开始于宗主国与其殖民地及附属国之间的贸易。最有名的特惠关税是英联邦帝国特惠制,1932年由英联邦国家在渥太华会议上建立,1973年英国加入欧洲共同市场后,帝国特惠制也随之名存实亡。目前仍在起作用且最有影响的是:2000年6月23日非洲、加勒比海和太平洋地区国家集团(简称非加太集团)77个成员国和欧洲联盟15国在贝宁首都科托努签订的《非加太地区国家与欧共体及其成员国伙伴关系协定》,即《科托努协定》(Cotonou Agreement)。该协定前身是1975年2月28日由非加太集团46个成员国与欧洲经济共同体9国在多哥首都洛美签订的贸易和经济协定《洛美协定》。《洛美协定》曾是非加太集团成员国和欧盟间进行对话与合作的重要机制,也是迄今最重要的南北合作协定,自1975年以来共执行了4期,欧盟一直通过该协定向非加太集团成员国提供财政、技术援助和贸易优惠等。2000年2月,非加太集团和欧盟就第5期《洛美协定》达成协议,并于同年6月在科托努正式签署《科托努协定》,《洛美协定》就此宣告结束。经欧盟15国和非加太集团76国政府的正式批准,《科托努协定》自2003年4月1日起正式生效。根据协定,在协定的8年过渡期中,非加太国家96%的农产品和全部工业产品可免税进入欧盟市场,而不要求受惠国给予反向优惠。

2) 普惠关税

普惠关税(Generalized System of Preference,GSP)简称普惠制,是指发达国家单方面对从发展中国家输入的制成品和半成品普遍给予优惠关税待遇的一种国际贸易制度。普惠制是在"最惠国"税率基础上进一步减税或全部免税的更优惠的待遇。普惠制的形成和发展是发展中国家联合起来经过多年的努力争取得来的。1964年,在发展中国家的强烈呼吁下,第一届联合国贸易和发展会议提出,发达国家应对发展中国家的产品给予普遍优惠的关税减免制度。1968年,联合国第二届贸易和发展大会通过决议决定建立普惠制,1971年7月1日这一制度开始生效。普惠制是国际贸易中一项重要的贸易政策,是发展中国家长期努力的结果。目前,实施普惠制的工业发达国家即给惠国有28个,享受普惠制待遇的受惠国已有170多个发展中国家和地区。

普惠制的目标是:①增加发展中国家出口收益;②促进发展中国家工业化;③加速发展中国家的经济增长率。

普惠制的主要原则是普遍性、非歧视性、非互惠性。所谓普遍性,是指发达国家应对发展中国家或地区出口的制成品和半制成品给予普遍的优惠待遇。所谓非歧视性,是指应使所有发展中国家或地区都不受歧视、无例外地享受普惠制的待遇。所谓非互惠性,是指发达国家应单方面给予发展中国家或地区关税优惠,而不要求发展中国家或地区提供反向优惠。

但需要指出的是,普惠制对发达国家而言,并不是法定义务,它也不是在世界贸易组织框架下统一实施的,而是由各个给惠国自主制订方案,各自实施的。因此,出于维护自己利益的需要,实行普惠制的国家在提供关税优惠待遇的同时,还规定了种种限制措施,这些限制主要有以下几个方面。

(1) 受惠国家或地区的限制。普惠制在原则上应对所有发展中国家或地区都无歧视、无例外地给予优惠待遇。但是各给惠国从各自的政治、经济利益出发，对受惠国家或地区进行限制。例如，美国公布的受惠国名单中，不包括某些与其政治制度不同的国家、石油输出国组织的成员。

(2) 给惠产品范围(Product Coverage)。一般农产品的给惠商品较少，工业制成品或半制成品只有列入普惠制方案的给惠商品清单，才能享受普惠制待遇。一些敏感性商品，如纺织品、服装、鞋类以及某些皮制品、石油制品等常被排除在给惠商品之外或受到一定限额的限制。

(3) 给惠商品的关税削减幅度(Tariff Cut Depth)。给惠商品的减税幅度取决于最惠国税率与普惠制税率之间的差额，即普惠制减税幅度=最惠国税率-普惠制税率，并且减税幅度与给惠商品的敏感度密切相关。一般来说，农产品减税幅度小，工业品减税幅度大，甚至免税。例如，日本对给惠的农产品实行优惠关税，而对给惠的工业品除其中的"选择性产品"给予最惠国税率的50%优惠外，其余全都免税。

(4) 保护措施(Protection Measures)。各给惠国为了保护本国生产和国内市场，从自身利益出发，均在各自的普惠制方案中制定了程度不同的保护措施。保护措施主要表现在例外条款、预定限额及毕业条款三个方面。

① 例外条款(Escape Clause)，是指当给惠国认为从受惠国优惠进口的某项产品的数量增加到对其本国同类产品或有竞争关系的商品的生产者造成或将造成严重损害时，给惠国保留对该产品完全取消或部分取消关税优惠待遇的权利。很明显，例外条款表明，发达国家给予发展中国家普惠制待遇的前提条件是其国内市场不会因给惠而受到干扰。例如，加拿大曾对橡胶鞋及彩电的进口引用例外条款，对来自受惠国的这两种商品停止使用普惠制税率，而恢复按最惠国税率征收进口税。给惠国常常引用例外条款对农产品进行保护。

② 预定限额(Prior Limitation)，是指给惠国根据本国和受惠国的经济发展水平及贸易状况，预先规定一定时期内(通常为一年)某项产品的关税优惠进口限额，达到这个额度后，就停止或取消给予的关税优惠待遇，而按最惠国税率征税。给惠国通常引用预定限额对工业产品的进口进行控制。预定限额包括最高限额、关税配额、国家最大额度和固定免税额度。欧共体、日本、澳大利亚曾实行上述预定限额的保护措施，但具体做法各不相同。

③ 毕业条款(Graduation Clause)，是美国自1984年4月1日起率先采用的一种类似免责条款的保护措施。它规定，当某个受惠国的产品在国际市场中显示出较强的竞争力时，就取消该受惠国某项产品享受普惠制优惠的资格，并称之为"毕业"。从1989年1月起，美国授用"毕业条款"取消新加坡、韩国、中国香港和中国台湾等国家和地区出口至美国的产品的普惠制待遇。毕业条款同样也困扰着中国产品的出口。欧盟自2006年1月1日起开始实施新的普惠制，新普惠制对"毕业条款"做出更为明确的规定。根据这一条款，普惠制受益国的任何一种产品如果在欧盟市场的份额超过15%，就将失去普惠制待遇。但纺织品和服装的"毕业门槛"则为12.5%。由于这些新的门槛，从中国出口到欧盟的近80%

产品将不再享受普惠制待遇,这将影响几乎所有从中国出口到欧盟的产品,包括纺织品及服装、家用电器、电子机械产品等。

(5) 原产地规则(Rules Of Origin)。原产地规则是普惠制的核心组成部分,是各国和地区为了确定商品原产国或地区而采取的法律、规章和普遍适用的行政命令。受惠国出口产品是否取得了原产地资格,是衡量能否享受优惠的标准,其目的在于确保普惠制的待遇只给予由发展中国家和地区生产和制造的产品。原产地规则一般包括三个部分:原产地标准、直接运输规则和书面证明书。有些国家还有其他规定,如给惠国成分和原产地累计以及关税税目变化等。

① 原产地标准(Origin Criteria),是指只有完全由受惠国生产或制造的产品,或者进口原料或部件在受惠国经过实质性改变而成为另一种不同性质的商品,才能作为受惠国的原产品享受普惠制待遇。对于如何判定进口成分是否达到"实质性改造",各给惠国采用的标准不同,通常用两个标准来衡量,即加工标准和百分比标准。

加工标准:加工标准是根据制成品中的进口成分的 HS 品目号在生产加工过程中是否发生变化来判定是否经过实质性改造的标准。即:在一般条件下,如果进口成分与制成品品目号不同,即发生了变化,经过了实质性改造;如果相同,则未经过实质性改造。在此基本原则基础上,一些给惠国还规定了某些附加条件,在这些附加条件满足后,方可认定经过了实质性改造。有关具体条件可参照有关给惠国制订的《加工清单》。采用加工标准的给惠国有 19 个:欧洲联盟 15 国、瑞士、挪威、土耳其和日本。

百分比标准:百分比标准是根据进口成分(或本国成分)占制成品价值的百分比率来判定其是否经过实质性改造的标准。各给惠国采用的百分比各不相同,计算基础也不尽相同。应用时,应具体参照各国制定的标准。采用百分比标准的国家有 13 个:加拿大、澳大利亚、新西兰、俄罗斯、乌克兰、白俄罗斯、哈萨克斯坦、捷克、斯洛伐克、波兰、匈牙利、保加利亚、美国。根据 2005 年 1 月 1 日开始执行的《中国进出口货物原产地条例》和《关于非优惠原产地规则中实质性改变标准的规定》,手机的加工标准改进为:"插件、焊接、装配,并满足从价百分比标准。"

② 直接运输规则(Rule Of Direct Consignment),指原产品必须从出口受惠国直接运至进口给惠国。这是一种必要的技术手段,以确保运至给惠国的产品就是出口受惠国发运的原产品。

③ 书面证明书(Documentary Evidence),指受惠国必须向给惠国提供由出口受惠国政府授权的签证机构签发的普惠制原产地证书(表格 A),作为享受普惠制减免关税优惠待遇的有效凭证。

(6) 普惠制的有效期(Duration)。普惠制的实施期限为 10 年,经联合国贸易与发展会议全面审议后可延长。目前,正处于普惠制第四个实施期。

普惠制实施 30 多年来,对发展中国家的出口起了一定的积极作用。但由于各给惠国在提供关税优惠的同时,又制定了种种烦琐的规定和严厉的限制措施,使得建立普惠制的预期目标还没有真正达到。广大发展中国家尚需为此继续斗争。

【案例 5-1】 欧盟对中国实施普惠制毕业条款

第二次世界大战之后，发展中国家经过不懈努力，于 1968 年在印度新德里召开的联合国第二届贸易与发展会议上建立了普遍优惠制度，获得了发达国家给予的制成品和半成品普遍的、非歧视的、非互惠的关税优惠待遇。1971 年 6 月，关贸总协定依据第 25 条第 5 款的豁免审批程序，授权发达国家缔约方可在 10 年内，背离关贸总协定非歧视原则，对发展中国家的出口产品实行普惠制，从而排除了推行普惠制的最后障碍。1979 年关贸总协定通过的"授权条款"为发达国家向发展中国家提供普遍优惠制和建立对发展中国家的优惠安排确定了可以长期享受的、稳定的法律保证。

从 1971 年 7 月 1 日起，包括欧洲共同体在内的 32 个国家先后宣布实施普惠制，成为给惠国，有约 170 个发展中国家和地区先后成为受惠国。从 1979 年至今，中国已得到包括欧盟 15 个成员国和挪威、瑞士、日本、加拿大、澳大利亚、新西兰、俄罗斯、白俄罗斯、乌克兰、哈萨克斯坦、波兰、捷克、斯洛伐克、土耳其等 29 个国家给予的普惠制待遇。1981 年到 2000 年共签发普惠制原产地证书 1660 万份，签证金额 3713 亿美元。应当说，普惠制的实施对促进中国产品扩大出口，加速工业化进程，推动产品升级换代起到了十分积极的作用。但是，随着世界经济形势的发展，普惠制在 20 世纪 90 年代出现了不利于包括中国在内的受惠国的三个新特点：一是给惠国频繁引用保护措施条款，单方面取消某项产品的优惠待遇；二是给惠国纷纷修改优惠幅度；三是发达国家常在给惠条件中加入非经济的标准，把贸易和劳工保护、人权状况甚至政治联系起来。

保护条款通常包括"例外条款"和"预定限额"两大类。①例外条款，也称免责条款，即从受惠国优惠进口的某项产品进口量增加到对本国同类产品或直接竞争性产品的生产者造成或可能造成严重危害时，给惠国保留对该项产品完全取消或部分取消关税优惠待遇的权利。②预定限额，是给惠国根据本国和受惠国的经济和贸易情况，预先统一规定一个时期内某产品优惠进口的金额或数量，通常为一年。超过规定的限额，不再享受关税优惠待遇，而按最惠国税率征税。各国使用的预定限额有最高限额、关税配额、国家最大额度、固定免税额度、毕业制度五种主要形式。

所谓"毕业条款"(Graduation Clause)，是指当某个受惠国的产品在国际市场上显示出较强的竞争力时，给惠国将取消该受惠国该项产品乃至全部产品享受优惠的资格。毕业制度包括国家毕业制和产品毕业制，前者意为取消国家受惠资格，后者意为取消某项产品受惠资格。这一制度最早始于美国。1981 年，美国开始利用"国家毕业"和"产品毕业"来限制优惠进口的范围。当年就宣布新加坡、韩国、中国香港、中国台湾适用"国家毕业"规定，从 1989 年 1 月起取消它们享受普惠制待遇的资格，此后又宣布了巴林、百慕大、瑙鲁、文莱毕业，并对来自巴西、以色列、墨西哥的某些产品实施"产品毕业"制度。随后，新西兰、澳大利亚、欧盟等给惠国也纷纷效仿美国，在普惠制方案中采用毕业制度。

欧盟从 1999 年 7 月 1 日起开始对普惠制方案实施"国家/行业产品毕业"制，即对特定受惠国的特定产品实施产品毕业制度。一旦某一受惠国的发展水准和相关工业的专业化程度达到欧盟规定的发展指数和专业化指数，其产品就会被列入"毕业产品清单"，优惠就会停止。另外，当某一受惠国的某类特定产品享受普惠制出口到欧盟的总产量超过所有受惠国同类产品出口到欧盟总量的 25%时，欧盟将对该国实施产品毕业，而不考虑该国的发展水平。根据欧盟普惠制方案的规定，如果受惠国家和地区的某种产品连续三年达到毕业标准，说明该产品已具备足够的竞争力，其关税优惠须被撤销。如果未在连续三年中都达到标准，可重新获得关税优惠。有关计算方法以欧盟本身的统计数字为依据。另外，受惠国的产品被欧盟征收反倾销税后，就很难再享受普惠制待遇。

(资料来源：安占然. 欧盟对中国实施普惠制毕业条款：原因、影响及对策[J]. 当代亚太，2004(4))

3） 最惠国待遇关税

最惠国待遇关税，这是对从与进口国签有最惠国待遇条款的贸易协定国家或地区进口的商品实行的关税待遇。

最惠国待遇(Most-Favored Nation Treatment，MFNT)是国际经济贸易关系中常用的一项制度，又称无歧视待遇。它通常指的是缔约国双方在通商、航海、关税、公民法律地位等方面相互给予的不低于现时或将来给予任何第三国的优惠、特权或豁免待遇。中国对外贸易条约或协定中，也规定有最惠国待遇条款，以利于在平等互利的基础上扩大贸易往来，促进双方经济发展，以及避免歧视待遇。1979 年中美签署了《中美贸易关系协定》，根据该协定，双方于 1980 年 2 月起相互给予最惠国待遇。最惠国待遇可分为无条件最惠国待遇和有条件最惠国待遇两种。前者指缔约国的一方现在或将来给予第三国的一切优惠，应无条件地、无补偿地、自动地适用于缔约国的另一方。后者指缔约国的一方现在或将来给予第三国的优惠，缔约国的另一方必须提供同样的补偿，才能享受。

四、其他关税

其他关税包括进口附加税和差价税两部分。

1. 进口附加税

进口附加税是指对进口商品除了征收正常的进口关税以外，根据某种目的再加征的额外进口税。这类关税是为特殊目的而设置的，在海关税则中并不载明，因此，进口附加税也称特别关税。设置进口附加税的主要目的包括：①应付国际收支危机，维持进出口平衡；②抵制不公平贸易行为；③对实行歧视或报复的国家实施报复等。

根据征税的目的，进口附加税主要有反补贴税、反倾销税、报复性关税、紧急关税和惩罚关税五种。

(1) 反补贴税(Counter Vailing Duty)又称抵消税或补偿税。它是对于直接或间接接受任何奖金或补贴的外国商品进口所征收的一种附加税。凡进口商品在生产、制造、加工、买卖、输出过程中所接受的直接或间接的奖金或补贴都构成征收反补贴税的条件，不论奖金或补贴来自政府或同业分会等。反补贴税的税额一般按奖金或补贴数额征收。

根据世界贸易组织《补贴和反补贴措施协议》，补贴是指政府或任何公共机构对企业提供的财政资助以及政府对出口产品的任何形式的收入或价格支持。其范围包括：政府通过财政进行的直接的资金转移，如贷款、赠予、入股、债务的豁免、贷款担保等；应纳税的减免；政府提供商品或服务，或购买商品；政府通过基金机构、私人机构履行上述政府行为；对出口产品的任何收入或价格支持。如果进口商品直接或间接接受了出口国给予的任何形式的补贴，对本国已建产业产生重大损害或重大威胁或严重阻碍国内某一产业的兴建，进口国政府可以征收反补贴税，以消除或减轻这种损害。

世界贸易组织进一步对补贴进行了分类，分为专向性补贴与非专向性补贴，禁止性补贴、可起诉的补贴与不可起诉的补贴。并非对所有补贴都可征收反补贴税。反补贴税的征收要满足两个条件：一是进口商品接受了政府的直接或间接补贴，且进口商品所接受的补贴是世贸组织所禁止的；二是补贴对本国已建产业产生重大损害及重大威胁或严重阻碍国内某一产业的兴建。国际贸易中，一般认为对出口商品采取补贴方式是不合适而且是不公平的，它与国际贸易体系的自由竞争原则相违背。为此反补贴税被视作是进口国抵御不公平贸易的正当措施。征收的目的在于抵消进口商品所享受的补贴金额，削弱其竞争能力，保护本国产业。

(2) 反倾销税(Anti-Dumping Duty)是对于实行商品倾销的进口货物所征收的一种进口附加税。其目的在于抵制商品倾销，保护本国的市场与工业。所谓倾销是指一国出口厂商以低于国内市场的价格，甚至低于商品生产成本的价格，向国外销售商品的行为。

世界贸易组织《反倾销协议》第2条第1款明确规定："如一产品自一国出口至另一国的出口价格低于在正常贸易过程中出口国供消费的同类产品的可比价格，即以低于正常价值的价格进入另一国的商业，则该产品被视为倾销。"所谓同类产品是指与被考虑的产品在各方面都相同的产品，或者具有与被考虑的产品极为相似特点的另一种产品。正常价值是指在正常的市场条件下，出口国供国内消费的国内市场可比的批发价格，它要求两种价格在时间上和销售规模上可比；如果不存在可比的国内价格，则采用同类产品出口至一适当第三国的最高可比价格，或由产品在原产国的生产成本加合理数额的管理、销售和一般费用及正常利润所构成的所谓结构价格，作为正常价值。对上述三种价格必须依次使用。

为了防止反倾销税被滥用，世界贸易组织《反倾销协议》规定，征收反倾销税必须满足三个基本条件：一是外国出口商存在倾销行为；二是倾销对国内同类产业造成重大损害或重大损害威胁，或对国内同类产业的兴建产生严重阻碍；三是倾销和损害之间要存在因果关系。其他因素造成的损害不能归于倾销。根据这三个条件，如果外国出口商有倾销行为，但未对本国同类产业造成重大损害或重大损害威胁，进口国政府不得征收反倾销税。

(3) 报复性关税(Retaliatory Duties)是指对特定国家的不公平贸易行为采取行动而临时

加征的进口附加税。加征报复关税大致有几种情况：①对本国输出的物品课以不合理的高关税或差别税率；②对本国物品输出设置障碍；③对贸易伙伴违反某种协定等所采取的措施。

(4) 紧急关税(Emergency Tariff)是指某些商品进口激增或进口价格下降，对生产同种或有竞争关系的商品的国内企业造成或可能造成严重损害时，通过提高该商品进口关税来限制进口以保护国内产业的做法。当短期内，外国商品大量涌入时，一般正常关税已难以起到有效保护作用，因此需借助税率较高的特别关税来限制进口，保护国内生产。由于紧急关税是在紧急情况下征收的，是一种临时性关税，因此，当紧急情况缓解后，紧急关税必须撤除，否则会受到别国的关税报复。

(5) 惩罚关税(Penalty Tariff)是指出口国某商品违反了与进口国之间的协议，或者未按进口国海关规定办理进口手续时，由进口国海关向该进口商品征收的一种临时性的进口附加税。这种特别关税具有惩罚或罚款性质。

2. 差价税

差价税(Variable Levy)又叫差额税，当某种本国生产的产品国内价格高于同类的进口商品价格时，为了削弱进口商品的竞争能力，保护国内生产和国内市场，按国内价格与进口价格之间的差额征收关税，就叫差价税。由于差价税是随着国内外价格差额的变动而变动的，因此它是一种滑动关税(Sliding Duty)。对于征收差价税的商品，有的规定按价格差额征收，有的规定在征收一般关税以外另行征收。

欧盟为了保护其农畜产品免受非成员国低价农产品竞争，而对进口的农产品征收差价税。首先，在共同市场内部以生产效率最低而价格最高的内地中心市场的价格为准制定统一的目标价格(Target Price)；其次，从目标价格中扣除从进境地运到内地中心市场的运费、保险费、杂费和销售费用后，得到门槛价格(Threshold Price)，或称闸门价格；最后，若外国农产品抵达欧盟进境地的CIF(到岸价格)低于门槛价格，则按其间差额确定差价税率。实行差价税后，欧盟农产品的价格被抬至欧盟内部的最高价格，从而丧失了价格竞争优势。欧盟则借此有力地保护了其内部的农业生产，此外，对使用了部分农产品加工成的进口制成品，欧盟除征收工业品的进口税外，还对其所含农产品部分另征部分差价税，并把所征税款用作农业发展资金，资助和扶持内部农业的发展。因此，欧盟使用差价税实际上是其实现共同农业政策的一项重要措施，保护和促进了欧盟内部的农业生产。

第二节 关税在局部均衡中的效应

征收关税会产生一系列的经济效应。从经济角度看，征收关税会影响资源的重新配置，从而引起各种经济活动和一国福利水平的变化。关税的经济效应是指一国征收关税后对其国内价格、生产、消费、贸易、财政、贸易条件、再分配和福利等方面所产生的影响。局部均衡分析(Partial Equilibrium Analysis)是假定"其他条件不变",即假定一种商品的均衡价格只取决于这种商品本身的供求状况,而不受其他商品的价格和供求状况的影响。在局部均衡分析中,主要的分析工具是需求曲线和供给曲线等。本节将分别考察"小国"和"大国"两种情形,以局部均衡分析方法对进口关税的经济效应进行讨论。

一、贸易小国的关税效应

所谓"小国",是假定这个国家不是某种产品重要的进口国,该国的进口量变动不能影响世界市场价格,如同完全竞争的企业,只是价格的接受者。该国征收关税后,进口商品国内价格上涨的幅度等于关税税率,关税全部由进口国消费者负担。贸易小国对某种进口商品征收关税后,产生的经济效应如图5-1所示。

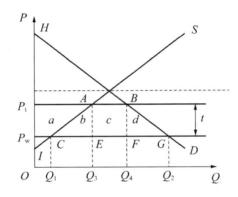

图 5-1 小国关税效应的局部均衡分析

图 5-1 中的 D 为国内需求曲线,S 为国内供给曲线;征收关税前的价格为 P_w,国内生产量为 Q_1,需求量为 Q_2,需进口 Q_1Q_2。t 是对单位商品征收的从价税,征收关税后的国内价格为 $P_t = P_w + t$。

(1) 消费效应(Consumption Effect):征收关税降低了该商品的国内消费量。消费量的下降意味着消费者福利的减少。消费者福利可以用消费者剩余(Consulner's Surplus)来衡量。消费者剩余是指消费者为一定量某种商品愿意支付的价格和他实际支付的价格之间的差额。在图 5-1 中,征税后国内消费量为 Q_4,比征收关税前的消费量 Q_2 减少了 Q_2Q_4,征收关税以前的消费者剩余为三角形 HGP_w 的面积,征收关税以后为三角形 HBP_t 的面积,所以消费者福利的损失为梯形 GBP_tP_w 的面积 $a+b+c+d$。

(2) 生产效应(Production Effect):征收关税增加了该商品的国内产量。国内生产者因为关税而获得的利益可以用生产者剩余(Producer's Surplus)的变动来衡量。生产者剩余是指生产者为一定量某种商品实际收取的价格和他愿意收取的价格之间的差额。从图 5-1 中可以看出,在自由贸易条件下,世界价格为 P_w,国内生产为 Q_1;征收关税后,国内价格由 P_w 上升至 P_t,国内生产提高到 Q_3,国内生产增加了 Q_1Q_3,所以关税保护了国内生产者。

征税前，生产者剩余为三角形 ICP_W 的面积；征收关税后，生产者剩余为三角形 IAP_t 的面积。显然，征收关税后的生产者剩余增加了，增加部分为梯形 CAP_tP_W 的面积 a，这是征收关税后生产者得到的福利。

(3) 贸易效应(Trade Effect)：征收关税以后，国内生产的增加和消费的减少将导致进口的减少，这是关税的贸易效应。贸易效应=生产效应+消费效应。在图 5-1 中，关税的贸易效应为进口的减少 $Q_1Q_3+Q_2Q_4$。

(4) 财政收入效应(Revenue Effect)：征收关税给国家带来了财政收入。只要关税不提高到禁止关税的水平，它会给进口国带来关税收入，这项收入等于每单位课税额乘以进口商品数量。在图 5-1 中，关税收入为 $Q_3Q_4×t$，矩形 $AEFB$ 的面积(c)，即为政府获得的关税收入。

(5) 净福利效应：把关税的生产效应、消费效应和财政收入效应综合起来，就可以得到关税的净福利效应，即关税的净福利效应=生产者福利增加-消费者福利损失+财政收入，也就是图 5-1 中的 $a-(a+b+c+d)+c=-(b+d)$。其中，b 为生产扭曲(Production Distortion)，表示征税后成本较高的国内生产替代了成本较低的外国生产，从而导致资源配置效率下降所造成的损失；d 为消费扭曲(Consumption Distortion)，表示征税后因消费量下降所导致的消费者满意程度的降低，是扣除消费支出的下降部分之后的净额。这是一种净损失，它表明对于小国而言，关税会降低本国的福利水平。

根据分析得出结论：对小国而言，最优的贸易政策选择是不征收关税，即实施零关税。

二、贸易大国的关税效应

贸易大国，即该国某种商品的进口量占据世界进口量的较大份额，该国变动进口量会影响到世界价格。该国征收关税后，一方面它使得本国国内市场价格上升；另一方面，国内市场价格上升使得国内需求减少，进口需求减少。而该国进口量占世界市场的比重很大，所以其进口量的减少将导致世界市场价格下降，以期以更低的价格进入该国市场。因此，从局部均衡分析所得的征收关税的代价和利益对比的净效果，将不同于小国情况。贸易大国对某种进口商品征收关税以后，产生的经济效应如图 5-2 所示。

图 5-2 中的 D 为国内需求曲线，S 为国内供给曲线；P_W 表示征收关税前的价格，t 是对单位商品征收的从价税。大国征收关税后，国外价格将由 P_W 降至 P'_W，国内价格为 $P_t=P'_W+t$，即征收关税后的国外价格加上关税。

如图 5-2 所示，面积 a 是征收关税后国内生产者的福利所得，即生产效应；面积 $(a+b+c+d)$ 表示本国消费者福利的损失，即消费效应；同时进口将减少 $Q_1Q_3+Q_2Q_4$，即贸易效应。与小国情形相比，大国征收关税后产生的效应有以下几点不同。

1. 贸易条件效应

大国征收关税后，减少了对进口商品的需求，进口量的减少将促进世界市场价格下降，以期以更低的价格进入该国市场。进口价格将从 P_w 降至 P'_w，本国的贸易条件改善。

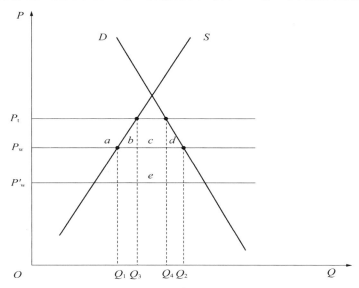

图 5-2　大国关税效应的局部均衡分析

2. 财政收入效应

征收关税以后，Q_3Q_4 部分要通过进口获得。财政收入=$t×Q_3Q_4$=$Q_3Q_4×(P_t-P'_w)$，在图 5-2 中表现为 $c+e$，政府由于征收关税而获得的财政收入即关税的税收效应比小国情形要大。

3. 关税的净福利效应

关税的净福利效应=生产者福利增加-消费者福利损失+财政收入，也就是图 5-2 中的 $a-(a+b+c+d)+(c+e) = e-(b+d)$。贸易条件效应会使本国的福利增加，但生产扭曲和消费扭曲仍会使本国福利减少。所以，在大国情形下，关税的净福利效应是不确定的，它取决于贸易条件效应与生产扭曲和消费扭曲两种效应之和的对比。在图 5-2 中，当 $e>b+d$ 时，征收关税能使该大国的福利增加；但当 $e<b+d$ 时，征税却会使该国福利减少。

为什么贸易"小国"征收关税造成社会经济净损失，而进口"大国"征税有可能提高国民收益呢？其主要原因是"大国"在国际市场上有左右价格的能力，通过减少进口，大国可以迫使出口国降低价格。这实际上是迫使出口国也承担一部分税赋。对于小国，国际市场价格不会因小国进口减少而下降。因此，小国无法让外国出口商通过降价来支付一部分税收，整个关税的负担完全由本国消费者承受，整体上是净损失。

应该指出，上述考察的只是关税的局部均衡效应，其分析带有短期的、静态的特征。事实上，关税还会带来种种动态影响。比如，关税对幼稚产业的保护作用，可以带来国内产业发展的长期利益；对某些停滞产业的保护，能够保护国内就业，保护国内经济稳定等。

关税对国内经济也会产生消极的影响，如过度保护使得国内企业不思进取，技术进步缓慢，劳动生产率低下等。因此，考察关税的经济效应和关税对本国净福利的影响，必须结合经济发展的动态变化进行考察。

三、最优关税税率

1. 最优关税的含义

当税率确定在一个最佳水平，就能使该国的福利水平达到最大，此时的关税叫作最适度关税。所谓最优关税或最佳关税(Optimum Tariff)是指一国征收的关税，使得一国贸易条件的改善所带来的收益扣除其贸易量减少带来的损失后的净所得最大化。

当征税国为小国时，外国出口供给价格不变，征税国无法改善贸易条件，征收进口税只会造成社会福利的净损失，因此，不存在最优关税。也就是说，小国的最优关税为零，实行自由贸易政策最有利。

对于贸易大国征收进口税，能改善贸易条件，提高社会福利水平，但同时也会导致贸易量下降，造成社会福利水平的下降。由于改善贸易条件而提高福利的速度与减少贸易量而降低福利水平的速度不一致，在理论上存在一个最优关税。图示分析如图 5-3 所示。其最优关税不能为零，因为最优关税为零，即不征收进口税，就谈不上改善贸易条件，从而不成为最优；其最优关税也不能为禁止性关税(Prohibitive Tariff)，即进口量为零的关税。因为，进口量为零时，该国将回到封闭经济的福利水平。因此，最优关税一定是在零关税和禁止性关税之间的某一税率。

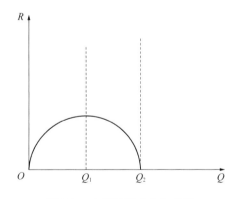

图 5-3 大国的最大收入关税

2. 最优关税税率的确定

如图 5-4 所示，S_x 为进口商品的外国供给，D_m 为进口商品的需求。当该大国征收关税时，关税收入中一大部分由外国生产者以降低出口价格的方式承担，称为关税收益，如图 5-4 中的 e 部分面积；本国消费者会由于进口商品价格的提高产生消费者剩余的净减少，称为关税损失，即图 5-4 中($b+d$)部分的面积。

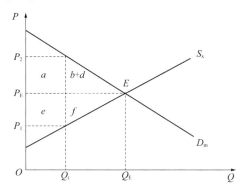

图 5-4　大国最优关税原理

最优关税是在关税收益等于关税损失的点求得的。即最优关税率是恰好使关税变化引起的额外损失等于额外收益的关税率。可用公式表示为

$$M\frac{\mathrm{d}P}{\mathrm{d}t} - t^*P\frac{\mathrm{d}M}{\mathrm{d}t} = 0$$

式中：M 为进口商品数量，$\mathrm{d}P/\mathrm{d}t$ 是由于征收关税而引起的商品国际价格的变动；$M(\mathrm{d}P/\mathrm{d}t)$ 就是提高关税所增加的关税收入，也就是提高关税的边际收益；$\mathrm{d}M/\mathrm{d}t$ 表示税率变动造成的进口量的变化；单位商品的税额 t_1^*P 与 $\mathrm{d}M/\mathrm{d}t$ 的乘积表示提高关税后由于贸易量的减少而造成的税收损失，即提高关税的边际成本。依据边际收益等于边际成本的原则可得上式，对其进行整理后得到

$$t^* = \frac{M \times \mathrm{d}P}{P \times \mathrm{d}M} = \frac{1}{(\mathrm{d}M/M)/(\mathrm{d}P/P)}$$

式中：$(\mathrm{d}M/M)/(\mathrm{d}P/P)$ 表示外国对本国的出口供给价格弹性。令它等于 e_X，则公式可变为

$$t^* = 1/e_X$$

此式表示贸易大国征收最优税率是进口商品的外国供给价格弹性的倒数。可以分析出，e_X 实际就是图 5-4 中 S_X 曲线的弹性。如果 S_X 曲线越陡峭，即 e_X 越小，图 5-4 中的 e 部分就越大，从而 $e-(b+d)$ 也就越大，最优关税率 t^* 也就越高。如果 S_X 曲线越平坦，即 e_X 越大，假如本国在此情况下，征收关税的税率较高，外国出口商会大幅度减少对该国的出口，从而引起国际市场的价格下降较少，外国就会承担较少的关税份额，关税的绝大部分由本国消费者承担，并且消费者净损失很大。因此，该国的最优关税就会很低。

当一国征收最优关税时，该国的贸易条件确实改善了，最大化了本国的社会福利。但其贸易伙伴国的贸易条件却恶化了，福利水平将会下降。其贸易伙伴国将会采取报复行动，对自己的进口产品征收最优关税。这样，会使国际贸易量进一步下降。因此，自由贸易仍是世界福利最大化和使本国福利最大化的理想状态。

随着关税和贸易总协定(GATT)与世界贸易组织(WTO)主持的成员方的多个回合的贸易自由化谈判，各国关税被迫大幅度降低，甚至有些商品已降为零关税，并且予以约束。这实际上使最优关税的征收越来越成为不可能。

第三节 关税在一般均衡中的效应

一般均衡分析(General Equilibrium Analysis)是假定一种商品的价格不仅取决于它本身的供求状况，还要受到其他商品的价格和供求状况的影响，即一种商品的价格和供求的均衡，只有在所有商品的价格和供求都达到均衡时才能决定。在一般均衡中，主要的分析工具是生产可能性边界(Production Possibility Frontier)、社会无差异曲线(Community Indifference Curve)和提供曲线(Offer Curve)等。本节将分别考察"小国"和"大国"两种情形，以一般均衡分析方法对进口关税的经济效应进行讨论。

一、贸易小国关税的一般均衡分析

运用生产可能性边界和社会无差异曲线来分析小国关税效应的一般均衡。为了便于分析，假定该小国具有生产 X 商品的比较优势，具有生产 Y 商品的比较劣势，因此，该小国将生产和出口 X 产品而进口 Y 产品。

说明：TT' 是该小国生产可能性边界，曲线 I 和 II 为社会无差异曲线。在自由贸易条件下，生产均衡点为 Q 点，消费均衡点为 C 点，过 Q 点的切线 P_w 表示国际均衡贸易条件，征收关税后的消费水平由原来的 C 点降至 C_t 点，对 Y 商品征收税率为 t 的从价税。

如图 5-5 所示，在封闭条件下，该国最多只能在生产可能性边界 TT' 上进行生产和消费。但是在开放条件下，可以通过国际交换在相对价格线 P_w 上进行消费。能够实现效用最大化的生产和消费的均衡点应该满足这样的条件：在生产可能性边界与斜率等于相对价格的直线(其斜率为 $-P_X/P_Y$)相切的点上从事生产，在预算约束线与可能达到的最高无差异曲线的切点上消费。所以该国在自由贸易条件下，生产均衡点为 Q 点，消费均衡点为 C 点。此时，对该国来说，出口 BQ 数量的 X 产品，进口 BC 数量的 Y 产品。

假定小国对进口商品 Y 征收税率为 t 的从价税，国际均衡价格 P_w 仍将保持不变，但对于该小国国内市场而言，Y 产品的价格从 P_y 上升为 $P_y(1+t)$，国内生产者面对一条新的相对价格线 $P_t=-P_x/P_y(1+t)$。显然国内市场相对价格线和国际均衡贸易条件线相比要平缓些。P_t 和生产可能性曲线相切于 Q_t 点，此点是征税后的国内生产均衡点。由征税前后均衡点的变化可分析出，征收进口关税措施引起国内生产结构的调整：使生产 X 产品的产业规模收缩，生产与进口相竞争 Y 产品的产业规模扩张。

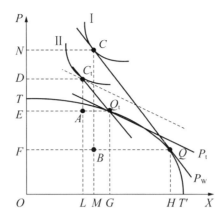

图 5-5　小国关税效应的一般均衡分析

由于征税国是一个小国，征税后其贸易条件不发生变化，国际贸易仍然以不变的世界均衡价格进行，反映在图 5-5 上就是新的消费均衡点应在通过 Q_t 与相对价格线 P_w 平行的线上。另一方面，国内消费者面对的相对价格为 P_t，根据效用最大化条件，通过新的消费均衡点的社会无差异曲线在该点的切线斜率绝对值应等于 P_t。如图 5-5 所示，通过新的消费均衡点 C_t 的社会无差异曲线的切线与相对价格线 P_t 是平行的。C_t 同时满足两个条件：国际贸易仍按原来的价格进行，而国内消费者则按征税后的国内价格来决定其最佳选择。征税后的消费水平由原来的 C 降至 C_t，通过 C_t 的社会无差异曲线 II 位于通过 C 的社会无差异曲线 I 之下，这表明征税国的社会福利水平下降了。

归纳起来，小国征收关税后会产生以下几种主要效应。

(1) 关税的生产效应。征收关税使进口竞争部门的产出增加、出口部门的产出减少。如图 5-5 所示，Y 产品的产出由原来的 QH 增加到 Q_tG；X 产品的产出由原来的 QF 减少到 Q_tE。

(2) 关税的消费效应。征收关税使 X 产品和 Y 产品的消费都减少了。如图 5-5 所示，X 产品的消费由原来的 OM 减少到 OL，Y 产品的消费由原来的 ON 减少到 OD。

(3) 关税的贸易效应。征税以后，X 产品和 Y 产品的贸易量都会减少。如图 5-5 所示，X 产品的出口量从 BQ 下降到 AQ_t，Y 产品的进口量从 BC 下降到 AC_t。

(4) 关税的净福利效应。征税将使本国社会福利受到损失。如图 5-5 所示，社会无差异曲线从 I 下降到 II，这说明征税国的社会福利水平下降了。

因此，可以看到无论从局部均衡分析，还是从一般均衡分析，小国征收关税都会导致其福利的净损失。

二、贸易大国关税的一般均衡分析

运用贸易提供曲线来分析大国关税效应的一般均衡，如图 5-6 所示。

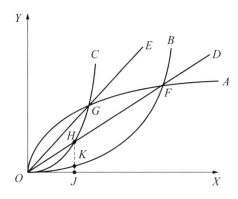

图 5-6 贸易大国关税的一般均衡分析

外国的贸易提供曲线用 OA 表示，本国在没有征税时的贸易提供曲线用 OB 表示，征税前的均衡点为 F。征收关税以后本国的贸易提供曲线为 OC，新的贸易均衡点为 G。

大国征收关税以后，本国的贸易提供曲线 OB 将沿着 Y 轴旋转，新的提供曲线为 OC，本国的贸易条件由原来的 OD 变为 OE，贸易条件改善。同时，新的提供曲线 OC 与外国的贸易提供曲线 OA 相交于 G 点，两国的贸易量从 F 减少到 G。对本国来说，贸易条件的改善增进了其福利，但是贸易量的减少却降低了福利水平。所以本国福利水平的变化并不确定，取决于这两种相反作用的净效应。同局部均衡的结论一样，大国征收关税的一般均衡效应也是不确定的。

第四节 关税结构和有效保护率

前面对关税的保护作用的分析，是按关税税则规定从价税率，即名义税率来计算的，并且假定征收关税的对象只是进口的最终产品。但是，在实际的进出口商品中，不仅仅是最终产品，还包括大量中间投入品，如原料、零部件、机器设备等。进一步分析就会发现，对一种最终产品征收进口关税，不但保护了该进口竞争商品的生产行业，而且保护了为这个行业提供原材料等投入的其他行业。比如，对小汽车征收进口关税，不但保护了小汽车行业的生产，而且保护了为汽车生产提供投入的钢铁、机械、橡胶、仪表等行业的生产。另外，进口竞争(即进口替代)行业中的企业，不但受到对进口商品征收关税的影响，而且还要受到对所使用的原材料等中间投入品征收关税的影响。比如，假定某国小汽车生产企业是靠进口原材料来维持生产的，对进口钢材等原材料征收关税就要影响到小汽车的生产成本，对该国小汽车的国际竞争力产生影响。这就产生了研究关税结构的理论。对最终产品的进口的税率，显示的是对同类进口竞争商品提供的名义保护率；而一整套关税结构综合效果，才表明对某一最终产品国内生产者提供的实际保护或有效保护。所以，有效保护率可解释为征收关税后使受保护行业每单位最终产品附加价值增加的百分比，其代表关税对本国同类产品的真正的有效的保护程度。附加价值是最终产品价格减去用来生产该商品的进口投入品成本。有效保护率是20世纪60年代以后产生和发展起来的一个概念，后被广泛应用于分析一整套关税结构对某一产业的最终产品生产者的保护作用。

名义关税(Nominal Tariff)是指对于某种进口商品，海关直接根据关税税率而征收的关税。在其他条件相同的情况下，进口税的税率越高，对本国同类产业部门的保护程度就越高，反之则低。但是，直接用关税税率的高低所反映的保护程度的高低只是名义上的，并不能反映实际的或有效的保护程度。名义保护率(Nominal Rate of Protection)计算公式为

$$名义保护率(NRP)=\frac{P-P^*}{P^*}$$

式中：P^* 为进口商品的国际市场价格；P 为进口商品的国内市场价格，包括国内关税。

有效关税(Effective Tariff)是指对某个工业每单位产品"增值"部分的从价税，其税率代表着关税对本国同类产品的真正有效的保护程度。有效保护率(Effective Rate of Protection)计算公式为

$$有效保护率(ERP)=\frac{V-V^*}{V^*}$$

式中：V 表示征收关税后最终单位产品的附加值，即最终产品征税后价格与中间投入品征税后的价格差额；V^* 是自由贸易时最终产品的增加值，即最终产品价格与中间投入品价格的差额。

例如，假定在自由贸易条件下，某产品的价值为100元，其中50元为进口投入，50元为国内附加值。如果对同类的进口产品征收20%的关税，对国内生产的进口替代品的进口投入如原材料或半成品则免税，这种产品在国内市场的价格上升到120元，保护关税就使国内附加值增加到70元(120-50)。那么，对这种产品的有效保护率为

$$有效保护率(ERP)=\frac{70-50}{50}=40\%$$

假如对这种产品的进口投入也同样征收20%的关税，则投入的价格上升到60元(50+50×20%)，国内附加值减少到60元(120-60)。那么，对这种产品的有效保护率下降为

$$有效保护率(ERP)=\frac{60-50}{50}=20\%$$

假如对该产品的进口投入征收50%的关税，则投入价格上升到75元(50+50×50%=75)，国内附加值减少到45元(120-75)。那么对这种产品的有效保护率就变成了负数

$$有效保护率(ERP)=\frac{45-50}{50}=-10\%$$

通过以上例子的分析，得出如下的结论：当最终产品的名义税率即关税税则中规定的税率大于其投入的名义税率时，对最终产品的有效保护率大于名义税率；当最终产品的名义税率等于其投入的名义税率时，对最终产品的有效保护率等于名义税率；当最终产品的名义税率小于其投入的名义税率时，对最终产品的有效保护率则小于名义税率；而当对进

口投入征收的税率过高时，则会出现负数的保护率。

第五节　征收关税的依据和方法

一、关税的征收依据

1. 海关税则

海关税则(Customs Tariff)，也称关税税则(Tariff Schedule)，是国家根据其关税政策和总体经济政策，以一定的立法程序制定和颁布实施的应税商品和免税商品的种类划分及按商品类别排列的关税税率表，是海关凭以征收关税的依据，是一国关税政策的具体体现。

从内容上来看，海关税则一般包括两个部分：一部分是海关课征关税的规章、条例及说明；另一部分是关税税率表。其中，关税税率表主要包括税则号列(Tariff No.或 Heading No.)、商品分类目录(Description Of Goods)及税率(Rate Of Duty)三部分。

2. 海关税则的分类

1) 单式税则和复式税则

海关税则中的同一商品，可以采用一种税率征税，也可以按两种或两种以上税率征税。按照税率表的栏数，可将海关税则分为单式税则和复式税则两类。

(1) 单式税则(Single Tariff)又称一栏税则，指一个税目只有一个税率，即对来自任何国家的商品均以同一税率征税，没有差别待遇。单一税则的特点是无歧视。资本主义国家在自由竞争时期曾经实行过单式税则，但发展到垄断时期后，纷纷放弃单式税则，演变为复式税则。

(2) 复式税则(Complex Tariff)又称多栏税则，指一个税目设有两个或两个以上的税率，以便对来自不同国家或地区的进口商品采用不同的税率。这种税则有二栏、三栏及四栏不等。通常同一税目所设置的税率栏次越多，税则的灵活性和区别对待的特性越强，表现出的歧视性也越强。目前世界上大多数国家都相继实行了复式税则。

2) 自主税则和协定税则

依据海关税则税率制定中的国家权限不同，又可分为自主税则和协定税则。

(1) 自主税则(Autonomous Tariff)又称国定税则(National tariff System)或通用税则(General Tariff System)，是指一国立法机构根据本国经济发展状况，独立自主制定的关税税法和税则，它分为自主单一税则制度和自主多重税则制度。

(2) 协定税则(Conventional Tariff)是指一国政府通过与其他国家订立贸易条约或协定的方式确定关税税率。这种税则是在本国原有的固定税则基础上，通过关税减让谈判，另行规定一种税率，不仅适用于该条约或协定的签字国，而且某些协定税率也适用于享有最惠国待遇的国家。

协定税则制度分为双边协定、多边协定和片面协定税则制度三种形式。关税及贸易总协定是最典型的多边协定税则。片面协定税则是指国与国之间通过订立不平等的贸易条约或协定，使部分协定国单方面获得其他协定国关税优惠待遇的关税税则制度。第二次世界大战前，宗主国与殖民地国家之间，片面协定税则制度很普遍。

3. 海关税则中的商品分类

商品分类是将种类繁多的商品按加工程度或按自然属性、功能和用途等分为不同的类。随着经济的发展，各国海关税则的商品分类越来越细，这不仅是由于商品日益增多而产生的技术上需要，更主要的是各国开始利用海关税则更有针对性地限制有关商品进口和更有效地进行贸易谈判，将它作为实现贸易歧视的手段。因此，正确进行商品归类在进出口货物的通关中具有十分重要的意义。

各国关税税则分类不尽相同，主要有以下几种：①按货物的自然属性分类，如动物、植物、矿物等；②按货物的加工程度或制造阶段分类，如原料、半制成品和制成品等；③按货物的成分分类或按同一工业部门的产品分类，如钢铁制品、塑料制品、化工产品等；④按货物的用途分类，如食品、药品、染料、仪器、乐器等。这些不同的分类方法显然不利于国际贸易的发展，不利于各国间的比较研究，不利于国家间的关税减让谈判。为了统一各国的商品分类，减少税则分类的矛盾，曾先后形成三种商品分类目录。

(1)《海关合作理事会商品目录》(Customs Co-operation Council Nomenclature，CCCN)，由欧洲关税同盟研究小组于1952年12月制定。因它是在布鲁塞尔制定的，故又称《布鲁塞尔税则商品目录》(Brussels Tariff Nomenclature，BTN)。它的商品分类划分原则是以商品的自然属性为主，结合加工程度等，将全部商品分成21类(Section)、99章(Chapter)、101项税目号(Headings No.)。1~24章为农畜产品，25~99章为工业制成品。每项税目号都用4位数表示，中间用圆点隔开，前两位数字是税目所属的章号，后两位数是税目在这一章内排列的顺序号，如税目55.09(棉织)表示第55章内第09项目。

(2)《国际贸易标准分类》(Standard International Trade Classification，SITC)简称《标准分类》，1950年由联合国经理事会下设的统计委员会编制并公布。它的商品分类主要为适应经济分析的需要，是按照商品的加工程度由低级到高级进行编排，同时也适当考虑商品的自然属性。许多国家的政府按《标准分类》编制国际贸易统计资料。《国际贸易统计年鉴》《商品贸易统计》《统计日报》《世界贸易年报》等都以《标准分类》发表统计资料。

《标准分类》把所有的贸易商品划分为从1~10的10大类、63章、233组、766分组。其中435个分组又细分为1573个附属目，共有1924项基本统计项目。10类商品分别为：①食品及主要供食用的活动物；②饮料及烟类；③燃料以外的非食用粗原料；④矿物燃料、润滑油及有关原料；⑤动植物油油脂；⑥未列名化学品及有关产品；⑦主要按原料分类的制成品；⑧机械及运输设备；⑨杂项制品；⑩没有分类的其他商品。联合国在各类统计中，一般将①~⑤类商品列为初级产品,把⑥~⑨类列为制成品。

(3)《商品名称及编码协调制度》(The Harmonized Commodity Description and Coding System, HS)是《商品名称及编码协调制度国际公约》的附件。该公约1988年1月1日生效。中国于1992年加入该公约,并于1992年1月1日正式采用HS编制中国的进出口税则目录和进出口商品统计目录。到目前为止,世界上使用HS的国家(地区)达180多个,占全球贸易总量的98%以上的货物都是以HS进行分类的。协调制度是适用于海关税则、海关统计、国际运输、进出口商品检验、濒危物种保护、原产地判定等多方面需要的国际贸易商品分类目录。内容主要包括:协调制度的组成和结构,各组成部分的地位、特点、作用及相互关系,归类总规则,类注、章注和子目注释,主要类、章的商品范围及归类原则和方法。HS的广泛应用便利了国际贸易和贸易统计资料的收集、对比、分析,促进贸易单证的统一和贸易信息的电子数据交换。协调制度的特点是:①完整。贸易主要品种全部分类列出,任何商品都能找到自己位置。②系统。分类原则科学,既按生产部类、自然属性、用途划分,又照顾商业习惯和操作可行性。③通用。各国海关税则及贸易统计商品目录可以相互对应转换,具有可比性,用途广。④准确。各项目范围清楚明了,绝不交叉重复。

《协调制度》目录分21类、97章(其中第77章是空章),共5019项商品组,每项以6位数编码的独立商品组组成。《协调制度》基本上是按社会生产的分工(或称生产部类)分类,按商品的属性或用途分章。1~83章(其中64~66章除外)按商品的自然属性(如动物、植物、矿物)为序;64~66章、84~86章按货物的用途或功能划分。税目排列一般也是按属性或加工程度排列,先原料后成品,先初级加工产品后深加工产品。

《协调制度》项目号列为4位数码,前2位是项目所在章,后2位是在有关章的排列次序,如52.02是废棉,52表示在第52章,02表明是该章的第2个项目。在项目下分为商品组,由6位数表示商品的编码(Code),如5202.10为废棉纱线、5202.91为回收纤维、5202.99为其他。

【案例5-2】 2017年中国关税调整方案

国务院关税税则委员会发布通知称,《2017年关税调整方案》已经国务院关税税则委员会第七次全体会议审议通过,并报国务院批准,自2017年1月1日起实施。

另外,据财政部网站消息,2017年关税调整将秉承创新驱动发展的理念,继续鼓励国内亟须的先进设备、关键零部件和能源原材料进口,以进口暂定税率方式降低集成电路测试分选设备、飞机用液压作动器、高分辨率硬盘式数字电影放映机零件、热裂解炉、天然软木塞等商品的进口关税。为丰富国内消费者的购物选择,还将降低金枪鱼、北极虾、蔓越橘等特色食品和雕塑品原件等文化消费品的进口关税。为回应国民对医疗和健康的关注,降低生产抗癌药所需的红豆杉皮和枝叶、生产治疗糖尿病药所需的阿卡波糖水合物的进口关税。为充分发挥关税对国内产业的保护作用,根据国内产业发展和技术进步情况,2017年对此前实行暂定税率的丙烯酸钠聚合物、具有变流功能的半导体模块、改性乙醇等商品的进口关税税率进行相应调整。2017年还将取消氮肥、磷肥和天然石墨等商品的出口关税,适当降低三元复合肥、钢坯、硅铁等商品的出口关税。

为扩大双边、多边经贸合作,加快实施自由贸易区战略,2017年我国将继续对原产于25个国家或地区的部分进口商品实施协定税率,其中需进一步降税的有中国与韩国、澳大利亚、新西兰、秘鲁、哥斯达黎加、瑞士、冰岛、巴基斯坦的自贸协定;商品范围和税率水平均维持不变的有中国与新加坡、东盟、智利的自贸协定,以及亚太贸易协定;同时,内地分别与港澳的更紧密经贸安排(CEPA)将适当增加实施零关税的商品范围,海峡两岸经济合作框架协议(ECFA)的商品范围和税率维持不变。

我国已于2016年9月15日实施了部分信息技术产品的最惠国税率首次降税,2017年上半年继续实施,2017年7月1日起实施第二次降税,共涉及280多项商品。降税商品主要包括信息通信产品、半导体及其生产设备、视听产品、医疗器械、仪器仪表等。2017年还继续以进口暂定税率方式执行APEC环境产品降税承诺,并继续给予有关最不发达国家零关税待遇。

2017年随着世界海关组织《商品名称及编码协调制度公约》商品分类目录的修订,我国进出口税则税目将有较大范围的调整,主要涉及农业、化工、机电、纺织、木材等多个领域的商品。根据国内需要也对其他税则税目进行了适当调整。调整后,2017年我国税则的税目总数增加至8547个,税目结构将更加符合国际贸易发展的实际需要。

【方案全文】 2017年关税调整方案

一、进口关税税率

(一)最惠国税率

1. 对《中华人民共和国加入世界贸易组织关税减让表修正案》附表所列信息技术产品最惠国税率自2017年1月1日至2017年6月30日继续实施首次降税,自2017年7月1日起实施第二次降税。

2. 自2017年1月1日起对822项进口商品实施暂定税率,自2017年7月1日起,将实施进口商品暂定税率的商品范围调减至805项。

(二)关税配额税率

继续对小麦等8类商品实施关税配额管理,税率不变。其中,对尿素、复合肥、磷酸氢铵3种化肥的配额税率继续实施1%的暂定税率。继续对配额外进口的一定数量棉花实施滑准税。

(三)协定税率

根据我国与有关国家或地区签署的贸易或关税优惠协定,对有关国家或地区实施协定税率。

1. 中国与澳大利亚、巴基斯坦、瑞士、哥斯达黎加、冰岛、韩国、新西兰、秘鲁的自贸协定以及内地分别与港澳的更紧密经贸安排(CEPA)项下的部分产品的协定税率进一步降低。

2. 中国与东盟、智利、新加坡的自贸协定、亚太贸易协定以及海峡两岸经济合作框架协议(ECFA)项下商品继续实施协定税率,商品范围和税率水平均维持不变。

(四)特惠税率

对有关最不发达国家继续实施特惠税率,商品范围和税率水平均维持不变。

二、出口关税税率

对铬铁等213项出口商品征收出口关税,其中有50项暂定税率为零。

2017年,我国进出口税则税目与《商品名称及编码协调制度》同步转版。根据国内需要对部分税则税目进行调整。经转版和调整后,2017年税则税目数共计8547个。

(资料来源:中国证券网,2016-12-26)

二、关税的征收方法

关税的征收方法也称征收标准,主要有从价关税和从量关税两种。在这两种主要征收方法基础上,又派生出混合关税和选择关税。

1. 从价关税

从价关税(Advalorem Duties)是以商品的价格为计征标准而计算征收的关税,如对酒征收10%的从价关税。从价税额的计算公式是

$$从价税额 = 商品总值 \times 从价税率$$

从价关税的特点是:①税负合理。同类商品质高价高,税额也高;质次价低,税额也低。加工程度高的商品和奢侈品价高,税额较高,相应的保护作用较大。②物价上涨时,税款相应增加,财政收入和保护作用均不受影响。但在商品价格下跌或者其他国对进口国进行低价倾销时,财政收入就会减少,保护作用也会明显减弱。③各种商品均可适用。④从价税率按百分数表示,便于与别国进行比较。⑤完税价格不易掌握,征税手续复杂,大大增加了海关的工作负荷。

完税价格是经海关审定作为计征关税依据的货物价格。在征收从价税时,如何确定进口商品的完税价格呢?由于完税价格标准的选择直接关系到对本国的保护程度,各国对此均十分重视。目前采用的完税价格主要有以下三种:出口国离岸价格(FOB)、进口国到岸价格(CIF)和进口国的海关估价(customs value)。按世界贸易组织《海关估价协议》的规定,海关征税应以"正常价格"为完税价格。正常价格是指正常贸易过程中,充分竞争条件下某一商品或同类商品的成交价格。如果出口商品发票中载明的价格与正常价格相一致,即以发票价格作为完税价格;如果发票价格低于正常价格,则根据海关估价作为完税价格。所谓海关估价是指进口商申报后,海关按本国关税法令规定的内容加以审查,估定其完税价格。由于各国海关估价规定的内容各异,有的国家借此变相提高进口关税,使之成为一种非关税壁垒。

2. 从量关税

从量关税(Specific Duties)是以商品的重量、数量、容量、长度和面积等计量单位为标准计征的关税，如每公升酒征收 1.5 美元。从量税额的计算公式是

从量税额=商品数量×单位商品从量税率

世界上多数国家在征收从量税时是以商品的重量为单位来征收的。但各国对应纳税商品重量的计算方法各有不同。有的国家按商品的净重计征，有的国家按商品的毛重(包括商品的全部包装的重量)计征，有的按法定重量(商品净重加上销售包装)计征。

从量关税的优点是：①手续简便，无须审查货物的规格、价格和品质，便于计算，费用成本低。②当进口价格下跌时，关税仍保持一定水平，从而不影响保护作用。③可以防止进口商谎报进口价格以逃避关税。

从量关税的缺点在于：①对同一税目的商品，在规格、质量、价格相差较大的情况下，按同一定额税率计征，税负不合理。②税率固定，没有弹性，在物价变动的情况下，税收的收入不能随之增减，失去税收的价格调节机能。③难以普遍采用。征收对象一般是谷物、棉花等大宗产品和标准产品，对部分不能以数量计算的商品不适用，如古董、字画、钟表、钻石等。由于世界范围内通货膨胀和制成品贸易比重的上升，从量关税正逐步被从价关税替代。

3. 混合关税

混合关税(Mixed or Compound Duties)是指征税时同时使用从量、从价两种税率计征，以两种税额之和作为该种商品的关税税额。例如，对酒征收 5%的从价税，另外每公升加征 1 美元的从量税。混合税额的计算公式是

混合税额=从量税额+从价税额

混合税按从量、从价的主次不同又可分为两种情况：一种是以从量税为主加征从价税，即在对每单位进口商品征税的基础上，再按其价格加征一定比例的从价税。美国采用混合税较多，例如对提琴除征收每把 21 美元的从量税外，加征 6.7%的从价税。另一种是以从价税为主加征从量税，即在按进口商品的价格征税的基础上，再按其数量单位加征一定数额的从量税。

混合税兼有从价税和从量税的优点，哪一种方法更有利，就使用哪一种方法为主征收关税，增强了关税的保护程度。

4. 选择关税

选择关税(Alternative Duties)是在税则中对同一税目规定从价和从量两种税率，在征税时可由海关选择其中一种计征。选择税可以根据不同时期经济条件的变化、政府征税目的以及国别政策进行选择。其基本原则是：在物价上涨时，使用从价税；在物价下跌时，使用从量税。选择税的缺点是征税标准经常变化，出口国难以预知，容易引起争议。

本 章 小 结

在国际贸易中,关税是各国普遍采用的重要贸易政策工具或措施。关税的种类从不同的角度来划分有不同的分类,常见的关税是进口税。

从生产者、消费者、国家政府等不同的利益集团及整体社会的角度,对福利效果进行单一产品征收关税的局部均衡分析。

运用一般均衡分析的方法,可对小国和大国征收关税的经济效应进行另一种形式的分析,分析关税措施的总体贸易条件效应及对经济福利效果的影响,以便于理解现实的贸易世界。

各国征收关税的主要目的是对生产者的生产实施保护。但准确衡量关税保护程度的不是名义关税率而是有效关税率。

海关征税的依据是关税税则。关税的征收方法也称征收标准,主要有从价关税和从量关税两种。在这两种主要征收方法基础上,又派生出混合关税和选择关税。

复 习 思 考 题

1. 什么是关税?关税有何特点?
2. 征收关税的目的有哪些?
3. 进口附加关税主要有哪几种?它们各自起什么样的作用?
4. 普惠制的基本原则是什么?
5. 什么是原产地规则? 原产地规则包括哪些主要内容?
6. 试运用局部均衡的分析方法说明关税的经济效应。
7. 什么是名义保护率?什么是有效保护率?

推 荐 书 目

1. 李九领. 关税理论与政策. 北京:中国海关出版社,2010
2. 王元颖. 关税保护与动态比较优势的理论与经验分析. 北京:经济科学出版社,2008
3. 李齐. 现代关税实务——求解迫在眉睫的关税实务难题. 北京:中国海关出版社,2009
4. 海闻,彼得·林德特,王新奎. 国际贸易. 上海:上海人民出版社,2003
5. 薛荣久等. WTO多哈回合与中国. 北京:对外经济贸易大学出版社,2004

第六章

非关税措施

本章导读：

关税是限制贸易的重要手段，但并非唯一手段，除了关税壁垒以外，各贸易国家还采取其他种种手段来限制与干预贸易，这些手段被称为"非关税壁垒"(Non-tariff Barriers NTBs)。它泛指一国政府为调节、管理和控制本国对外贸易活动而采取的除关税以外的所有限制与扭曲贸易的措施和手段的总和。相对于关税壁垒，非关税壁垒形式多样，且更为隐蔽。非关税壁垒可以分为直接和间接两大类：前者是由进口国直接对进口商品的数量和金额加以限制或迫使出口国直接限制商品出口，如进口配额制、进口许可证制和自动出口配额制等。后者是对进口商品制定严格的条例，间接地限制商品进口，这类措施形式多样、运用广泛并被不断地创新，如汇率低估、外汇管制、国家垄断、歧视性政府采购政策、进口押金制、专断的海关估价、最低限价、技术性贸易壁垒等。从历史上看，早在重商主义时期，限制和禁止进口的非关税措施就开始盛行。20世纪60年代以来，在关贸总协定的推动下，关税总体水平大幅下降，使得非关税措施的运用越来越重要和广泛。到20世纪70年代中期，非关税措施已经成为贸易保护主义的主要手段，并由此形成了新贸易保护主义。据不完全统计，到目前为止非关税措施可分为8大类75种，具体措施达3800多种。

学习目标：

通过对本章的学习，重点掌握各种非关税壁垒的含义及特点；各种非关税壁垒对不同国家的影响；掌握进口配额和自动出口限制的经济效应；了解非关税壁垒的未来发展趋势。

关键概念：

非关税壁垒(Non-tariff Barriers，NTBs)

进口配额(Import Quotas)

自动出口限制(Voluntary Export Vestraint，VER)

进口许可证制度(Import License System)

倾销(Dumping)

补贴(Subsidies)

技术性贸易壁垒(Technical Barriers to Trade，TBT)

绿色壁垒(Green Barriers)

社会壁垒(Social Barriers)

第一节 非关税措施概述

一、非关税措施的含义

非关税措施(Non-tariff Barriers，NTBs)，也称非关税壁垒，是指除关税以外的一切限制进口的措施。非关税措施在当代国际贸易中已取代关税成为限制进口的主要手段，这在发达国家的进口贸易中表现尤为明显。其原因除了关税水平下降外，还在于非关税壁垒相对于关税壁垒而言具有多方面的优越性。因此，对非关税壁垒的研究尤为重要。

关于非关税措施的分类有很多种，其中联合国贸易与发展会议(United Nations Conference on Trade and Development，UNCTAD)分类法(见表6-1)和迪尔多夫与斯特恩(Deardorff & Stern)分类法[①](见表6-2)是被广泛采用的两种非关税措施的分类方法。

表6-1 UNCTAD 的分类法

与进口有关的非关税税费	关税附加费、额外收费、对进口产品征收的国内税收
价格控制措施	管理定价、最低限价、海关估价制、反倾销、反补贴
财政金融措施	进口押金制、提前支付要求、多重汇率、支付延迟、外汇管制等
自动许可措施	自动许可证、提前监管
数量控制措施	非自动许可证(包括提前授权)、配额、禁令、出口限制安排、企业特别具体措施
垄断措施	专营、指定进口、强迫性国内服务、歧视性政府采购
技术性措施	技术法规、装运前检验、技术标准、合格评定程序、特别海关程序、使用过的产品返还义务、循环利用的义务、包装标签要求、绿色壁垒、动植物检验检疫措施

表6-2 迪尔多夫与斯特恩的分类法

数量限制及类似的限制措施	进口配额，禁止进口，进口许可证，自动出口限制，外汇管制，自制率规定，歧视性双边协定，对等贸易
影响进口成本和价格的非关税性收费	预先存款要求(进口押金)，滑动关税，反倾销税，反补贴税，边境税收调整(出口退税)

---

① Deardorff. Alan V.，Non-tariff Barriers and Domestic Regulation，paper on World Bank，1999. Deardorff. Alan，Stern Robert M.，Measurement of Non-tariff Barriers，paper for OECD，No. 179. OECD/GD(97)129，1997

续表

政府参与贸易行为、限制性措施和一般政策	补贴，政府采购，政府垄断经营和特许经营，政府的结构性、地区性发展政策，政府资助的研究和发展项目及其他科技政策，国家税收制度和社会保险制度，宏观经济政策，竞争政策，外国投资政策，移民政策
海关程序和行政措施	海关估价程序，海关分类程序，海关清算程序
技术壁垒	健康、卫生及品质标准，安全及工业标准，有关包装与标签的规定，广告及传媒推广规章

【案例6-1】 形式各异的非关税措施

普瓦蒂埃海关效应。法国在1982年规定，所有从日本进口的录像机都必须通过位于法国北部港口数百英里的小镇的普瓦蒂埃(Potiers)海关。海关人员不多，屋子非常窄小。结果进入法国的日本录像机从每月6万多台骤减到每月不足1万台。

意大利的空心粉法。在意大利有一个"空心粉纯度法"，要求空心粉的制作原料必须是硬质小麦，而这种硬质小麦主要产于意大利南部。欧洲其他国家的空心粉大多由混合种类的小麦制成，不符合"空心粉纯度法"，很难进入意大利市场。

欧盟进口中国瓷器的包装标准。欧盟要求从中国进口的景德镇瓷器的包装稻草必须经过摄氏200度高温熏蒸消毒处理。

日本技术性要求。日本强调由于日本的雪的特殊性，滑雪板必须是特殊的，不符合技术要求的滑雪板不予保险。

中国保护国内粮食作物的安全。中国政府为了防止中国小麦感染TCK病，中国从1972年开始对美国七个州生产的小麦实行进口禁运。

【点评】非关税措施形式多样、运用广泛并被不断创新，具有较强的灵活性、隐蔽性和针对性。

二、非关税措施的特点

同关税措施相比，非关税措施在限制进口方面具有鲜明的特点。

1. 非关税措施比关税措施具有更大的灵活性和针对性

关税税率的制定必须通过立法程序，要求具有相对的稳定性和一定的延续性，如果要调整或修改税率，往往需要经过比较烦琐的法律程序和手续。这在需要紧急限制进口时往往难以适应。而非关税壁垒措施的制定通常采取行政程序，比较便捷，伸缩性很大，能随时针对某国的某种商品采取相应的措施，较快地达到限制进口的目的。

2. 非关税措施比关税措施能更加直接和有效地限制进口

关税措施是通过征收高额关税，提高进口商品的成本和价格，削弱其竞争能力，从而间接地达到限制进口的目的。但如果出口国采用出口补贴、商品倾销等办法来降低出口商品的成本和价格,关税往往难以起到限制商品进口的作用。但是某些非关税壁垒措施对进口的限制是绝对的,比如用进口配额预先规定进口的数量和金额,超过限额就禁止进口;或直接禁止某些种类的产品进口,则更能有效地起到限制进口的作用。

3. 非关税措施比关税措施更具有隐蔽性和歧视性

关税措施是透明的,其歧视性也较低,往往受多边贸易协定的制约。而一些非关税措施则往往透明度差、隐蔽性强,而且经常变化,容易对别的国家实施差别待遇,使外国出口商难以对付和适应,从而增加了反贸易保护主义的复杂性和艰巨性。据世界银行研究数据表明,1966年至1986年20年间,发达国家受非关税壁垒影响的制成品从5%上升到51%。20世纪70年代初,非关税措施为850种,到80年代增加到1000多种。在80年代,发展中国家出口到发达国家的产品1/3以上受到一种或多种非关税措施的限制,发达国家产品受到来自发展中国家的非关税措施限制比例也在20%以上。

三、非关税措施的作用

20世纪60年代以来,由于世界各国关税总体水平的大幅下降,而非关税壁垒相对于关税壁垒,形式更为多样,且更为隐蔽,使得非关税措施的运用越来越重要和广泛。特别是其中的反倾销、反补贴、技术性贸易壁垒、绿色贸易措施,它们以国家安全、国民健康、市场秩序、环境保护的名义,对进口商品实施有效的限制。

(1) 对进口国的保护作用。进口国设置各种非关税壁垒,主要是通过数量限制、不公平贸易措施及其他贸易措施的实施,达到减少进口商品数量和提高进口商品价格的目的,从而削弱进口商品的竞争优势,形成对国内相关产业的保护。

(2) 对出口国的保护作用。出口国设置各种非关税壁垒,主要是实行各种非关税措施以降低出口商品的成本和人为刺激出口数量,从而提高本国出口产品的国际竞争力。

(3) 非关税措施的保护作用比关税更为直接、有效和隐蔽。从上述对非关税措施特点的分析可知,非关税措施比关税更具灵活性和针对性,能随时针对某国或某种商品采取或更换相应的限制进口措施,从而快速有效地达到限制进口的目的。另外,非关税壁垒一般较为隐蔽,不像关税壁垒容易受到双边关系和国际多边贸易协定的制约。

当然,非关税壁垒是把"双刃剑",虽然它具有限制进口、保护国内相关产业等作用,但它以损害本国消费者的利益为代价,来换取对国内低效率生产的保护,使消费严重扭曲;另外非关税壁垒措施对国际贸易的发展也会起到阻碍的作用。

第二节 进 口 配 额

一、进口配额的定义和分类

进口配额(Import Quotas)又称进口限额,是一国政府在一定时期(如一季度、一年)内对某种商品的进口数量或金额加以直接地限制。在规定期限内，限额以内的商品可以进口，超过限额就不准进口，或征收较高的关税或罚款。配额是实行数量限制的重要手段之一，通常是针对某些"敏感性"或"半敏感性"的商品，如服装、纺织品、鞋类、汽车等。

根据控制的力度和调节手段，进口配额可分为绝对配额和关税配额两种类型。

1. 绝对配额

绝对配额(Absolute Quotas)是指在一定的时期内，对某种商品的进口数量或金额规定一个最高限额，达到这个数额后，便不准进口。在具体实施过程中又分为三种方式：全球配额、国别配额和进口商配额。

(1) 全球配额(Global Quotas 或 Unallocated Quotas)属于世界范围内的绝对配额，对于任何国家和地区的商品一律适用。主管当局通常按进口商申请先后顺序或过去某一时期的实际进口额批给一定的额度，直至总配额发完为止，超过总配额就不准进口。它在实施贸易限制的过程中，基本贯彻了非歧视原则。由于在配额分配和利用上的非针对性，全球配额难以贯彻国别和地区政策，因而很多国家转而采用国别配额。加拿大规定，从 1981 年 12 月 1 日起，对除皮鞋以外的各种鞋类实行为期三年的全球配额。第一年的配额为 3560 万双，以后每年进口量递增 3%。加拿大外贸主管当局根据有关进口商 1980 年 4 月 1 日至 1981 年 3 月 31 日期间所进口的实际数量来分配额度，但对进口国家或地区不加限制。

(2) 国别配额(Country Quotas)是进口国在总配额内按国别或地区分配给固定的配额，超过规定的配额便不准进口。为了区分来自不同的国家或地区的商品，进口商必须提交原产地证书。国别配额的最初分配通常是以各主要出口国在本国市场的份额为基础进行分配，另外，进口国也会根据它与有关国家或地区的政治经济关系分配给不同的额度，因而具有较强的歧视性和选择性。通常，国别配额可以分为自主配额和协议配额。

① 自主配额(Autonomous Quotas)又称单方面配额(Unilateral Quotas)，是由进口国单方自主地规定一定时期内从某国或某地区进口某些商品的配额，而不需征得出口国的同意。由于自主配额由进口国自行确定，往往带有歧视性，容易引起出口国的不满或报复。因此很多国家采用协议配额，以缓解彼此之间的矛盾。

② 协议配额(Agreement Quotas)又称双边配额(Bilateral Quotas)，是由进口和出口两国政府或民间团体之间协商确定的配额。例如，1978 年美国与波兰签订的关于纺织品进口的协定。协议配额是由进出口双方协商确定的，通常不会引起出口方的反感与报复，并可使出口国对于配额的实施有所谅解与配合，执行起来比较容易。

(3) 进口商配额(Importer Quotas)是进口国直接将某些商品的数量限额分给本国进口商，进口商按政府分配的额度组织进口。通常进口国为了加强垄断资本主义在其对外贸易中的垄断地位和进一步控制某些商品的进口时，会采用这一措施。例如，日本食用肉的进口配额就是在 29 个大商社间进行分配，而其他的中小商社则难以得到额度。

一般来说，绝对配额用完后，就不准进口。但有些国家或地区出于某种需要，往往会规定额外的特殊配额或补充配额,如进口某种半成品加工后再出口的配额、展览会配额等。

2. 关税配额

关税配额(Tariff Quotas)是对一定时期内有关商品进口的绝对数额并不加以限制,但对配额内和配额外的进口实施不同的待遇,即对配额以内的进口商品予以低税、减税或免税,对超过配额的进口商品则要征收较高的关税,或征收附加税甚至罚款。这是一种将关税和进口配额结合使用的进口限制措施,更具灵活性。关税配额与绝对配额的差别主要在于:绝对配额规定了一个最高进口数额,即上限,不得超过;而关税配额则表明超过额度部分仍可进口,只是进口成本将增加。澳大利亚曾规定对男衬衣、睡衣等以外的各种服装,超过配额的进口征收高达175%的附加税,实际上起到了禁止超过配额商品进口的作用。近年来,关税配额的使用较为普遍,中国产品深受其害。例如,欧盟对中国出口的橘子罐头超过配额部分每吨征收155欧元的从量税。日本对中国出口的鲜香菇、灯芯草等,限量内征收3%~6%的进口关税,限量以外的征收106%~266%的进口关税。

关税配额按商品进口的来源,可分为全球性关税配额和国别关税配额。按征收关税的优惠性质,可分为优惠性关税配额和非优惠性关税配额。前者是对关税配额内的进口商品给予较大幅度的关税减让甚至免税,而对超过配额的进口商品就征收原来的最惠国税;后者是对关税配额内的商品征收原来的正常进口税,对超过配额的进口商品则征收较高的附加税甚至罚款。

二、进口配额的经济效应

进口配额和关税一样,对贸易双方的经济都有深刻的影响,这里仅分析配额对进口国的影响。

配额所规定的进口量通常要小于自由贸易的进口量,所以配额实施后进口会减少,进口商品在国内市场的价格要上涨。如果实施配额的是一个小国,那么配额只影响国内市场的价格,对世界市场的价格没有影响;如果实施配额的国家是一个大国,那么配额不仅导致国内市场价格上涨,而且还会导致世界市场价格下降。进口配额的经济效应可用图 6-1 进行说明。

假设图 6-1 中 S、D 分别为某国某种进口商品的国内供给曲线和需求曲线,S_1 为出口国该商品的供给曲线,P_1 为在自由贸易状态下的国际价格(与国内价格一致)。此时该进口国国内的供给量为 OQ_1,国内的需求量为 OQ_2,需求大于供给,供需之间的差额为 Q_1Q_2,只能通过从国外进口来弥补国内供给的不足。这时,该国政府对商品进口实行配额限制,即只允许相当于图中 Q_3Q_4(即线段 EF)所示的数量进口。那么在 P_1 价格水平上,国内外总供给量为 $OQ_1+Q_3Q_4$(即该国国内购买者面临的供给曲线由 S 向右平移距离 EF 后得到新的供给曲线 S'),仍低于国内需求 OQ_2。由于供不应求,国内市场价格必然上升,当价格上升到 P_2 时,国内生产增加到 OQ_3,国内消费减少到 OQ_4,供求之间达到平衡,实行进口配额后

的供求平衡点为 F。将实行进口配额后的状况与自由贸易时相比，可以看出该措施具有以下经济效应。

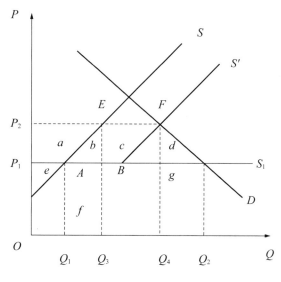

图 6-1 进口配额的经济效应

(1) 消费效应：进口国消费者由于价格上涨，消费由 OQ_2 降至 OQ_4，损失了面积为 $(a+b+c+d)$ 的消费者剩余。

(2) 保护效应：由于价格提高，本国生产者的供给量从配额前的 OQ_1 上升到 OQ_3，生产者剩余由 e 增加至 $(e+a)$，产生了相应的生产效应，即进口替代效应。

(3) 国际收支效应：由于进口价格不变而进口数量受限，使得外汇支出减少 $(f+g)$，国际收支得到改善。

(4) 配额利润效应：获得配额的进口商以 P_1 的价格进口 Q_3Q_4（即线段 EF）所示的数量（配额限量），但在国内却可以较高的价格 P_2 售出，从而可从中获得相当于长方形面积 c 的配额收益。

(5) 再分配效应：倒梯形面积 a 为进口国生产者因生产扩大而获得的生产者剩余，面积 b 为国内生产者低效率的扩大生产而带来的国民损失，面积 d 为价格提高导致消费量减少带来的国民损失，长方形面积 c 为配额收益，即价格上涨后得到的收益。可见，进口配额制增加了生产者剩余 a 和配额收益 c，却使消费者损失了 $(a+b+c+d)$ 的经济福利。综合起来，配额的再分配效应＝生产者剩余增加+进口商的配额收益-消费者剩余损失＝$a+b-(a+b+c+d)=-(b+d)$，这表明国民经济福利遭受了净损失，数量为 $(b+d)$。

(6) 贸易条件效应：一个国家在实行进口配额后，其贸易条件的好坏主要取决于需求和垄断。当本国对外国产品有较强需求时，本国会以更多产品换取配额进口的外国产品，本国的贸易条件就会恶化；反之，当外国对本国产品有较强需求时，本国的贸易条件就会趋于改善。如果本国出口商具有垄断性地位，他们就会利用其影响力，减少进口数量，抬高商品价格，从而使本国的贸易条件得到改善；而当外国出口商具有垄断性地位时，他们也会利用其影响力，抬高进口商品的价格，自动限制出口数量，从而造成进口国进口商间的相互竞争，最终导致进口国贸易条件的恶化。

总之，各国对进口商品实施配额管理，主要是出于以下顾虑：过量进口某商品会严重损害国内相关工业发展，会直接影响进口结构、产业结构的调整，以及危及国家外汇收支等。进口配额在发达工业国家的应用越来越广泛，其目的不外是利用配额来保护本国的生产，提高本国就业和解决本国国际收支逆差等问题。而发展中国家广泛地实行进口配额制，为的是发展进口替代工业。但是，配额的实施，也会给贸易国带来很大的影响。首先配额对国内市场的保护使得国内的稀缺资源更加稀缺，从而带来低效率；其次，配额的发放过程容易滋生腐败；最后，由于进口配额是一种数量限制，其实施必然会直接导致国际贸易量的下降，从而带来配额在国际间的多米诺效应。

三、进口配额与进口关税的比较

虽然进口配额具有与关税相似的消费效应、生产效应、国际收支效应和再分配效应，但进口配额与关税相比，除了上文提到的关税与非关税壁垒的区别之外，二者经济效应也有明显的差异，具体表现在以下几个方面。

(1) 二者对垄断的影响程度不同。在征收关税的情况下，进口商品仍能够起到限制与进口商品竞争的国内生产者的垄断权利的作用。此时，国内市场价格为国际市场价格加关税，国内市场价格仍由国际市场的供求决定，国内产业无法形成垄断；但配额的实施，使国内生产者面临的竞争要比征收关税时小得多。在实施配额的情况下，国内厂商可以垄断除配额以外的国内市场，此时国内市场的价格由垄断厂商的利润最大化原则决定，而与国际市场价格无关。

(2) 二者的收入效应及其归属不同。关税措施产生的收入为政府所有，产生财政收入效应，任何人不得凭借手中的权力加以利用；而实行配额后，允许输入的进口商品的提价带来的垄断收益，其归属取决于进口国分配配额的方式和国际市场上该商品的出口状况。

(3) 二者对进口数量的限制强度不同。在征收关税的情况下，国内价格与国际价格的差距是既定的(相当于关税)，而且国内价格是固定的。当需求发生变动时，只要消费者愿意支付较高的价格，进口商就有利可图，即使关税再高，进口量仍可增加。这样，由于进口状况的不易确定，关税效应难以预知。在进口配额下，进口量是被限定的，进口需求的增加只会导致价格的变化，而不会带来进口数量的变化。可见，配额对进口的限制更强，保护更好，而且是确定的。

(4) 二者在对生产者提供的保护是否确定上不同。关税对生产者提供的保护不具有确定性。有时，国外出口商为维持出口会承担部分或全部关税，使得进口商品的价格与征税前基本持平,这样,关税的保护作用就大大降低了。另外国内生产者也很难根据关税的征收状况来判断进口数量的多少,从而无法确定自己的生产目标。而在实施进口配额的情况下,进口量是确定的,国内的生产者可以根据国内的需求状况来确立其生产目标。

通过上述的分析可知,尽管配额比关税更灵活,各国也乐于采用,但在大多数的情况下,关税要优于配额,因为配额作为一种纯粹的行政干预手段,其对国内经济产生的副作用要远远大于关税。

第三节 自动出口限制

一、自动出口限制的含义

自动出口限制,又称"自愿"出口限制(Voluntary Export Restraint,VER),是出口国在进口国的要求或压力下,"自愿"规定在某一时期内(一般是3～5年)某种商品对该国的出口配额,在限定的配额内自行控制出口,超过配额即禁止出口。其目的在于避免因某些商品出口过多而严重损害进口国生产者的利益,从而招致进口国的报复,限制从该国进口。

自动出口限制是20世纪60年代以来非关税壁垒中很流行的一种形式,通常作为"灰色区域措施"用来规避多边贸易体制禁止使用进口配额的基本原则。所谓"灰色区域措施"是指关贸总协定中无明确适用条款,其法律地位不清楚,既不是合法的,也不是非法的贸易限制措施。自动出口限制就是利用关贸总协定不全面、不明确的特点,采取双边的、隐蔽的形式实行贸易限制,从而绕开了关贸总协定的监督。例如,美国以国会法案为砝码施压,让日本在纺织品、钢铁、电视和机床等行业都曾实行自动出口限制,同时进行工厂转移和产业升级。

【案例6-2】 日本对美国实行"自动"出口限制案

自动出口限制最早出现在20世纪80年代的日美汽车贸易大战中。从1977年到1981年,美国进口日本汽车所占比例从18%提高到25%,而国内汽车产量下降了1/3,约30万名美国汽车工人失业。1980年美国三大汽车公司共亏损40亿美元。结果,美国与日本谈判达成协议,1981年到1983年美国每年从日本进口的汽车限制在168万辆,1984年到1985年提高到每年185万辆。日本由于害怕美国实施更加严厉的进口限制而"同意"限制汽车出口。美国的汽车生产者明智地利用1981年到1985年这段时间来降低保本点和提高质量。在美国的示范下,加拿大和德国也与日本谈判,以限制日本汽车出口。

(资料来源:根据 www.qnr.cn 跟单员案例改编,2010-4-20)

二、自动出口限制的主要形式

自动出口限制一般有两种形式:单方"自动"和协议"自动"。

(1) 非协定的自动出口限制，又称单方自动出口限制，即不受国际协定的约束，而是出口国迫于进口国的压力，单方面规定出口配额，限制商品出口。这种配额有的是由政府有关机构规定配额，出口商必须向有关机构申请配额，领取出口授权书或出口许可证才能出口。有的是由本国大的出口厂商或协会"自愿"控制出口，以控制恶性竞争。

(2) 协定的自动出口限制，即双方通过谈判签订"自动出口限制协定"(Self-Marketing Agreement)或有秩序的销售安排，在协定中规定有效期内的某些商品的出口配额，出口国应根据此配额实行出口许可证或出口配额签证制，自行限制这些商品的出口。进口国则根据海关统计进行检查。协议自动限制是自动出口限制的主要形式。协议达成的谈判形式主要有：政府间的双边谈判、政府间的多边谈判、进口国政府与出口企业间的谈判、进出口国企业的双边谈判等。《纺织品服装协定》就是发达国家为阻止来自发展中国家日益增长的纺织品进口而采取的一种有秩序的销售安排，但它于 2005 年就已经全面中止，从而实现纺织品贸易的自由化。

三、自动出口限制协议的主要内容

目前的自动出口限制大多属于协定的自动出口限制。各种"自动出口限制协定"或有秩序的销售安排虽不尽相同，但一般包含以下内容。

(1) 规定在协定有效期内各年度自动出口的限额，即配额水平(quota level)。通常以协定缔结前一年的实际出口量，或以原协定最后一年的限额为基础进行协商，确定新协定第一年度的出口额及其他各年度的增长率。

(2) "自动"限制出口的商品分类。自限商品是指协定限定的商品。早期自限商品的品种较少，分类也较笼统。20 世纪 70 年代以来，自限商品的种类越来越多，分类也日趋繁杂。

(3) 协调各种"自限"商品限额相互融通使用的权限，即配额的融通，包括水平融通和垂直融通两种。前者是指同一年度内组与组、项与项之间在一定百分比率内互通使用的额度。替换率通常在 1%～15%，有些品种禁止移用。后者是指同组同项水平在上下年度间的融通，即在协议中规定留用额和预用额。留用额是指当年未用完的配额拨入下一年度使用的额度或权限；预用额是指当年配额不足而预先使用下一年度额度的权限。

(4) 保护条款，即进口国有权通过一定程序，限制或停止某种造成"市场混乱"的商品进口。这一条款实际上是进一步扩大了进口国限制进口的权利，对出口国极为不利，往往遭到出口国的反对。

(5) 出口管理规定。协定中规定出口方对自限商品执行严格的出口管理，以保证不超过限额水平和尽量按季度平均出口。在协定有效期内，双方至少每年召开一次会议磋商解决相关问题。

(6) 协定的有效期。目前协定的有效期一般为 3～5 年，缔约国一方须终止协定的，提前 60 天通知对方，否则终止无效。

四、自动出口限制的经济效应

自动出口限制的经济效应如图 6-2 所示。图中 S_X 是某外国商品的供给曲线，D_X 是进口国对该外国商品的需求曲线。在自由贸易的条件下，进口国对该商品的供给和需求在 E 点实现平衡，此时进口商品的数量为 OQ_1，进口商品的价格为 P_N。若进口国规定进口商品的进口配额为 OQ_2，则国外供给曲线变为一条垂直于 OQ 的直线 S_M。由于自动出口限制由出口国主动实施，出口商按 P_M 的价格出口商品，其出口商品的净收益为面积 a 的部分，面积 b 则是出口国生产方面的损失由于价格上涨转化为贸易方面的利益部分。由于实行自动出口限制，出口国产生了净损失($a-d$)的差额。同样的，自动出口限制也使进口国承担了巨大的损失，在图中用面积 a 和 b 表示。

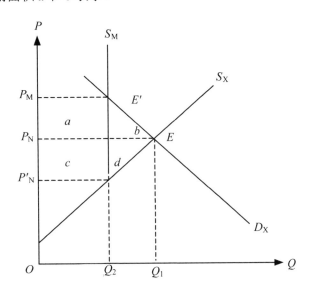

图 6-2 自动出口限制的经济效应

综上所述，自动出口限制由于扭曲了商品价格，对进口国和出口国双方的生产和消费都产生了不利影响。

第四节 其他非关税措施

一、进口许可证制度

进口许可证制度(Import License System)是一国规定某些商品的进口必须申领许可证，没有许可证海关不予进口的制度。进口许可证制度作为一种行政手段，在实际使用中非常灵活,既可单独使用,也可与进口配额、外汇管制等措施结合使用,具有简便易行、收效快、比关税保护手段更有力等特点,因而成为各国监督和管理进口贸易的有效手段。发展中国家为了保护本国工业、贸易发展和财政需要,比较多地采用这种制度,而发达国家在农产品和纺织品等国际竞争处于劣势的领域也经常求助于进口许可证制来加以保护。当然,进口许可证制是与关贸总协定的基本原则相违背的,这种做法运用不当,不仅会妨碍贸易的公平竞争,影响国际贸易流量,又容易导致对出口国实行歧视性待遇。

实行进口许可证制度,既可以从数量、金额和商品性质上对商品的进口进行限制,也可以控制进口商品的来源国别,实行歧视性的贸易政策。同时还可以对国内的企业实行区别对待,扶持特定企业。有的国家还将进口许可证的发放与出口联系起来,以达到促进出口的目的。例如,在法国,经营出口业务的企业就比其他企业更易获得进口绸缎及绸缎服装的进口许可证。

按照进口商品有无限制,进口许可证可分为自动进口许可证和非自动进口许可证两种。自动进口许可证又称公开一般许可证(Open General Licence),指不需要通过审批程序就能获得的许可。它对进口国别地区没有限制,凡属公开一般许可证项下所列商品,进口商只需填写公开一般许可证后,即可获准进口。因此此类商品实际上是"自由进口"的商品,填写许可证只是履行报关手续,供海关统计和监督之用。非自动进口许可证又称特种许可证(Special Licence),指必须通过审批程序才能获得的许可,具体可分为含数量限制的许可(通常为进口配额管理)和不含数量限制的许可(通常为单一的进口许可证管理)。进口配额管理中的贸易壁垒经常表现为:配额量不合理,配额发放标准不合理或分配不公正。在单一的进口许可管理中,贸易壁垒主要表现为:管理程序不透明,审查及发放许可证的程序过于复杂或要求提供不必要的文件,审批时间过长等。

二、外汇管制

外汇管制(Foreign Exchange Control)是一国政府通过法令对国际结算和外汇买卖实行限制,以平衡国际收支,控制外汇的供给与需求,防止套汇、逃汇,维持本国货币币值稳定的一种制度。在外汇管制下,国家设立专门机构或指定银行进行外汇管理。出口商须将出口所得外汇收入按官方汇率卖给外汇管理机构,进口商也须向外汇管理机构申请方可按官方汇率购买外汇进行对外支付,另外携本国货币出入境也受到严格的限制。外汇管制可以通过确定官方汇率、控制进口商所能获得的外汇数量和种类、集中外汇收入和严格审批外汇等办法,来达到控制有关商品的进口数量、种类和进口来源的目的。从改善国际收支的角度来看,外汇管制比关税、进口配额更有效,因为它不仅同样能限制进口,还可以全面控制其他对外交易。

外汇管制的方式一般分为数量性外汇管制、成本性外汇管制和混合性外汇管制。数量性外汇管制常常与许可证制度结合使用,用来控制进口商品的品种、数量、国别和用汇数额,从而达到平衡国际收支、保护国内市场的目的。成本性外汇管制对外汇买卖实行复汇率制度,利用外汇买卖成本的差异,间接影响不同商品的进出口。混合性外汇管制是指同时采用数量性外汇管制和成本性外汇管制,对外汇实行更为严格的控制,以影响商品的进口。

各国实行外汇管制的程度有所不同。有的国家对外汇进行全面管制,即所有外汇买卖均集中于政府指定机构,其他任何机构或个人不得截留外汇,出口商出口产品实现的外汇收入须卖给指定机构,进口商进口所需外汇也须在取得进口许可证后方可向指定机构购买。有的国家实行部分管制,即在相关机构的限制和监督下,允许外汇买卖,同时通过对兑换手续的严厉管制和外汇供需的控制,使本国货币不可兑换。

三、歧视性政府采购政策

歧视性政府采购政策(Discriminatory Government Procurement Policy)是指世界贸易组织成员国政府在采购公共物品时违反最惠国待遇,对不同国家的产品采取差别待遇,从而构成对特定国家产品的歧视。这是政府干预经济和贸易的传统手段,往往以优先购买、使用国货和本国服务为特征,其对国内市场的保护类似于出口补贴。有时,歧视性政府采购政策也被运用于国际采购,即在采购外国商品的过程中,对不同国家的产品采取差别待遇,从而构成对特定国家产品的歧视。这种歧视性政策可以作为一种威胁,迫使某些国家在贸易上作出让步。例如,美国政府在"购买美国货法案"中规定,政府行政机构优先购买美国制造或以美国原料制造的货品,只有在美国国内生产数量不足或国内价格过高时,才可考虑购买外国商品。

政府采购中对进口产品的歧视可分为两种情况。

(1) 世界贸易组织《政府采购协议》的签署方之间所采取的对进口产品的歧视措施。《政府采购协议》(Government Procurement Agreement,GPA)是一个诸边协议,即只有签署了该协议的成员方受协议规则的约束。该协议规定,协议的签署方必须保持政府采购的透明度,对一定限额以上的政府采购原则上采用公开招投标制度,并给予其他成员在参与政府采购方面同等的待遇。实践中,一些 WTO 成员往往以不太透明的采购程序阻碍外国产品公平地参与采购。例如,某国有大量的法律规定在政府采购中实施国内优先原则;对采购本国产品予以某些特殊优惠;制定复杂的采购程序,使国外产品无法公平地参与采购竞标;以"国家安全"为由武断地剥夺外国产品参与采购的机会。

(2) 非世界贸易组织《政府采购协议》的签署方之间采取的对进口产品的歧视措施。在各国自愿对外国开放本国政府采购的领域中,也会存在对进口产品的歧视。这些歧视措施在实践中主要表现为违反最惠国待遇,对不同国家的产品采取差别待遇,从而构成对特定国家产品的歧视。

歧视性政府采购政策在西方国家曾十分流行,直到关税与贸易总协定时期有些缔约国在东京回合签署了《政府采购协议》后才废止。但是，歧视性政府采购行为远未绝迹。在 2008 年全球爆发金融危机之后，世界范围内的贸易保护主义有所抬头。各国也纷纷以自保的方式支持本国或本地货物采购。其中，欧盟对其政府采购提出了新的要求，采购金额在 500 万欧元以上的工程，20 万欧元以上的货物和服务，必须在欧盟范围内；政府采购过程中倘若要采购欧盟以外的国家的产品，会提出相应的贸易补偿条款、避免对欧盟内部各国同行业产生冲击。2009 年 2 月 18 日，美国总统奥巴马签署带有"买美国货"条款的经济刺激计划。此方案中规定，但凡政府经济刺激方案下属工程，建筑所用钢铁必须为国内出产的"美国货"。

四、最低限价制

最低限价制(Minimum Import Price)是指一国政府规定某种进口商品的最低价格，若进口商品低于最低价，则禁止进口或征收进口附加税。这一最低价格通常是确定在一个较高的水平上，并根据实际情况不断调整和提高。进口启动价格、进口门槛价格、闸门价格等都是最低限价的形式。进口限价措施降低了进口商品在国内市场的竞争优势，从而达到限制进口的目的。例如，20 世纪 70 年代，美国曾实行所谓的"启动价格制"来限制欧洲国家和日本的低价钢材和钢制品的进口。启动价格是以当时世界上效率最高的钢材生产者的生产成本为基础计算出来的最低限价，当进口价格低于这一限价时，便自动引发对该商品征收进口附加税或罚金。

五、进口押金制度

进口押金制度(Advanced Deposit)又称进口存款制，是指一些国家规定进口商在进口商品时，必须事先按进口金额的一定比例和规定的时间，在指定的银行无息存放一笔现金，然后才能组织商品进口。这是一种通过支付制度限制进口的措施。这种规定客观上增加了进口商的资金负担，影响了资金的正常周转，在一定程度上起到了限制进口的作用。例如，意大利 20 世纪 70 年代曾对 400 多种商品实行这种制度，要求进口商必须向中央银行缴纳相当于进口货值半数的现金，无息冻结 6 个月。

六、海关估价制度

海关估价制度(Customs Valuation)是指一国海关根据国家的规定，确定进口商品完税价格，并以海关估定的完税价格作为计征关税的基础的一种制度。显然，关税的税额直接取决于海关对商品如何按税则分类以及如何进行估价。同一商品，可以按不同的价格计征关税。如果关税税额由于进口货物价格被海关高估而增加，那么低关税税率所提供的市场准入机会也就失去了意义。因此，海关估价也能构成一种非关税壁垒。依据世界贸易组织《海关估价协议》的规定，海关估价的方法主要有以下几种。

1. 成交价格法

根据协议第一条的规定，成交价格(Transaction Value)是指"商品销售出口运往进口国的实际已付或应付的价格"，即进口商在正常情况下申报并在发票中所载明的价格。如果海关不能按上述规定的成交价格确定商品海关估价，那就采用第二种办法。

2. 相同商品成交价格

相同商品的成交价格(Transaction Value of IdenticalGoods)又称为同类商品的成交价格，是指与应估商品同时或几乎同时出口到同一进口国销售的相同商品的成交价格。所谓相同商品，根据协议第15条第2款，其定义为："它们在所有方面都相同，包括相同的性质、质量和信誉。如表面上具有微小差别的其他货物，不妨碍被认为符合相同货物的定义。"当发现两个以上相同商品的成交价格时，应采用其中最低者来确定应估商品的关税价格。

如按以上两种估价办法都不能确定时，可采用以下的第三种估价办法。

3. 类似货物的成交价格法

类似商品的成交价格(Transaction Value of SimilarGoods)是指与应估商品同时或几乎同时出口到同一进口国销售的类似商品的成交价格。所谓类似商品就是尽量与应估商品比较，各方面不完全相同，但它有相似的特征，使用同样的材料制造，具备同样的效用，在商业上可以互换的货物。在确定某一货物是否为类似货物时，应考虑的因素包括该货物的品质、信誉和现有的商标等。

4. 倒扣价格法

倒扣价格法(Torque method)是以被估货物在其国内市场的单位销售价格，或其相同或类似货物在其国内市场的单位销售价格，扣除相关利润、关税和国内税、运输费和保险费，以及在进口时产生的费用后的价格作为被估货物的完税价格。

倒扣法主要适用于寄售、代销性质的进口商品。

5. 计算价格法

计算价格(Computed Value)又称估算价格，是以制造该种进口商品的原材料、部件、生产费用、运输和保险费用等成本费用以及销售进口商品所发生的利润和一般费用为基础进行估算的完税价格。这种方法必须以进口商能否提供有关资料和单据，并保存所有必要的账册等为条件，否则海关就不能采用这种办法确定其完税价格。这种估价方法一般适用于买卖双方有业务联系关系的进口商品。

根据协议规定，第4种和第5种办法可能根据进口商品要求进行调换使用。

6. 合理方法

如果上述各种办法都不能确定商品的海关估价，便使用第6种办法，这种办法未做具体规定。海关在确定应税商品的完税价格时,只要不违背本协议的估价原理和总协定第7条的规定,并根据进口商品的现有资料,任何视为合理的估价办法都可行,因此,这种办法称为合理法(Reasonable Means)。

七、各种国内税

各种国内税(Internal Taxes)即通过对进口产品和国内生产产品实行差别税收,对进口产品歧视性地征收国内税费。这里的国内税费是指产品进入一国国内市场后,在流通领域发生的税费,包括增值税、消费税、临时附加税等。专门针对进口产品征收国内税费或对进口产品征收高于国内产品的国内税费,使进口产品的国内税负担加重,继而构成对进口产品的限制。这是一种比关税更灵活、更易伪装的贸易壁垒,而且一般不受贸易条约和多边协定的限制。在西欧国家广泛采用。法国曾对引擎在5~12匹马力的汽车每年征收养路税12.15美元,对于引擎在12~16匹马力的汽车每年征收养路税30美元。当时法国生产的最大型汽车为12匹马力。很明显,实行这种税率的目的在于抵制进口汽车。

八、国家垄断

国家垄断(State Monopoly)又称进出口国家垄断或国营贸易,是指在对外贸易中,对某些商品或全部商品由国家指定的机构和组织集中管理、集中经营。按照世界贸易组织的有关规定,国营贸易不仅包括计划经济国家国有企业对进出口贸易的垄断,也包括市场经济国家对某些产品(烟、酒)以及某些关键产品(如武器),有时也包括农产品的专营(专卖)制度。在国有企业垄断对外贸易的情况下,政府有关部门根据国家计划安排商品的进出口,并通过国有外贸公司具体贯彻实施。此时,即使各种商品的进口关税很低,进口也难以增加。

国有外贸的根本弊病是人为地扭曲了资源的配置,垄断还会导致过度保护和低效率等后果。从国有外贸向自由贸易转变的关键是外贸经营权制度的改革,即从审批制向登记制转变。

第五节 当前非关税壁垒的新进展

一、反倾销壁垒

倾销(Dumping)是国际贸易中的不公平竞争手段,为了避免外国商品倾销对本国市场和生产造成重大伤害,进口国可对实施倾销的进口商品采取征收反倾销税的措施,实行正当的贸易保护。所谓反倾销,是指进口国有关行政当局或职能部门(如海关)根据本国反倾销法就本国厂商针对外国倾销提出的起诉进行调查和裁决,如果认定倾销存在并因此对本国相关产业造成损害,就会做出肯定裁决,对倾销商品征收通常相当于出口价格与"正常价值"(Normal Value)之间差额的附加税,即反倾销税。

反倾销萌芽于 19 世纪 70 年代至第一次世界大战期间,其初衷是抵消不公平竞争。但在过去反倾销的实践中,由于多边贸易规则的不完善,并且作为一项贸易保护政策,反倾销使用灵活且对限制进口和保护国内产业具有直接有效性,反倾销手段正被各国逐渐滥用。以美国为例,美国是世界上公认的反倾销法规实施最为完善的国家,其反倾销涉及化学、钢铁、机械、金属、石油、纺织、木材、皮革、食品等各行业,并涉及大部分发达和发展中国家和地区。实践证明,美国反倾销的真正目的不是为了维护公平的贸易秩序,而是保护其国内产业。中国也逐渐成为国际反倾销的最大受害国。据世界贸易组织官方统计,从世界贸易组织成立后的 1995 年到 2016 年底,共有 48 个成员国对中国发起反倾销调查 1198 起和 30 多个国家对中国最终实施反倾销措施 600 多起。据相关数据显示,中国已经成为世界上连续 22 年遭遇反倾销调查、连续 11 年遭遇反补贴调查最多的国家。仅以 2011 年至 2016 年国外对中国发起的贸易摩擦案件为例,每年涉案平均金额约 110 亿美元,累计涉案金额近 700 亿美元。1995 年至 2016 年,中国遭受反倾销最终裁定案占立案数的比率高达 60%以上,居世界第一。中国已成为国际反倾销的最大受害国,详见如下数据。

2012 年,在国外对华启动的贸易救济调查中,反倾销、反补贴、保障措施、特保措施占比分别为 62.5%、10.4%、25%和 2.1%。

2013 年,在国外对华启动的贸易救济调查中,反倾销、反补贴、保障措施、特保措施占比分别为 69.4%、13%、17.6%和 0%。

2014 年,在国外对华启动的贸易救济调查中,反倾销、反补贴、保障措施、特保措施占比分别为 60%、14.7%、25.3%和 0%。

2015 年,在国外对华启动的贸易救济调查中,反倾销、反补贴、保障措施、特保措施占比分别为 73.5%、9.2%、17.3%和 0%。

2016 年,在国外对华启动的贸易救济调查中,反倾销、反补贴、保障措施、特保措施占比分别为 76.5%、16.0%、7.5%和 0%。

为抑制反倾销手段的滥用,世界贸易组织在《反倾销措施协议》(Anti-dumping Agreement,ADA)中规定,原则上允许进口成员国在本国同类产品产业遭受严重损害或严重损害威胁时采用反倾销措施。

1. 反倾销的条件

反倾销税的征收必须同时符合以下三项基本条件。

(1) 倾销存在且倾销幅度不足出口价的 2%,即产品出口价格低于其"正常价格"。正常价格是指进口产品出口方国内的销售价格或对第三国出口价格或以其生产成本加上一般销售费用及合理利润后的商品组成价格。

(2) 损害存在,即进口国竞争产业受到实质损害或损害威胁,或者一项新产业的建立受到实质阻碍。这里的实质损害或损害威胁是指:①相对于进口国的生产或消费而言,倾销进口的大量增加；②进口产品的价格降低了国内同类产品的价格或阻碍了其价格的提高。这是构成倾销和采取反倾销措施的必要条件。

(3) 损害与倾销之间存在因果关系，即进口竞争产业所受的损害是由倾销所造成的。

2. 反倾销的程序

(1) 反倾销调查的提起与受理：反倾销调查可由受损害或受损害威胁的国内产业或其代表以书面形式向有关当局提起，也可由受损害国政府提起。

(2) 初步裁定：在调查基础上，有关当局作出是否存在倾销或损害的初步裁定。

(3) 价格承诺：即实施倾销的一方主动提高其国际市场售价，消除倾销幅度。若调查当局认为此承诺价格可接受，则可中止或终止调查；若调查当局不接受此价格，也可拒绝价格承诺并说明拒绝理由。

(4) 临时措施：即进口国当局为避免该国相关产业受到倾销的进一步损害而采取的临时性措施。可采取征收临时关税或保证金等形式。临时性措施应在立案之日起的60天后方可实施，且不超过4个月。

(5) 征收反倾销税：当有关当局最终确定进口商品存在倾销且对进口国相同或类似产业造成实质性损害时，即可对该进口商品征收反倾销税，但征收幅度一般不高于倾销幅度。另外，世界贸易组织在《反倾销措施协议》"日落条款"(Sunset Clause)中规定，反倾销税的征收一般以5年为期限。

(6) 行政复议和司法审查：在征收反倾销税一段时间后，有关当局应根据当事人请求或自身判断，确定是否有必要继续征收反倾销税，这一行为称为行政复议。该复议也可通过司法、仲裁或行政法庭进行。

二、反补贴壁垒

补贴(Subsidies)是一国政府或公共机构直接或间接向本国生产商或出口商提供现金贴补或财政上的优惠，以提高受补贴商品在国内、国际市场上的竞争力的行为。在国际贸易中，补贴会使外国生产同类产品的产业受到不利影响，很容易导致不公平贸易的产生。按照世界贸易组织的相关规则，如果补贴对某国民族产业造成实质损害或实质损害威胁，该国即可在合理限度内采取反补贴措施，即征收反补贴税。在国际贸易中，反补贴是与反倾销、保障措施并行的设置贸易壁垒三大措施之一。从1995年至2004年的全球反补贴调查来看，10年间共有17个世界贸易组织成员启动176起反补贴立案调查，美国70起，欧盟42起，加拿大16起，分别居前三位，上述三个世界贸易组织成员启动反补贴调查占全球的72.8%。以渔业为例，根据联合国粮农组织的调查显示，目前全世界对渔业行业的补贴达到了70亿~150亿美元，影响到35%的海洋渔业种群的可持续利用。特别是发达国家对捕捞行业的补贴尤为显著。目前，国际社会对由于渔业补贴造成海洋渔业资源的破坏极为关注，相信在未来几年，渔业的补贴问题将成为争论的焦点，各国的反补贴措施也将随之出台。另外,反补贴也逐渐成为中国面临的贸易壁垒之一。2004年4月13日加拿大对中国发起的反补贴调查——烧烤架反补贴案,首开了对中国实施反补贴调查的先河。

世界贸易组织的《补贴与反补贴措施协议》(Subsidies and Countervailing Measures,SCM)规定,征收反补贴税必须证明补贴的存在及这种补贴与损害之间的因果关系。如果出口国对某种出口产品实施补贴的行为对进口国国内某项已建的工业造成重大损害或产生重大威胁,或严重阻碍国内某一工业的新建时,进口国可以对该种产品征收反补贴税。反补贴税税额一般按奖金或补贴的数额征收,不得超过该产品接受补贴的净额,且征税期限不得超过5年。另外,对于接受补贴的倾销商品,不能同时既征反倾销税又征反补贴税。SCM还根据补贴对贸易的扭曲程度,将其分为禁止性补贴(包括出口补贴和进口替代补贴)、可申诉补贴和不可申诉补贴(包括非专向补贴和具有专向性的政府对科研、落后地区及环保的补贴以及对农产品领域的绿箱政策、蓝箱政策和微量黄箱政策)三类,并详细规定了构成上述补贴应具备的条件。针对上述补贴,它规定了双轨制的救济措施:①国际途径,即通过世界贸易组织争端解决机制获得救济;②国内途径,即通过国内反补贴法律程序获得救济。

三、保障措施壁垒

保障性措施,即"对某些产品进口的紧急措施"(关贸总协定第19条),是指由于进口产品数量增加对生产同类产品或者直接竞争产品的国内产业造成严重损害或者严重损害威胁时采取保障措施。根据这一规定,世界贸易组织成员国在因不能预见的情况和进行关税减让而导致外国产品进口大量增加,以至于对本国同类产品或直接竞争产品的生产者造成严重损害或严重损害威胁时,可以对该产品全部或部分中止谈判中所承诺的义务,或撤销、修改关税减让,即该成员可以恢复已承诺取消的配额等限制贸易的措施,或者重新提高已经降低的关税。

保障措施是对来自国外进口产品的公平竞争采取的限制措施,区别于反倾销、反补贴,后两种措施针对的是来自国外进口产品的不公平竞争,所以,从理论上讲,采取保障措施的条件要比反倾销、反补贴措施严格一些。然而,事实上,由于采取保障措施无须证明有低于正常价格销售或者进口产品有政府补贴的事实,因此,一些国家有滥用保障措施的倾向。例如,美国钢丝绳行业(主要是美国国内钢丝绳和特种缆绳生产商委员会)曾经申请对来自中国、韩国、马来西亚、印度和中国台湾等国家和地区的钢丝绳采取反倾销措施,由于没有低价销售的事实,大多数案件的结果是不采取反倾销措施或最后撤销了反倾销措施。但是,为了保护本国国内产业,有些国家也采用保障措施限制进口。再如,1999年韩国对大蒜进口采取的临时保障措施,2001年日本对大葱、鲜香菇和蔺草席采取的临时保障措施,都是这方面的例子。根据世界贸易组织秘书处统计,截至2013年3月,世贸成员共发起255起保障措施调查。在世贸成员中,有48个成员是保障措施使用者,其中使用该措施最多的成员是印度,共发起29起调查,其他主要使用者包括印尼(23起)、土耳其(17起)、约旦(16 起)、智利(13 起)、乌克兰(10 起)、美国(10 起)、捷克(9 起)、埃及(9 起)、菲律宾(9 起)等。保障措施涉及的产品集中在化学工业及其相关工业的产品(43 起)；贱金属及其制品(42 起)；石料、石膏、水泥、石棉、云母及类似材料的制品，陶瓷产品，玻璃及其制品(23 起)；食品，饮料及酒、醋，烟草及烟草代用品的制品(21 起)；活动物，动物产品(18 起)；植物产品(18 起)；纺织原料及纺织制品(16 起)等。

四、技术性贸易壁垒

技术性贸易壁垒(Technical Barriers to Trade，TBT)是指为了限制进口所规定的强制性和非强制性的苛刻烦琐的技术标准、卫生检疫标准以及商品包装和标签规定等。进口商品必须符合这些标准才能进口，否则就不能进口，其中有些规定是针对某些国家的。这些标准既包括决定一种商品的特性和规格，如质地、纯度、营养价值、尺寸、用途等，也包括设计和说明书、证书、标记、商标及检验程序等。这些标准和规定往往是以维护生产、消费者安全和人民健康为理由而制定，属于人为的、技巧性的，而不是实质上的、自然科学意义上的技术。此外由于有些规定十分复杂，而且经常变化，往往使外国产品难以适应，从而起到限制外国商品进口和销售的作用，这些规定在一定条件下成为进口国家限制进口的技术性贸易壁垒。

技术性贸易壁垒的主要措施包括以下几种。

1. 技术法规(Technical Rules)和技术标准(Technical Standards)

由于各国工业化程度、技术水平的差异带来了各国技术法规和技术标准的不一致。因此，实践中一些国家特别是某些发达国家，利用其经济和科技优势，将标准作为构筑贸易壁垒的重要手段，以限制其他贸易伙伴、尤其是发展中国家的产品进口。例如，有的国家制定了进口产品很难达到的苛刻标准，并以此影响消费者偏好，事实上对进口产品构成了障碍。又如某国颁布技术法规，要求低于某一价格的打火机必须安装防止儿童开启的装置。这种将商品价格和技术标准联系起来的做法缺乏科学性和合理性，从而构成了贸易壁垒。2015 年 11 月 19 日，中国家用电器研究院测试技术研究所公布了首批获得洗衣机新国标中最高级别 A+性能认证的产品名录，包括海尔、小天鹅、美的、松下、创维等品牌的 13 个型号洗衣机和干衣机获得认证。据悉，这批获得 A+性能认证的洗衣机在主要性能指标上已经达到了欧盟最高级别评定标准。

2. 卫生检疫措施(Health and Sanitary Regulation，HSR)和动植物卫生检疫措施(Sanitary and Phytosanitary Standard，SPS)

卫生检疫标准是指一国政府利用道德、健康、安全等理由为进口设置障碍，对进口商品制定严格的卫生和安全标准，使进口商品在一些细节方面与有关要求不相符合，从而被拒绝进口。

这一标准的初衷在于保护人类和动物的生命免受食品和饮料中的添加剂、污染物、毒素及外来病虫害传入危害；保护植物的生命免受外来病虫传入的危害。但由于各国的文化背景、生活习惯、安全及生活环境，特别是收入水平的差异，发展中国家的产品往往难以达到发达国家的近乎苛刻的要求。其中安全与卫生检疫是常用的措施，一般适用于农副产品、药品、化妆品等。当前，各国通过制定苛刻的安全与卫生检疫标准来限制外国商品进口已越来越普遍，主要表现为接受卫生检疫商品的范围不断扩大，其检验标准也越来越苛刻。

在实践中，与 SPS 有关的争端日益增多。例如，澳大利亚以防病毒为由禁止进口北美太平洋地区的大马哈鱼，欧盟为免受松线虫的侵害限制从加拿大进口木材。日本对进口中国大米的农药残留检测项目逐年增加。1993 年的检测项目还只有 47 项，1994 年则增加到 56 项，1995 年 64 项，1996 年 81 项，1997 年 91 项，1998 年 104 项，到 2002 年则达到 123 项。

【案例6-3】 美、加诉欧盟影响肉类进口措施案

1981—1988 年，欧盟理事会发布一系列指令，禁止进口使用荷尔蒙添加剂生产的牛肉。1997 年 7 月 1 日上述指令被 96/22/EC 指令取代，新指令仍然执行禁令，并增加了控制和测试的规定，同时规定了处罚措施。1996 年，美、加、澳、新西兰与欧盟磋商未果，1996 年 5 月 20 日 DSB 应美国要求成立专家组，加、澳、新西兰、挪威作为第三方。1997 年 5 月 7 日，专家组向各当事方送交报告。欧盟提出上诉。1998 年 1 月 18 日，上诉机构作出报告。1998 年 2 月 13 日，DSB 通过了上诉机构的报告和经修改的专家组报告。

【点评】①举证责任：只有在确定了投诉方已经提供了初步证据后，举证责任才转移到被诉方。②关于 SPS 条款第 3 条第 1 款："以国际标准为依据"并不意味着"与国际标准一致"。③关于 SPS 条款第 5 条第 1、第 2 款：各成员应以风险评估为基础，同时考虑有关国际组织制定的风险评估技术。在进行风险评估时，各成员方应考虑可获得的科学证据；有关工序和生产方法；有关检查、抽样和检验办法；特定病害和虫害的流行；病虫害非疫区的存在；有关生态和环境条件以及检疫或其他处理方法。④关于 SPS 条款第 5 条第 5 款：每一成员方应避免其认为适当的保护水平在不同情况下存在任意或不合理的差异，此差异造成对国际贸易的歧视或变相限制。

(资料来源：李权. 国际贸易[M]. 北京：北京大学出版社，2004: 95)

3. 商品包装和标签规定(Packing and Labeling Regulation)

商品包装和标签要求是指各国在商品的包装及包装标志等方面也有严格的规定，不符合规定者不准进口。一是对包装材料要求严格，二是对包装标志的要求。许多国家对商标的标签要求包括产品的名称、净重或数量、商品的结构、成分说明、有效日期、用法、用

量、用途、价值、特性、缺陷、原产地标志等，非常烦琐。此外，还要求商标或标签要牢固地置于商品的显著位置等。由于这些规定国际上尚未统一，各国之间规定的细微差别就可能被利用作为限制进口的障碍。此外通过对进口商品包装材料、包装形式、包装规格和标签规定的不断变更，也可以起到限制进口的作用。例如，加拿大和欧盟关于沙丁鱼罐头标签的争议。根据欧盟的标签条例规定：标签上的内容必须与罐头里的内容物一致，而加拿大制造的贴有沙丁鱼标签的罐头，其内容物是鲱鱼，因此不符合欧盟的要求，被拒绝入境。又如美国食品与药品管理局(FDA)要求销售的强化食品应按规定加附营养标签。营养标签上的信息应包括：食品单位，使用与该食品形态相应的词语(如块、胶囊、包或勺)；每盒份数；膳食成分信息，如日参考摄入量(RDI)或日参考消耗量(DRV)。修改后的法规对强化食品标签的格式、字体大小、线条粗细等都作了明确而具体的规定。

在包装材料方面，日本、西欧、美国等禁止使用聚氯乙烯塑料包装袋包装食品。美国则禁止使用稻草作为包装填充物，除非附有美国领事馆签发的证书。

在商品标签方面，美国是世界各国食品标签法规最为完备、严谨的国家，新法规的研究制定处于领先地位。食品和药品管理局(Food and Drug Administration, FDA)要求大部分的食品必须标明14种营养成分的含量，仅在该领域处于领先地位的美国制造商每年为此就要多支出10.5亿美元，其给落后国家出口商带来的成本压力就可想而知了，特别对那些没有条件进行食品成分分析的国家而言构成了事实上的禁止进口措施。

4. 信息技术壁垒(Information technology barriers)

信息技术壁垒是指进口国利用信息技术上的优势，对国际贸易信息传递手段提出要求，从而造成贸易上的障碍。电子数据交换(EDI)和近几年方兴未艾的电子商务对发展中国家将是一个新贸易壁垒。例如，1996年美国纺织品协议执委会向美国政府提出建议，将针对中国、马来西亚和柬埔寨执行电子签证系统。而由于发展中国家的电子信息技术相对落后，尚未能执行完全的电子签证系统，这实际上已构成一种贸易壁垒。

5. 认证措施(Authentication measures)

认证措施是指根据技术规则和标准，对生产、产品、质量、安全、环境等环节以及整个保障体系进行全面监督、审查和检验，合格后授予合格证书或合格标志，以证明某产品或服务符合规定的标准和技术规范。

在贸易自由化逐渐成为潮流的形势下，认证措施对于出口竞争能力的提高和进口市场的保护作用时日益突出。目前，国际社会最有影响的质量认定标准是ISO 9000系列标准。美国是通过认证措施对进口商品设置重重障碍的典型代表，其认证体系有55个，如产品安全认证体系UL。对于商品的安全性能，外国商品必须通过UL认证后才能顺利进入美国市场。日本的认证体系有25个，进口手续复杂、检验苛刻。欧盟在认证措施方面有九个统一的认证体系，欧盟以外国家的产品进入欧洲市场，至少应该满足以下三个条件之一：一是符合欧洲标准EN，取得欧洲标准化委员会CEN认证标志；二是取得欧盟安全认证标志CE；三是取得ISO 9000合格证书。

五、绿色壁垒

所谓"绿色壁垒"(Green Barrier)又称"环境壁垒"(Environmental Trade Barrier),是一种以保护生态环境、自然资源和人类健康为名,通过制定一系列较为苛刻的环保标准,达到对来自国外的产品或服务加以限制的贸易保护主义措施。"绿色壁垒"涉及的内容极为广泛,初级产品和所有中间产品和工业制成品,在研制开发、产品设计、生产加工、包装、运输、销售乃至消费的整个过程中,都应符合有关国际环保公约、国别(进口国)环保法律、法规和标准,凡未达标准的就要受到限制或被禁止进口。例如,1991年美国以"保护"海豚的生存为由禁止进口墨西哥的金枪鱼及其制品。2002年中国出口欧盟的蜂蜜被退回,其理由是欧盟检出中国蜂蜜达不到"10万吨中不能有1克氯霉素"的要求;随后,日本、加拿大、美国等也加强了对来自中国的蜂蜜检验。

由于资源匮乏、生态环境恶化日益严重,20世纪90年代以来,发达国家对进口产品的健康、环保标准不断提高,形成了以健康、环保为核心的绿色贸易壁垒,其主要措施包括以下几项。

1. 环境许可证制度

进口国以污染环境、危害人类健康以及违反有关国际环境公约或国内环境法律、规章而采取的限制国外产品进口的措施,要求在取得许可证的基础上方能进口或出口。这种做法源于《濒危野生动植物物种国际公约》等国际绿色规范。例如,1994年美国环保署规定,进口汽油中硫、苯等有害物质必须低于有关标准,否则禁止进口。

2. 绿色标准和检疫要求

绿色贸易壁垒有很多是针对有毒有害物质的含量而设置的,进口国对商品中有害物质含量制定了更为严格的标准,如食品中农药残留量的规定,陶瓷制品中含铅量的规定,食品与服装中重金属含量的规定等。同时,为了达到限制进口的目的,进口国政府不惜重力研究制定一整套严密的检验制度和烦琐的检验程序,利用其先进的检验设备和条件对进口货物实施检验,使进口货物难以通过。对于绿色卫生检疫制度,发达国家往往把海关的卫生检疫制度作为控制从发展中国家进口的主要工具。他们对食品、药品的卫生指标十分敏感,如食品的安全卫生指标、农药残留、放射性残留、重金属含量、细菌含量等指标的要求极为苛刻。绿色卫生检疫制度影响最大的产品是药品和食品,为保障食品安全,许多国家采取了严格的检疫制度,有些国家建立了近乎苛刻的检疫标准和措施,形成了实质上的贸易保护。从2000年下半年开始,欧盟对进口的茶叶实行新的最高农药允许残留量标准,部分产品农残的最高允许量仅为原来的1/200～1/100。欧盟对中国输入的茶叶检测结果显示,农残超标呈逐年上升趋势,如氰戊菊酯的超标率1997年红茶为16.4%、绿茶为25.7%,1998年分别为42.6%、37.9%。这对中国茶叶向欧盟出口构成严重障碍。

3. 绿色包装和标签要求

绿色包装是指节约资源、减少废弃物产生、可回收再利用或可再生、易于自然降解、不污染环境的包装。例如，英国在 2000 年实行包装废弃物 50%～75% 重新使用的标准。丹麦以保护环境的名义，要求所有进口的啤酒、矿泉水及软性饮料一律使用可再生的容器，否则不许进口。标签要求是指强制性绿色标志(签)、强制要求 ISO 14000 认证等。绿色标志(签)、认证制度本身是非强制性的，各类企业可以根据自身的需要而决定是否申请，但是如果进口国政府把通过认证规定作为进口商品的必要条件或国内企业对外合作的必要条件，对于想要出口到对方国家的产品来说，就必须选择通过认证，取得标签这条路。例如，欧盟于 1993 年推出了欧洲环境标志，凡有此标志的商品才可以在欧盟成员国自由通行。

自德国于 1978 年第一个实施环境标志制度的"蓝天使"计划以来，环境标志制度发展极为迅速。目前世界上已有 50 多个国家和地区实施这一制度，如加拿大的"环境选择方案"、日本的"生态标志"、欧盟的"欧洲环境标志"等，并趋向于相互协调和承认。

4. 绿色补贴

一些国家政府在企业无力投资于昂贵的新环保技术、设备或无力开发清洁技术产品时，可能会采用环境补贴的措施来帮助企业。例如，发达国家的环境成本内在化制度，就是对来自环境标准较为宽松国家的产品以"生态倾销"为名而实行的保护主义措施。

与一般非关税贸易壁垒相比，绿色壁垒具有其自身的特殊性：一方面为了保护有限资源、环境和人类健康，绿色壁垒的实施有利于提高社会福利水平；另一方面出于保护本国市场的目的，绿色壁垒的实施在客观上又限制了某些商品进口，使进口国国民消费水平下降，从而导致福利的损失。

5. 加工和生产方法内在化要求

加工和生产方法内在化要求，即限制或禁止采用不利于环境保护的方法生产产品。1996 年，美国国务院颁布了旨在保护濒危动物海龟的新版《609 条款实施指导细则》(简称《609 条款》)，该细则要求所有捕虾船的虾网上必须装有海龟逃生装置，简称 TED，以避免捕虾过程中误伤海龟，并将这条法规延伸适用所有外国。《609 条款》的实施导致包括中国在内的多个国家因其捕虾船未装有 TED 装置，而被美国禁止所有的海虾进口，损失惨重。

六、社会壁垒

"社会壁垒"是 20 世纪 90 年代以来发达国家以保障劳动者劳动环境和生存权利为借口采取的贸易保护措施。这种贸易壁垒的理论依据源于国际公约中有关社会保障、劳动者待遇、劳工权利、劳动标准等方面的条款。相关的国际公约有 100 多个，包括《男女同工同酬公约》《儿童权利公约》《经济、社会与文化权利国际公约》等。国际劳工组织(ILO)及其制定的上百个国际公约，也详尽地规定了劳动者权利和劳动标准问题。由于"社会壁垒"的出现，发展中国家普遍建立在低水平劳工成本基础上的竞争能力大大削弱。例如，美国经济优先准入权认证机构理事会制定的社会责任认证标准，简称 SA 8000(Social Accountability 8000)，其内容就包括：不使用或支持使用童工，为劳工提供安全健康的工作环境，尊重劳工的集体谈判权，遵守工作时间的规定，保证达到最低工资标准等。由于一些全球性采购集团表示将排斥没有"SA 8000"认证的产品，这迫使很多出口企业以巨大额外投入为代价来申请与维护这一认证体系。

"社会壁垒"的逐渐推广，对以"廉价劳工"著称于世的中国构成严重挑战。目前中国企业制度特别是劳工福利、社保、医保制度很不健全，工人福利在很多方面缺乏保障。如果企业依法改善劳工福利，严格执行环境与安全等方面的标准，生产成本和出口产品价格将相应升高。"社会壁垒"也有其积极的一面，这一方面对出口产业构成成本约束，可以避免由于不合理的"低价"而触犯众怒的问题，有助于减少贸易摩擦；另一方面，让出口企业的工人更多地受益于国家和企业发展，有助于出口行业在更高水平上发挥比较优势，实现真正可持续的发展。

本 章 小 结

随着关税水平的普遍下降，形式多样、名目繁多的非关税壁垒已成为各国实施贸易保护的最主要工具。常见的非关税壁垒有进口配额、自动出口限制、进口许可证制度、反倾销、技术性贸易壁垒、绿色壁垒、社会壁垒等。

非关税壁垒的设立主要基于两个目的：在进口方面，主要是通过设置各种非关税壁垒以减少进口商品的数量和提高进口商品的价格，从而形成对国内相关产业的保护；在出口方面，主要是通过实行各种非关税措施以降低出口商品的成本和人为刺激出口数量，从而提高本国出口产品的国际竞争力。基于上述原因，对非关税壁垒经济效应的研究可从价格和数量两方面来进行。

非关税壁垒是一把"双刃剑"，虽然它具有限制进口、保护国内相关产业等作用，但它以损害本国消费者的利益为代价，来换取对国内低效率生产的保护，使消费严重扭曲；另外非关税壁垒还不利于国际贸易的发展。因此，怎样合理合规并且有效地利用非关税壁垒，将是世界各国值得深入研究的问题。

案例与分析

美国对中国铝型材作出双反全面日落复审产业损害终裁

2017年3月10日，美国国际贸易委员会(USITC)投票决定，对进口自中国的铝型材(aluminum extrusions)作出反倾销和反补贴全面日落复审肯定性产业损害终裁：裁定若取消现行反倾销税,在合理可预见期间内,涉案产品的进口对美国国内产业造成的实质性损害可能继续或再度发生。因此,该案现行反倾销和反补贴税令继续有效。在该项裁定中,5 名美国国际贸易委员会委员投肯定票。

2010 年 4 月 27 日,美国商务部发布公告,应美国 Aluminum Extrusions Fair Trade Committee 和 United Steel, Paper and Forestry, Rubber, Manufacturing, Energy, Allied Industrial and Service Workers International Union 的申请,决定对原产于中国的铝型材进行反倾销和反补贴立案调查。2011 年 4 月 4 日,美国商务部发布公告对原产于中国的铝型材作出反倾销和反补贴终裁,后于 2011 年 4 月 13 日,对反倾销终裁结果进行修正。2011 年 5 月 26 日,美国商务部正式开始对上述涉案产品征收反倾销税和反补贴税。2016 年 4 月 1 日,美国商务部对华铝型材启动反倾销和反补贴第一次日落复审。2016 年 7 月 5 日,美国国际贸易委员会投票决定进口自中国的铝型材适用反倾销和反补贴全面日落复审产业损害调查程序。2016 年 8 月 5 日,美国商务部发布公告,对华铝型材作出反倾销和反补贴第一次快速日落复审终裁,裁定涉案企业倾销幅度为 33.28%,补贴税率为 12.05%~374.15%。本案涉及美国协调关税税号 8424.90.9080、9405.99.4020、9031.90.90.95、7616.10.90.90、7609.00.00、7610.10.00、7610.90.00、7615.10.30、7615.10.71、7615.10.91、7615.19.10、7615.19.30 等项下产品,7610.10、7610.90、7615.19、7615.20、7616.99 以及 8418.99.80.50、8418.99.80.60 项下部分产品。

(资料来源:中国贸易救济网,2017-03-13)

讨论:
(1) 本案对中美双方会产生什么影响?
(2) 中国产品在遭受国外反倾销调查和制裁时应怎么应对?

复习思考题

1. 非关税壁垒有哪些主要类型?
2. 与关税壁垒相比,非关税壁垒具有哪些特点?
3. 什么是进口配额制?进口配额与进口关税的区别有哪些?
4. 进口许可证有哪几种?有什么样的影响?
5. 非关税壁垒对进口国和出口国各有哪些影响?
6. 收集相关资料,分析中国产品屡遭国外反倾销调查和制裁的原因,并讨论相关对策。

推 荐 书 目

1. [英]大卫·格林纳韦. 国际贸易前沿问题. 北京：中国税务出版社，2000
2. [美]Dominick.Salvatore. 国际经济学(英文影印版). 北京：清华大学出版社/Prentice-Hall international Inc. 1997
3. 赵春明. 国际贸易学. 北京：石油工业出版社，2003
4. 薛荣久. 国际贸易. 北京：对外经济贸易大学出版社，2005
5. 冯跃，夏辉. 国际贸易——理论、政策与案例分析. 北京：北京大学出版社，2016
6. 刘丁有，黎虹. 世界贸易组织规则概论. 北京：对外经济贸易大学出版社，2014
7. 姜文学. 国际贸易. 大连：东北财经大学出版社，2014

第七章

出口鼓励与出口管制措施

本章导读：

各国在制定和实施贸易政策时，除了利用关税和非关税壁垒限制进口外，还采取各种鼓励出口的措施扩大商品的出口。限制进口和鼓励出口是国际贸易政策相辅相成的两个方面。在世界贸易日趋自由化的压力下，国家干预进口贸易的政策措施越来越受到制约。迫使贸易国的干预政策逐渐向对出口贸易的管理。尤其是以积极的鼓励出口代替消极的限制进口倾向更为显著，同时，各国还通过各种形式管制出口以增强本国产品的竞争力和贯彻政府的出口意图。

学习目标：

通过对本章的学习，要求重点掌握鼓励出口的主要措施；掌握出口管制的措施；了解贸易政策国际协调的主要方式。

关键概念：

出口补贴(Export Subsidies)

直接补贴(Direct subsidies)

间接补贴(Indirect subsidies)

出口信贷(Export Credit)

出口信贷国家担保制(Export Credit Guarantee System)

商品倾销(Dumping of goods)

外汇倾销(Exchange Dumping)

经济特区(Special Economic Zone)

出口管制(Export Control)

出口卡特尔(Export Cartel)

第一节 出口鼓励措施

鼓励出口的政策一般也被视为保护贸易政策的一种表现，与进口限制不同的是，其隐蔽性更强。在当今国际贸易中，各国鼓励出口的做法很多，涉及政治、经济、法律等许多方面。按照其赖以实施的财政依托，可以将出口鼓励措施主要分为财政的、金融的与货币的三大类。其中，财政政策措施直接借助政府财政支持来实施；金融政策措施借助官方银行信贷支持；而货币政策措施则借助货币汇率杠杆来实施。由于这些措施最终都依赖于政府的支持，因此都属于政府政策措施。目前，世界各国所实施的出口鼓励政策主要包括以下几项。

一、出口信贷及出口信贷国家担保制

建立资助性的出口信贷体系，运用优惠的信贷支持和扶植本国出口业的发展，是当今世界贸易中常见的出口鼓励措施。各国政府通过建立专门的归政府所有的出口和对外贸易商业银行，以国家信用为担保，办理出口信贷与保险业务。

1. 出口信贷

1) 出口信贷的定义

出口信贷(Export Credit)是一种国际信贷方式，是一国为了支持和扩大本国大型机械、成套设备、大型工程项目等的出口，加强国际竞争能力，以对本国的出口给予利息补贴并提供信贷担保的办法，鼓励本国的银行解决本国出口商资金周转的困难，或满足国外进口商对本国出口商支付货款需要的一种融资方式。出口信贷是促进资本货物出口的一种重要手段，其利率一般低于相同条件资金贷放的市场利率，利差由国家补贴，并与国家信贷担保相结合。以美国为例，为了支持出口，美国通过议会立法成立了美国进出口银行。该行法定资本金全部由联邦政府拨款，20世纪80年代以来长期亏损，之所以能够继续经营，靠的就是美国联邦政府的信誉和财政部的资金支持。通常它可向外国买方提供出口货值85%的信贷额，主要用于购买美国的资本设备、大型项目及相关服务业。这类信贷实行优惠利率，息差亏损由联邦政府贴补。2015年，美国进出口银行的整体信贷业务中，30%的贷款提供给商业飞机制造，41%的贷款提供给小型企业，9%的贷款提供给油气行业，7%则用于制造行业。此外，联邦政府和各州还有其他一些面向中小企业的政策性融资办法，也是由财政支持。

2) 出口信贷的特点

出口信贷的特点主要包括以下四项。

(1) 出口信贷必须联系出口项目。

(2) 出口信贷利率低于国际金融市场贷款的利率，其利差由出口国政府给予补贴。

(3) 出口信贷的贷款金额，通常只占买卖合同金额的85%左右，其余10%~15%由进口厂商先支付现汇。

(4) 出口信贷的发放与出口信贷的担保相结合，以避免或减少信贷风险。

3) 出口信贷的种类

出口信贷的种类主要有以下几类。

(1) 按照时间长短划分，出口信贷可分为短期信贷、中期信贷和长期信贷。

短期信贷(Short-term Credit)，一般指期限在 6 个月以内的信贷，最长不超过 1 年，主要适用于原料、消费品及小型机器设备等资金回收期较短的产品出口。

中期信贷(Medium-term Credit)，一般指期限在 1～5 年的信贷，常用于中型机器设备出口。

长期信贷(Long-term Credit)，信贷期通常是 5～10 年甚至更长时期，一般用于重型机器、成套设备等成本回收期较长的商品出口。

(2) 按照借贷关系划分，出口信贷可分为卖方信贷和买方信贷。①

卖方信贷(Supplier's Credit)，指出口国银行向本国出口商提供的信贷，以使得进口商可以在贸易合同中得以采用延期付款的方式，从而达到鼓励出口的目的。一次成交金额大、交货期长的成套设备和船舶等运输工具的出口，出口商一般要四五年甚至七八年时间才能全部收回货款。卖方信贷就是银行直接资助出口厂商向外国进口商提供延期付款，以利于商品出口。

在国际贸易中，出口商与进口商的谈判如果涉及金额较大的商品贸易时(如机器设备、船舶等的出口)，进口商一般要求采用延期付款或长期分期付款的办法来支付货款，并经常把其作为成交的一个条件。但此类付款方式实际上在一定时间里占用了出口厂商的资金，从而会影响到出口商的资金周转乃至正常经营。在这种情况下，就需要出口国银行对出口商提供信贷资金，卖方信贷便应运而生。因此，卖方信贷实际是指出口地的信贷机构或商业银行直接资助本国出口商向外国进口商提供延期付款，以促进商品出口的一种方式。卖方信贷对进出口商有利也有弊。对出口商来说，卖方信贷使其获得了急需的周转资金，有利于其业务活动的正常开展。但是在其资产负债表上会反映出相应的负债和应收账款，这不利于出口商的形象和以后的筹资，同时需承担汇率风险和利率风险。对进口商来说，虽然这种做法比较简便，便利了进口贸易活动，但却使支付的商品价格明显提高。因为出口商报价时，除出口商品的成本和利润外，还要把从银行借款的利息和费用以及外汇风险的补偿加在货价内。因此，利用卖方信贷进口的成本和费用较高。据测算，利用卖方信贷进口机器设备等，与用现汇进口相比，其价格可能要高 3%～4%，个别情况下甚至可能高 8%～10%。

买方信贷(Buyer's Credit)是出口国银行直接向进口国银行或进口商提供的贷款，用于向出口国购买技术和设备，解决买方一时筹集巨额资金的困难。买方信贷是一种约束性贷款(Tied Credit)，即所贷款项必须用于购买债权国的商品。

买方信贷有两种方式：一种是出口国贷款银行直接与国外买方签订贷款协议，直接贷款给进口商，进口商用该笔贷款向出口商进行现汇支付；另一种是由出口国贷款银行与进

---

① 目前，出口信贷在卖方信贷和买方信贷的基础上，出现了一些新的形式，如混合信用贷款、福费廷、信用安排限额等。

口商银行签订贷款协议，由出口国贷款银行先贷款给进口商银行，再由进口商银行贷款给进口商，然后进口商用该笔贷款向出口商进行现汇支付。

买方信贷不仅使出口商可以较快地得到货款，便于其资金周转，又避免了风险，同时不会增加其负债和应收账款；而且进口商对货价以外的费用比较清楚，便于其与出口商进行讨价还价。因此，这种方法在出口信贷中比较流行。

买方信贷与卖方信贷的比较。上述两种出口信贷的目的和原理其实是一致的，即由银行提供信贷，为进出口企业提供融资便利，从而提高本国商品出口竞争力。但这两种贷款涉及不同的借款人，在操作程序、担保和付款方式上明显不一样。卖方信贷要比买方信贷简单得多，对进口商、进口国银行或进口国法定主权级借款部门的贷款是买方信贷，而对出口商提供的贷款为卖方信贷。因此，对不同当事人有着截然不同的诉求。

对出口企业而言，更愿意使用买方信贷。原因是在使用卖方信贷的情况下，出口企业除了要筹措资金、组织生产以外，还要承担利率风险、汇率风险和收汇风险，增加资产负债表上的应收账款，降低自身资信状况，并需要找到信誉好、有实力的企业为其担保。而买方信贷则不存在上述问题，不仅风险低，不需要担保，而且不会影响其资金周转和资信状况，因此买方信贷比卖方信贷对出口企业更加有利。

对进口企业而言，更愿意使用买方信贷。这是因为在使用卖方信贷的情况下，出口企业会把贷款本息、保险费、管理费以及担保费用等计入货价，转移给进口企业，进而影响货物的真实价格。而使用买方信贷，进口企业以现汇方式支付货款，货价不涉及信贷，不存在转嫁价格问题，并且操作简单，不需要第三方机构进行担保。

对银行而言，更愿意使用买方信贷。这是因为使用卖方信贷必须引入担保机构，交易费用较高，而买方信贷既可以贷给进口方银行，也可以通过有实力的银行担保直接贷给进口企业，这就使得其资金安全性要明显高于卖方信贷。

鉴于此，在每个国家的对外开放历程中，一般在起步阶段，主要以卖方信贷作为出口信贷的主要形式，之后随着对外贸易的发展，买方信贷逐渐取代卖方信贷成为主要的出口信贷类型。20 世纪 60 年代初，发达国家出口买方信贷的比重已经超过出口卖方信贷，而且这种趋势在不断加强。目前法国买方信贷占出口信贷总额的比例已经超过 70%，德国则超过 95%。

2. 出口信贷国家担保制

出口信贷国家担保制(Export Credit Guarantee System)是一国政府设立专门机构，对本国出口商和商业银行向国外进口商或银行提供的延期付款商业信用或银行信贷进行担保，当国外债务人不能按期付款时，由这个专门机构按承保金额给予补偿。这是国家用承担出口风险的方法，鼓励扩大商品出口和争夺海外市场的一种措施。例如：英国的出口信贷担保署、美国的进出口银行、日本的输出入银行和法国的对外贸易保险公司等。中国的进出口银行，除办理出口信贷业务外，也办理出口信用保险和信贷担保业务。

出口信贷国家担保的业务项目，一般都是商业保险公司所不承担的出口风险，主要有两类：一是政治风险，二是经济风险。前者是由于进口国发生政变、战争以及因特殊原因政府采取禁运、冻结资金、限制对外支付等政治原因造成的损失。后者是进口商或借款银行破产无力偿还、货币贬值或通货膨胀等原因所造成的损失。承保金额一般为贸易合同金额的75%～100%。

出口信贷国家担保制旨在消除和减轻出口商、贷款银行在商业信用、银行信用提供过程中可能面临的各种风险，增强本国出口产品在国际市场上的竞争力。第二次世界大战以后，发达国家基本建立了完善的出口信贷保险制度。目前，世界上有近60家出口信贷保险机构，其承保的出口额已达到世界总出口额的15%左右(商业保险公司承保部分不包含在内)。

二、出口补贴

出口补贴(Export Subsidies)又称出口津贴，是指政府为刺激商品出口而给予出口商的现金补贴或财政上的优惠，目的在于降低出口商品的价格，加强其在国外市场上的竞争力。

1. 出口补贴的分类

1) 直接补贴

直接补贴(direct subsidies)是政府直接付给出口商的现金补贴，一般用于扶持农业和一些幼稚产业。直接补贴的办法包括价格补贴和收入补贴。价格补贴是指政府或其专门设立的机构根据出口商出口产品的数量或价值直接给予现金补贴。例如，韩国在20世纪60年代初就制定过非常具体的价格补贴标准，出口补贴共分四等，特等25韩元/美元、一等20韩元/美元、二等15韩元/美元、三等10韩元/美元。另外，政府设立保证价格，保证支付出口产品国际市场和国内市场的差价也是一种价格补贴。例如，美国政府2000年对农产品的出口补贴大约为5.8亿美元。收入补贴主要是指政府或其专门设立的机构对企业的出口亏损进行补偿等。例如，中国的外贸企业在改革之前都是国营的，出口的亏损由政府承担。这种做法在世界贸易中非常少见。

2) 间接补贴

间接补贴(indirect subsidies)，也称隐蔽性补贴，是政府对某些商品的出口给予财政上的照顾。按照世界贸易组织《补贴与反补贴协议》，间接补贴有以下几种形式：①政府为出口企业提供优惠贷款；②政府为出口企业提供贷款担保；③政府给予出口企业减税、免税或退税的优惠；④政府提供货物、技术等中介服务或购买货物；⑤政府向基金机构拨款，或委托、指令私人机构代替政府履行某些职能；⑥其他任何形式的对出口产品的价格和收入的支持。例如，美国虽然号称是世界上最自由的市场经济国家，但至今仍通过名目繁多的补贴计划向美国的一些机构和公司提供补贴。联邦政府目前每年用于各种补贴的经费在650亿美元以上，补贴计划多达100多项，总开支占联邦政府财政赤字的一半以上，主要集中在农业、出口贸易、高技术和能源四大领域，仅用于补贴企业和商务活动的就达近300亿美元。

补贴在国际贸易中一般被视作不公平的竞争手段，为了避免受补贴商品进口对本国市场和生产造成重大伤害，进口国可对实施补贴的进口商品征收反补贴税，实行正当的保护措施。但是，按照世界贸易组织的约束条款，征收反补贴税必须满足三个条件：①存在补贴；②进口国相关产业受到严重损害；③补贴与该损害之间存在直接的因果关系。

【案例7-1】 危险的信号：中国对外贸易领域遭遇新的壁垒——反补贴

2004年4月13日开始，加拿大边境服务署(CBSA)对原产于中国的烧烤架发起了反补贴立案调查，这是我国遭受的第一起反补贴调查案件；2004年11月19日，加拿大边境服务署作出反补贴终裁，决定终止本次反补贴调查，并将退还已征收的临时关税。中国在国外对中国产品发起的首起反补贴调查中取得了胜利。2004年4月28日，加拿大边境服务署对原产于中国的碳钢和不锈钢紧固件进行反补贴立案调查，2004年12月9日，加拿大边境服务署做出最终裁决，补贴额为1.25(人民币)元/千克；2005年1月7日，加拿大国际贸易法庭(CITT)对涉案产品做出了存在损害的肯定性裁决。自此，碳钢和不锈钢紧固件案开启了国外对中国出口产品征收反补贴税的历史。2004年10月，加拿大边境服务署对原产于我国的复合地板进行反补贴立案调查；目前，此案正在进行当中。2005年3月10日，美国国会议员提出一项新议案，要求修订美国现行的反补贴法，对市场经济和非市场经济一视同仁，对中国等国家补贴出口的做法进行反击。该项议案是由美国参、众两院，共和、民主两党议员共同提出的，议案的名称为《2005年停止海外补贴议案》(SOS)。

【点评】 2004年，加拿大连续对中国发起了3起反补贴调查，开创了中国对外贸易领域遭受新的贸易壁垒——反补贴的先河；2005年3月10日，美国国会议员提出一项新议案——修订美国现行的反补贴法——对非市场经济国家也可以采取反补贴措施。在国际贸易领域，世贸组织成员通常可以采取反倾销、反补贴和保障措施三种形式。2004年以前，反倾销措施一直是外国对中国进行贸易制裁的最主要形式，保障措施的使用很少，反补贴措施则从未使用过。加拿大的行动和美国将对反补贴法进行修订给中国发出了危险的信号，今后，外国将更多地利用反补贴措施对中国进行贸易制裁。与作为企业行为的倾销相比，补贴通常是政府的一项政策或措施，所以往往覆盖面广。如果说倾销是一种个别、微观的现象，补贴则往往带有宽泛、宏观的特点。外国一旦对中国进行反补贴调查涉及面将更加广泛，将是一个行业或数个行业，而且政府的行为也将成为调查规制的对象。中国企业在反倾销应诉时通常都试图努力证明其生产经营均按市场机制运作，要求承认自己的"市场经济地位"，使用自己的实际成本，以避免被征收反倾销税。中国政府也在积极、努力地使其他世贸组织成员承认中国的市场经济地位，然而一旦在这一点上取得成功，就必须立即想到另一点，即西方的反补贴法就会得到适用。因为按照发达成员的做法，反补贴措施一般情况下不适用于"非市场经济国家"。所以，中国政府和出口企业在争取市场经济待遇的过程中，一定要高度关注可能随之而来的反补贴问题。加拿大反补贴调查只是一个试探性的开始。如果加拿大的试验成功了，其他成员就会争先效仿，其后果对中国肯定不容乐观。正如美国反补贴修改议案发起人所指出的："根据现行的反补贴法，如果发现法国、巴西、日本或是其他任何市场经济体有不公平的贸易行为的话，我们就可以对他们施加反补贴税，但是我们却不能对中国、越南等非市场经济体施加反补贴税。这种不平衡的现象，被美国对中国的巨额贸易逆差衬托得格外明显。我们需要一系列的补救措施，迫使中国遵守游戏规则。我们提出的这项议案，能够填补美国贸易法规中最大的一个漏洞。"从美国的修改反补贴法的意图可以看出中国仅补贴贸易救济措施所面临的新的困境。在这个问题上中国政府将承担最主要的责任和义务。其他成员一旦对中国提起反补贴调查，中国政府的每个政策和项目都有可能成为被调查的对象。所以，中国政府应积极、主动地采取应对措施，为中国出口贸易的"航母"保驾护航。

(资料来源：中国贸易救济信息网，http://www.wtolaw.gov.cn)

2. 禁止使用出口补贴的情形

乌拉圭回合谈判中达成的《补贴与反补贴协议》将补贴分为禁止使用的补贴、可申诉补贴和不可申诉补贴三类。其中，禁止使用的补贴(prohibited subsidy)是指《补贴与反补贴协议》中明确规定的各成员不得给予或维持的补贴；可申诉的补贴(actionable subsidy)是指按照《补贴与反补贴协议》规定，各成员不得通过采用补贴而对其他成员的利益造成不利影响，这种不利影响一旦造成，受害国可诉诸争端解决机制加以解决；不可申诉的补贴(non-actionable subsidy)是指普遍性实施的补贴和在事实上并没有向某些特定企业提供的补贴。这类补贴不可诉诸争端解决，但要求各缔约方将这类补贴情况提前、及时通知各缔约方。如果有疑义，则必须通过磋商解决。另外，《补贴与反补贴协议》还明确规定了禁止使用出口补贴的情形(农产品除外)。

(1) 政府根据出口实绩对某一公司或生产企业提供直接补贴。

(2) 外汇留成制度或任何包含有奖励出口的类似做法。

(3) 政府对出口货物的国内运输和运费提供了比国内货物更为优惠的条件。

(4) 政府对出口产品生产所需的产品和劳务提供优惠的条件。

(5) 政府为出口企业的产品全部或部分免除、退还或延迟缴纳直接税或社会福利税。

(6) 政府对出口产品或出口经营，在征收直接税基础上，对出口企业给予的特别减让超过对国内消费产品所给予的减让。

(7) 对出口产品生产和销售的间接税的免除和退还，超过用于国内消费的同类产品的生产和销售的间接税。

(8) 对于被结合到出口产品上的货物的先期积累间接税给予免除、退还或延迟支付。

(9) 超额退还已结合到出口产品上的进口产品的进口税。

(10) 政府或由政府控制的机构所提供的出口信贷担保或保险费率水平极低，导致该机构不能弥补其长期经营费用或造成亏本。

(11) 各国政府或政府控制的机构以低于国际资本市场利率提供出口信贷，或政府代为支付信贷费用。

(12) 为公共利益的目的而开支的项目，构成了总协定第16条意义上的出口补贴。

三、商品倾销

1. 商品倾销的定义

商品倾销(dumping of goods)是出口商以低于国际市场价格、国内市场批发价格，甚至远低于生产成本的价格，向国外抛售产品，以达到打击竞争对手、占领国外市场、最后获得垄断利润的目的。

从表面来看,低于成本销售会使出口商蒙受损失，但事实上，倾销通常与政府的支持是分不开的。政府或限制有关商品进口，使企业在国内市场取得垄断利润以贴补出口，或给予某种贴补以弥补其亏损，或以其他方式直接、间接给予支持。商品倾销的具体补偿途径包括：①采用关税壁垒和非关税壁垒措施控制外国商品进口，防止对外倾销商品倒流，以维持国内市场上的垄断高价。②出口国政府对倾销商品的出口商给予出口补贴，以补偿其在对外倾销商品中的经济损失，保证外汇收入。③出口国政府设立专门机构，对内高价收购，对外低价倾销，由政府负担亏损。例如，美国政府设立的农产品信贷公司，在国内高价收购农产品，而按低于国内价格一半的价格长期向国外倾销。由此引起的农产品信贷公司的亏损则由政府财政给予差额补贴。④出口商在以倾销手段挤垮竞争对手、垄断国外市场后，再抬高价格，以获得的垄断利润来弥补以前商品倾销的损失。实际上，采取上述措施，往往不仅能够弥补损失，而且还会带来较高利润。

2. 商品倾销的分类

1) 按照倾销的目的和时间分类

按照倾销的目的和时间不同，商品倾销可以分为偶然性倾销、掠夺性倾销及长期性倾销。

(1) 偶然性倾销(Sporadic Dumping)又称临时性倾销，通常用于商品时令季节已过，但库存尚有积压，故通过在国外削价抛售以清理存货。由于时间短暂且数量较小，该倾销虽然会给进口国同类商品的生产带来一定影响，但进口国一般不会对其采取反倾销措施。

(2) 掠夺性倾销(Intermittent or Predatory Dumping)又称间歇性倾销，是出口商为了对外扩张，以低于国内价格或生产成本的价格在国外市场销售商品，迫使对手退出某些国外市场，待形成垄断局面后再提高价格，以取得暴利。这种倾销违背公平竞争的原则，破坏国际经贸秩序，一般会受到各国的反倾销限制。

(3) 长期性倾销(Persistent Dumping)又称持续性倾销，是指在较长时期内维持很低的价格在国外市场销售商品，该行为可能会使出口商利润暂时减少或亏本。其目的是彻底占领一国市场。

2) 按照倾销商品的形态分类

按照倾销商品的形态不同，可以分为有形商品倾销和无形商品倾销。

(1) 有形商品倾销，主要是指第一产业、第二产业的农业产品和工业产品的倾销。

(2) 无形商品倾销，主要是指服务贸易领域的倾销，包括金融服务、信息服务、咨询服务、运输服务等。无形商品倾销是指该类服务费用以低于正常价值的价格进入另一国家的不正当行为。

3. 判定倾销的法律条件

倾销是国际贸易中的不公平竞争手段，为了避免外国商品倾销对本国市场和生产造成重大伤害，进口国可对实施倾销的进口商品采取征收反倾销税的措施，实行正当的贸易保护。为抑制反倾销手段的滥用，世界贸易组织在《反倾销措施协议》(Anti-dumping Agreement，ADA)中规定，原则上允许进口成员国在本国同类产品产业遭受严重损害或严重损害威胁时采用反倾销措施即征收反倾销税。法律界定的倾销概念由三个要件构成：①产品以低于正常价值的价格向另一国销售；②这种倾销行为给进口国产业造成了损害；③倾销与损害之间存在因果关系。只有同时具备上述三个条件的低价销售行为，才构成法律倾销，同时这也是反倾销调查的三个要件。

【案例7-2】 美国对华卡车和公共汽车轮胎作出双反否定性产业损害终裁

2017年2月22日，美国国际贸易委员会(USITC)投票对进口自中国的卡车和公共汽车轮胎做出反倾销和反补贴否定性产业损害终裁，裁定美国商务部终裁裁决存在倾销和补贴行为的涉案产品并未对美国国内产业造成实质性损害或存在实质性损害威胁。在本次裁决中，3名国际贸易委员会委员投否定票，2名国际贸易委员会委员投肯定票，1名委员未参与投票。根据美国国际贸易委员会的否定性裁决，美国商务部将不会对进口自中国的涉案产品颁布反倾销税和反补贴税令。

2016年2月18日，应the United Steel, Paper and Forestry, Rubber, Manufacturing, Energy, Allied Industrial and Service Workers International Union, AFL-CIO, CLC于2016年1月29日的申请，美国商务部对进口自中国的卡车和公共汽车轮胎启动反倾销和反补贴立案调查。2016年3月11日，美国国际贸易委员会投票做出该案反倾销和反补贴产业损害肯定性初裁。2016年6月27日，美国商务部对华涉案产品做出反补贴肯定性初裁，补贴幅度为17.06%～23.38%。2016年8月26日，美国商务部对涉案产品做出反倾销肯定性初裁，倾销幅度为20.87%～22.57%。本案涉及美国协调关税税号4011.20.1015和4011.20.5020项下的产品，以及税号4011.69.0020、4011.69.0090和4011.70.00等项下的部分产品。2017年1月23日，美国商务部宣布对进口自中国的卡车和公共汽车轮胎做出反倾销和反补贴肯定性终裁，裁定中国涉案企业倾销幅度为 9.00%~22.57%，补贴幅度为 38.61%~65.46%。

(资料来源：中国贸易救济信息网，2017-3-14)

四、外汇倾销

1. 外汇倾销的定义

外汇倾销(Exchange Dumping)是指出口商利用本国货币贬值，占领国际市场的行为。在本国货币贬值的条件下，一方面，用国外货币表示的本国出口商品的价格降低，在国外市场对本国出口商的价格弹性较高的条件下，价格的降低会引起对本国出口商品需求的大量增加，从而增加出口收入；另一方面，由于本国货币的贬值，进口商品的价格上涨，从而又起到限制进口的作用。以美国为例，从1985年3月至1995年3月的10年间，美元与日元的比价由原来的1美元=264日元，跌到1美元=106日元。假若过去一件价格为10美元的美国商品输往日本时，在日本市场上的售价为2640日元，现在这件商品价格可折合为1060日元。这时美国出口所得的1060日元，按照贬值汇率计算，仍能换回10美元，并未因美元贬值而受到损失。这对美国出口商十分有利。在这种情况下，美国出口商可以采用三种处理方法：①继续按2640日元在日本市场上出售，按新汇率计算，每件商品可以多得美元，增加利润收入。②在1060~2640日元，适当地降低价格，促进商品出口。③把价格降低到1060日元，提高价格竞争能力，增加更多的商品出口。1985年以后，美国曾力图利用美元贬值来扩大商品出口和改善巨额的贸易逆差。

2. 外汇倾销的条件

外汇倾销具有滞后性、暂时性和有限性等特点，只有具备一定的条件才能起到扩大出口的作用。主要条件包括：一是货币贬值的程度要大于国内物价上涨的程度。显然，当一国国内物价上涨程度赶上或超过货币贬值的程度，对外贬值所起的增加出口和抑制进口的双重作用就会被抵消。二是其他国家不同时实行同等程度的货币贬值或采取其他报复性措施。当两个贸易伙伴国之间的货币同时贬值时，其出口商品相对价格就不会发生多大变化，因此外汇倾销的效应就难以发挥。需要强调的是，外汇倾销虽然可以推动商品出口大量增加，但并不等于出口额必然随之增加。另外它有时甚至会引起国内经济的混乱，出现得不偿失的结果。

五、促进出口的组织和服务措施

1. 成立专门组织机构，为促进出口服务

设立官方或非官方的专门机构为出口企业服务，辅助本国企业走向国际市场，已成为当今各国鼓励出口的重要手段。以美国为例，美国早在1960年就成立了扩大出口全国委员

会，1979年又成立总统贸易委员会和贸易政策委员会，定期讨论和协调对各国的贸易政策。英国也在1972年就成立了海外贸易委员会，其主要任务就是为本国出口商提供信息和资金上的帮助。日本政府于1954年专门设立了高级的综合协调机构——"最高出口会议"，负责制定出口政策，以及为实现出口目标而在各省之间进行综合协调。韩国从1965年起建立了"出口扩大振兴会议"制度，该会议每月召开一次，专门研究扩大出口的问题。中国也早在1952年就成立了中国国际贸易促进委员会，该组织是由中国经济贸易界有代表性的人士、企业和团体组成的全国民间对外经贸组织，简称中国贸促会(China Council for the Promotion of International Trade，CCPIT)。其宗旨是：遵循中华人民共和国的法律和政府的政策，开展促进对外贸易、利用外资、引进外国先进技术及各种形式的中外经济技术合作等活动，促进中国同世界各国、各地区之间的贸易和经济关系的发展，增进中国同世界各国人民以及经贸界之间的了解与友谊。

2. 外汇留成与进出口挂钩制度

在实行外汇管制的国家，政府通过允许出口商留存一定比例的外汇收入的办法，鼓励出口企业扩大出口的积极性。较为普遍的形式是进口许可证与出口挂钩的制度，将企业的出口业绩与进口许可证的申领联系起来，利用进口配额的额外收入促进出口业的发展。

3. 组织贸易中心和贸易展览会

贸易中心和展览会是企业进行市场营销和进行贸易成交、寻找和建立贸易关系的重要场所，在企业营销和销售中起到重要作用。设立贸易中心、组织贸易展览会是对外宣传本国产品、扩大出口的一个重要途径。贸易中心是永久性设施，可以提供陈列展览场所、办公地点和咨询服务等。根据美国展览研究中心(CEIR)的研究报告，在当今流行的九种营销方式(广告、促销活动、展览会、直销、网上销售、公关营销等)中，展览会位居广告和促销活动之后排在第3位；而对采购方或买家而言，在常见的七种采购途径(参加生产商和经销商举办的展览会、直销、促销、广告、网上销售等)中，展览会排居首位，成为采购者或买家做出购买决策的首选途径。

贸易展览会是流动性展出，有的是集中在国内展出，吸引外商参加，有的则派代表团到国外宣传展览本国产品，有的西方国家一年能组织20多次国外展出。政府通常对这类展出提供多方面援助，如德国企业出国展览，政府一般负担展品运费、场地费和水电费等。我国近些年来也比较重视这方面的促销措施，国内以"广交会"为龙头的各类交易展览洽谈会为促进我国出口贸易做出了巨大的贡献。

4. 组织经贸代表团和接待来访

为促进对外贸易的进一步发展，一些国家会以政府补贴的形式组织本国企业代表团到国外访问和接待国外经贸代表团的来访，密切贸易活动，从而达到促进本国商品出口的目的。另外，一些发达国家政府领导人的出访也往往伴随着庞大的工商代表团。例如，2017

年3月沙特国王萨勒曼访华,由其带队的贸易代表团在华访问期间就产能与投资合作签署了价值约650亿美元的谅解备忘录。

5. 对出口厂商施以精神鼓励

第二次世界大战结束后,各国对出口商给予精神奖励的做法日益盛行,经常组织出口商的评奖活动,对出口成绩显著的出口商,由国家授予奖章和奖状,并通过授奖活动宣传他们扩大出口的经验。美国就设立了总统"优良"勋章,以奖励业绩卓越的出口企业。日本政府把每年的6月28日定为贸易纪念日,每年这一天,由通产大臣向出口成绩卓越的厂商颁发奖状,另外还采取了由首相亲自写感谢信的办法表彰出口成绩卓越的厂商。英国从1919年开始实行"女王陛下表彰出口有功企业的制度",并且规定受表彰的企业在五年以内可使用带有女王名字的奖状来对自己的产品进行宣传。法国则每年主办类似奥斯卡的盛大活动颁发贸易金奖等。

6. 吸引外资流入措施

对于发展中国家来说,制定各种优惠政策并改善对外投资环境,吸引集资金、技术和管理技能为一体的国外直接投资,则是快速发展出口加工制造业的有效途径之一。

7. 建立商业情报网

建立商业情报网,为出口企业服务。发展出口贸易,国际市场动向的信息尤为重要。为此,许多国家都设立了官方或官方与民间混合的商业情报机构,在海外设立商业情报网,专门负责向国内出口企业提供国际市场的商务信息。这类活动一般由国家出资进行,收费很少甚至免费,而且信息较准确,传递速度较快。例如,英国设立的出口情报服务处,其情报由英国220个驻外商务机构提供,然后由计算机分析处理,分成5000种商品和200个地区或国别市场情报资料,供国内出口企业参考。再如日本的贸易振兴会(其前身是1951年设立的"海外市场调查会")即为日本政府出资设立的一个从事海外市场调查,并向企业提供信息服务的机构。瑞士和香港规定,从关税收入中提取相当于出口额5%的资金用于调研市场和获取商业情报。

六、经济特区政策

为促进经济和对外贸易的发展,许多国家还采取了建立经济特区的措施。经济特区(Special Economic Zone)是指一国在其关境以外划出的,实行免除关税以及其他财政与金融方面的优惠待遇,从而达到促进出口以及其他各种经济目的的一定范围的区域。经济特区通常有以下几种形式。

1. 自由贸易区和自由港

自由贸易区(Free Trade Zone)又称对外贸易区(Foreign Trade Zone)或免税贸易区(Tax-Free Trade Zone),是在关境以外划出的、对进出口商品全部或大部分免征关税,并且允许在港内或区内进行商品的自由储存、展览、加工和制造等业务活动，以促进地区经济和对外贸易的发展的一个区域。一般设在一个港口的港区或邻近港口的地区，它实际上是采取自由港政策的关税隔离区。

自由港(Free Port)又称自由口岸，是一国或地区划定的置于关境以外的特别区域，外国商船可以自由出入，全部或者绝大多数外国商品可以豁免关税的港口。例如，丹麦的哥本哈根，意大利的热那亚和里雅斯特，法国的敦刻尔克，葡萄牙的波尔，新加坡等就是典型的自由港。

自由港和自由贸易区的主要优势在于不缴纳关税和各类税收；各种原材料和组合部件自由进口，不受进出口管制和外汇管制，加工成成品或半成品后复运出口；节省运输成本及其他费用等；有利于降低出口产品的成本，提高出口产品的国际竞争力。

2. 出口加工区

出口加工区(Export Processing Zone)是指一个国家或地区在其港口或临近港口与国际机场等地方划出的，提供各种优惠政策和较好的投资环境，从而鼓励国外企业进行投资，生产以出口为主的制成品，达到促进出口的目的的一定的区域范围。一般认为出口加工区是自由贸易区的一种形式，在吸引外资方面，既提供了自由贸易区的某些优惠条件以发展贸易和转口贸易，又提供了发展工业生产所必需的基本设施。中国在 2000 年 4 月 27 日由国务院正式批准设立出口加工区。截至 2015 年 12 月 31 日，中国已有出口加工区 63 个。

出口加工区可以分为综合性出口加工区和专业性出口加工区两种类型。前者在区内可以从事多种产品的出口加工，如菲律宾的巴丹出口加工区；后者在区内只能从事某种特定产品的出口加工，如印度孟买的圣克鲁斯电子工业出口加工区。目前世界各国的出口加工区大多为综合性出口加工区。

出口加工区的优惠政策措施主要有以下几个。

(1) 税收优惠：区内加工出口所需的进口料件、生产设备等一律免征进口税；加工产品出口一律免征出口税；凡到区内投资的外商投资企业可享受减免部分所得税、营业税等国内税的优惠。

(2) 外部投资环境的优化：提供良好的外部环境和工业化所必需的先决条件，如良好的基础设施建设、必要的社会劳动力、稳定的投资政策与保障等。

(3) 投资政策的宽松：为鼓励外商投资，不少出口加工区还放宽了对外资企业的投资限制。例如，菲律宾政府规定，外商投资企业在出口加工区内可 100% 全额投资，而在区外的投资比例则不得超过企业总资本的 40%。

另外，出口加工区内的外商投资企业的经营所得不受到外汇管制的限制，其资本、利润、股息等全部可汇回本国。

3. 保税区

保税区(Bonded Area)又称保税仓库(Bonded Warehouse)，是指由海关设置的或经海关批准注册的特定地区和仓库。在保税区内，外国商品可以暂时不缴纳进口税，在区内可以进行储存、改装、分类、混合、加工和制造，从区内再进行出口，亦不需要缴纳出口税。中国最早设立的保税区是1990年建立的上海外高桥保税区，目前国务院已批准在上海、天津、大连、张家港、宁波、马尾、厦门、广州、珠海、深圳(沙头角、福田、盐田)、汕头、海口等地设立保税区。

1) 保税区的特点

保税区一般建立在具有优良国际贸易条件和经济技术较为发达的港口地区。一国或地区建立保税区的目的主要是通过对专门的区域实施特殊政策，吸引外资，发展转口贸易和加工贸易，以促进本国经济的发展。保税区具有以下特点。

(1) 关税豁免，即对从境外进口到保税区的货物以及从保税区出口到境外的货物免征进出口税收。

(2) 自由出入，即保税区与境外的进出口货物海关不做惯常监管。这里的"惯常监管"是指一国对进出口的管理规定和进出口的正常海关手续。

2) 保税区的基本功能

保税区作为海关监管的一种特殊经济区域，其基本功能有三个。

(1) 保税仓储、商品展示等服务功能。

(2) 国际转口贸易功能。保税区可以成为对周边国家或地区的商品贸易集散中心。

(3) 出口加工功能。保税区内企业加工生产的产品以境外销售为主。

4. 自由边境区与过境区

自由边境区(Free Perimeter)曾被称为自由贸易区。一般设在一国的一个或几个省的边境地区。对于在区内使用的生产设备、原材料和消费品可以免税或减税进口。如果从区内转运到本国其他地区销售，则须照章纳税。外国货物可在区内进行储存、展览、混合、包装、加工和制造等业务活动，其目的在于利用外国投资开发边区的经济。与出口加工区相比，其进口商品在加工后只有少量复出口。这一设置主要是少数拉美国家在采用。

过境区(Transit Zone)则是沿海国家为了便利内陆邻国的进出口货物，开辟某些港口或国境城市作为货物的自由中转区。对过境的货物，一般予以简化海关手续，免征关税或只征小额过境费用的优惠待遇。过境货物可以在过境区内短暂储存或重新包装，但不得进行加工。

5. 科学工业园区

科学工业园区一般以大学和科研机构为依托，是知识、科技、人才高度集中，融科研、教育、生产为一体的科技资源开发区。它的出现和兴起，是现代科技发展的必然选择，也必将推动世界经济的快速发展和东道国的科技进步与工业化进程。例如,世界上第一个科学工业园区是 1951 年创立的美国加州"斯坦福科研工业区",并在其基础上发展成为"硅谷",这是美国最大的电子工业研制中心。近年来,各国工业园区蓬勃发展。目前,世界上已有各种类型的科学工业园区 300 多个,并主要分布于欧美发达国家及亚洲一些国家。

6. 综合型经济特区

综合型经济特区是在出口加工区基础上发展起来的,由一国在其港口或港口附近区域划出的特殊经济区域,并通过提供优良配套的基础设施和优惠的税收政策吸引国内外企业到区内从事外贸、加工、农牧、金融、电信、旅游等多种经营活动。其特点是:多行业、多功能、大规模、范围广。中国从 1979 年开始先后设立的深圳、珠海、汕头、厦门和海南省经济特区就是属于这一类型。

7. 中国的经济性特区

我国的经济性特区,是指在国内划出一定的范围,在对外经济活动中采取较国内其他地区更加开放和灵活的政策,以减免关税等优惠措施为手段,通过创造良好的投资环境,鼓励外商投资,引进先进技术和科学管理方法,以促进经济发展的特定区域,主要包括以下几种类型:①经济特区,即我国最早实行对外开放政策的地区,也是实行特殊优惠政策、集中吸收外资的重点地区。自 1979 年以来,我国先后设立了深圳市、珠海市、汕头市、厦门市和海南省五个经济特区,是我国的技术窗口、管理窗口、知识窗口和对外政策窗口。②经济技术开发区。1984 年以来,我国在沿海、沿江开放城市的工业建设地带开始设立了一批经济技术开发区,其主要任务是在划定的区域范围内,集中建设基础设施,完善涉外经济法规,建立精干高效的管理机构,创造吸引外资的良好环境,引进先进的工业项目。经济技术开发区与经济特区有所不同,首先,在管理体制上,经济特区是相对独立的行政区域,而开发区则是在人民政府直接领导和管辖下实行特殊政策的地域;其次,在经济结构上,经济特区是以工业为主、工贸结合的外向型综合性经济,而开发区则以发展先进的工业生产和科研为主;最后,在政策上,经济特区的外资企业享受的政策优惠多于开发区的同类企业。③高新技术产业开发区,是我国借鉴国外高科技园区的成功经验,在适当地点划出一定区域,赋予优惠政策,集中发展高科技,以实现产业化的特定地域。1988 年 5 月经国务院批准建立的北京中关村高新技术产业开发试验区是我国第一个高新技术产业开发区。④保税区,是我国借鉴国际上的自由贸易区、出口加工区和保税区的成功经验,结合我国国情,在重要的外运港口设立的。上海外高桥保税区是我国设立的第一个保税区,也是我国目前最开放、政策最优惠的保税区。⑤边境经济合作区,是为繁荣内陆边境和少数民族地区经济,发展同周边国家的经济技术合作而专门设立的特殊区域。从 1992 年开始,我国在一些边境开放城市先后举办了边境经济合作区。⑥旅游度假区,是 1992 年以来我国在交通方便、经济比较繁荣、风景闻名于世的地区兴建的以接待境外游客、发展国际旅游为主的特定经济区域，大致有热带海洋度假、温带海洋度假、平原内湖度假和山地内湖度假四种类型。⑦中国自由贸易区是指在国境内关外设立的，以优惠税收和海关特殊监管政策为主要手段，以贸易自由化、便利化为主要目的的多功能经济性特区。原则上是指在没有海关"干预"的情况下允许货物进口、制造、再出口。中国自由贸易区是政府全力打造中国经济升级版的最重要的举动，其力度和意义堪与20世纪80年代建立深圳特区和90年代开发浦东两大事件相媲美。其核心是营造一个符合国际惯例的，对内外资的投资都要具有国际竞争力的国际商业环境。2014年12月28日，中国全国人民代表大会常务委员会授权中国国务院在中国(广东)自由贸易试验区、中国(天津)自由贸易试验区、中国(福建)自由贸易试验区以及中国(上海)自由贸易试验区扩展区域暂时调整有关法律规定。2013年，随着中国(上海)自由贸易试验区运行试水以来，各项举措得到广泛好评。为顺应市场需求，中央政府决定继续实施一系列深化改革举措，把上海自贸区成功经验逐步运用推广至全国(如2014年3月1日工商登记制度改革)。2015年，中国自贸区成为世界自由贸易区联盟荣誉会员。2016年8月31日，商务部部长高虎城在接受专访时表示，上海、广东、天津、福建自贸试验区建设取得的成效，彰显了自贸试验区的试验田作用。随后，党中央、国务院决定，在辽宁省、浙江省、河南省、湖北省、重庆市、四川省、陕西省新设立7个自贸试验区。这代表着自贸试验区建设进入了试点探索的新航程。

第二节　出口管制措施

世界经济发展的一般趋势和各国对贸易实行干预政策的基本点是鼓励出口和限制进口，并且越来越偏重于鼓励出口。但是，许多国家为了达到一定的政治、军事和经济目的，往往对某些产品，特别是战略物资和高技术产品等的出口实行管制，以限制或禁止这类商品的出口。出口管制是一国对外贸易政策的组成部分，尤其是发达的资本主义国家往往运用出口管制作为其实行贸易歧视的重要手段。

出口管制(Export Control)是某些国家从本国或本集团自身的政治、经济利益出发，对某些商品特别是战略物资和先进技术的出口实行限制或禁止。

出口管制一般出于以下目的：一是经济原因。从短期看，主要是对国内生产所需的原材料、中间产品等实行管制，以满足国内生产的需要；此外，对国内市场需求较大的消费品也实行出口管制，以满足国内消费的需要。从长期看，主要是对先进技术、先进的资本货物管制出口，其目的是为了确保本国特定领域中的领先地位。二是政治原因。管制的商品内容主要是所谓"战略物资"，如飞机、军舰、计算机和武器等军用设备，对与战略物资有关的先进技术资料的出口也实行严格管制。在特定情况下，甚至对一般的生活必需品实行出口管制，即所谓的"经济制裁"。三是历史文化原因。主要是对某些古董文物和某些艺术品实行出口管制。发展中国家采用出口管制政策往往是不得已而为之，而发达国家的出口管制政策则具有进攻性。

一、出口管制的对象

出口管制的商品主要有以下几类。

(1) 国内急需，且供应不足的物资。即国内生产所急需的原材料、半成品和国内市场供应不足的商品。如果不加以限制而任其自由出口，则会加剧国内市场的供需矛盾，阻碍国内经济的正常发展。一般对该类商品实行出口许可管理。

(2) 战略物资及尖端技术产品。各国从维护国家安全和保持技术优势的角度出发，一般对军用装备、通信设备和计算机等商品实行严格的出口限制。

(3) 文物、艺术品、黄金、白银等特殊品。出于保护历史文化遗产的目的，该类商品一般禁止出口。

(4) 实行"自动"出口限制的商品。"自动"出口限制是出口国在进口国的要求或压力下，"自愿"规定在某一时期内某种商品对该国的出口配额，在限定的配额内自行控制出口，超过配额即禁止出口。其目的在于避免因某些商品出口过多而严重损害进口国生产者的利益，从而招致进口国的报复，限制从该国进口，如原"多边纤维协定"项下的出口纺织品。

(5) 国家实行出口管制以促使其在国外有较强竞争力的商品。即出口国或组织垄断的商品，如 OPEC 组织对其成员国石油出口的限制。

(6) 对某些国家或地区实行经济制裁而限制出口，甚至禁止出口的商品，如美国对朝鲜、伊拉克等国的出口限制。

二、出口管制的形式

出口管制一般有两种形式。

(1) 单边出口管制，又称单方出口管制，即一些国家根据本国的需要，制订出口管制方案，成立专门的执行机构，对本国的某些商品出口实行审批和发放出口许可证，以此来进行出口管制。单边出口管制由一国单方面自主决定，往往是一国实行歧视性贸易政策的重要手段之一。

(2) 多边出口管制，是指几个国家的政府，出于共同的政治与经济目的，通过一定方式建立的国际性多边出口管制机构，共同商讨和编制多边出口管制的货单和出口管制的国别，规定出口管制的办法，以协调相互的出口管制政策和措施。1949 年 11 月，由美国、英国、法国、日本等 15 个国家组成的巴黎统筹委员会(The Coordinating Committee for Multilateral Export Controls，COCOM)就是一个国际性多边出口管制机构。这个委员会的主要工作是确定多边禁运货单和受禁国的国别或地区，确定禁运的审批程序及讨论例外程序，交换情报等。这个委员会曾共同对中国进行过长期出口管制，于 1994 年 4 月初解散。

三、出口管制的措施

实行出口管制的国家主要通过实行以下措施来达到控制出口的目的。

(1) 征收出口税(Export Duty)。为鼓励出口，世界各国一般不征收出口税或仅对少数商品征收出口税。征收出口税的目的是限制、调控某些商品的出口，特别是防止本国一些重要的自然资源和原材料的出口。

(2) 出口许可证。出口许可证根据出口管理的松紧程度分为一般许可证和特殊许可证两种。一般许可证项下的商品，出口管理较松，出口商无须事先向有关机构申请，只要在填写出口报关单时，填明管制商品的一般许可证编号，经海关核实，就可办妥一般出口许可证手续。特种许可证项下的商品，出口管理较严，出口商必须事先向相关机构申请，还须附上有关证明文件，经国家相关机构批准后，才能办理出口。实行出口许可证制是出口管制最常见、最有效的手段之一。

(3) 出口配额。即对某些商品的出口实行配额管理，从数量上限制出口。出口配额常与出口许可证结合使用。

(4) 禁止出口与贸易禁运。禁止出口一般是一国对其战略物资或急需的国内短缺物资进行严格控制的主要手段。禁止出口没有特定目标，往往针对所有或大多数贸易国家且只涉及本国商品的出口并不限制进口。而贸易禁运(Trade Embargo)则是一些国家为了制裁某个特定国家而实行的贸易控制措施，所禁止的不仅是出口，同时还禁止从这些国家进口。

(5) 出口卡特尔(Export Cartel)。出口卡特尔是一种政府间的组织，由多国政府共同签署协议，共同维持某种商品在世界市场的价格稳定，垄断某种商品在世界市场上的供给，从而达到获取垄断利润的目的。这是多国政府针对同类出口产品而设立的维持价格或划分市场的联盟和共同干预世界出口贸易的主要组织形式之一。石油输出国组织(OPEC)就是这方面的典型代表。

四、巴黎统筹委员会

巴黎统筹委员会(Coordinating Committee, COCOM)(简称巴统)是实行多边出口管制的主要国际组织之一。第二次世界大战结束后不久，美国与西欧诸国于1949年4月4日成立北大西洋公约组织(NATO)，以防御苏联、东欧集团国家。为了防止美国的战略性高科技产品与技术，可能会经由西方工业国家输入苏联、东欧，在经济上对社会主义国家实行封锁。巴黎统筹会的主要工作是编制和增减禁运货单，规定受禁国别或地区，确定禁运审批程序，加强转口管制。

巴统的管制方式是直接管制特定产品和技术出口到特定国家或地区，按管制程序的强弱分成一般禁运项目、善意考虑项目、45天评估项目、知会项目和行政例外备忘录五种。1994年4月1日起，经历45年的巴黎统筹委员会最终宣告解散。

第三节 贸易政策的国际协调

一、贸易政策国际协调的主要形式

贸易政策的国际协调是世界经济发展到一定历史阶段的产物,本质上是国家经济调控的国际化。随着生产力的提高和生产国际化的深入发展,世界经济联系日益紧密,相互依赖程度加深,国际竞争也日趋激烈。竞争必然引起矛盾和经济摩擦,世界各国为了缓和这些矛盾和摩擦,普遍采取了国际协调手段。贸易政策国际协调是世界各国政府和有关国际机构为维持世界贸易的正常运行,对国际贸易活动和贸易政策进行联合干预、管理和调节,以及相互调整、相互适应的方式及其起作用的过程。贸易政策国际协调的形式主要有以下几种。

1. 贸易条约和贸易协定

贸易条约和贸易协定是贸易政策国际协调的最初形式。

贸易条约和贸易协定是贸易各国以书面协议的方式,事先明确缔约各方在经济与贸易方面的权利与义务,从而达到协调各国对外贸易政策的目的。贸易条约和贸易协定的类型主要有以下几个。

(1) 贸易条约。贸易条约是全面规定缔约国间经济和贸易关系的书面协议。其内容广泛,涉及缔约国间在经济和贸易关系方面的权利和义务。贸易条约通常是以国家或国家首脑的名义签订,并经缔约方各自的立法机关讨论通过,报请国家最高权力机关批准后才能正式生效。贸易条约通常以通商航海条约形式表现,或称通商条约、友好通商条约等。

贸易条约的内容几乎包括经济贸易关系的全部领域,主要有:①进出口商品的关税和海关手续;②双方公民和企业在对方享有的经济权利;③船舶航行和港口使用;④铁路运输和过境及转口;⑤知识产权保护;⑥进口商品国内捐税;⑦进出口数量限制;⑧仲裁裁决等。

(2) 贸易协定(Trade Agreement)和贸易议定书(Trade Protocol)。贸易协定是缔约方为调整和发展相互间的贸易关系而签订的书面协议。贸易协定的签订程序比贸易条约简单,有效期也较短,一般只需经签字国的行政首脑或其代表签署即可生效。贸易协定的内容不如贸易条约那么广泛,但更具体,它通常包括:①最惠国待遇条款;②进出口商品签单和进出口贸易额;③作价原则和使用货币的规定;④支付和清偿的方式;⑤关税优惠及其他事项。

贸易议定书是就缔约国发展贸易关系中具体项目达成的书面协议,贸易议定书通常是作为贸易协定的补充。例如,签订长期贸易协定时,以议定书方式规定年度贸易具体事宜。贸易议定书签订程序简单,内容具体,一般由签字国的有关行政部门的代表签署即可生效。

(3) 支付协定(Payment Agreement)。它是缔约国就贸易和其他方面的债权债务结算方式进行约定的书面协议。协议中规定，缔约国之间在进行债权债务清偿时，互设清算账户并通过账户间抵账的方式了结彼此债权债务关系。支付协定的内容一般包括：①确定清算机构并设立清算账户以及账户的支付范围；②确定清算货币及清算办法；③债权债务抵偿后余额的结算办法；④确定信用额度(Swimming Limit)，即双方根据协定相互提供信用的限额，在规定的额度内的债务无须支付利息。

(4) 国际商品协定(International Commodity Agreement)。国际商品协定是指商品的主要出口国(生产国)与消费国(进口国)就该项商品的购销、价格等问题，通过协商而达成的政府间的多边协定。国际商品协定的主要对象是发展中国家所生产的初级产品。发展中国家希望通过维持合理的价格，保证这些产品的生产和销售；而作为初级产品主要消费国的发达国家则希望通过商品协定，在维持正常供给的条件下，保证价格水平不致过高。因此，在谈判和签订协定过程中，发展中国家和发达国家存在着利益矛盾。经过长期斗争，先后签订了小麦、糖、锡、橄榄油、可可、牛肉、天然橡胶、乳制品、热带木材、黄麻及其制品等商品协定。

经济条款是国际商品协定中最主要条款。经济条款确立各成员国的权利和义务，关系到各成员国的具体利益。经济条款一般有四种规定办法。

① 建立缓冲存货。即协定规定执行机构设立缓冲存货以干预市场。缓冲存货以成员国提供的实物和资金两种形式构成，执行机构按最高限价和最低限价的规定，当市场价格到最高限价时，就抛出缓冲存货的实物；当市场价格落到最低限价时，就以缓冲存货的现金收购商品，以达到稳定价格的目的。

② 规定出口限额。即规定一个最基本的年度出口配额，并根据每年的市场需求和价格状况确定当年的具体出口限额。如当年市场价格过高，配额自动增加；反之，则自动减少。

③ 签订多边合同。实际上是一种多边性的商品合同，它规定，进口国在协定商定的价格幅度内，向出口国购买一定数量的一个商品；同时要求出口国保证，在规定的价格幅度内，向进口国出售一定数量的协定商品。

④ 出口限额与缓冲存货相结合的规定。例如，国际可可协定规定最高、最低限价，同时运用缓冲存货和出口配额控制商品的供求和价格。

2．双边协调、多边协调与全球性贸易体制

(1) 双边协调，主要通过缔约国双方签订贸易条约或协定等形式进行。

(2) 多边协调，区域经济合作组织的发展使国家间政策协调更加深入。所谓区域经济合作组织，是通过磋商相互给予优惠形成的经济政策协调性实体，其形式有自由贸易区、关税同盟、共同市场等，政策协调的领域有关税减让、贸易自由化、投资便利化、生产要素流动、资源开发、货币金融合作等。其中，欧盟是区域一体化组织中协调程度最高的组织，成员国通过让渡部分宏观经济决策权已经实现了共同的贸易政策；欧元区成员国采用单一货币，实行共同的货币政策，成为当前区域经济合作的最高形式。此外，北美自由贸易区、东盟自由贸易区在区域内已实现共同贸易政策。预计区域一体化发展及组织内政策协调还将进一步深化。这些规模不等的组织或特殊优惠的安排，将歧视性的贸易壁垒变成一组国家共同的对外贸易壁垒，成为各国贸易政策的主要内容。在世贸组织多哈回合谈判裹足不前的背景下，区域经济一体化方兴未艾。截至 2016 年 6 月，向世贸组织通报并生效的区域贸易协定共有 282 个。特别是 TPP 及 TTIP 等"高水平"自贸区谈判，对国际经贸环境影响深远。尽管 TPP 和 TTIP 的前途未卜，但区域及双边经济一体化快速发展的趋势短时期内不会改变。区域和跨区域经济一体化的发展，使世界贸易组织难以实际发挥协调区域经济合作的作用，在一定程度上也干扰和侵蚀了全球经济一体化进程和多边贸易体制的职能，使多边贸易体制举步维艰，自由贸易严重受阻。

(3) 多边磋商机制与全球性贸易体制。多边磋商机制是相关国家定期或不定期就汇率政策、贸易政策、货币政策和财政政策等宏观经济政策展开磋商、协调。例如，亚欧会议、APEC 组织会议、二十国集团及其他官方国际论坛等多边机制。二十国集团峰会问世之前，世界经济协调机制主要在世界经济三大组织的框架下运行。世界贸易组织、国际货币基金组织和世界银行，分别负责协调国际间的贸易流、资金流和支持发展援助。20 世纪 70 年代，布雷顿森林体系崩溃后，以美国为核心、以发达国家利益为主导的国际经济协调模式开始无法适应经济全球化的新要求。此时诞生的西方七国首脑会议(后因俄罗斯加入演变为八国集团)从 70 年代中期起在国际经济协调中逐渐发挥了重要作用。但随着新兴市场和发展中经济体在世界经济中权重的增加，原有的治理结构已经不符合世界经济发展的现实，八国集团协调世界经济的能力日渐式微。2008 年爆发的国际金融危机加快了国际经济合作机制的转换。二十国集团领导人当年 11 月在华盛顿举行首次峰会，之后于 2009 年 4 月和 9 月分别在伦敦和匹兹堡举行了第二次和第三次峰会，于 2010 年 6 月和 11 月分别在多伦多和首尔举行了第四次和第五次峰会。在匹兹堡会议上，二十国集团峰会被宣布为国际经济合作的主要平台，这标志着承认发展中国家力量、强调合作共赢的世界经济协调新机制的诞生。多伦多峰会实现了从八国集团向二十国集团的转换，强调要在二十国集团峰会框架下协调各主要国际经济和金融组织的运作。这一转变在当代国际经济关系中具有重大意义。二十国集团成员有中国、阿根廷、澳大利亚、巴西、加拿大、法国、德国、印度、印度尼西亚、意大利、日本、韩国、墨西哥、俄罗斯、沙特阿拉伯、南非、土耳其、英国、美国、欧盟。

全球性贸易体制则是从符合全球贸易总体利益的角度出发，通过制定国际贸易原则和规则，协调各国对外贸易政策，促进全球贸易良性、有序的发展。国际贸易协调机制的运行目标是为了消除贸易不平衡和贸易摩擦，减少贸易障碍，以推动各国及世界经济的增长。在这一领域活动的经济协调组织组成了一个国际贸易协调机制体系。在该体系中居于核心地位的是关贸总协定，1995 年该组织已由世界贸易组织取代。

世界贸易组织的协调作用表现在两个方面：一是世界贸易组织进行的国际协调具有全局性。截至 2017 年 3 月，世界贸易组织共有 164 个成员，成员贸易总额达到全球的 98%。也就是说，世界上绝大部分的贸易活动都是在世界贸易组织协调下进行的。世界贸易组织的协调十分广泛，协调对象几乎包括了所有商品，并在乌拉圭回合中把它进一步扩展到农产品贸易和服务贸易领域。二是世界贸易组织对其他贸易协调活动具有规定和制约作用。世界贸易组织成员国实行的贸易政策和同其他国家进行的贸易协调必须服从世界贸易组织的基本原则。为了增加各国贸易政策和措施的透明度，促使所有成员国更好地遵守世界贸易组织规则和履行承诺，保证多边贸易体制更有效地发挥作用，世界贸易组织建立了贸易政策审议机制，通过定期召开部长会议和随时召开总理事会议来审议成员国的贸易政策和措施对多边贸易体制的影响。

总之，贸易政策国际协调使各国在相对公平的条件下实施经济政策，对保持经济稳定、应对危机、调整国家间经济关系发挥了显著作用，但也存在一些显著不足：一是通过协调要求一国遵守国际组织或制度的约束，协调层次越深，政策约束的越多；二是国际协调通常由发达国家主导，美国等发达国家对国际经济规则制定和国际组织具有主导支配权；三是协调往往不能达到所有国家的预期目的，一些国家还可能不得不做出较多让步；四是协调磋商机制缺乏制约力，加上存在搭便车，有的国家即便同意合作，行动上也往往没有积极性。

二、贸易制裁

贸易制裁是一国或国际组织为了制裁某一特定国家所采取的贸易控制措施。贸易禁运(Trade Embargo)就是一种贸易制裁，它是一些国家为了制裁某个特定国家而实行的贸易控制措施，所禁止的不仅是出口，同时还禁止从这些国家进口。例如，美国的"特别 301 条款"就明确了对贸易伙伴进行报复的情形。当然贸易报复会损害贸易各方的利益，也不利于国际贸易的良性发展，不到万不得已不宜采用。

本 章 小 结

鼓励出口的政策措施主要有：出口补贴、出口信贷国家担保制、出口信贷、外汇倾销等。其中，出口补贴政策措施使用最为广泛。

出口补贴分为直接补贴和间接补贴。直接补贴是政府直接付给出口商的现金补贴，一般用于扶持农业和一些幼稚产业。间接补贴则是政府对某些商品的出口给予财政上的照顾。

出口管制是政府作用于出口的另一种主要政策。出口管制一般有两种形式：单边出口管制和多边出口管制。

随着生产力的提高和生产国际化的深入发展，世界经济联系日益紧密，相互依赖程度加深，国际竞争也日趋激烈。竞争必然引起矛盾和经济摩擦，世界各国为了缓和这些矛盾和摩擦，普遍采取了国际协调手段。贸易政策国际协调是世界各国政府和有关国际机构为维持世界贸易的正常运行，对国际贸易活动和贸易政策进行联合干预、管理和调节，以及相互调整、相互适应的方式及其起作用的过程。

案例与分析

美国和欧盟国家运用财政性措施促进出口

当今世界，大部分发达国家政府表面上大力提倡自由贸易，实际上却越来越深入地卷入国际竞争，公开或隐蔽地运用各种出口促进政策，支持本国企业对国际市场的开拓。无论是喜欢在自由贸易问题上对别国挥舞大棒的美国，还是在这些问题上唱高调的欧洲国家，都有一整套成体系的出口促进政策。这些促进政策的核心内容，都是以国家财力直接或间接地补助本国出口产业、出口企业或出口产品。而中国加入WTO以后，怎样在继续大力发展出口，使出口继续为中国经济增长做出特殊贡献的同时，又能够在WTO规则允许的范围内行事，将是值得思考的问题？借鉴美国如何运用财政性措施促进出口为我所用，以进一步改进、完善中国的出口促进政策与体系，是很有必要的。

美国用于支持出口的主要财政性措施表现在以下几个方面。

1. 出口免税或退税

由于出口免税或退税是WTO规则所允许的措施，美国和世界上其他国家一样充分应用。

2. 财政补贴

美国保留有面向企业或其他实体的各种直接的财政补贴，这些补贴主要是研究开发性补贴、行业性补贴、地区性补贴和扶持中小企业补贴，虽不以扶持出口为主要目的，但可间接对出口产生扶持作用。如美国，虽然号称是世界上最自由的市场经济国家，但至今仍通过名目繁多的补贴计划向美国的一些机构和公司提供补贴。联邦政府目前每年用于各种补贴的经费在650亿美元以上，补贴计划多达100多项，总开支占联邦政府财政赤字的一半以上，主要集中在农业、出口贸易、高技术和能源四大领域，仅用于补贴企业和商务活动的就达近300亿美元。这类补贴虽然一般不是WTO所称"专向性补贴"，但由于各国往往把这些补贴集中用在出口所占比重很高的航空工业、汽车工业、IT产业、农产品等特定产业的开发研究和生产扶持中，实际上对提高该产业整体出口竞争力还是起到了非常关键的作用。

3. 政策性出口信贷

为了支持出口，美国通过议会立法成立了美国进出口银行。该行法定资本金全部由联邦政府拨款，20世纪80年代以来长期亏损，之所以能够继续经营，靠的就是美国联邦政府的信誉和财政部的资金支持。通常它可向外国买方提供出口货值85%的信贷额,主要用于购买美国的资本设备、大型项目及相关服务业。这类信贷实行优惠利率,息差亏损由联邦政府贴补。2000年,美国进出口银行大约贷出130亿美元,支持了大约160亿美元的出口。此外,联邦政府和各州还有其他一些面向中小企业的政策性融资办法,也是由财政支持。

4. 出口信用保险或出口信贷担保

美国的出口保险和信贷担保由进出口银行负责实施。美国目前建立的出口信用保险计划共有七大方面的政策措施,主要用于扶植中小企业。其信贷担保业务则包括资本金担保、中期担保、中期出口信用保险等多项内容。大约每年的担保额为40亿~50亿美元。1998财政年度,美国仅农产品出口就有大约40亿美元从此计划中受益,联邦财政每年大约平均需资助该行20亿美元左右的息差补偿金,其中用于支持农业出口的部分约占一半。除进出口银行外,美国联邦小企业管理局还负责实施面向中小企业的"商业贷款担保安排"(为小企业提供担保以助其从银行获得资金支持)、"出口营运资本项目"(向小企业提供用于指定交易的短期资金支持)、"国际贸易贷款担保项目"(向小企业提供金额可高达125万美元的信贷担保,支持其作为营运资本或购买设备)等促进业务。

5. 对外援助

美国是发达国家中对外援助最多的国家。除了通过外援向发展中国家推销过剩农产品,或通过援建项目促进机械等产品的出口等传统做法外,还采取了由政府将低利息优惠贷款与商业银行的出口信贷相结合起来的新措施。美国的食品援助是全世界最多的,2000年约占全世界援助总量的64%,援助金额约12.6亿美元,占其农产品出口总额的2.5%。

6. 直接提供或资助各种出口促进服务

美国由商务部下属的贸易发展署负责向美国出口企业特别是中小企业提供有关产业的信息、开展出口咨询、组织贸易博览会等。在美国,支持出口的组织很多,联邦一级除了商务部、贸易开发署、小企业管理局外,还有诸如"出口促进中心网络""美国贸易中心""地区出口委员会""出口法律促进中心网络""贸易情报中心""出口援助中心"等半官方机构或非营利机构,向美国出口商和中小企业提供全方位的出口促进服务,包括:帮助美国企业争取商业机会;推动公营部门和私营部门合作以增强美国企业的国际竞争力;发起特定行业的促销;为企业分析市场准入障碍;提供出口市场信息和销售渠道咨询,举办有关出口的研讨等。此外,美国各州政府在国外普遍设有贸易中心,区一级的行政单位也都成立了区级出口促进委员会,以支持本州、本区的产品出口。

【点评】运用财政措施支持出口与"出口补贴",不仅不能画等号,相反,财政性出口促进政策是现今世界主要贸易体支持出口发展的最重要手段。但如何运用财政政策支持出口,以及运用到何程度,对此我们应加强研究。

中国加入WTO之后是否可以继续运用以及如何运用财政性促进政策支持出口发展,在理论上存在不同观点,实践上则有待进一步的研究探索。一段时间以来,加入WTO之后，中国外贸出口就必须完全"平等竞争"，不能运用政府干预和财政手段支持出口的主张，似乎成了定论。其实，根据 WTO 的规则，以及从美国和欧盟等国家促进出口的实际措施看，财政支持与"补贴"二者并不能画等号，不是说加入 WTO 财政就不能对出口给予支持。众所周知，几乎没有哪一个国家出口的发展没有财政政策的支持因素。据 OECD 估计，欧盟各国直接或间接用于支持出口的财政支出都占其财政支出对产业性支持的相当比重。例如，德国占 20%、法国占 13%、奥地利占 14%、英国占 4%。

从美国和欧盟大多数国家的做法看，现在各国普遍运用以下六个方面的财政手段对出口予以支持，是有其合理原因的。

(1) 出口退税。根据 WTO 的相关规则，出口货物实行零税率制度不被认为是贸易保护措施而加以限制，因此各国普遍对出口商品实行直接免税或出口后退税的所谓"零税率"政策。

(2) 出口补贴。WTO 将对出口的直接补贴列为"禁止性补贴"，但又作了例外的规定，即当此类补贴被确认为"微量补贴"时，一国对另一国的补贴实施调查应当停止。根据《反补贴协议》第 11 条的相关规定，"微量补贴"是指金额少于价值的 1% 的补贴。另外，针对各国对农产品的补贴又专门制定了《农业协定》。因此，出口补贴实际上在各国都还是一定程度上存在的。中国在这方面可进一步加强补贴力度。例如，在扶持对象选择上，既有对各种行业的产业性补贴，又有专门对中小企业的扶持措施；在对重点扶持的出口产业扶持手段上，既有直接的财政补贴，也有间接的财政资助；服务载体上，既通过进出口银行也通过海外私人投资公司向企业提供优惠出口资金、提供出口信贷和担保等。

(3) 出口信贷。《反补贴协议》将政府或其控制、授权的机构给予的出口信贷的利率低于其实际的资金成本视为禁止性出口补贴，但此项"禁令"有一个重要的例外，即如果出口信贷的利率符合 OECD 的《君子协定》所规定的利率水平，则不能被视为出口补贴。

(4) 出口信用保险。《反补贴协议》附件一规定，"政府或政府控制的特殊机构提供的出口信贷担保或保险计划、针对出口产品成本增加或外汇风险计划的保险或担保计划，保险费率不足以弥补长期营业成本和计划的亏损"，属于出口补贴，也就是说，只要该机构能够在一定时期内保持盈亏平衡，出口保险就不属于补贴。

(5) 对外援助。通过对外援助促进对发展中国家出口，是欧美主要发达国家经常采用的一种扩大出口的措施。

(6) 政府促进出口的服务措施。由于 WTO 对此没有任何专门的限制性规定，因此也是各国最通行的做法。我国目前表面上看从事出口促进的机构不少，各级外经贸系统、贸促系统以及进出口商会、协会都在开展出口促进工作，但其中各自的分工和职能定位是不明确甚至是交叉、混乱的。现行贸易促进体制从总体上看存在主体不明、分工不清、效率不高、关系不顺、无法可依等问题。从美国、欧盟以及世界各国的做法看，出口促进的主体(执行机构)不外乎政府、半官方机构、民间社团和其他中介机构四类，其中又多以半官方机构为主渠道。欧盟国家主要通过半官方的贸易促进机构来执行政府的扶持政策，而美国主要采取由政府投资成立全资国有政策性公司来负责办理政府资助性质的业务。不管何种模式，都是以法律规定为基础，通过立法的形式实施管理，而且大都以政府间接办理体制为主，政府机构并不直接参与具体经营，只管方针、政策。无论是半官方机构还是国有公司，其运作完全遵照市场规则进行。这种做法的优点在于，半官方机构或政府公司根据政府对其业务支持的力度执行具体促进活动，既可以较好地落实政府的有关政策，又可以避免政府直接办理的弊端，而且政府负担可以大大减轻。

复习思考题

1. 什么是出口信贷？可分为哪几种？它们之间有何异同？
2. 为什么出口信贷担保可以起到促进出口的作用？
3. 什么是出口补贴？出口补贴有哪两种形式？
4. 商品倾销有哪几种？倾销商品的企业如何弥补倾销商品时的亏损？
5. 什么是外汇倾销？外汇倾销必须具备哪些条件才能对出口起到促进作用？
6. 什么是出口加工区？对一国究竟有哪些作用？
7. 出口管制的商品和方式有哪些？
8. 如何理解贸易政策国际协调的内涵？

推 荐 书 目

1. 陈宪，韦金鸾，应诚敏等. 国际贸易——原理 政策 实务. 2版. 北京：对外经济贸易大学出版社，2002
2. 托马斯•A. 普格尔，彼得•H. 林德特. 国际经济学. 11版. 北京：经济科学出版社，2000
3. 海闻，彼得•H. 林德特，王新奎. 国际贸易. 上海：上海人民出版社，2003
4. 杜海涛. 就美国对铜版纸反补贴暨反倾销措施中国启动WTO争端解决程序. 人民日报(海外版)，2007-9-26
5. 李炼. 反倾销：法律与实务. 北京：中国发展出版社，1999
6. 冯跃，夏辉. 国际贸易——理论、政策与案例分析. 北京：北京大学出版社，2016
7. 刘丁有，黎虹. 世界贸易组织规则概论. 北京：对外经济贸易大学出版社，2014
8. 姜文学. 国际贸易. 大连：东北财经大学出版社，2014
9. 刘振林. 中国对外贸易概论. 大连：东北财经大学出版社，2014

第八章

区域经济一体化

本章导读：

20世纪90年代，随着冷战结束，区域经济一体化的发展步伐明显加快。从以欧盟、北美自由贸易区为代表的区域经济一体化的发展来看，虽然存在一定的贸易转移效应，但是也带来了巨大的贸易创造效应，而且在某些时候它们是有关国家实现贸易自由化更加现实的选择。鉴于世界贸易组织的成员国太多、成员国的经济水平层次繁杂，协调成本巨大，所以区域经济一体化是实现全球经济一体化的必经阶段。

学习目标：

通过对本章的学习，要求了解区域经济一体化的概念和形式；重点掌握关税同盟的静态、动态效应；重点掌握大市场理论、协议性国际分工理论和综合发展战略理论；了解世界主要经济一体化组织的发展。

关键概念：

区域经济一体化(Regional Economic Integration)

优惠贸易安排(Preferential Trade Arrangements)

自由贸易区(Free Trade Area)

关税同盟(Customs Union)

共同市场(Common Market)

经济同盟(Economic Union)

贸易创造效应(Trade Creating Effect)

贸易转移效应(Trade Diverting Effect)

欧洲联盟(European Union，EU)

北美自由贸易区(The North American Free Trade Area，NAFTA)

亚太经合组织(Asia-Pacific Economic Corporation，APEC)

东南亚国家联盟(Association of South-East Nations，ASEAN)

第一节 区域经济一体化概述

一、区域经济一体化的概念

"经济一体化"(Economic Integration)是指各成员国之间消除相互的各种歧视,把各自分散的国民经济纳入一个较大的经济组织中的状态或过程[①]。由此可知,经济一体化既可以是静态的状态概念,也可以是一个动态的进程概念。实现经济一体化的手段是"成员国消除相互间的各种歧视",即消除各国间的贸易、投资壁垒,促进贸易与投资的自由流动。经济一体化的目的就是"把各自分散的国民经济纳入一个较大的经济组织中",以便获得各个国家单方面行动无法获得的政治经济利益。

"区域经济一体化"(Regional Economic Integration)是指一个地理区域内,各国一致同意减少并最终消除关税壁垒和非关税壁垒,以便做到相互之间商品、服务和生产要素自由流动的状态或过程[②]。由于经济发展存在着不平衡,所以世界各国尤其是小国建立各种类型的区域经济一体化组织,以此来适应经济全球化中的激烈竞争,期望在国际市场的竞争中能与经济实力强大的美国等经济实体相制约,因此区域经济一体化是当今世界经济发展不平衡的结果。

在区域经济一体化组织中,各成员国之间取消了关税壁垒和非关税壁垒,使商品和生产要素实现自由流动,利用自由贸易的动态利益,扩大整个国家的经济循环,促进区域内贸易和经济的持续增长。在成员国与非成员国之间则分别或统一采取贸易壁垒措施,限制货物、服务和生产要素的跨国界自由流动,以保护区域内的市场、产业和企业。

二、区域经济一体化的形式

依据区域内的经济一体化程度,或者说依据商品和生产要素自由流动程度的差异,成员国的政策协调程度不同,区域经济一体化组织可以从低到高划分为六种形式。

1. 优惠贸易安排

优惠贸易安排(Preferential Trade Arrangements)是指成员国之间通过协定或其他形式,对全部或部分货物贸易规定特别的关税优惠,也可能包括小部分商品完全免税的情况。这是经济一体化程度最低、成员间关系最松散的一种形式。早期的东南亚国家联盟就属于这种一体化组织。

[①][②] 《新帕尔格雷夫经济大辞典》的词条解释,转引自金慈荣. 贸易保护制度的经济分析. 北京:经济科学出版社,2001

2. 自由贸易区

自由贸易区(Free Trade Area)是指各成员国之间取消了货物和服务贸易的关税和非关税壁垒，使货物和服务在区域内自由流动，但各成员国仍保留各自的关税结构，按照各自的标准对非成员国征收关税。

从理论上来说，理想的自由贸易区不存在任何扭曲成员国之间贸易的壁垒措施、补贴等支持性政策以及行政干预，但对非成员国的贸易政策，则允许各成员国自由制定与实施，并不要求统一，因此这种形式也是松散的一体化组织。建于 1960 年的欧洲自由贸易联盟(EFTA)，是目前持续时间最长的自由贸易区，但是随着奥地利、芬兰和瑞典在 1995 年加入欧盟后，其成员只剩下挪威、冰岛、列支敦士登和瑞士 4 个成员。建立于 1994 年的北美自由贸易区(NAFTA)则是最负盛名的自由贸易区，因为它是由美国、加拿大和墨西哥 3 个处于不同经济发展阶段的国家构建而成的，并因为经济发展差异导致集团内部的冲突不断，而成为备受瞩目的区域经济集团。

3. 关税同盟

关税同盟(Customs Union)是指各成员国之间完全取消了关税壁垒和其他壁垒，实现内部的自由贸易，并对来自非成员国的货物进口实施共同的、统一对外的关税壁垒和其他贸易限制措施。

关税同盟在经济一体化进程中比自由贸易区前进了一步，因为它对外执行统一的对外贸易政策，目的是使结盟国在统一关境内的市场上拥有有利地位，排除来自区外国家的竞争。为此，关税同盟需要拥有强有力的管理机构来监管与非成员国之间的贸易关系，即开始带有超国家的性质。世界上最著名的关税同盟是比利时、荷兰和卢森堡于 1920 年建立的比荷卢关税同盟；欧盟的最初形式也是关税同盟；美洲的安第斯条约组织也是一个典型的关税同盟，因为安第斯条约各成员国之间实行自由贸易，而对外统一征收相同的关税，税率从 5%～20%不等。另外，沙特阿拉伯等海湾 6 国于 2003 年建立的海湾关税联盟也属于典型的关税同盟。

4. 共同市场

共同市场(Common Market)是指除了在各成员国内完全取消关税和数量限制，并建立对外统一关税外，还取消了对生产要素流动的限制，允许劳动、资本等生产要素在成员国间自由流动，甚至企业可以享有区内自由投资的权利。

与关税同盟相比，理想状态的共同市场不仅对内取消关税、对外统一关税，实现货物和服务的自由流动，而且允许生产要素在成员国之间自由流动，对居民和资本的跨国移动不存在任何限制。欧盟在统一货币之前的阶段是迄今为止唯一成功的共同市场，因为共同市场要求在财政政策、货币政策和就业政策等方面进行高度的协调与合作。

5. 经济同盟

经济同盟(Economic Union)是指成员国间不但货物、服务和生产要素可以完全自由流动，建立对外统一关税，而且要求成员国制定并执行某些共同的经济政策和社会政策，逐步消除各国在政策方面的差异，使一体化程度从货物、服务交换，扩展到生产、分配乃至整个国家经济，形成一个庞大的经济实体。

第二次世界大战后苏联、东欧国家之间建立的经济互助委员会就是典型的经济同盟，但是随着20世纪80年代末期的苏联解体和东欧剧变，经济互助委员会也解散了。

6. 完全经济一体化

完全经济一体化(Complete Economic Integration)是指各成员国之间除了具有经济同盟的特征之外，还统一了所有的重大经济政策，如财政政策、货币政策、福利政策、农业政策，以及有关贸易及生产要素流动的政策，有共同的对外经济政策，并建立起共同体一级的中央机构和执行机构对所有事务进行控制。完全经济一体化是区域经济一体化的最高级形式，具备完全的经济国家地位。因此，加入完全经济一体化组织的成员国损失的政策自主权最大。

在欧元(Euro)取代欧元区15国的货币之后，欧盟朝着完全经济一体化又进了一步。不过，虽然欧盟拥有欧洲议会、部长理事会、欧洲中央银行，但是因为欧元还不是整个欧盟区域的货币，欧盟仍然是一个在向完全经济一体化组织推进的区域经济一体化组织。除此之外，因一体化范围的不同，有部门一体化和全盘一体化之分；因成员国的经济发展水平不同，可以有水平一体化和垂直一体化之分。

优惠贸易安排、自由贸易区、关税同盟、共同市场、经济同盟和完全经济一体化是处在不同层次上的区域经济一体化组织，根据它们让渡国家主权程度的不同，一体化组织也从低级向高级排列。但是，这里不存在低一级的区域经济一体化组织向高一级区域经济一体化组织升级的必然性。它们在经过一段时期的发展后，可以根据成员国的具体情况决定是停留在原有的形式上，还是向高一级区域经济一体化组织过渡，关键的问题是各成员国需要权衡自己的利弊得失。

第二节　关税同盟理论

系统地提出关税同盟理论的是美国经济学家范纳(J. Viner)和李普西(R. G. Lipsey)。按照范纳的观点，完全形态的关税同盟应具备三个条件：一是完全取消参加国间的关税，二是对来自非成员国或地区的进口设置统一的关税，三是通过协商方式在成员国之间分配关税收入。范纳和李普西关于关税同盟的建立对成员国以及非成员国影响的分析结论可以归纳为两个方面：一是关税同盟的静态效应，二是关税同盟的动态效应。

一、关税同盟的静态效应

关税同盟的重要特点是"对内自由、对外保护"。关税同盟的建立对世界福利以及成员国的福利是有积极影响的,这就是贸易创造效应;同时,也存在消极影响,即贸易转移效应。

1. 贸易创造效应

贸易创造效应 (Trade Creating Effect),是指成员国之间相互取消关税和非关税壁垒所带来的贸易规模的扩大和福利水平的提高。贸易规模的扩大产生于相互贸易的便利,以及由取消贸易障碍所带来的相互出口产品价格的下降,相应地成员国得自相互贸易的利益也会增加。具体情况可以用图8-1说明。

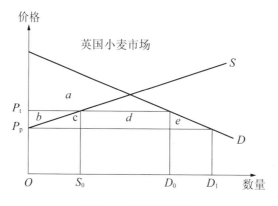

图 8-1 贸易创造效应

在图 8-1 中,横轴表示参加关税同盟的成员国国内市场上小麦的供求数量,纵轴表示小麦的价格。这里分析的国家是英国。该国在参加关税同盟以前,对外征收进口关税,这时小麦的市场价格为 P_t,需求量为 OD_0,国内的供给量为 OS_0,进口量为 S_0D_0。参加关税同盟以后,成员国之间相互取消了关税,此时伙伴国小麦的价格为 P_p,由于小麦价格的下降,英国对小麦的需求量为 OD_1,在价格降低以后,英国国内生产者退出小麦生产部门,所有的小麦都从伙伴国进口,进口的小麦从 S_0D_0 扩大到 OD_1。可见,参加了关税同盟以后,英国的对外贸易规模扩大了。不仅如此,在小麦的价格降低以后,英国小麦消费者的剩余增加了,即由参加关税同盟以前的 a 增加到参加关税同盟以后的 $a+b+c+d+e$。其中,b 部分是从生产者剩余转到消费者那里,d 部分是从政府的关税收入转到消费者那里,因此这两部分是一国范围内各部分之间的内部转移;而 c 和 e 部分则是参加关税同盟的英国得到的净福利,其中 c 部分是得自用伙伴国生产代替本国生产形成的资源节约,e 部分则是消费者增加消费的净剩余。因此,一国参加关税同盟可以带来贸易规模的扩大和福利水平的提高。

2. 贸易转移效应

贸易转移效应(Trade Diverting Effect)，是指成员国之间相互取消关税并建立共同对外关税所带来的相互贸易代替了原来成员国与非成员国之间的贸易，从而形成贸易方向的转移。借助图 8-2 说明贸易转移效应。

在图 8-2 中，横轴表示小麦的进口数量，纵轴表示小麦的价格。在英国参加关税同盟以前，英国从第三国(如美国)进口小麦，此时其进口价格为 P_w，征收关税以后的国内市场价格为 P_h，由此政府可以获得 $b+c$ 两部分的关税收入。英国加入关税同盟后，由于成员国之间相互取消关税，所以，伙伴国的商品进口价格为 P_p，即比第三国加关税以后的价格要低，从而英国小麦的进口就从第三国转向伙伴国，导致了贸易方向的转移。但是这种转移使英国政府失去了关税收入。总之，参加关税同盟所造成的成员国贸易方向的转移带来了两个方面的损失，一是成员国贸易方向的转移意味着，从低价格的第三国进口转向高价格的伙伴国进口，在商品进口量相同的情况下，该成员国付出了较高的进口代价；二是政府失去了关税收入，尽管政府征收的关税额要加到价格上去，但是这种加价只是将消费者的一部分收入转到政府那里，因而该国从整体上不会受到来自关税征收的损失。但是，当该国与伙伴国贸易代替了与第三国的贸易时，其中一部分过去作为关税收入的福利部分现在支付给伙伴国的出口商了，如图 8-2 的 c 部分。可见，贸易转移将给参加国带来福利的损失。

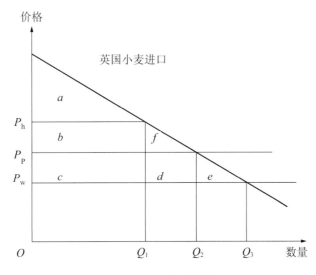

图 8-2　贸易转移效应

从静态的角度看，一国参加关税同盟将面临两方面的影响：一方面是贸易创造，另一方面就是贸易转移。各国参加关税同盟的基本出发点是，权衡本国参加关税同盟后的贸易创造效应是否大于贸易转移效应。如果该国参加关税同盟的贸易创造效应大于贸易转移，本国就积极参加；如果相反，本国就极力反对，或通过讨价还价从其他方面获得补偿。

对每一个成员国而言,贸易创造大于贸易转移是有条件的。其具体的条件有三点:①本国对贸易商品的供求弹性较大;②本国与其他成员国之间贸易商品的成本差别较大;③伙伴国与第三国或非成员国同种贸易商品的价格或成本差别较小。一般而言,本国对贸易商品的供给与需求弹性越大,供求曲线越是平坦,贸易商品的价格对供求的影响越大;本国与伙伴国的成本差别较大,本国得自关税同盟的消费者剩余的增量越大,从而贸易创造越大;伙伴国与第三国相同贸易商品的成本差别越小,本国失去的关税收入越小,贸易转向的损失越小。因此,一国得自贸易创造的利益越大,由贸易转向带来的损失越小,其贸易创造大于贸易转移的可能性越大。可以借助图8-3来说明这一关系。

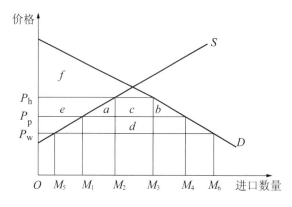

图 8-3 贸易创造和贸易转移的综合分析

在图8-3中,横轴表示进口数量,纵轴表示商品的价格,曲线 S 表示某种商品的供给曲线,曲线 D 表示需求曲线。P_h 表示本国价格,P_p 表示伙伴国价格,P_w 表示自由贸易或第三国的价格。在该国参加关税同盟以前,其进口价格为 P_w,该国的进口量为 M_2M_3,此时其关税收入为 $c+d$,消费者剩余为 f;参加关税同盟以后,进口量为 M_1M_4,即增加进口 $M_1M_2+M_3M_4$,消费者剩余增加了 $a+b+c+e$,该国由此获利 $a+b$。但是政府失去的关税收入是 $c+d$,其中 c 的部分转移到消费者那里,而 d 的部分则支付给了伙伴国的生产者,因而是该国的损失。该国决定是否参加关税同盟的基本尺度是比较 $a+b$ 和 d 的大小。如果 $d>a+b$ 则贸易转移大于贸易创造,如果 $a+b>d$ 则贸易创造大于贸易转移。由图8-3可见,当本国与伙伴国市场价格或成本的差别越大时,图中两个价格间的距离越远,从而贸易创造越大。另一方面,本国的需求曲线越平坦,本国与伙伴国之间单位价格差异所带来的需求量的变化越大,从而消费者剩余增加的就比较多。在伙伴国与第三国之间也存在一定的关系,即伙伴国与第三国之间价格差异越小,本国失去的关税收入也就越小;反之越大。从图8-3中可以看出 $a+b>d$,因此贸易创造大于贸易转移,由此该国应该参加关税同盟。

一般而言,如果一个关税同盟或其他形式的经济一体化组织给予成员国的利益小于由此带来的损失,那么该一体化组织就难以建立起来。

二、关税同盟的动态效应

国际经济一体化组织不仅会给参加国带来静态效应,还会带来某些动态效应。

1. 关税同盟的一个主要动态效应就是大市场效应

关税同盟建立以后,在排斥第三国产品的同时,为成员国之间产品的相互出口创造了良好的条件,特别是将所有成员国市场变成统一的市场。这种市场范围的扩大促进了企业生产的发展,使有竞争优势的企业达到规模经济生产水平,从而降低了成本,进一步增强了企业对外特别是对非成员国同类企业的竞争能力。因此关税同盟所创造的大市场效应引发了企业规模经济的实现。

2. 关税同盟的建立促进了成员国之间企业竞争的激化

在各成员国组成关税同盟以前,许多部门已经形成了国内的垄断,几家企业长期占据国内市场并获取超额垄断利润,因而不利于各国技术的进步。参加关税同盟以后,由于各国市场的相互开放,各国企业面临着来自于其他成员国同类企业的竞争,谁在竞争中取胜,谁就可以享受大市场带来的规模经济的利益,否则就被淘汰。各企业为在竞争中取得有利地位,会纷纷采用新技术,以降低生产成本。在这种竞争中,必然有一些企业被淘汰或被兼并,或相互合并,从而形成在关税同盟内部的垄断企业。这种大规模的垄断企业的组建,有助于抵御外部企业的竞争,甚至有助于关税同盟国家的企业在第三国市场上与别国企业的竞争。

3. 关税同盟的建立有助于吸引来自第三国的直接投资

关税同盟的建立意味着对来自第三国产品的相对排斥,第三国企业为了抵消这种不利影响,纷纷将资本投向关税同盟内部,以便绕过统一的关税和非关税壁垒,客观上增加了来自关税同盟以外的直接投资。

当然,关税同盟的建立还会产生某些负面影响。首先,关税同盟的建立促成了新的垄断的形成,如果关税同盟的对外排他性很大,那么这种保护所形成的新垄断又会成为技术进步的严重障碍。除非关税同盟的成员国不断有新的成员国加入,从而不断有新的刺激,否则由此产生的技术落后就是不可避免的。其次,关税同盟的建立可能会拉大成员国不同地区之间经济发展水平的差距。关税同盟建立以后,资本逐步向投资环境比较好的地区流动,如果没有促进地区平衡发展的政策,落后国家中的落后地区与先进地区的差别将逐步拉大。

第三节 区域经济一体化的其他理论

一、大市场理论

当经济一体化演进到共同市场之后,就能比关税同盟发挥出更大的经济优势。这里的关键是生产要素可以在共同市场内部自由流动，从而形成一种超越国界的大市场，使生产资源在共同市场的范围内得到重新配置，提高效率，从而获取动态经济效应。

按照 A. M. 阿格拉的定义：大市场是允许生产要素自由跨越国界的关税同盟，即资本、劳动力和企业可不受阻碍地在成员国之间自由流动。西陶斯基(T. Scitovsky)和德纽(J. F. Deniau)是大市场理论的代表人。

大市场理论的核心有两点：一是通过扩大市场获得规模经济，从而实现技术利益；二是依靠因市场扩大化而竞争激化的经济条件，实现上述目的。两者之间是目的与手段的关系。这种理论认为，以前各国之间推行狭隘的只顾本国利益的保护贸易，把市场分得过于细小，同时又缺乏弹性，使得现代化的生产设备不能得以充分利用，无法实现规模经济和大批量生产的利益。只有大市场才能为研究开发、降低生产成本和促进消费创造良好的环境。总体而言，大市场具有技术、经济两方面的优势。

1. 大市场的技术优势

大市场的技术优势在于它的专业化规模生产，特别是大批量的流水线作业。它可以使机器设备得到最充分的利用，可以使专业化的工人、专业化的设备、专业化的销售渠道得到合理的使用，从而提高生产效率，降低成本。不仅如此，实现专业化规模生产的大企业还会在资金借贷、采购、仓储运输、新技术应用、生产过程合理化、产品销售、股票、调研等各方面较小企业占优势。当前世界经济中出现的各国企业兼并、收购热潮亦充分说明了在竞争加剧的条件下实现规模生产的重要性。

2. 大市场的经济优势

(1) 加剧竞争，降低成本。实现规模生产和专业化生产虽然可以大幅度降低生产成本，但这对于一个狭小市场来讲效果并不会很明显，如果再加上政府等对弱势企业采取的各种保护措施，那么成本是降不下来的，因此只有建立大市场。大市场可以提供大量的竞争机会，可以拆除限制自由竞争的各种技术和管理条例上的障碍，使企业脱离国家的保护伞，在竞争压力的驱使下千方百计地提高生产效率，规模经营，降低成本。

(2) 实现资源合理配置。大市场不仅可以使最先进、最经济的生产设备得以充分利用，还可以使生产要素自由流动，使资源配置更加合理。低工资对资本的吸引，优厚的劳动条件对劳动力的吸引，以及大市场内部开业的自由，将导致成员国之间生产要素的相互转移和利用达到空前规模，使它们之间的合作与分工有更大的发展。这无疑会对大市场中各成员国的经济起到巨大的促进作用。正如德纽在他的《共同市场》一书中所表述的，充分利用机器设备进行规模生产、实现专业化、开发运用新的技术发明、恢复竞争，所有这些因素都将降低生产成本和销售价格。另外，通过取消关税降低价格，其结果将会提高消费者的购买力，真正地改善生活水平。对一种商品消费的增加会导致投资的增加，这样，经济就会像滚雪球式的扩张。消费的增长会引起投资的增加，增加的投资又导致价格下降、工资提高、购买力的全面提高。只有市场规模迅速扩大，才能促进和刺激经济扩张。

西陶斯基曾在他的《经济理论与西欧一体化》一书中对西欧的"高利润率恶性循环"或称"小市场与保守的企业家态度的恶性循环"现象做过详细分析，即西欧陷入了高利润率、低资本周转率、高价格的矛盾之中。一方面由于市场狭窄、竞争消失、市场停滞和建立新的竞争企业受阻等原因，高利润率长期处于平稳状态；另一方面高昂的价格和微弱的购买力，使得耐用消费品需求不足，普及率很低，不能转入批量生产。然而生产者却自以质量高为荣，因而陷入高利润率、高价格、市场狭窄、低资本周转率这样一种恶性循环之中。他认为，只有大市场的激烈竞争才能够打破这个恶性循环。

二、协议性国际分工理论

协议性国际分工理论是日本著名学者小岛清在他 1975 年出版的《对外贸易论》一书中首次提出的。它讲述的是在成本递减情况下国际分工和国际平衡的原理，旨在说明严格意义上的水平贸易发生的一个原因，并着眼于规模经济即成本递减的重要性。小岛清认为，即使在消除了比较优势差距的极端状态下，为了互相获得规模经济，同样应该存在分工。这种分工不是通过价格机制自动实现的，而是需要通过贸易当事国的某种协议来加以实现。小岛清此处所用的"协议性"是指：由国家间的计划决定的分工，以及通过企业合作、资本合作，实行生产品种的专业化的分工。

小岛清提出协议性国际分工理论的独到之处在于它研究的是在成本递减的情况下如何达到国际分工和平衡，而以前国际经济学仅分析了在成本递增的情况下国际分工和平衡问题。由于经济一体化的目的就是要通过大市场来实现规模经济，降低成本，实现资源的优化配置，因此研究在成本递减情况下的分工与平衡问题是很有意义的。需要说明的是，小岛清是在假定各国的规模经济既有内部经济也有外部经济，即在成本递减是可能的这个前提下进行它的理论论述的。

1. 用局部均衡图示说明协议性国际分工理论

假定 A 国、B 国均可以生产 X、Y 两种商品，且每种商品的总产量等于两国各自产量之和。如图 8-4 所示，图中曲线为 A、B 两国各自的成本递减曲线；C_{X_a}、C_{X_b}、C_{Y_a}、C_{Y_b}、X_a、X_b、Y_a、Y_b 表示两国分别生产上述两种商品时的成本与数量。如果商品 X 全部由 A 国生产，即 B 国的 X_b 也由 A 国生产，则商品 X 的总产量仍为 X_a+X_b，总的单件生产成本为 C_x；同时，Y 商品全部由 B 国生产，即 A 国的 Y_a 也由 B 国生产，则商品 Y 的总产量仍为 Y_a+Y_b，总的单件生产成本为 C_y。从图中可以明显看出，两国在集中生产、实行专业化之后，两种商品的成本都降低了。但是这里有一个前提，就是 A、B 两国要把它们各自国内的 X、Y 商品的市场全部提供给对方，即必须达成互相提供市场的协议，于是小岛清把它称之为协议性的国际分工。

从图中可以看出 X 商品在 A 国的成本较高，Y 商品在两国的成本大体相同。因此上面讲的这种分工的形成并不是由比较成本的价格竞争原理决定的。也就是说，不管比较优势的竞争原理如何指示 X 商品、Y 商品的专业化方向，只要 A、B 两国都把实现规模经济后所得到的利益作为追求目标愿意互相提供市场，愿意互相实现专业化分工，就可以实现规模经济，彼此买到低廉的商品。试想如果通过价格竞争决定分工，那么就会激化竞争，A、B 两国为降低成本、提高竞争力都不断地扩大生产规模。在各国对上述商品的需要增加的情况下，持续地扩大规模是可能的。但是，一国需求量的增加毕竟是有限度的，生产规模是不可能无止境地扩大的。

如果同图示的情况相反，即 A 国对 Y 商品实行专业化，B 国对 X 商品实行专业化，同样可以获得分工的益处。从图中可以看出，由于两国生产 Y 商品的成本曲线基本相同，初期产量 $Y_a = Y_b$，初期生产成本 $C_{Y_a} = C_{Y_b}$，所以 A、B 任意一国对 Y 商品实现专业化生产，其成本都是一样的。但是，对 X 商品则不然。由于 A、B 两国生产 X 商品的成本曲线弹性存在差异，因此，若 B 国对 X 商品实行专业化，其成本将明显高于图示的成本，从而使得 A、B 两国获得的利益大为减少。

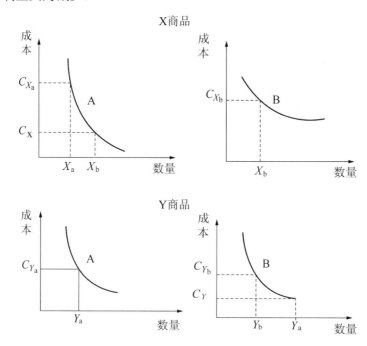

图 8-4 用局部均衡图表示的协议性国际分工理论

由此可以看出，不同的专业化分工所带来的利益差别是很大的，在现实中应选择第一类分工。即便是第二类分工，一种次佳的选择也远比完全听任竞争原理而不进行分工更为有利。

2. 用一般均衡图示说明协议性国际分工理论

假定 A、B 两国生产要素禀赋水平、生产技术水平相等，处于同等收入水平和发展阶段，且消费类型类似，如图 8-5 所示。将 A、B 两国各自生产 X、Y 两种商品的生产可能性曲线放在盒状图中。Y 轴较长，表示把全部资源投入 Y 商品生产实行专业化的产量，多于投入 X 商品生产实行专业化的产量，即表示获得规模经济的程度较大。

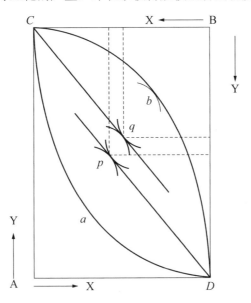

图 8-5 用一般均衡图说明协议性国际分工理论

假定贸易开始前两国分别在 a、b 点自给自足地生产这两种商品，那么过 a、b 两点所做切线的斜率相等，及两种商品的相对价格相等。按照传统的比较成本理论，在这种情况下，A、B 两国之间是不会进行贸易的。但是，如果双方达成协议，由 A 国对 X 商品、B 国对 Y 商品实行完全专业化，且彼此出口各自专业化生产的商品，于是两国的生产点向 D 点移动，p 点成为两国的消费点，pD 为贸易开始后的相对价格。反之，若 A 国对 Y 商品，B 国对 X 商品分别实行专业化，这时，两国的生产点将向 C 点移动，消费点在 q 点，qC 为贸易开始后的相对价格。但无论是在 p 点还是 q 点，从图中都可以看到，两国的福利水平均比贸易前提高了。

p 点与 q 点的选择需要通过两国在贸易分工上达成协议。如果任由它们选择，那么 A 国会选择 q 点的分工，B 国选择 p 点的分工，而最终达不成一致意见。只有当 p、q 两点一致起来，即 X、Y 两种商品的相对价格在连接 C、D 的对角线上时，两国对哪种商品实行专业化才会没有差别。然而这只是需求条件和供给条件组合后的一种偶然巧合。但是，如果当 X、Y 两种商品的生产条件和需求条件都相类似时，如图 8-6 所示，两国对 X、Y 商品实行专业化均无差别,就不是偶然的了。只有在这种情况下,两国才容易再对不同商品实行专业化分工上面达成协议。但是应该看到这种分工是谈判的结果,其本身并没有强制力,因此它的实行只能在有条件的地区,即在大市场内部实行。

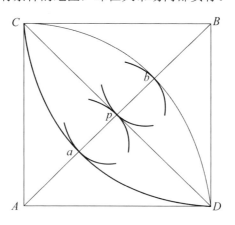

图 8-6　协议性国际分工理论

3. 达成协议性分工的条件

参与协议性分工的国家必须具备如下条件:①各参与国的资本、劳动禀赋比率没有多大差别;②工业化水平等经济发展阶段大致相等;③对所分工的对象商品均可以进行生产。

参与协议性分工的商品亦应满足以下条件:①它必须是能够获得规模经济效益的商品。一般认为重工业、化学工业中的商品更适宜规模经济生产,并会获得很大的收益。②它应该是那些在各国生产均无很大差别的商品,即无成本差异和需求弹性差异的商品。

由以上分析,小岛清得出如下结论:协议性国际分工是在同一范畴商品内的更细的分工,即应该按各种商品范畴进行国际分工。然而他同时认为,目前尚无法解决划分同一范畴商品的问题。

总之,经济一体化必须处于同等发展阶段的同质的国家之间建立。在发达的工业国之间进行协议性分工,其可选择的对象商品范围较大,利益也较大。在生活水平和文化等互相类似的邻近国家间更易于达成协议,且容易保证相互需求的均等增长。

三、综合发展战略理论

国际区域经济一体化的不断加强以及发达国家经济一体化的成功实践使得发展中国家的经济一体化近年来成为人们讨论的重要话题。发展中国家和谁实行经济一体化以及如何实行经济一体化,这就是所谓的"集体自力更生理论"。该理论又分为结构主义的中心-外围理论和激进主义的国际依附理论。

中心-外围理论的代表人物是缪尔达尔(Gurnar Myrdal)、普雷维什(Raul Prebisch)和辛格

(Hans Singer)。普雷维什是最早提出中心-外围理论的学者之一,他认为世界"经济星座"由"中心"即富裕的资本主义国家和"外围"即生产和出口初级产品的发展中国家组成。中心国家和外围国家组成的现行国际经济体系是不合理的,它只有利于发达国家而损害发展中国家经济的发展。缪尔达尔则运用"扩散效应"和"回波效应"理论来分析现代国际经济体系对发展中国家的利益和损害,认为"回波效应"的力量超过了"扩散效应"的力量,经济发展的结果往往不是带来共同富裕,而是加剧了贫富悬殊。因此他们建议发展中国家必须实行进口替代的工业化战略,打破旧的国际经济体系,以发展中国家合作的集体力量来与"中心"国家抗衡。

在对现代国际经济体系的认识问题上,比结构主义的中心-外围理论还要激进的是激进主义的国际依附理论。其主要代表人物有:巴兰(Paul Baran)、阿明(Samir Amin)、弗兰克(Ander Gunder Frank)、卡多佐(F. H. Cardoso)、桑克尔(Osualdo Sunkel)、桑托斯(M.Santos)和伊曼纽尔(A. Emmanuel)等人。这些学者认为发达国家和发展中国家的关系是富国支配穷国、穷国依附于富国并受之剥削的"支配-依附"关系,因此他们建议发展中国家要实现真正的经济发展,必须进行内部彻底的制度和结构变革,彻底摆脱对发达国家的依附。

虽然上述理论对发展中国家经济一体化产生了重要的影响,但是普遍认为对发展中国家经济一体化作出阐述最有影响力的是鲍里斯·塞泽尔基的"综合发展战略理论"。该理论的思想包括以下要点:①把发展中国家的国际区域经济一体化视为一种发展战略;②它不限于市场的统一;③认为生产和基础设施是其经济一体化的基本领域;④通过区域工业化来加强相互依存性;⑤强调有效的政府干预;⑥把经济一体化看作是集体自力更生的手段和按照新秩序逐渐变革世界经济的要素。

综合发展战略理论突破了以往的国际区域经济一体化的研究方法,把国际区域经济一体化视为发展中国家的一种发展战略,不必在一切情况下都追求尽可能高级的其他一体化。它把一体化看作是集体自力更生的手段和按新秩序逐渐变革世界经济的要素。另外,它考虑了经济、政治和机构等多种要素,而不是从贸易、投资等层面来考虑经济一体化的效应。综合发展战略理论为我们进一步探讨发展中国家的国际区域经济一体化问题提供了参考的框架。

第四节 世界主要经济一体化组织的发展

一、欧洲联盟

欧洲的区域一体化组织主要有欧盟和欧洲自由贸易联盟,其中欧盟在不断扩大,而欧洲自由贸易联盟则有缩小之势,所以,下面用欧盟的发展来说明整个欧洲区域经济一体化的进程和趋势。

1. 欧盟的发展历程

欧洲联盟(European Union, EU)简称欧盟,是目前世界上经济一体化程度最高的区域经济组织,总部设在比利时首都布鲁塞尔。该联盟现拥有27个会员国(英国脱欧),正式官方语言有24种。欧盟源自1951年的欧洲煤钢共同体,最初成员包括比利时、法国、联邦德国、意大利、卢森堡和荷兰6国。1957年,《罗马条约》签订以后,上述6国建立了欧洲经济共同体和欧洲原子能共同体。1967年7月,6国决定将3个机构合并,统称为欧洲经济共同体。根据《罗马条约》第3条的要求,欧洲经济共同体要求成员国消除内部的贸易壁垒,创立统一的对外关税,同时要求各成员国消除阻碍生产要素在成员国之间自由流动的各种障碍,因此,欧洲经济共同体实际上是一个共同市场。20世纪80年代,欧洲经济共同体正式更名为欧洲共同体(European Community)。1991年12月11日,经多次扩大后的欧共体在荷兰小城马斯特里赫特召开首脑会议,签署了《欧洲联盟条约》(又称《马斯特里赫特条约》,简称《马约》),决定建立集经济、货币与政治联盟于一体的区域性联盟。1993年11月1日《马斯特里赫特条约》生效后,欧盟正式诞生。1995年12月15日欧盟首脑马德里会议决定未来欧洲采用统一货币"欧元",并于1999年在欧元区11国首先发行实施。截至2011年12月31日,欧元区有17个成员国。与此同时,欧洲中央银行则在欧元区内实施统一货币政策,同时与欧元区外的欧洲央行成员国(10个)协调货币政策。

20世纪70年代后欧洲经济共同体成员不断增加,英国、爱尔兰和丹麦于1973年1月加入,希腊于1981年加入,葡萄牙和西班牙于1986年加入,奥地利、芬兰和瑞典于1995年加入,2004年5月1日东欧10国(塞浦路斯、匈牙利、捷克、爱沙尼亚、拉脱维亚、立陶宛、马耳他、波兰、斯洛伐克和斯洛文尼亚)成为欧盟的正式成员。欧盟成员国扩大到25个,其后,2007年1月1日,罗马尼亚和保加利亚加入欧盟,成员国扩大到27个。2013年7月1日,克罗地亚正式加入欧洲联盟成为第28个成员国。2016年6月23日英国举行全民公投,就英国应该继续留在欧盟还是脱离欧盟进行抉择,脱欧派胜出,英国成为首个脱离欧盟的国家。

在一体化的内容上,由最初的贸易领域关税同盟式安排扩展到所有经济领域,由经济领域扩展到政治领域,由一般政治领域扩展到军事、外交等敏感政治领域。欧共体末期,这个组织已经发展成为西欧国家经济、政治利益的国际代言人。而《马约》的签署,则正式宣布了欧共体由单一经济一体化目标向经济、政治、防务以及社会一体化目标过渡。《马约》宣布,欧盟的宗旨是:"通过建立无内部边界的空间,加强经济、社会的协调发展和建立最终实行统一货币的经济货币联盟,促进成员国经济和社会的均衡发展";"通过实行共同外交和安全政策,在国际舞台上弘扬联盟的个性"。因此,一般认为《马约》生效与欧盟成立,标志着欧共体从经济实体向经济政治实体的过渡,也标志着欧洲国家全面一体化的开始。作为政治实体,欧盟已经在积极筹备制定一个共同的宪法,2002年2月设立欧盟制宪筹备委员会,2003年7月提出宪法草案,并就欧盟的盟旗、盟歌、铭言与庆典日等问题达成一致。

2. 欧盟的超国家机构

欧盟统一经济政策由欧盟的相应超国家机构制定和实施,包括欧洲理事会、欧洲委员会、部长理事会、欧洲议会、欧洲法院以及欧洲中央银行等。

(1) 欧洲理事会。由欧盟各成员国政府首脑和欧洲委员会的主席组成。每年至少会晤两次,解决主要的政策问题,并确定政策方向。

(2) 欧洲委员会。欧洲委员会负责提出和执行欧盟的法律,并监督各成员国服从欧盟的法律。它由各成员国政府任命的 20 名委员组成,负责日常运行,任期 4 年。欧洲委员会有主席 1 位,副主席 6 位,在 20 位委员中选举产生,任期 2 年。每位委员都主要负责涉及某一政策领域的专门事务,如负责农业政策方面和负责竞争政策方面的委员。委员们尽管是由各成员政府任命,但却不受任何政府的直接制约,而只考虑欧盟的利益。

(3) 部长理事会。部长理事会代表各成员国的利益,而且欧洲委员会提交的议案只有通过部长理事会的同意之后才能成为欧盟法律,所以部长理事会应该是欧盟的最高权力机构。它由每个成员国政府的一名代表组成。不过,部长理事会的成员一般会根据议题的不同而更换。例如,讨论农业问题,就由农业部长参加,讨论运输问题则由运输部长作代表。1993 年前,部长理事会的决策机制采取的是一致通过,而后出现过多数票通过的例子,但是目前的绝大部分议题还是需要全体部长一致通过。

(4) 欧洲议会。欧洲议会现在有成员 600 多名,由各成员国的公民直接选举产生。它是一个咨询机构,而非一般的立法机构。欧洲议会负责讨论欧洲委员会递交并由欧洲理事会转交的立法议案,并提出修改意见。不过,欧洲委员会、欧洲理事会和部长理事会不一定会采纳这些意见。

(5) 欧洲法院。欧洲法院由来自各成员国的一名法官组成,是欧盟法规的最高上诉法院。法官们必须独立行使职责,不受各国政府的单独管辖。

3. 欧盟的统一经济政策

欧盟统一大市场的基本特点是实现货物、服务、人员和资金的自由流动,因此欧盟共同体的经济政策就是围绕着这四个特点进行磋商和制定。

(1) 货物自由流动。在这一方面,欧盟统一了海关制度,打破了原来的关税壁垒和非关税壁垒。具体体现在:简化海关手续和商品产地条例,各成员国都执行统一的商品过境管理方案和统一的商品分类目录;建立一系列专门机构,制定统一的安全、卫生、检疫以及统一的产品和技术标准,当商品进出口时,只需要提供发运国的检疫证书;加强技术合作,实现科技一体化,以科技促进经济的发展;建立税务清算手续,统一增值税和消费税。成员国之间的商品进出口不再办理出口退税和进口征税。这四方面的措施既降低了企业的交易成本,也减少了政府的某些行政费用支出。

(2) 服务自由流动。各成员之间相互开放服务市场,允许各种职业者任意跨国界就业;各成员互相承认按各国法律建立起来的公司与企业,允许银行、证券交易、保险租赁、运输、广播电视、通信和信息等服务业开展跨国服务,并在共同体内部发放统一的运营许可证;统一所得税,并制定统一的运输、服务价格和标准,以鼓励各国工程技术人员的自由流动。

(3) 人员自由流动。欧盟各成员国相互承认现有的立法和制度,消除国籍歧视,允许各国间人员自由流动。各国都相互承认文凭和学历,提供均等的就业机会。

(4) 资金自由流动。取消各成员国之间对跨国界金融交易的限制,允许一国银行在其他成员国设立分行,允许一国居民自由购买其他成员国的债券和股票;放宽对其他成员国公司和企业在本国发行债券和股票的限制,取消对为买卖债券而获得商业信贷的限制。

【案例8-1】 英国脱欧影响几何?

2016年6月24日,英国举行了脱离欧盟的公投,脱欧派以微弱的优势获胜,正式表明英国脱离了欧盟。这一消息瞬间传遍全球,引发全球金融市场震荡,欧美各大主要股指连续下挫,英镑、欧元剧烈贬值,连带影响到人民币一起被动贬值。那么英国为什么要脱离欧盟?英国脱离欧盟会对全球经济造成什么影响?这一切还要从欧盟的前身欧共体讲起。

1. 英国为何脱欧

第二次世界大战之后,西欧国家推行欧洲经济、政治一体化,着手建立一个具有超国家机制和职能的国际组织。1952年,法国、联邦德国、意大利、荷兰、比利时和卢森堡6国组建了欧洲煤钢共同体,1958年又建立了欧洲经济共同体和欧洲原子能共同体。1965年,上述3个共同体机构融为一体,统称欧洲共同体,简称欧共体。英国1973年加入欧共体,融入欧洲一体化进程。但是,英国是一个与欧洲大陆分离的岛国,其政治、经济、文化等与欧陆大异其趣,而且英国曾经享有日不落帝国的荣耀,英国人在血液里一直流淌着深深的主权意识。因此,英国从加入欧共体伊始就表现得不是很积极,特别在意其独立性和主权。所以,后来在欧共体进一步发展为欧盟,并着手取消成员国之间边界检查,统一货币时,英国不加入欧元区,止步在《申根协定》之外,同时在德国主导的欧盟经济政治一体化进程中唱反调,始终不希望欧洲继续进一步地整合。另一方面,近年来随着欧洲政治经济一体化进程加快,欧盟带来的一些捆绑效应让英国越来越不舒服。比如,从2014年下半年开始,世界经济整体进入了低迷和下滑,欧盟部分成员国债务危机严重,这个问题需要欧盟所有成员国共同承担解决。欧盟资金的75%来自于各成员国按照各自GDP比例上交的"摊派费",英国的收入不错,所以交得多,心里自然不乐意。又比如,欧盟各个国家人才自由流通,每年进入英国打工的人就特别多,这些打工族享受英国的福利,却又把收入寄回自己的祖国,这就让英国的移民和福利制度压力很大。近年来,中东冲突制造的难民问题,更是成了英国脱欧的导火索。2015年是难民涌入欧洲最多的一年,这些难民也被进行强制摊派，英国必须有份，但是目睹了德国难民问题和法国的恐怖事件之后，英国人对欧盟的信心终于丧失殆尽。

2. "单飞"并不容易

英国脱欧不完全是一时兴起，而是有过权衡和深思熟虑的。然而，如果要说英国能够潇洒地"转身"，坚决"单飞"，其实也不尽然。英国之所以带着小小的不愉快在欧盟混迹多年，这必然是由于英国能够从欧盟中捞到不少好处。比如，欧盟是一个巨大的单一市场，拥有数亿高素质的劳动力，同时也是巨大的消费市场。英国如果留在欧盟区，可以享受单一市场的好处，人员、资本、商品可以自由流动，贸易成本大大降低。又比如，英国在欧盟的身份增加了其作为世界重要金融中心的砝码，金融机构如果只在欧洲设一个分支，必然是在英国。但是，在英国脱离欧盟之后，上述的这些好处肯定捞不到了，随之而来的反而是一些对经济的损害。首先，脱欧将对英国与欧洲的贸易带来负面冲击。欧盟是英国的第一大出口对象的经济体，占英国出口总额的 46.9%，而英国对美国和中国的出口份额仅占 11.9%和 5.1%。同时，欧盟也是英国第一大进口来源的经济体，占英国进口总额的 52.3%。如果英国脱欧，英国经济赖以运转的许多协议、规定和法律依据将被打破，该国经济将发生剧烈震荡。比如，英国将需要重新争取欧洲单一市场的准入，要与多个国家和地区重开欧盟贸易协定谈判，要将数以千计的欧盟法规重新写入英国法律。其次，英国脱欧会对金融市场产生不利的冲击。英国以金融立国，伦敦的定位是国际金融中心，一旦脱离欧盟，这一地位将受到很大冲击。从欧盟的分工来看，基本是这样的格局：英国提供贷款，德国制造工业，法国制造奢侈品，东欧为生产外包基地。欧洲大陆的大企业，每年的财务分析会，很多会在伦敦开一场。伦敦金融城的白领们，穿梭在欧洲大陆的大型企业，欧洲出差各地跑，这是金融业者的常态。但是，英国脱欧后，伦敦可能会损失不少企业客户，失去这些企业的支撑，伦敦或许无法继续充当"欧洲财神爷"的角色。所以，英国虽然可以退出欧盟，但经济上始终离不开欧洲，因此还必须与欧盟达成新的协议。只是，在即将到来的脱欧谈判中，英国的前景不容乐观。欧盟可能会借机"惩罚"英国，防止其他成员国效仿英国的做法。

3. 欧盟是最大的输家

"单飞"后的英国能否过得更好，这仍需时间来证明。然而，不论如何，欧盟是"英国脱欧"这一事件中最大的输家。相比于英国在"束缚""投入"和"收益"之间纠结，"英国脱欧"对欧盟可能只有赤裸裸的负面影响。首先，欧盟作为整体在全球的经济影响力将被削弱。英国是欧洲经济最发达的国家，可以称得上是支撑欧盟的三根台柱子之一。从总人口来看，英国总人口 6000 多万，约占欧盟总人口的 13%，仅次于德国和法国。从经济总量来看，英国 GDP 约占欧盟的 18%，仅次于德国。从对外贸易来看，英国对欧盟对外进口的贡献高达 14.5%，对出口的贡献达 11.6%，也仅次于德国。如果英国脱欧，欧盟不仅会损失会员费，其国际地位和影响均会受到影响。其次，欧盟内部的不稳定性增加。英国脱欧将会给其他国家带来示范效应。英国退出欧盟或许只是第一块多米诺骨牌，因为在英国脱欧结果出炉之后,著名的易索普-莫里商业资讯公司做了广泛的民意调查,结果显示,8个欧盟国家,包括法国、荷兰、意大利、奥地利、芬兰、匈牙利、葡萄牙、斯洛伐克,也希望举行脱欧公投,至少,他们觉得应该有脱欧公投的机会。令欧盟担忧的是,这种"疑欧"情绪在法国尤为严重。比如,法国极右翼政党"国民阵线"领导人玛丽娜·勒庞已经请求举行公投,但她的请求遭到了法国总统奥朗德的拒绝。如果勒庞在明年的法国总统大选中胜出,这意味着又一大成员国将退出欧盟,紧接着或许就是欧盟的解体。另外,英国脱欧将会使欧盟一些国家的经济举步维艰,比如德国。在欧盟内部,英国与德国共同代表着市场经济的准则,英国的退出不仅会使其失去一个重要的伙伴,而且会迫使德国在欧盟中承担更大的出资份额。在近几年欧盟深陷债务危机、难民流入、经济增长乏力等诸多问题的情况下,英国脱欧会使欧洲经济更加低迷,欧元也会更加疲软。不过,英国脱欧公投也许会给欧盟敲响警钟,这或许能令欧盟下定决心,进一步改革以解决自身存在的问题。

(资料来源:大科技百科新说,2016-08-15)

【点评】英国脱欧是一个重大的事件,其不仅对英国自身,而且对欧盟推进的欧洲经济一体化的进程都将产生严重的负面影响。同时,也给我们提供了教训和启示:一是英国脱欧进而导致欧盟遭遇解体的潜在危机,根本原因是欧盟扩张太快,尤其是2004年后的东扩,欧盟吸纳了10个穷亲戚(欠发达国家),埋下了解体的祸根。二是英国脱欧告诉我们,经济一体化要有步骤,不能过快,要考虑区域经济的发展水平和均衡性,否则区域经济一体化就有可能遭到挫折。三是WTO近些年在发展过程中出现的问题和矛盾,与欧盟目前的情况有点类似,就是扩张太快,成员太多,门槛太低,最终会在发展中矛盾重重,才给TPP和TTIP以可乘之机。因此,不论是欧盟还是东盟,以及其他国际经济区域都应在发展中吸取英国脱欧的经验和教训,即在发展中不仅要考虑国与国之间的经济发展水平的差异性,而且要考虑区域政策的适应性和平衡性,以促进国际经济区域的稳定协同发展。

二、北美自由贸易区

1. 北美自由贸易区的建立

北美自由贸易区(The North American Free Trade Area,NAFTA)由美国、加拿大和墨西哥三国组成,是在原美国、加拿大自由贸易区基础上的扩大和延伸,美、加、墨三国于1992年8月12日宣布成立一个横跨北美洲的自由贸易区,就《北美自由贸易协定》达成一致意见,并于同年12月17日由三国领导人分别在各自国家正式签署。1994年1月1日,协定正式生效,北美自由贸易区宣布成立。

《北美自由贸易协定》的宗旨是:取消贸易壁垒;创造公平的条件,增加投资机会;保护知识产权;建立执行协定和解决贸易争端的有效机制,促进三边和多边合作。

促使北美自由贸易区成立的原因，一是迫于不断扩大和深化的欧洲经济一体化的压力，二是发展成员国内部经济和贸易的需要(美国和加拿大互为对方的第一贸易大国，美国是墨西哥的第一贸易大国，墨西哥是美国的第三贸易大国；加拿大外来投资的70%和墨西哥外来投资的63%均来自美国)。北美自由贸易区拥有3.6亿人口，国民生产总值达到6.45万亿美元，年贸易总额1.37亿美元，其经济实力和市场规模都超过欧洲联盟，成为当时世界上最大的区域经济一体化组织。接着，美国又进一步提出，想在2005年把北美自由贸易区扩大到整个南北美洲。

北美自由贸易区由两个属于七国集团成员的发达国家和一个典型的发展中国家组成，它们之间在政治、经济、文化等方面差距很大。历史上在差距如此之大的国家之间组成自由贸易区还尚无先例。因此，北美自由贸易区是发达国家和发展中国家在区域内组成自由贸易区的第一次尝试，其成败对于世界范围内的区域经济合作都有很大的意义。北美自由贸易区运行的基本模式是美国和加拿大利用其发达的技术和知识密集型产业，通过商品和资本的流动来进一步加强它们在墨西哥的优势地位，扩大墨西哥的市场；而墨西哥则可利用本国廉价的劳动力来降低成本，大力发展劳动密集型产品，并将商品出口到美国，同时还可以从美国获得巨额投资和技术转让以促进本国产业结构的调整，加快本国产品的更新换代，在垂直分工中获取较多的经济利益，三国之间密不可分的经济关系成为它们合作的纽带。因此，北美自由贸易区是南北经济合作的典型代表之一。

2．北美自由贸易协定的主要内容

北美自由贸易协定的主要内容是贸易壁垒的降低和消除。根据协定，3国将在10年至15年的时间内逐步取消进口关税和其他非关税壁垒。各国承诺对所有服务行业实施国民待遇和最惠国待遇原则，除非在协定的国别附件中被明确列入例外或具体例外。在国内法规的统一协调方面，协定针对补贴、反倾销法和竞争政策及采购与环保措施等方面做了较原则的规定。根据北美自由贸易协定，3国间建立的是自由贸易区。但除关税内容外，协定还包括了投资、金融、服务等广泛的内容，有一些共同市场的因素，因此北美自由贸易区不是严格意义上的自由贸易区。《北美自由贸易协定》规定的总目标是经过15年的努力，到2008年在成员国间取消各种关税和非关税的壁垒，实行零关税，实现商品和生产要素的完全自由流动；还具体规定了在成员国间逐步消除关税和投资限制等的步骤和时间表。

自《北美自由贸易协定》生效后，立即取消3国约65%的制成品的关税，另有15%制成品的关税在5年内取消，余下的大部分制成品关税在10年内取消，少数制成品关税在15年内取消。半数以上农产品关税立即或在5年内取消。

一国为其他两国进入本国的金融保险市场提供方便。为与美、加保持同步，墨西哥将在7年内取消对美、加银行及保险公司的限制，相互放宽对外国投资限制。墨西哥在大多数部门和行业平等对待美、加公司，1996年起允许搞外资独资经营。美、加进一步放松对墨西哥投资的限制，允许其在大多数部门和行业进行投资，并给予一定的优惠条件。

在供应产品及服务招标方面，3国公司可以享受同等待遇。

3 国均严格遵守国际知识产权保护法的规定,对成员国登记药品及其他专利产品至少保护 20 年。

3. 北美自由贸易区南扩

1994 年 12 月,美国发起召开美洲国家首脑会议,提出在 2005 年以前建立一个从阿拉斯加到火地岛、除古巴以外所有美洲国家都参加的自由贸易区的倡议。这一倡议得到拉美国家的普遍赞同。最近一次的美洲首脑会议即 2001 年 4 月第三届美洲国家首脑会议,再次明确 2005 年 1 月 1 日前结束有关建立美洲自由贸易区的谈判,并在同年 12 月底前建立美洲自由贸易区。

2003 年 6 月 6 日,智利与美国签署自由贸易协定。这是美国同南美国家签署的第一份自由贸易协定,智利由此成为北美自由贸易区向南扩张的第一站。2003 年 12 月 17 日,美国同 4 个中美洲国家(危地马拉、尼加拉瓜、萨尔瓦多和洪都拉斯)签订自由贸易协定。2004 年 1 月 25 日,哥斯达黎加和美国在华盛顿正式签署自由贸易协定。至此,中美洲和美国自由贸易谈判全部结束,这无疑又为美国在关于美洲自由贸易区的谈判中增加了砝码。

2004 年的头两个月,美洲国家特别首脑会议、34 国贸易副部长磋商会议相继在墨西哥召开,备受瞩目的美洲自由贸易区"路线图"却仍然没有浮出水面。10 年前,首届美洲国家首脑会议确定了在 2005 年建成美洲自由贸易区的目标,但谈判仍未完成。

建成后的美洲自由贸易区以 8 亿人口、近 10 万亿美元经济总量的规模成为全球最大的自由贸易区,其组成元素之复杂也造就其独特的自由贸易区形态:以美国、加拿大为主的发达国家与众多拉美发展中国家构成的复杂架构,试探全球自由贸易前所未有的游戏规则。

在美洲自由贸易区谈判中,以巴西和阿根廷为核心的南美洲共同市场坚持要求美国取消对本国农业的补贴,开放农产品市场,否则南美洲共同市场拒绝谈判有关政府采购、知识产权、投资和服务贸易等议题。而美国则强调,农业补贴问题只能在世界贸易组织的框架下谈判解决。美国和南美洲共同市场在这一问题上的分歧,导致 2004 年 2 月在墨西哥举行的美洲自由贸易区谈判不欢而散。

2004 年 3 月初,南美洲 10 国外长和贸易代表在阿根廷举行协商,协调它们在美洲自由贸易区谈判中的立场,参加会议的除了南方共同市场的阿根廷、巴西、巴拉圭和乌拉圭 4 国外,还有智利、玻利维亚、秘鲁、哥伦比亚、厄瓜多尔和委内瑞拉的代表。会上,南美洲共同市场成员国表示,可以考虑不再以美国立即取消农业补贴作为建立美洲自由贸易区的先决条件。当地舆论认为,这意味着美洲共同市场有关农业贸易的立场出现了松动,陷入僵局的美洲自由贸易区谈判有望出现转机。

三、亚太经合组织

1. 亚太经合组织的建立

亚太经合组织(Asia-Pacific Economic Corporation,APEC)是亚太地区的一个主要经济合

作组织。1989年1月，澳大利亚总理访问韩国时建议召开部长级会议，讨论加强亚太经济合作问题。经与有关国家磋商，1989年11月5日至7日，澳大利亚、美国、加拿大、日本、韩国、新西兰和东盟6国在澳大利亚首都堪培拉举行亚太经济合作会议首届部长级会议，这标志着亚太经济合作会议的成立。1991年11月，中国同中国台湾和中国香港一起正式加入亚太经合组织。1993年6月改名为亚太经济合作组织，简称亚太经合组织或APEC。

目前APEC共有21个成员：澳大利亚、文莱、加拿大、智利、中国、中国香港、印度尼西亚、日本、韩国、墨西哥、马来西亚、新西兰、巴布亚新几内亚、秘鲁、菲律宾、新加坡、中国台湾、泰国、美国、俄罗斯和越南。

领导人非正式会议是亚太经合组织最高级别的会议。亚太经合组织首次领导人非正式会议于1993年11月20日在美国西雅图举行，会议发表了《经济展望声明》，揭开了亚太贸易自由化和经济合作的序幕。此后，领导人非正式会议每年召开一次，在各成员间轮流举行。

2．亚太经合组织的宗旨

1991年11月，在韩国汉城(现称首尔)举行的亚太经济合作组织第三届部长级会议通过了《汉城宣言》，正式确定亚太经济合作组织的宗旨和目标是：相互依存，共同受益，坚持开放性多边贸易体制和减少区域内贸易壁垒。

1993年亚太经济合作组织在西雅图领导人非正式会议宣言中提出了APEC大家庭精神，为本地区人民创造稳定和繁荣的未来，建立亚太经济的大家庭，在这个大家庭中要深化开放和伙伴精神，为世界经济做出贡献并支持开放的国际贸易体制。开放、渐进、自愿、协商、发展、互利与共同利益，被称为反映APEC精神的7个关键词。

3．亚态经合组织的独特性

一体化的APEC方式是区别于其他一体化组织的重要特征，APEC成员经济发展水平的多样性包括经济方式多样性，如发达工业化成员内涵型生产方式和发展中经济成员外延型生产方式，产业结构不同及由产业结构决定的产品的多样性，综合国力的多样性，生活方式、文化、政治体制的多样性，这些多样性决定了APEC应采取APEC方式。

从本质上说，APEC是一个论坛，是一个协商机制，不具备采取共同实际行动的功能，而是通过协商，达成共识，各自采取行动。尤其是"在实现贸易和投资自由化的进程中，应根据成员的不同情况有快有慢，在不同的时期，有时快一些，有时慢一些。发达成员条件好，应该带个头，快一些"。发展中成员承受的压力和风险较大，面临的困难较多，需要一个过程。如果发展中国家贸易和投资自由化进程不适当地过快，就有可能在某些国家和地区出现严重后果，反而不利于实现本地区贸易投资自由化的目标。

APEC方式强调灵活性，主要是指APEC贸易投资自由化进程的灵活性，其表现之一就是1994年APEC发表的《茂物宣言》。宣言确定了APEC实现贸易投资自由化的两个时间表，发达经济体不迟于 2010 年实现贸易和投资的自由化，发展中经济体不迟于 2020 年实现贸易和投资的自由化。APEC 方式的灵活性作为 APEC 活动的一般原则在 1995 年 11 月 19 日领导人非正式会议通过的《执行茂物宣言的大阪行动议程》中得到确认，大阪行动议程指出，"考虑到 APEC 成员之间不同经济发展水平和每个成员的不同情况，在处理由于自由化和便利化进程中所引起的问题时将允许灵活性"。

APEC 在长远目标确定以后，为实现长期目标，各成员可采取灵活的渐进方式，最终在规定的不同时间内达到 APEC 所规定的目标。APEC 的渐进性表现在，各成员的贸易投资自由化进程同时起步，其速度由各成员自我确定；每一个成员应做出持续和重要的贡献，以完成贸易投资自由和开放的长期目标。

四、东南亚国家联盟

东南亚国家联盟(Association of South-East Nations, ASEAN)成立于 1969 年，成员国包括文莱、印度尼西亚、老挝、马来西亚、缅甸、菲律宾、新加坡、泰国、越南和柬埔寨 10 个国家。东盟建立之初主要是个政治联盟，在经济上只是一个优惠贸易安排，目标只是促进成员之间的自由贸易和在产业政策之间进行合作。

1992 年初东盟意识到区域经济一体化的重要性，并着手计划建立较高层次的区域经济一体化组织，目标是在 2008 年实现东南亚自由贸易区。虽曾遭受东南亚金融危机的沉重打击，但孕育 10 年之久的东盟自由贸易区仍在 2002 年 1 月 1 日正式启动，达到了"在 2002 年之前将产品关税降至 5%以下"的目标。10 年来，东盟的平均关税已从 12.76%降至 3.85%。在 55 000 多个关税项目中，超过 90%的产品关税降到了 0～5%。6 个老成员国相互间的贸易关税已降至 3.21%，4 个新成员国[①]也有 50%的产品关税达到《东盟共同有效优惠关税协定》的要求。关税降低带来了区域内出口额的稳步增加，东盟内部的出口额已从 1993 年的 432 亿美元增加到 2003 年的近 900 亿美元。东盟自由贸易区的下一步目标是"在 2010 年前全面撤除进口壁垒、产品关税降至零，进而实现东南亚区域内资金、货物和人才的自由流动"。

东盟除大力推行区内自由贸易外，也在积极推动与亚太地区国家的自由贸易。例如，"中国—东盟"自由贸易区已在 2010 年初步建成，"东盟—日本"经济合作、"东盟—澳新"经济合作都处在紧锣密鼓的商议或计划中。

东南亚是当今世界上民族、文化、宗教和意识形态最复杂的地区之一，东盟新老成员间的经济发展水平存在着明显差异。因此，东南亚自由贸易区的发展上存在一系列的不确定因素。

(1) 地区局势的稳定始终是自由贸易区健康发展的保障。东盟有些成员存在潜在不稳

---

① 6 个老成员国是印度尼西亚、马来西亚、菲律宾、新加坡、泰国和文莱，4 个新成员国是越南、老挝、缅甸与柬埔寨。

定因素，如 2003 年马来西亚政权的更迭、印度尼西亚 2004 年的总统大选和缅甸军政府未来走向等。印度尼西亚、菲律宾等国的宗教、种族矛盾和民族分离等问题一旦失控，也将影响该地区经济一体化的发展。

(2) 合作运行机制的改革。自由贸易区内除货物贸易外，还有包括商业、运输、电信、建筑、金融和旅游等产业在内的服务贸易。东盟成员国间的经济差异，将给区内货物贸易的一体化和服务贸易的协调合作造成一定障碍，同时东盟的"不干涉内政"和"协商一致"两大原则，在新形势下显得过于松散，特别是在维护地区安全和处理区域金融危机方面显得软弱无力。所以，东盟需要建立一个统一、权威、有效的合作新机制。

(3) 防止成员国间贸易保护主义的东山再起。对于地理位置相近、自然资源相似、产业结构趋同、竞争多于互补的东盟各国，未来不仅将在吸引外资等方面互为对手，并且还将在货物贸易和服务贸易等领域继续保持传统竞争。解决这一矛盾的可行途径，就是要在东盟内部加强"南北"合作，即经济较发达的老成员，积极帮助经济落后的新成员调整产业结构、更新技术、培养人才以及完善金融体系。

【案例 8-2】 中国—东盟自贸区完成升级

据新华社吉隆坡 2015 年 11 月 22 日专电，在李克强总理和东盟 10 国领导人的共同见证下，中国商务部部长高虎城与东盟 10 国部长 2015 年 11 月 22 日分别代表中国与东盟 10 国政府，在吉隆坡正式签署中国—东盟自贸区升级谈判成果文件——《中华人民共和国与东南亚国家联盟关于修订〈中国—东盟全面经济合作框架协议〉及项下部分协议的议定书》（以下简称《议定书》）。日前，高虎城部长接受了新华社记者采访，对此进行解读。

问：请您介绍一下中国—东盟自贸区升级谈判的背景和过程。

答：中国—东盟自贸区是中国对外商谈的第一个、也是最大的自贸区，2010 年全面建成，有力促进了双边经贸关系，展现了发展中国家互利互惠、合作共赢的良好模式。目前，双方的经济总量接近 13 万亿美元，占亚洲近 60%。今年 1 月至 10 月双边贸易总额达 3792 亿美元，双方累计相互投资已超过 1500 亿美元。为进一步提高本地区贸易投资自由化和便利化水平，2013 年 10 月，李克强总理在中国—东盟领导人会议上倡议启动中国—东盟自贸区升级谈判，获得了东盟各国领导人的积极回应。2014 年 8 月，中国—东盟经贸部长会议正式宣布启动升级谈判。经过近一年半四轮谈判，双方近日在北京就升级谈判成果文件《议定书》内容完全达成一致，为中国—东盟领导人会议签署《议定书》创造了条件。

问：请问中国—东盟自贸区升级谈判的成功结束有什么重要意义？

答：《议定书》是中国在现有自贸区基础上完成的第一个升级协议，涵盖货物贸易、服务贸易、投资、经济技术合作等领域，体现了双方深化和拓展经贸关系的共同愿望和现实需求。《议定书》的达成和签署，将为双方经济发展提供新的助力，加快建设更为紧密的命运共同体，推动实现 2020 年双边贸易额达到 1 万亿美元的目标，并促进《区域全面经济伙伴关系协定》谈判和亚太自由贸易区的建设进程，进一步简化海关通关手续。

问：《议定书》的主要内容有哪些？

答：《议定书》共 500 多页，内涵丰富，包括序言及货物贸易、服务贸易、投资、经济技术合作、未来工作计划和最后条款等章节，还包括原产地规则、原产地规则操作程序、第三批服务贸易具体承诺减让表等附件。

问：《议定书》在货物贸易领域进行了哪些升级？

答：现有的中国—东盟自贸区零关税已经覆盖了双方 90%～95%税目的产品，货物贸易自由化水平很高。因此，双方在此次升级谈判中，主要通过升级原产地规则和贸易便利化措施，进一步促进双边货物贸易发展。双方对原产地规则进行了优化并完善了相关实施程序。中国—东盟自贸区现有货物贸易原产地规则以"区域价值百分比 40%"为主，标准比较单一，原产地的认定也比较复杂。这次升级谈判中，双方同意对 46 个章节的绝大部分工业品同时适用"4 位税目改变"和"区域价值百分比 40%"标准，涉及 3000 多种产品，包括矿物、化工、木材纸制品、贱金属制品、纺织品和杂项制品等。这两种原产地标准，企业可自行选择适用，这将大大便利有关企业利用自贸区的优惠政策。这次升级谈判也纳入了海关程序与贸易便利化领域的相关内容。双方同意进一步简化海关通关手续，确保双方相关法律法规公开透明，运用自动化系统、风险管理等手段，为企业提供高效快捷的通关服务，解决通关阻碍，以便利合法贸易，并就预裁定、复议与诉讼制度以及对本章程序定期审议等达成共识，保障货物流动畅通，共同提高便利化水平。东盟在 70 个分部门做出开放承诺。

问：《议定书》在服务贸易方面有什么突破？

答：中国与东盟服务贸易发展迅猛，从 2007 年的 179 亿美元增长至 2014 年的 626.6 亿美元。2014 年比前一年增长 44.7%。根据 2007 年签署的中国—东盟自贸区《服务贸易协议》渐进自由化条款，中国和东盟成员在自贸区升级谈判中启动并完成了第三批服务贸易具体减让承诺谈判。与前两批具体承诺相比，各国均做出了更高水平的承诺，进一步提升了服务贸易自由化水平。

中国在集中工程、建筑工程、证券、旅行社和旅游经营者等部门做出改进承诺。东盟各国在商业、通信、建筑、教育、环境、金融、旅游、运输 8 个部门的约 70 个分部门向中国做出更高水平的开放承诺，主要包括：文莱在电信、旅游、航空等部门做出更高开放承诺，并新增教育、银行、航天运输、铁路运输等部门承诺；柬埔寨在广告、电信、金融等部门中承诺取消过渡期限制；印度尼西亚新增旅馆、餐饮、资产管理和证券管理服务等部门承诺；老挝新增计算机、建筑、教育、环境等领域 19 个分部门承诺；马来西亚在建筑和工程领域放宽外资股比限制，新增兽医服务承诺；缅甸新增教育、建筑、集中工程、城市规划、计算机等部门承诺，并在广告、印刷出版、视听、海运等分部门提升承诺水平；新加坡新增会议服务承诺，取消市场准入和国民待遇限制；泰国在教育、数据处理和数据库、税收、研究和开发、房地产等部门做出进一步开放承诺；越南在计算机、市场调研、管理咨询、教育、环境、旅游等部门取消过渡期限制。

双方的具体改进措施包括扩大服务开放领域，允许对方设立独资或合资企业，放宽设立公司的股比限制，扩大经营范围，减少地域限制等。

问：《议定书》在投资方面达成了哪些共识？

答：在投资促进领域，双方同意通过包括组织投资促进活动、增强行业互补性和促进生产网络化、举办投资相关的研讨会和信息交流等方式促进相互投资。在投资便利化领域，双方同意简化投资批准手续，促进投资相关规则、法规、政策的信息发布，并在必要时建立一站式投资中心或相关机制，为商界提供包括便利营业执照和许可发放的支持与咨询服务。

问：在经济技术合作方面，双方达成了哪些共识？

答：双方同意在农业、渔业、林业、信息技术产业、旅游、交通、知识产权、人力资源开发、中小企业和环境等10多个领域开展合作。双方还同意为有关经济技术合作项目提供资金等支持，推动更好地实施中国—东盟自贸协定。此外，考虑到电子商务对双方经济发展的重要作用，双方还同意将跨境电子商务合作这一新议题纳入《议定书》，通过加强信息交流以促进双方的贸易和投资。

问：《议定书》对双方未来工作有什么安排？

答：中国—东盟自贸协定是一个"活的协定"，将会随着时间和双方的需要不断更新发展。因此，双方同意在升级《议定书》生效后，通过协商确定时间安排，就货物贸易自由化、特定产品原产地规则、投资自由化和保护等议题进一步开展磋商。按照《议定书》相关规定，在中国和至少一个东盟成员书面通知东盟秘书处已完成内部程序的条件下，《议定书》将于2016年5月1日生效。如果《议定书》未能在2016年5月1日前生效，则在中国和至少一个东盟成员书面通知东盟秘书处已完成内部程序的60天后生效。目前，双方正抓紧完成各自国内法律程序。

(资料来源：上海东方早报，2015-11-24)

【点评】中国和东盟之间的关系是全面的，合作是多方位的，涵盖经济、政治、文化、环境、安全等各个方面。自贸区的建成将会推动双方在其他领域的合作。东亚已成为世界经济发展最具活力和潜力的地区之一，各国的命运从来没有像今天这样紧密相连、休戚与共。加强区域合作是经济全球化的大势所趋，是增强抗风险能力的必由之路，更是互利互惠宗旨的要求。完全有理由相信，中国—东盟自贸区将成为区域经济合作的加速器、文化交流的大舞台和双边关系提升的新起点，为互利共赢的区域合作树立典范。

本 章 小 结

区域经济一体化是指一个地理区域内，各国一致同意减少并最终消除关税壁垒和非关税壁垒，以便做到相互之间商品、服务和生产要素自由流动的状态或过程。

依据区域内的经济一体化程度，或者说依据商品和生产要素自由流动程度的差异，成员国的政策协调程度不同，区域经济一体化可以从低到高划分为六个层次：优惠贸易安排、自由贸易区、关税同盟、共同市场、经济同盟和完全经济一体化。

区域经济一体化组织的建立对各成员国会产生静态和动态两个方面的影响。静态的影响包括贸易创造和贸易转移。从静态的角度看，成员国是否参加某一个区域经济一体化组织决定于它从该组织中所得到的贸易创造是否大于贸易转移，或者说组成关税同盟的总福利效应要看贸易创造效应和贸易转移效应对比之后的净福利。从动态看，一个区域经济一体化组织可以带来积极的经济影响。同时，在一体化处于停滞状态时，有可能不利于技术进步。

大市场理论的核心，是通过扩大市场获得规模经济，从而实现技术利益；依靠因市场扩大化而竞争激化的经济条件，实现上述目的。两者之间是目的与手段的关系。

协议性分工理论讲述的是在成本递减情况下国际分工和国际平衡的原理，旨在说明严格意义上的水平贸易发生的一个原因，并着眼于规模经济即成本递减的重要性。

欧盟、北美自由贸易区及亚洲的经济一体化趋势是值得关注的焦点。

复习思考题

1. 区域经济一体化组织有哪些形式？各自的特点是什么？
2. 什么叫贸易创造效应？其福利效应的大小主要取决于哪些因素？
3. 什么叫贸易转移效应？其福利效应的大小主要取决于哪些因素？贸易转移效应是否总是降低人们的福利水平？
4. 大市场理论的核心内容是什么？
5. 什么叫协议性国际分工原理？它存在的前提条件是什么？
6. 如何看待北美自由贸易区的南扩及其发展前景？
7. 如何看待亚太经合组织？其在发展中有何独特性？
8. 从中国—东盟自由贸易区(10+1)和中、日、韩—东盟自由贸易区(10+3)的发展实践，分析建立东亚经济共同体的可行性。

推荐书目

1. 佟家栋. 国际经济学. 3 版. 天津：南开大学出版社，2000
2. 陈家勤. 当代国际贸易新理论. 北京：经济科学出版社，2000
3. 陈岩. 国际一体化经济学. 北京：商务印书馆，2001
4. 刘厚俊等. 国际贸易新发展. 北京：商务印书馆，2001

5. 彼得·罗布森. 国际一体化经济学. 上海：上海译文出版社，2001
6. 小岛清. 对外贸易论. 天津：南开大学出版社，1987
7. 特奥托尼奥·多斯桑托斯. 帝国主义与依附. 北京：社会科学文献出版社，1999
8. 布雷达·帕弗里奇等. 南南合作的挑战. 北京：中国对外经济贸易出版社，1987
9. Viner，J.The Customs Union Issue.New York: Carnegie Endowment for International Peace, 1950
10. Garden, W. Max, "The Effects of Trade on Rate of Growth," in J.Bhagwatietal. , eds. , Trade, Balance of payments, and Growth: Papers in Honour of Charles P.Kindleberger,1971
11. Anne O. Krueger, Trade creation and trade diversion under NAFTA, www.nber.org/paper
12. Suthiphand Chirathivat. ASEAN-China Free Trade Area: background, implications, and future development. Journal of Asian Economics, 2002, 13. pp.671～686

第九章

国际资本流动与国际贸易

本章导读：

经济全球化是当代世界经济发展的主要趋势，它包括贸易自由化、金融国际化和生产国际化。生产国际化必然要求国际资本自由流动，国际资本自由流动发展到一定程度，即导致跨国公司的产生，跨国公司是国际资本流动尤其是国际直接投资的主要载体。在当代，随着跨国公司及相伴的国际资本流动规模的急剧膨胀，二者在相当程度上替代了国际贸易。

学习目标：

通过对本章的学习，在理解国际资本流动动因及影响的基础上，重点掌握国际直接投资的相关理论；掌握跨国公司的基本特征与发展概况、跨国公司的内部贸易；了解国际直接投资与国际贸易关系的理论。

关键概念：

对外证券投资(Foreign Portfolio Investment，FPI)

对外直接投资(Foreign Direct Investment，FDI)

垄断优势理论(Theory of Monopolistic Advantage)

市场内部化理论(Theory of Market Internalization)

国际生产折衷理论(The Eclectic Theory of International Production)

比较优势理论(The Theory of Comparative Advantage)

跨国公司(Multinational Corporations, MNCs)

转移价格(Transfer Pricing)

第一节 贸易发展与要素流动

一、要素流动的原因

生产要素的构成主要包括土地、资本及劳动力。由于地理条件、经济发展水平的限制，生产要素国际间的流动存在障碍，流动性较低，为了弥补要素缺乏流动性的缺陷主要通过国际间的商品流动提高资源配置效率。随着人类社会经济的进步和国际贸易的发展，生产要素的构成不断地发生变化，流动性不断增强，要素流动迅速发展的原因主要有以下几个方面。

1. 国际贸易的发展为生产要素的国际流动提供了动力

当不同国家按照比较成本的差异进行国际分工，各自从事具有比较优势的产品生产并进行贸易时，客观上就是对生产要素利用效率的比较。通过比较，各国生产要素报酬上的差距会显现出来，并形成生产要素国际流动的潜在动力。只要条件具备，这种流动就会变成现实。

各国在最初按照要素禀赋差异进行国际分工和贸易后，会引起要素供求关系的变化，进而引起要素价格的变化。根据 H-O 理论中的斯托尔珀—萨缪尔森定理，自由贸易会引起价格上升行业中密集使用的生产要素价格的上升，而促使价格下降行业中密集使用的生产要素的价格下降。而现实经济中的各种限制条件又不可能使各种生产要素的价格趋于均等，如此，贸易所引起的生产要素价格的变动有可能吸引原来不必流动的要素也加入流动的行列。

国际贸易在促使各国生产日益国际化的同时，使各国的消费也趋国际化。国际间的消费示范效应使各国消费者不再满足于本国自然资源或生产所能提供的商品。为了更好地满足消费多样化的需要，从国外引进某些生产要素或向国外投入某些生产要素往往是必需的。以上的分析说明，是贸易利益的存在产生了要素移动的动力。没有国际贸易，也就没有要素流动。

2. 世界范围内的商品经济和科学技术的发展为要素流动创造了条件

一方面，商品经济在国际范围的发展，造成了生产要素的商品化，使生产要素和商品一样也取得了价值形态，可以通过国际贸易在价值形态上得到补偿。如果缺乏这种价值实现的国际条件，生产要素在国际间的流动就会非常困难。另一方面，科学技术的发展所带来的交通运输工具的改进、通信的日益便捷及金融创新等，方便和促进了生产要素的流动。例如，大型运输船舶—远洋巨轮的出现以及日益发展的海陆空联运，不仅大大提高了运输能力，而且极大地降低了运输成本，使原来不可能进行国际间长途运输的铁矿砂、石油等大宗资源性产品也能够参与国际流动了。随着国际贸易的发展而不断发展的国际金融创新以及日新月异的电子、通信技术，则为国际资本流动规模的不断扩大创造了条件。

3. 跨国公司的迅速发展推动了生产要素的国际流动

跨国公司在一个决策系统中运作，并允许相关的各经济实体通过所有权或其他方式连接在一起，其中一个或多个经济实体能够对其他经济实体的活动施加有效的影响，尤其是与其他经济实体分享知识、技术、资源、资本。为了降低生产成本，实现利润最大化，跨国公司实行全球经营战略，在全球范围内配置资源、技术、资本，这无疑对生产要素的国际流动起了"助推器"的作用。

4. 国际贸易壁垒的存在促使生产要素在国际间流动

在国际贸易中不存在完全的自由贸易。为了各自的国家利益，几乎每个国家都或多或少地采用各种关税和非关税壁垒对贸易加以限制。这些贸易壁垒的存在往往成为生产要素国际流动的动因。只要条件具备，生产要素就会在国家之间流动，以绕过壁垒。在当代，对外直接投资已成为许多发达国家向投资东道国输出商品的重要手段。

5. 商品贸易和要素流动成本的差异是要素流动的客观原因之一

各种经济资源在不同国家不是均衡分布的。例如，有的国家某些自然资源比较丰富，而其他自然资源可能非常贫乏；有的国家资本、技术可能比较充足甚至过剩，但劳动力相对短缺，而另外一些国家却可能与此相反。生产要素供求结构的不平衡可以通过商品贸易和要素移动两个途径加以解决，究竟采取哪种方式，取决于双方成本的大小。商品贸易并不像前面国际贸易分工理论中所假设的那样运输费用为零，商品在国家之间流动是要付出运输成本的，有时候这种成本会很高，完全抵消甚至超过商品输出国在生产成本上的相对优势。而通过生产要素在国家之间的转移，则可以大大地节约上述移动的成本，它不仅使输出国获得经济上的利益，也会使输入国的需求更好地得以满足。图 9-1 通过要素移动和商品流动两者之间的成本比较来说明上述道理。

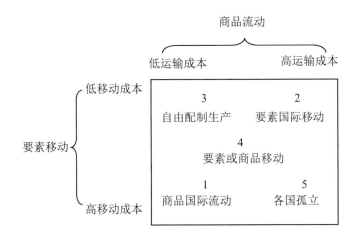

图 9-1　要素移动与商品流动

根据商品运输成本高低和要素移动成本的大小，可以把一个平面分为 5 个区间。在 1 区间，要素流动的成本很高，例如，投资的风险很大，缺乏适当的劳动力供给等，而商品的运输成本很低，这时的选择当然是发展国家之间的贸易关系。与此相反，在 2 区间，商品的运输成本高，但要素的移动成本低，这时从经济上来说以对外投资为宜。现实生活中这样的情况很多。例如，各种饮料不仅体积大，而且运输也很不方便。因此，美国的可口可乐公司就采用当地生产成品的办法，即在国外投资设厂，从本国运来原浆加工后销售。

其实,这一点可以推广开来,只要生产要素流动后获得的报酬高于商品输出的收益,生产要素在国际间的转移就会成为事实。在 3 和 4 区间,要素流动与商品流动的成本持平,因而可以在两者中做任一选择。在 5 区间,由于商品运输成本和要素移动的代价都很高,这时就会出现闭关孤立的状态。

二、要素流动与国际贸易的相互关系

要素流动与国际贸易的相互关系可以从静态与动态两个方面加以分析。从静态的局部分析出发,要素流动与贸易之间存在着相互替代的关系。在国际贸易中,商品的国际流动是通过外部市场进行的。这种贸易方式有两个缺陷:一是某些商品的国际市场并非完全的、自由竞争的,而是存在着垄断、信息分布的不对称等不完全性,这导致交易的成本非常之高;二是商品的出口往往挤占进口国同类商品或替代品的市场份额,影响进口国相关产业和潜在产业的建立与发展,并进而引发进口国的就业、人民收入减少等诸多社会问题,因而商品贸易往往受到进口国政府的限制。与此相反,要素流动却具有明显的优势性:其一,流入的要素往往是进口国比较稀缺的,进口国市场不存在垄断现象,更不会对进口国的生产构成威胁,却能够改善其供求结构;其二,要素的流入特别是资本、技术的输入,能够大大增强本国的生产能力,解决就业等问题。所以,各国政府一般都欢迎、鼓励生产要素的流入。从这层意义上说,要素流动带来的将是商品进出口的减少,要素流动替代了国际贸易。

但从动态的、发展的角度看,两者之间又是相互补充、相互促进的关系。这是因为要素的流动在某段时期内可能会促进输入国进口替代工业的发展,造成相同产品或替代品进口的减少。但随着进口替代进一步发展为出口导向,该输入国出口将会增加,收入水平和进口支付能力亦随之提高,其进、出口规模将最终扩大。而对要素输出国来说,则可借助要素输出增加的收入发展本国经济,创造新的优势,提高自己在国际贸易中的地位。由此可见,生产要素的流动会促进各国生产力的发展,提高各国的人均国民收入水平,增加社会的有效需求,从而促进各国国内市场以及国际市场的扩大。生产要素的国际流动没有也不会替代贸易的发展。要素流动和国际贸易可同时用来达到促进各国经济发展的目的。

三、要素流动的内容

不同生产要素的流动性是大不一样的。比如土地根本无法流动,自然资源可流动但流动性较差,有些流动的成本很高。能够在国际间流动的生产要素主要有劳动力、资本和技术三类。

1. 较具流动性的生产要素是劳动力

由于自然和历史的原因,劳动力分布在不同国家,很不均衡,这使人口的国际流动从古代一直延续至今,其原因历来出自经济上的考虑。从欧洲人踏上美洲大陆到向那里贩卖黑奴，再到第一次世界大战前千百万人横渡大西洋，潮水般涌向美洲和大洋洲，这些大规模的移民运动使当地得到开发，推动了美国、加拿大和澳大利亚等国家的经济发展。如果以海岸线为标准，中国也经历了两次大的劳动力国际流动：一是近代华南、闽南一带劳动力下"南洋"，二是20世纪80年代的"出国潮"。这两次流动不仅对流入地的经济发展起到了促进作用，也对中国经济产生了较大影响，"海外华人"是促进中国对外贸易发展的重要因素。对劳动力的国际流动要加以具体分析，并非所有的劳动力流动都能促进经济贸易的发展。比如，发展中国家向发达国家输出劳动力能缓和前者的就业压力、增加外汇收入并弥补后者劳动力的短缺，但发展中国家熟练劳动力及科技人才向发达国家的迁移则加剧了发展中国家人力资源短缺，阻碍了其经济贸易的发展。因此，在当代，不仅发达国家出于本国就业及种族、政治等因素对劳动力流入加以限制，而且发展中国家基于本国经济发展的需要也对劳动力特别是技能型熟练劳动力的流出加以控制，应该说都有其经济理由。

2. 具有明显流动性的要素是资本

随着资本主义发展产生的过剩资本，为了寻找更有利的投资场所、获得较高利润，纷纷流向国外。世界主要货币的国际化及国际结算手段的日新月异，使资本流动的技术障碍日趋减少，资本流动规模不断膨胀。当代，资本流动已从最初的由资本过剩的国家流向资本短缺的国家，发展为发达国家之间、发达国家与发展中国家之间以及发展中国家之间的交互投资，资本流动成了影响几乎所有国家经济发展的重要因素。虽然外国资本并非促进东道国经济发展的"天使"，它在带来经济增长、人民生活改善的同时，也会产生一些负面影响，但众多国家还是把吸引外国资本流入列为发展本国经济的优先课题。

3. 国际技术转移是国际生产要素流动的重要组成部分

这里所说的技术转移包括技术、知识、管理经验等的国际流动。流动的方式一般分为非商业性技术转移和商业性技术转移，前者是以政府援助、科技交流等形式进行的技术转移，通常是无偿的；后者是知识产权贸易。此外，技术转移还包括由于商品贸易而带来的技术"外泄"。随着科学技术进步的加快，技术对经济发展的贡献度越来越大，科学技术水平的高低甚至决定了一国国际竞争力的强弱，因此，引进国外先进技术成了许多国家特别是发展中国家实现经济腾飞，提高国际竞争力的重要手段。因为对发展中国家来说，阻碍经济进步的不仅是资本的不足，而且在于技术、知识的缺乏所造成的劳动力素质和生产效率的低下，在于经营管理人才的短缺。通过技术的引进与交流、著作的传播，则可以丰富和提高国家的文化科技知识，节约技术进步的成本，加快经济发展步伐。

需要指出的是，在现实生活中上述三种要素的流动往往是密不可分、相互补充的，它们之间较少相互替代。例如，跨国公司在从事跨国经营的时候，就会融资本输出、技术转移和人员流动于一体。不过从当前国际贸易的发展情况看，影响最大的还是资本流动。

第二节 国际资本流动的类型及趋势

第二次世界大战以来，国际资本流动的规模迅速扩大，资本国际化趋势日益加强，资本输出的作用逐渐超过商品输出而成为国际贸易的重要基础，并对国际贸易的商品结构和地区流向产生了深刻影响。

一、国际资本流动的概念及类型

国际资本流动是指资本从一个国家或地区，转移到另一个国家或地区的一种国际经济活动，其目的是为了获得比国内更高的经济效益。

国际资本流动的形式是多种多样的。

(1) 按资本流动方向，国际资本流动可分为资本输出和资本输入两种形式。资本输出指资本从国内(母国)流向国外(东道国)，如本国投资者在国外投资设厂、购买外国债券等。资本输入是指资本从国外流入国内，如外国投资者在本国投资设厂、本国在国外发行债券或举借贷款等。

(2) 投资时间的长短，国际资本流动可分为长期投资和短期投资两大类。长期投资一般指投资期限在 1 年以上的投资，短期投资则是投资期限在 1 年以下的投资。

(3) 按投资方式，国际资本流动可分为间接投资和直接投资两大类。

国际间接投资包括证券投资(Foreign Portfolio Investment，FPI)和国际借贷资本输出，其特点是投资者不直接参与使用资本企业的经营管理。国际证券投资是指投资者在国际证券市场上购买外国企业和政府发行的中长期债券，或在股票市场上购买上市外国企业股票的一种投资活动。证券投资者的主要目的是为了获得稳定的债息、股息和证券买卖的差价收入。国际借贷资本输出是以贷款或出口信贷的形式把资本出借给外国企业和政府。借贷资本输出虽然和国际证券投资一样不直接参与企业的经营管理，主要为了获得利息收入，但其间又有不少区别。例如，风险的承担者，在国际证券投资中是投资者，而在国际借贷中是借款者。国际借贷资本输出的具体方式有政府贷款、国际金融机构贷款、国际金融市场贷款和中长期出口信贷。

国际直接投资又称对外直接投资(Foreign Direct Investment，FDI)，它是指投资者投资于国外的工商企业，直接参与或控制企业的经营管理而获取利润的一种投资方式。相对于间接投资，它具有两个主要特征：①它以谋取企业的经营管理权为核心。投资者通过投资拥有股份，不单纯是为了资产的经营，而是为了掌握企业的经营管理权，通过经营获得利润。②它不仅仅是资本的投入，还包括专门技术、生产设备、管理方法以及销售经验等的国际转移，是经营资源的综合投入。直接投资的重要性远远超过间接投资，这是因为它有促使实际资源转移的效应，而间接投资则在很大程度上属于国际金融领域的问题。

跨国公司是对外直接投资的最重要载体。跨国公司主导的对外直接投资包括两种方式。一是在东道国建立新的或扩大原有的生产设施(包括R&D活动和管理资源等),这又被称为绿地投资(green-field investment),这种方式的对外直接投资需要将实物投资移往国外。二是合并和收购东道国现存的企业,以获取对目标企业的部分或绝对控制权,这又被称为跨境并购(cross-border M&A),这种方式的对外直接投资并不要求将新的实物投资移往东道国,但往往会导致为了提升和扩张企业实力而进行的实物投资。

基于产业链的角度,对外直接投资可划分为水平型(horizontal)、垂直型(vertical)和混合型(conglomerate)三种。相应的,跨国公司也可以分为水平型、垂直型和混合型三种。如果跨国公司将其总部置于一个国家、将其生产设施置于另一个国家,我们则称之为垂直型跨国公司(vertical MNC, V-MNC)或垂直型FDI。如果跨国公司将其总部置于一个国家,而将其生产设施置于很多国家,我们则称之为水平型跨国公司(horizontal MNC, H-MNC)或水平型FDI。混合型跨国公司或FDI则是指涉足多种行业的多种经营企业。

二、国际资本流动的趋势

1. 国际资本流动增长迅速,国际直接投资比重增大

第二次世界大战后随着西欧和日本经济的恢复,尤其是20世纪60年代后第三次科技革命所带来的发达国家经济迅速发展及生产国际化趋势的加强,资本国际流动开始加速,规模空前扩大。国际资本流动不再作为国际贸易发展的补充,而成了推动其发展的重要力量。与战前不同的是,战后的国际资本流动中,对外直接投资居主要地位,且发展迅速。例如,1914年国际资本流动中直接投资的比例只有10%左右,而当前则达到75%左右。

2. 国际投资主体趋于多元化,但发达国家一直居于主导地位

发达国家借助雄厚的经济实力,在国际投资中居于主导地位。从外国直接投资流出看,1999年发达国家对外直接投资7318亿美元,占全球91%,其中发展中国家为656亿美元,仅占8%。在发达国家中,美国是最大的对外直接投资国,其次为英国、德国和日本。日本在20世纪80年代曾一度居第2位,20世纪90年代伴随其"泡沫经济"的破灭所带来的经济发展速度的下降,其对外直接投资亦有所下降。毫无疑问,发达国家是最早向外输出资本的国家,并在很长时间内独霸国际投资的舞台。但从20世纪80年代以来,一些发展中国家和地区经济迅速发展,经济实力大大增强,也加入对外投资的行列,从而改变了发达国家一统国际投资的格局,使国际投资主体呈多元化趋势。在发展中国家和地区中,从事对外投资的主要有三类国家:石油输出国,新兴工业化国家和地区,一般发展中国家。

3. 国际直接投资政策和管制环境趋向自由化

在国际直接投资领域,自由化成为最重要的政策倾向。为了吸引直接投资,许多国家采取了积极的促进措施。在世界各国的140项国际直接投资法律变化中,有131项是对外

国投资者放宽条件的。与此同时，各国在利用外资过程中还广泛采用了诸如财政激励、金融激励等投资激励措施。众多财政措施中，使用最多的是降低公司所得税率、免税期、减免进口关税、出口退税、加速折旧、税前利润削减、再投资奖励和减免社会保障金等；金融激励措施多采用赠予、提供股权参与、补贴性贷款、贷款担保等形式。

4. 投资形式以跨国并购为主，绿地投资比重下降

跨国并购在外国直接投资中越来越占有主要地位。从1990—1999年全球跨国并购额占全球直接投资额的比重从72%上升到83%。相应地，绿地投资所占比重从28%下降到17%。在跨国并购占直接投资的比重上，发达国家与发展中国家是截然不同的。尽管近年来在发展中国家的对外直接投资中，跨国并购的比重有所上升，但与绿地投资相比，仍处于次要地位。而在发达国家的对外直接投资中，并购是其投资的主要方式，比重高达93%。

5. 国际资本流动的流向分布日趋失衡

从20世纪50年代起，国际投资主要表现为发达国家之间的交互投资、相互渗透。进入20世纪90年代以来，随着新兴工业国家和地区经济的崛起以及东亚地区经济的快递增长，发展中国家和地区吸收外国直接投资的比重大大增加，但发达国家所吸收的直接投资仍居主导地位，而且发展中国家和地区吸收外国直接投资的地理分布极不平衡。随着东南亚经济的快速增长，该地区已成为国际直接投资的主要投资场所。而与此形成鲜明对比的是，对拉美和加勒比地区的投资增长则起伏不定，非洲更是处于国际直接投资的边缘。其中，中国作为最大的发展中国家，自2005年以来，成为全球吸引外国直接投资最多的国家。

第三节　国际直接投资理论

一、垄断优势理论

垄断优势理论(Theory of Monopolistic Advantage)最早是由海默(Stephen H. Hymer)在其博士论文《国内公司的国际经营：对外直接投资研究》中首先提出的，后来经过他的导师金德尔伯格(C. P. Kindleberger)和凯夫斯(R. E. Caves)等人的发展逐步形成理论体系。

1. 垄断优势理论的起因

海默提出垄断优势理论的起因是美国公司在第二次世界大战以后对外直接投资大量增加的现象。通过对美国公司对外直接投资的工业部门构成进行研究，海默发现对外直接投资的行业都是寡头垄断的工业部门，少数拥有垄断地位的公司控制着这些行业的对外直接投资。一般来说，东道国的民族企业比外商投资企业拥有一些天然的优势，如熟悉当地的政治、经济、法律、文化、语言和社会环境等。不仅如此，外商投资企业还要比民族企业承担一些额外的费用，如通信联络费用、运输费用等。但是，跨国公司的对外直接投资仍

然能迅速发展，究其原因，海默认为它在于从事对外直接投资的跨国公司具有垄断优势。

2. 垄断优势理论的主要内容

1) 市场不完全是垄断优势理论的前提

海默认为：当时的市场竞争不再是完全竞争，而是不完全竞争。不完全竞争是指当一种产品虽然有许多买主和卖主，但是卖主各自的产品在实际上或在购买者的心理上具有不同于其他商品的某些特点时所出现的市场状况。在不完全竞争的条件下，许多生产者生产同一种商品，但是具有差异性，这种差异性不仅表现在商品的质量、性能、品种、规格、外观设计、颜色、包装等方面，而且还表现在商品的商标等方面。从而，在不完全市场竞争中，不仅存在价格竞争，而且存在非价格竞争。市场不完全包括四种：一是产品市场的不完全，二是资本和技术的生产要素市场的不完全，三是由规模经济导致的市场不完全，四是由国内税收、关税等贸易限制引起的市场不完全。前三种市场不完全导致少数企业在市场上具有垄断地位，第四种市场不完全促使那些拥有垄断地位的企业对外直接投资以发挥其垄断作用。

2) 跨国公司垄断优势的主要内容

根据凯夫斯的分类，跨国公司的垄断优势由两部分组成：①产品和工艺过程中的知识资产优势。它包括技术专利、管理与组织才能、融资能力、名牌商标、营销技巧等。跨国公司一旦拥有产品和工艺过程中的知识资产优势，那么，它对外直接投资后，就比东道国的民族企业在知识资产方面具有优势。东道国的民族企业要想获得这些知识资产，必须付出相当的代价和费用。在这种情况下，东道国的民族企业无法同跨国公司相竞争。②规模经济优势。跨国公司在单个企业的规模经济效益达到最大化后，往往通过增加企业数量来减少单位生产成本，获得多厂经营的规模经济效益。当国内市场容量不足后，跨国公司就向国外拓展，以获得规模经济效益。而且，跨国公司还利用各国生产要素的差别，通过国际专业化生产和分工，实现生产要素在国际上的合理配置。

对于发达国家之间的相互直接投资，垄断优势理论认为：仅用垄断优势已不能完全解释这个现象，必须结合寡占反应行为来解释。所谓寡占反应行为，是指各国的垄断组织通过在竞争对手的领土上建立地盘，削弱竞争对手的力量，同时增强自己的力量，以增强自己在竞争中的有利地位。当一个国家的某个跨国公司到某个国家进行直接投资后，其竞争对手也会相继到那个国家进行直接投资。可见，发达国家之间相互直接投资的主要目的在于防止少数竞争对手占领潜在市场而削弱自己的竞争地位，是各个垄断组织彼此进行防御的需要。

3. 对垄断优势理论的简要评价

垄断优势理论将不完全竞争理论引入国际直接投资领域，从不完全竞争出发研究国际直接投资，从而突破了传统的研究方法，是一个重大的创举，开创了一条研究国际直接投资的新思路。美国跨国公司进行国际直接投资的实践基本上符合这个理论。不过，垄断优势理论还有许多缺陷。最突出的缺陷是它不能解释经济发达国家的一些没有垄断优势的中小企业近来纷纷进行国际直接投资的行为，也不能解释经济发达国家之间相互投资不断增加的现象，更不能解释发展中国家的企业近来对外直接投资不断增加的现象。由此可见，该理论的适用范围是非常有限的。

二、市场内部化理论

市场内部化的概念最早是由科斯(Ronald H.Coase)提出的。科斯在1937年所写的《企业的性质》一文中提出了内部化的概念，但是在当时并未引起理论界的重视。真正建立比较系统的市场内部化理论(Theory of Market Internalization)是在20世纪70年代末、80年代初。创立内部化理论的主要代表人物是伯克莱(P.J. Buckley)、卡森(M. Casson)和拉格曼(A. M. Rugman)。他们的主要代表作是《跨国公司的未来》(伯克莱和卡森，1976)、《跨国公司的选择》(卡森，1979)和《跨国公司的内幕》(拉格曼，1982)。

1. 市场内部化理论的起因

建立内部化理论的起因是跨国公司的内部贸易不断扩大，占国际贸易的比重不断上升。根据联合国跨国公司研究中心1977年对世界上最大的329家跨国公司的调查，跨国公司内部贸易额约占国际贸易额的1/3，其中，美国跨国公司的内部贸易额占国际贸易额的比重高达45%，西欧跨国公司占30%，日本跨国公司占17%。跨国公司为什么不利用现存的世界市场同其他国家的企业开展贸易，实行一定的国际分工，而要另辟蹊径，通过对外直接投资建立企业的内部市场，利用内部贸易来配置资源呢？通过对跨国公司内部贸易进行分析和研究，市场内部化理论对此问题做出了解释。

2. 市场内部化理论的主要内容

1) 外部市场不完全是内部市场形成的主要原因

市场可分为外部市场和内部市场两类。外部市场是指存在于企业之外的市场，其价格由价值规律和供求关系决定；内部市场则是指存在于企业内部的市场，其价格不受价值规律和供求关系的影响，而是根据跨国公司的全球经营战略和取得最大利润的要求，由跨国公司总部制定内部价格。跨国公司的母公司与子公司之间、子公司与子公司之间的贸易按照跨国公司总部制定的内部价格进行。外部市场是不完全的，存在着许多不确定因素，交易成本大。某些中间产品的外部市场，特别是知识产品的外部市场尤其不完全，使企业无法充分利用外部市场有效配置资源。在外部市场不完全的情况下，企业纷纷到国外进行直接投资，在国内母公司和海外子公司之间形成内部市场，以内部市场部分取代外部市场，使其资源通过内部市场达到合理配置。

2) 知识产品是促使内部市场形成的重要因素

知识产品包括知识、技术、信息、专利、专有技术、管理技能及商业信誉等。知识产品由于外部市场不完全难以在外部市场实现其价值。其主要原因是：①研究和开发知识产品不仅消耗时间长，投资费用大，而且成功的风险大，这使知识产品必须获得超额利润才能弥补其巨额费用和高风险。要获得超额利润或者垄断知识产品，对其他公司保密，以获得垄断利润；或者以高价向其他公司转让知识产品，以获得转让收入。但是，这两者在外部市场不完全的情况下都是非常困难的。②知识产品在外部市场非常容易泄露。跨国公司垄断知识产品是其保持竞争地位的重要因素。如果在内部市场转让，就可以确保知识产品不向外泄露。而如果在外部市场转让知识产品，知识产品的购买者有可能将其泄露出去，从而，知识产品就有可能逐步外泄，最后成为公众都能掌握的东西。这是违背跨国公司的长期发展战略的。③外部市场对知识产品不能准确地定价，买者往往不愿意支付令卖者满意的价格，使卖者在外部市场出售知识产品时不能取得较好的经济效益，从而使跨国公司对于在外部市场出售知识产品缺乏积极性，而转向于建立内部市场，在内部转让知识产品。

3) 内部市场与交易成本有关

只有当内部市场的交易成本低于外部市场的交易成本时，企业才可能会去建立内部市场。这是内部市场形成的基本动机。外部市场的交易成本主要是指企业为克服外部市场的交易障碍而付出的代价。内部市场的交易成本主要表现在：内部化分割外部市场带来的企业经营规模收益下降；内部化增加企业人力和财力，增加企业管理费用；内部化要求经营保密，从而增加保密费用。

影响外部市场交易成本同内部市场交易成本高低的主要因素有：①行业特定因素，即产品性质、外部市场的结构和规模经济等。如果产品没有差别性，市场结构属于完全竞争型，那么，外部市场的交易成本将会低于内部市场的交易成本，企业就没有必要建立内部市场；相反，如果产品是差别性产品，市场结构属于寡头垄断型，而且有规模经济，那么，内部市场的交易成本就低于外部市场的交易成本。②地区特定因素，即地理位置、文化差别、社会心理等。如果跨国公司与东道国相距遥远，内部市场的交易成本就会高于外部市场的交易成本。③国别特定因素，即东道国政府在政治、法律、税收等方面对外国直接投资的政策。如果东道国政府在政治、法律、税收等方面鼓励外国直接投资，那么，跨国公司在外部市场的交易成本就会下降；相反，如果东道国政府在政治、法律、税收等方面限制外国直接投资，那么，跨国公司在外部市场的交易成本就会增加，从而转向内部贸易。④企业特定因素，即企业的组织结构、管理能力等。如果企业的组织结构完善，管理能力强，那么，其内部市场的交易成本就会减少；相反，如果企业的组织结构不完善，管理能力差，那么，其内部市场的交易成本就会较大。

3. 对内部化理论的简要评述

内部化理论是对垄断优势理论的发展，而且将国际贸易同国际投资结合起来。内部化理论是跨国公司理论研究的一个重要转折，为今后跨国公司理论的进一步发展奠定了良好的基础。它解释了企业为什么将知识产品在内部市场转让，而不在外部市场转让的原因，说明了跨国公司将研究、开发与生产、销售一体化的原因；它还解释了跨国公司从原材料的采集到加工、提炼、制造等生产过程内部化的原因，说明了跨国公司垂直一体化经营的原因。

不过，内部化理论也存在一些缺陷。其中，最大的缺陷是该理论对企业为什么到国外投资以及投资的地理方向不能做出较好的解释。企业为什么不在国内投资，在国内实行内部化国内生产，然后将产品出口，而是到国外去进行直接投资，而且在母公司与国外子公司实行内部化呢？跨国公司为什么在此国投资，而不是在彼国投资呢？该理论没有对这些问题给出有说服力的回答。

三、国际生产折衷理论

国际生产折衷理论(The Eclectic Theory of International Production)的奠基人是约翰·邓宁(Jone Harry Dunning)。邓宁创立国际生产折衷理论的起因是第二次世界大战后出现的种种国际直接投资理论各有局限性，都只是从某个角度对国际直接投资进行解释，没有普遍性。从1973年起，邓宁开始致力于将国际贸易理论和各种国际直接投资理论结合起来，建立一种能够解释各种国际经济活动的综合理论。邓宁认为：一国的商品贸易、资源转让、国际直接投资的总和构成其国际经济活动。当时的各种国际直接投资理论都只是孤立地对国际直接投资作出部分解释，没有形成一整套将国际贸易、资源转让和国际直接投资等对外经济关系有机结合在一起的一般理论。他运用折衷主义的方法对各种国际直接投资理论进行了概括性和综合性的分析。他继承了海默的垄断优势理论，并吸收了伯克莱、卡森和拉格曼的内部化理论，又提出了区位优势理论，并将这三种理论结合在一起，构成其国际生产折衷理论。1977年，他发表了其代表作《贸易、经济活动的区位与跨国企业：一种折衷主义方法的探索》，提出应该从垄断优势、内部化优势和区位优势三个方面来综合解释国际直接投资。此后，邓宁对其理论又进行了补充和完善。1981年，他发表了《国际生产和跨国企业》和《对一些国家国际直接投资状况的解释：一种动态的或发展的方法》，使其理论系统化、动态化。邓宁因为吸收了在此之前的各种国际直接投资理论的精华，因而被称为集各种国际直接投资理论之大成者。

1. 国际生产折衷理论的主要内容

邓宁认为：跨国公司进行对外直接投资是由垄断优势、内部化优势和区位优势这三个因素综合决定的。

(1) 所谓垄断优势，也称为所有权特定优势，是指一个国家的企业在国际市场上拥有优于其他国家企业的特定优势。这种特定优势主要是指企业在一定时期拥有垄断的知识资产技术优势。企业的垄断优势主要包括：①技术优势。技术优势包括专利权、专有技术、生产技巧、新产品开发能力等。可见，企业不仅可以在新产品阶段拥有技术优势，而且在标准化阶段仍然具有使产品差异化的能力。②管理优势。管理优势包括企业合理的组织结构、科学的管理技能和灵活的市场营销技巧等。它也贯穿产品生命周期的始终。③规模经济优势。生产规模大，就能降低单位产品的固定生产成本，从而降低单位产品的生产成本，提高其竞争力。④融资优势。大企业经济实力雄厚，银行资信好，能够以较低的利息获得贷款，并且可以从多种渠道获得资金。

(2) 所谓内部化优势，是指跨国公司将其所拥有的资产加以内部化使用而带来的优势。跨国公司对其所拥有的所有权优势一般有两条利用的途径：一是将其所拥有的资产或资产的使用权出售给别的企业，也就是将资产的使用外部化；二是由跨国公司自己使用这些资产，也就是将资产的使用内部化。国际生产折衷理论认为：跨国公司的国际竞争力不是单纯地靠垄断优势，而是使其垄断优势内部化。跨国公司使其垄断优势内部化，从而能够保证跨国公司按照其战略目标配置技术资源，使其垄断优势得到充分发挥。企业选择什么途径参与国际经济活动，取决于其内部化优势的大小。内部化优势越大，企业从事对外直接投资的利益就越大。

(3) 所谓区位优势，是指东道国固有的要素禀赋优势，如良好的地理位置、丰富的自然资源、广阔的市场等。同时，东道国的经济制度、政策法规以及投资环境等也是跨国公司在决定投资区位上考虑的重要因素。拥有所有权优势和内部化优势的跨国公司在进行投资时，首先面临的问题是投资区位问题，即是在国内投资生产还是在国外投资生产。区位优势包括直接区位优势和间接区位优势。所谓直接区位优势，是指东道国的某些有利因素所形成的区位优势，如广阔的产品销售市场、政府的优惠投资政策、低廉的生产要素成本、当地原材料的可供性等。所谓间接区位优势是指由于投资国某些不利因素所形成的区位优势，如商品运输成本过高、商品出口受到东道国贸易保护主义的限制、生产要素成本较高等。区位优势决定跨国公司是否进行对外直接投资和对哪些国家或地区直接投资。

邓宁还对垄断优势、内部化优势和区位优势之间的关系进行了研究。如果企业只有垄断优势而没有内部化优势和区位优势，那么，它只能将其垄断优势外部化，即向其他企业转让其垄断优势；如果企业拥有垄断优势和内部化优势，而没有区位优势，那么，它只能在国内扩大投资，不能到国外去进行直接投资，只能通过扩大产品出口参与国际经济活动；只有当企业同时拥有垄断优势、内部化优势和区位优势时，它才能进行对外直接投资，如表 9-1 所示。

表 9-1　企业跨国经营方式的选择

经营方式、势类型	所有权特定优势	内部化优势	区位优势
对外直接投资	有	有	有
出口贸易	有	有	无
技术转移	有	无	无

邓宁还对国际直接投资与各国的经济发展水平进行了实证研究，提出了"投资-周期模式"。他对 56 个国家在 1967—1979 年的人均国民生产总值同人均国际直接投资的关系进行了实证研究，发现一个国家对外直接投资的大小与该国经济发展水平直接相关。当一个国家的经济发展水平较低时，它通常是吸收国际直接投资的国家；当该国的经济发展水平逐步提高后，它在吸收国际直接投资的同时，也开始进行对外直接投资，其资本流入额和流出额逐渐平衡；当该国的经济发展水平进入较高的阶段后，其对外直接投资额就将超过其吸收的外国直接投资额。

2. 对国际生产折衷理论的简要评价

约翰·邓宁的生产折衷理论综合了各种直接投资学说的优点，具有高度的概括性，形成了一种综合的理论框架。国际生产折衷理论对各种跨国经营活动进行了分析和解释，从而具有广泛的涵盖性和较强的适用性，因此该理论成为近 20 年来最有影响力的理论，并且获得了国际直接投资理论"通论"的美誉。但是，它是针对经济发达国家的跨国公司的对外直接投资行为提出的，适用范围还有一定的限制。它不能很好地解释发展中国家的对外直接投资。

四、小岛清的比较优势理论

比较优势理论(The Theory of Comparative Advantage)是由小岛清在 20 世纪 70 年代末、80 年代初提出的。在此之前，垄断优势理论和产品生命周期理论在跨国公司理论中居主导地位。但是，小岛清认为它们从微观经济理论出发，强调企业内部垄断优势对海外直接投资的影响，偏重微观经济分析和企业管理的研究，而忽视了宏观经济分析，尤其是忽视了国际分工中比较成本理论的作用，把国际直接投资和国际贸易对立起来，因此只适合于解释美国企业的对外直接投资，而不能解释日本企业的对外直接投资。从研究日本企业的对外直接投资出发，小岛清提出了比较优势理论。其主要代表作是：《对外直接投资论》(1979)、《跨国公司的对外直接投资》(1981)和《对外贸易论》(1981)。

1. 比较优势理论的主要内容

小岛清认为：赫克歇尔-俄林模式的基本假定是合理的。因为如果两个国家的资本和劳动的比率存在差异，那么必然存在比较成本的差异，而比较利润率的差异是和比较成本的差异相关的。国际贸易既受到比较成本的影响，又受到比较利润率的影响；对外直接投资则是受比较利润支配的。国际分工原则和比较成本或比较利润率的原则是一致的。因此，国际分工既能解释国际贸易，也能解释对外直接投资。

小岛清运用国际贸易理论的 2×2 模型(两个国家和两种产品)对建立在比较利益基础上的国际直接投资进行了经济分析。假定 A 国为发达国家，B 国为发展中国家，A 国和 B 国都只生产 K 产品(资本密集型产品)和 L 产品(劳动密集型产品)。A 国在生产 K 产品上比 B

国具有比较优势，B国在生产L产品上比A国具有比较优势。如果两个国家之间发生贸易，那么，A国向B国出口K产品，B国向A国出口L产品。两个国家都能从贸易中获得利益。在完全竞争的条件下，比较利润率与比较成本相关。也就是说，A国生产K产品具有相对较高利润率，B国生产L产品具有相对较高的利润率。A国企业只有对B国具有相对较高利润率的L产品进行投资，才能获得最高的经济效益。因为如果A国企业对B国的L产品进行投资，就能把A国的资本技术和管理优势同B国的劳动力低廉的优势结合起来，就能获得较高的利润率。对于B国来说，A国对其L产品的直接投资使其在L产品的潜在优势发挥出来，成为在国际市场上有较强竞争力的出口产业，从而也获得了利益。A国对B国L产品的投资促进了两个国家之间贸易的发展。A国会增加对B国L产品的进口，B国的经济发展也会促进对A国K产品的进口。总之，这种建立在比较利益基础上的直接投资不仅不会替代国际贸易，而且还能扩大国际贸易量，同时还能使投资国和东道国都能从这种投资中获得利益。

小岛清还对美国式贸易替代型的国际直接投资模式进行了批判。尽管A国在生产K产品上具有比较优势，B国在生产L产品上具有比较优势，但是A国对B国的投资不是在B国具有比较优势的L产品上，而是在A国具有垄断优势的K产品上。建立在这种垄断优势基础上的国际直接投资将使投资国和东道国的经济福利都受损失。因为即使A国对B国K产品的投资获得的利润率高于A国在本国生产K产品的利润率，这也是由A国的垄断优势带来的。此时，比较利润率同比较成本发生背离。建立在垄断优势基础上的国际直接投资不能使各国资源得到最优配置。建立在垄断优势基础上的国际直接投资对跨国公司来说是有利的，但是，从投资国和东道国来说，它使双方的经济福利都受到了损失，这是因为A国将资源从本国具有比较优势的K产品移出，不仅使A国K产品的比较优势下降，削弱A国的出口优势，而且使B国的比较优势产业得不到很好的发展，从而，A国K产品对B国的出口下降，B国L产品对A国的出口下降。总之，这种建立在垄断优势基础上的国际直接投资使双方的贸易量下降，而且还使双方的经济福利都受到损失。

在运用国际贸易模型对国际直接投资进行分析的基础上，小岛清得出如下结论：对外直接投资应该从本国(投资国)已经处于或趋于处于比较劣势的产业依次进行。投资国已经处于或趋于处于比较劣势的产业正好是东道国已经处于或趋于处于比较优势的产业。建立在比较优势基础上的国际直接投资，可以使东道国因为缺乏资本、技术、经营管理技能等未能显示或未能充分显示的比较优势，显示出来或增强起来，可以扩大两国间的比较成本差距，从而扩大两国的贸易量，增加两国的经济福利。

2. 对比较优势理论的简要评价

比较优势理论在把微观分析作为既定前提的基础上，注重从宏观的角度研究跨国公司的对外直接投资行为。它摒弃了过去直接投资理论只注重微观分析的做法，是对直接投资理论的一个贡献。它能够对日本企业的对外直接投资作出比较令人信服的解释。

比较优势理论也存在许多缺陷。其中最大的缺陷是适用面过窄，该理论似乎只能对日本等少数国家的对外直接投资进行解释。当前世界上大多数国家直接投资并不能够用该理论进行解释。

【案例9-1】 2015年中国企业"走出去"的八大趋势

2015年，全球经济将继续呈现多轨复苏态势。美国等发达经济体增长动力增强、新兴经济体经济增速下滑并存，整个世界经济仍处于调整期，国际投资环境复杂多变，机遇和挑战并存。而随着"走出去"的促进和保障体系的进一步完善，企业境外投资自主权将进一步落实。

趋势一：对外投资增速继续较快增长

2015年，对外投资合作规模将进一步扩大，预计全年将保持10%以上增幅。产业结构、企业结构明显改善，初步形成一批具有产业链上下游整合能力和国际竞争力的跨国企业，在全球范围内深耕市场、配置资源的能力明显增强；地方实施"走出去"脚步加快，占对外投资比重提高，民营企业比重也继续上升。

趋势二：对欧美发达国家投资快速上升

2014年前11个月，中国企业对欧美投资呈现快速上升势头，对欧盟和美国投资增幅分别达195%和27.1%，远高于全国同期11.9%的增幅。近期美国PMI(采购经理指数)、LEI(经济领先指标)指数良好，就业、CPI和新房开工数不断向好，显示美国经济已重新步入活跃阶段。美国"再工业化"战略顺利推进，使得近年来美国吸收外资进入快速增长期，外国企业赴美"绿地投资""生产内包"大幅增加。中国企业在美国和欧盟市场进行跨国并购和直接投资，以获取技术、品牌、供应链、销售网络等战略资产，借此实现跨越式增长的势头将在2015年继续保持。

趋势三："一带一路"倡议成为新引擎

"一带一路"倡议契合沿线国家的共同需求，为沿线国家优势互补、开放发展提供了新平台，受到沿途国家的广泛响应和支持，也将为中国企业开展国际投资合作带来历史性的新契机。目前中国在中亚地区的投资仅次于美国、荷兰。同时，中国对东盟国家、阿盟成员国等的投资明显增长。近年来，中国对东盟国家的直接投资流量持续保持增加态势。2014年前11个月，中国非金融类企业赴东盟投资流量43.5亿美元。不仅如此，中国还改善了对东盟的投资结构。中国增加对东盟的制造业投资，2013年对东盟投资比重达到16.4%，比2008年提高了6.7个百分点。2015年，中国围绕"一带一路"沿线国家的投资合作还将不断深化。

趋势四：海外产业布局将进一步优化

2015年，中国企业将建成一批境外加工制造基地。一些具有较强比较优势的加工制造业，将更加贴近市场，到市场需求规模较大的发展中国家建立生产基地；境外加工贸易和贴牌加工产业运行模式进一步成熟；一批更加贴近能源资源产地的境外重化工业园区将加快建成,钢铁、建材等重化工业向境外转移呈现规模化势态,利用国际市场转移国内富余产能作用显著提升。同时,能源资源境外保障基地建设卓有成效。一批综合运用海外并购、权益投资、战略联盟的资源合作项目稳步推进,主要资源合作区运行成熟,多元化的能源资源进口战略格局将进一步完善。农业海外粮食基地进一步深度布局,境外大宗农产品生产加工物流基地迅速推进建设。

趋势五: 参与国际分工水平进一步提高

2015年,中国装备制造、电信等一些战略性领域的对外投资并购进一步有序展开;国内高端服务业开拓海外业务热情还将继续保持,大型金融机构还将稳妥有序地拓展海外业务,全球金融运作和服务能力提升,国内会计事务所、律师事务所等专业服务机构"跟随式"服务"走出去"企业将更加紧密;部分文化艺术、中医药、中餐领域等特色服务贸易企业开展对外直接投资还将继续保持快速增长;企业利用全球资源促进自主创新已成趋势,各种通过自建、并购、合资、合作等多种方式设立研发中心,尤其是在欧美设立的研发中心将产生良好效果,新的竞争优势初步形成;新能源汽车、生物育种等行业高端合作渐成趋势;通过投资并购来建设国际化营销网络已成常态,并继续成为推动对外贸易转型升级和实施"走出去"战略的重要载体;一批大型流通企业、生产企业并购全球性或区域性流通企业,还将持续在中东欧、西亚非等区域打造和整合我国流通产业链。

趋势六: 海外集群式发展效应凸显

2015年,在轻纺、机械制造、冶金、化工和信息产业领域,中国将继续形成一批国际竞争力强、市场影响力大、品牌知名度高、具备全产业链整合能力的跨国公司和若干全球一体化供应链体系,这些主体将成为中国参与经济全球化的骨干力量和重要依托;中小企业跨国经营的手段愈加成熟,基于发展战略导向、国际化成长路径、产业价值链选择、跨国财务统筹、权益保护等方面的经营经验更加丰富,企业履行社会责任意识显著增强;各类企业集群式"走出去"脚步依然不减,产业间的协同能力和整体抗风险能力明显增强,类似于五矿资源、国新国际和中信金属联合收购的秘鲁某铜矿项目的超大规模收购还将不断出现;境外经贸合作区建设进一步推进,综合服务能力进一步提高,境外生产经营基地平台效应凸显;基于海外社区、园区而形成中国企业海外聚集区域将不断增加,基于"侨缘""亲缘""学缘""地方缘"等拉、帮、带"走出去"运行模式还将进一步成熟。

趋势七: 路径和模式创新进一步提升

随着企业跨国经营水平的提高,2015年,中国企业将创新"走出去"模式,合理、合法地从投资国和东道国的税法规定夹缝中探求到更多财富,同时避免税务纠纷,将成为企业关注重点。基于海外分支机构的形式、利用税收协议等税收筹划思路将被更多了解和运用;中资企业还将更为系统地设计"走出去"融资工具,实现方式创新;另外,基于"走出去"主体间的合作模式的创新和完善,企业境外对外投资合作风险防范能力将大幅提高。

趋势八: 可持续发展和社会责任目标将受关注

《2014世界投资报告》明确将"投资可持续发展目标(SDGs)"作为主题,由国际社会制定的可持续发展目标将继续对全球投资需求产生重要影响。同时，近年来在政府的倡议和引导下，中国企业"走出去"可持续发展和社会责任意识普遍增强。一些企业主动将可持续发展理念和社会责任融入企业发展战略，设立企业社会责任的管理部门，确定明确的突破方案，安排相应的资金，组织有关培训，并发布履行社会责任的年度报告。可以预见，中国"走出去"企业的海外可持续发展和海外社会责任目标将更加清晰，中国企业将更加关注与利益攸关方及东道国发展利益的互利共赢，更加重视经济、社会和环境的综合价值最大化。

(资料来源：李志鹏.瞭望东方周刊，2016)

第四节 跨国公司

一、跨国公司的定义与特征

尽管跨国公司(Multinational Corporations，MNCs；Transnational Corporations，TNCs，Multinational Enterprises，MNEs，etc.)在全球经济中扮演着举足轻重的角色，但是跨国公司的定义并不统一。海闻等给跨国公司下的定义是：跨国公司是指在两个或两个以上国家(或地区)拥有矿山、工厂、销售机构或其他资产，在母公司统一决策体系下从事国际性生产经营活动的企业。

联合国跨国公司委员会认为一个跨国公司的基本条件应包括以下内容。

第一，跨国公司本质上是一个工商企业，组成这个企业的实体要在两个或两个以上的国家从事生产经营活动，不论其采取何种经营形式，也不论其经营领域。

第二，跨国公司实行全球战略，尽管它的管理决策机构的设立主要以某国或某个地区为主。在跨国公司的全球决策中，市场占据主导地位；市场决定了企业的经营策略和经营状况。

第三，跨国公司的经营范围很广，将研究与开发、原料开采、工业加工到批发、零售等再生产的各个环节都纳入了它的经营范围。

由于跨国公司的性质及其在业务活动、结构、经营环境等方面与国内企业的差异，它在经营管理上也呈现出一系列明显特征，主要表现在以下方面。

(1) 战略目标的全球化。现代跨国公司从事国际生产和国际经营活动，其战略目标是以世界市场为导向，以充分有效地利用世界范围内的生产要素资源为手段，以公司的总体利益为基础，追求全球范围内的利润最大化，而不仅仅考虑某一个或几个子公司的盈亏。在这种全球战略指导下，为了实现全局利益，允许子公司出现暂时性亏损，而且总公司对子公司业绩的评价标准是它对公司的总体贡献而非其本身的营业利润。这是跨国公司与其他经济组织的重要区别之一。

(2) 营运过程的国际化。国内企业的营运过程从产品的研究开发直到投资、生产各个阶段都在国内进行，只有销售阶段可能部分在国外进行，而跨国公司的营运过程有很大一部分甚至绝大部分在海外进行。它可以在一个国家进行技术开发，到另一个国家进行生产，然后再把产品销往第三国。这种国际化的营运也是跨国公司在经营上的重要特征。

(3) 组织管理的内部一体化。跨国公司的经营地域和业务范围都非常广泛，面对市场环境复杂多变，没有周密的一体化管理措施，很难把分散在不同地域、从事不同业务活动的子公司组织成一个整体，灵活地应付市场竞争，实现其全球经营目标。而另一方面，现代科学技术的迅速发展，也为跨国公司实行集中式管理体制提供了条件。因此，现代跨国公司普遍实行内部一体化的组织管理。其各地子公司的重要活动，都要在总公司的统一指挥下，实行有计划的安排；同时要求公司的各级组织彼此密切配合，服从整体利益，从而使跨国公司的各个机构真正成为统一领导、步调一致的整体。

(4) 生产要素转移的内部化。生产要素通过内部化交易而非通过外部公开市场交易实现转移，也是跨国公司生产经营活动的一个主要特点。这种内部化转移一方面表现为技术转移的内部化，即当需要在国外生产中使用某项本公司技术时，跨国公司通常将技术转让给自己拥有控制权的国外子公司，而不将其出售给当地企业；另一方面表现为中间产品转移的内部化，即跨国公司更倾向于从自己的子公司或附属企业手中购买生产某种产品所需的中间产品，而不愿通过外部市场贸易从其他企业手中获得该种中间产品。越是在技术复杂、加工程度高的部门，交易内部化的程度也就越高。例如，1982 年美国食品饮料部门内部交易占该部门进口和出口的比重分别是 19.3%和 22%，而在非电气机械部门，上述比例分别高达 51.4%和 74.2%。跨国公司实行技术转移内部化的最主要动机是为了保持其在技术上的垄断优势，推迟技术的外向扩散，以获得更多的垄断利润；而它们实行中间产品内部化的主要原因则是尽量减少利用外部市场交易所导致的不确定性，降低交易成本，提高生产效率。

二、跨国公司的形成与发展

1. 跨国公司的早期发展

跨国公司的前身最早可追溯到 17 世纪到 19 世纪西欧各国为了对殖民地进行掠夺性贸易而设立的特许公司，其中最著名的是英国和荷兰的东印度公司。虽然它们在本质上仍属于贸易公司，与从事国际化生产的跨国公司相去甚远，但由于它们已经具备跨国经营的某些特点，可以看作是跨国公司的雏形。

到 19 世纪 60 年代，随着欧美主要国家产业革命的完成和国际垂直分工体系的建立，少数发达国家的大型企业，为了进一步扩大产量和销售量，增加利润，开始在海外的原材料供应地和目标市场设立生产性机构。同时，发达国家所积累的大量资本为了寻找更好的投资获利机会，也开始流向海外，其中一部分即表现为直接投资形式，形成了早期的跨国公司。现代跨国公司的先驱是德国的费里德里克·拜耳化学公司,1863年拜耳公司在科隆建立了子公司,并于1865年购买了美国奥尔班尼苯胺工厂的股份,后将其吞并为自己的分厂,成为第一家现代意义上的跨国公司。到第一次世界大战前,美国在国外拥有的制造业子公司达到122家,欧洲大陆国家拥有167家,英国拥有60家。

在一战和二战期间,跨国公司的发展相对缓慢。虽然全球对外直接投资的绝对数量从1914年的143亿美元增至1938年的263.5亿美元,但增长速度已低于一战前。

需要指出的是,直到二战以前,跨国公司虽然已经获得了一定程度的发展,但是它们既没有统一的全球战略,也没有全球化的经营管理体制,其从事跨国经营的目的仅在于保持和扩大产品销售市场和原材料供应市场,为母公司的利益服务。

2. 二战后到20世纪80年代现代跨国公司的大发展

第二次世界大战后,由于前述各方面条件的成熟,现代跨国公司得到了迅猛发展。20世纪60~70年代,堪称跨国公司发展的第一个黄金时代,到20世纪80年代,虽然跨国公司发展速度有所减缓,但仍保持着稳步增长趋势。这一阶段跨国公司的发展有以下特点。

(1) 跨国公司数目迅速增加,产销量不断扩大。以美国为例,在1950—1966年,美国跨国公司的子公司数目从7000家升至23 000家,增加了两倍多。20世纪60年代中期以后,跨国公司数量更是大幅增加。1968—1969年,发达国家跨国公司共有7267家,子公司数目为27 300家;到1980年,全球跨国公司母公司和子公司数分别增加到11 000家和98 000家。20世纪80年代末,跨国公司母公司数量超过2万家,子公司超过15万家。

(2) 跨国公司规模不断扩展。第二次世界大战后初期,跨国公司的规模还比较有限,1950年美国跨国公司子公司平均每家的投资规模仅为158.9万美元。20世纪60年代之后,各跨国公司日益向大型化方向发展,其资产、销售额和利润大幅度增加,不少巨型跨国公司的经济规模和实力甚至超过了一些主权国家。到1988年,世界上最大的600家制造业和矿业跨国公司,其销售额均在10亿美元以上,其中68家的销售额超过100亿美元。同年,美国的500家最大工业跨国公司和美国以外的500家最大工业跨国公司的销售总额,已超过了美国的国民生产总值。

(3) 跨国公司直接投资的来源国和东道国的地理分布及其投资的产业结构发生了重大变化。在投资来源国的地理分市方面,首先是第二次世界大战后初期形成美国一国独强和遥遥领先的局面,而第二次世界大战前长期居于对外直接投资首位的英国地位日渐衰落。其次,从20世纪60年代起,日本和西欧国家的跨国公司迅猛兴起,形成美、欧并进的格局。在投资东道国的地理分布方面,跨国公司投资地区越来越广,投资的重心由发展中国家转向发达国家。在产业结构方面,总的趋势是由初级产业转向制造业,再进一步转向服务业。这些特点实际上也就是本时期国际直接投资的发展特点。

3. 20世纪90年代跨国公司发展的新特点

进入20世纪90年代以后，跨国公司又出现了新的扩张浪潮，并呈现出新的特点。首先，跨国公司母公司和子公司数量大幅度增加。20世纪90年代初期，全球范围跨国公司母公司数为3.7万家，所属国外分支机构为24万家。到2000年，全球跨国公司母公司总数已达到6万多家，拥有80多万家国外分支机构。其次，以跨国公司为主体的全球化生产与销售规模空前扩大。截至1999年年底，以跨国公司为载体的世界对外直接投资存量达到5万亿美元。1999年所有跨国公司附属公司的资产是对外直接投资存量的3.5倍，达17.68万亿美元。随着国际直接投资规模的不断扩大，跨国公司在国外的销售额亦呈现迅速增长的态势。1992年跨国公司在国外的销售额约5.5万亿美元，而到1998年已超过11万亿美元，大大超过同期全世界商品和劳务出口总额。1999年跨国公司海外附属企业货物和服务的销售额为135 640亿美元，超过同年世界货物和非要素服务出口规模(68 920亿美元)，几乎是世界货物和非要素服务出口的两倍。跨国公司海外附属企业货物和服务出口为31 670亿美元，占世界货物与非要素服务出口的46%。

20世纪90年代，跨国公司的发展出现了一些新的特点。

(1) 企业跨国并购日益成为跨国公司对外直接投资的主要手段。企业跨国并购(Crosso-border Mergers&Acquisitions)是指一国企业为了某种目的，通过一定的渠道和支付手段，将另一国企业的整个资产或足以行使经营控制权的股份收买下来。跨国并购作为一种比较复杂的跨国经营行为，可以分为横向并构(水平式并购)、纵向并购(垂直式并购)和混合并购。横向跨国并购是指两个以上国家生产或销售相同或相似产品的企业之间的并购，这种并购的目的是为了扩大世界市场份额，增强国际竞争力和寡头垄断力量；纵向跨国并购是指两个或两个以上国家不同生产阶段的企业之间的并购，并购双方一方是原料供应者，另一方是生产成品购买者；混合跨国并购是指两个或两个以上国家的不同行业企业之间的并购，目的在于减少单一行业经营风险，降低生产成本，增加企业在世界市场的整体实力。

企业跨国收购、兼并、合并的过程，也就是一国企业实现国际化的过程，一国资本市场实现国际化的过程，也是资本运营国际化的过程。当一国企业收购、兼并另一国企业时，它们之间并不是简单地花钱购买股权，购买厂房设备，而是购买属于另一个国家的资产及生产劳动等生产要素的控制权，并通过这种控制权将被收购、被兼并的别国企业的资源、生产、销售、研究研制协调起来，统一起来，形成一个有机的整体。

在20世纪90年代，面对竞争压力、自由化浪潮和新投资领域的开放，越来越多的企业以兼并与收购作为自己的核心战略，在国外建立起自己的生产设施，以保护、巩固和增强自己的国际竞争力。从1988年到1995年，世界跨国并购总额增加了1倍，达到2290亿美元；到1999年达到7200亿美元，是1988年的7倍左右。在1980年到1999年，全球并购总数年均增长率达42%，而且巨型跨国公司之间的并购日益增加。

(2) 国际战略联盟越来越得到扩展，成为跨国公司发展的新形式。所谓国际战略联盟

(Transnational Strategic Alliances),是指两个或两个以上的跨国公司根据对世界市场的考察和公司自身的战略目标,通过协议进行联合与合作的经营方式。按战略联盟协议内容的不同,可分为资源补缺型、市场营销型和联合研究开发型三种。跨国公司之间成立的第一个国际战略联盟是1979年美国福特公司与日本马自达公司结成的联盟。进入20世纪90年代后,跨国公司在国际化生产和经营中,越来越多地采用了国际战略联盟方式,以拓展其对外扩张能力。1997年《世界投资报告》显示,跨国公司之间的联盟协议,从1990年的1760份增加到1995年的4600份。国际竞争极为激烈的半导体、信息技术、电子、汽车等行业成为跨国公司缔结国际战略联盟的集中领域。联盟的各方不拘地理限制、不受市场地位约束的跨国战略性协作,使许多产业结构正在发生着深刻的变化,各国资源也在世界范围内得到重新配置。

(3) 跨国公司间技术合作与研究开发的全球化趋势不断增强。最近几十年来,跨国公司技术合作的加强和研究与开发(R&D)国际化是国际生产和竞争格局变化的客观反映。20世纪80年代以来,国际化生产已越来越成为涉及高新产业的知识密集型生产。这必然增加跨国公司 R&D 的预算支出。同时,由于技术进步的加快,产品生命周期越来越短,产品生产成本增大,使市场风险性和不确定性增加。跨国公司为了增强对市场环境变化的适应能力,力求建立公司间的技术合作,实现 R&D 国际化。另外,各国的投资自由化改革,使市场的一体化程度得以提高,以技术进步为基础的技术竞争加剧和技术扩散加快。为了分担由于在更为广泛的地理空间和新市场的开拓中因竞争而带来的 R&D 高额成本,跨国公司间在相互兼并和联合的同时,加强了技术合作和 R&D 的国际化。

【案例9-2】 十年"走出去"十大成功企业案例

十年历程,对中国企业"走出去"之路回头一瞥,会给我们带来怎样的欣喜和感动。我们通过资产增值、品牌提升、市场增量、交易成本、掌握核心技术、发展前景等方面对中国企业"走出去"的十大成功经典案例进行点评,以期记录中国企业在面对风起云涌的世界经济变革时所留下的足迹。

1. 联想:并购IBM的PC业务

2004年12月8日,联想用12.5亿美元购入IBM的PC业务,自此,位于全球PC市场排名第九位的联想一跃升至第三位。这次并购从品牌、技术、管理、产品、战略联盟和运营等各方面对于联想本身都有巨大的提升。并购后,IBM个人电脑业务的全套研发体系归联想所有,联想的采购和营销成本则由于借助了IBM原有的分销渠道得到优化。

【点评】联想的经验告诉我们,民族企业尽管在技术、管理等方面相比国外企业处于低位,但如果敢于抓住时机,取己所需,那么,借助这种品牌并购也是未来中国企业迅速扩大海外影响的可取之道。

2. 海尔:居高临下,步步为营

2005年底,海尔在总裁张瑞敏制定的名牌化战略带领下进入第四个战略阶段——全球化品牌战略阶段。海尔"走出去"的主要特点是：经营范围——海尔自己的核心产品；发展进程——从创造国内名牌、国际名牌着手，到出口，再到跨国投资，渐进性发展；对外投资方式——以"绿地投资"即新建企业为主；跨国投资效果——成功率高，发展快。如今的海尔已在全球建立了29个制造基地，8个综合研发中心，19个海外贸易公司，员工总数超过6万人，2008年海尔集团实现全球营业额1190亿元。

【点评】拥有像海一样宏大目标的海尔，不仅伸开臂膀广纳五湖四海有用之才，更具备了海一样强大的自净能力。它有清晰的自我定位和战略方向，不断提升的创新能力和对市场的准确把握，是海尔如今不断演绎全球神话的筹码。

3. 吉利汽车：并购沃尔沃

吉利在成功实施以自主创新为主的名牌战略之后，开始了以海外收购为主的品牌战略。2009年4月，吉利汽车收购了全球第二大自动变速器制造企业澳大利亚DSI公司，使其核心竞争力增强。2010年3月28日，吉利汽车与美国福特汽车公司在瑞典哥德堡正式签署收购沃尔沃汽车公司的协议。

【点评】吉利作为我国汽车行业海外品牌战略的先行者，如果能安全度过磨合期，在实现技术资产有效转移和与工会达成一致上有所突破，真正掌控国际著名品牌，吸收一流技术，增强自主创新能力，就可以说中国汽车产业海外并购之路获得成功。

4. 奇瑞汽车：海外布局，辐射全球

奇瑞与其协作的关键零部件企业和供应商协同，和国内大专院校、科研所等进行产、学、研联合开发了研发体系，掌握了一批整车开发和关键零部件的核心技术。目前，奇瑞正全面推进全球化布局，产品面向全球80余个国家和地区出口，海外15个CKD工厂已建或在建。通过这些生产基地的市场辐射能力，实现了全面覆盖亚、欧、非、南美和北美五大洲的汽车市场。

【点评】奇瑞的"质量"和"技术创新"的武器使它成功突出重围，不仅得到越来越多国人的认可，也开始在国际舞台上崭露头角，与国际巨头们PK得风生水起。

5. 北汽：收购萨博相关知识产权

2009年12月11日，北汽以2亿美元成功收购瑞典萨博汽车公司相关知识产权。北汽成功收购萨博技术，一是通过收购得到了先进的核心技术；二是通过收购取得了完整的质量与制造工艺体系，为产品技术的消化吸收和研发制造提供了有利条件；三是这次收购具有极高的性价比，为基于产品性能和成本控制的自主品牌产品市场定位提供了有利条件。

【点评】也许北汽这次"走出去"不像其他企业的并购投资那样引人注目，但它却抓住金融危机后跨国并购难得的机遇，开启了在发达国家收购先进成套设备的快乐之旅。

6. 百度：挑战核心技术

2007年，百度正式宣布"走出去"，并将日本作为国际化战略第一站。经过短短1年发展,百度已经在日本开发出视频搜索、博客搜索等富有特色的产品,从流量方面成为日本第四大独立搜索引擎,在速度、运行稳定方面也全面赶超海外市场主要竞争对手。

【点评】百度这个富有中国古典诗意的名字正在被越来越多的外国人所熟识。互联网搜索业务作为现代社会一个标志性的产业,明天的发展空间必将更为广阔。

7. 华为:自主创造与拿来主义的精妙平衡

华为在研发上做足了功课,每年坚持不少于10%的研发投入,并将研发投入的10%用于预研,不断跟踪新技术、新领域。除了通过自主开发技术提升竞争力,华为亦从未拒绝过以开放的心态,"站在巨人肩膀上"去获取商业的快速成功。这也是1996年华为引入IBM对其公司产品开发流程进行改革的直接动力之一。自2001年之后,华为实现了100%产品研发都通过新的流程化产生,为华为2002年开始的深入国际化奠定了管理和文化的基础。

【点评】自主品牌很重要,它从根本上决定了企业在利润链上能否分得那最大的"一杯羹",但企业的发展,尤其在面对强大的竞争对手时,拼的是效率。不因过度捍卫"自主"而耽误了效率,这就是"华为榜样"的精神实质。

8. 顺德日新:借助国企当跳板

2009年12月26日,顺德日新宣布收购智利一座储量高达30亿吨的铁矿。日新在矿山项目中持股超过七成,投资约10亿元全部来自于自有资金。同时,顺德日新也与中国五金矿产进出口珠海公司签订了战略合作协议,开采之后所有铁矿都将由中国五矿珠海公司进口,承诺智利项目所产矿石将以低于国际市场20%到30%的价格,通过央企中国五矿珠海公司内销渠道,打入国内市场。

【点评】民营企业以其灵活的经营方式、敏锐审视市场和捕捉机会的能力,以及快速果决的决策效率,本着"寸有所长,尺有所短"的谦虚姿态,迅速完成海外矿山收购,显示了产权清晰的民营企业独具的灵活性和创新精神在对外扩张中的优势。

9. 中石化、中海油:创造联合收购新模式

2009年7月我国两大石油公司中石化和中海油近日宣布以13亿美元联合收购美国马拉松石油公司持有的安哥拉一石油区块20%的权益。这笔交易是自中海油185亿美元竞购美国优尼科石油公司失败后,首次成功收购美国石油公司的资产。业内人士认为,两大石油公司共同出资进行海外收购,有利于中国公司在海外并购力量最大化,避免国内公司之间不必要的竞争,是中国石油公司"走出去"值得借鉴的模式。

【点评】我国央企是与富可敌国的跨国公司抗衡的中流砥柱。央企的联合收购,是一种新的"走出去"模式,同时,也使西方国家对央企的强大实力和独特行为方式加倍关注。

10. 葛洲坝:国际工程承包大显身手

中国葛洲坝水利水电工程集团公司是2004年首次登入"全球最大225家国际承包商"排行榜的中国企业之一。在管理型、多元化、现代化、国际化的"一型三化"发展战略指

导下,葛洲坝集团"走出去"的步伐明显加快。目前,葛洲坝集团的足迹已经遍及南亚、东南亚、中亚、中东、非洲和美洲等地区。

【点评】葛洲坝集团在对外承包工程中屡战屡胜,得益于它自己多年来在国内工程项目承包市场中积累起来的技术优势和管理优势、有针对性地扬长避短、完整的规划和统一实施的策略、在市场定位和项目管理上的经验。

三、跨国公司的内部贸易

跨国公司内部贸易是指跨国公司的母公司与国外子公司、国外子公司相互之间进行的产品、原材料、技术与服务贸易。①当前,跨国公司内部贸易约占国际贸易的1/3。

1. 跨国公司内部贸易的利益

(1) 降低外部市场造成的经营不确定性风险。由于受市场自发力量的支配,企业经营活动面临着诸多风险,包括投入品供应的数量不确定、价格不确定,不同生产工序或零部件分别由独立企业承担产生的协调上的困难。跨国公司可以将上述经营活动内部化,通过合理计划,安排生产、经营活动,进行公司内部贸易,大大降低上述各种经营的不确定性。

(2) 降低交易成本。这里主要指减少通过外部市场进行对外交易谈判、签约和合同履行所发生的成本。当然,企业另一方面要付出内部化成本,如行政协调成本。

(3) 适应高技术产品生产的需要。高技术产品是R&D强度(即R&D经费支出占工业总产值的比重)很高的产品,其生产需要的技术在转让时会存在市场定价、交易成本和技术外溢等市场化问题。跨国公司可将研发和技术内部化,通过内部技术转让即内部贸易很好地解决上述问题。②

(4) 增强公司在国际市场上的垄断地位和竞争能力,实现全球利益的最大化。跨国公司通过内部化降低外部市场造成的经营不确定风险、降低交易成本和运用公司内部贸易价格可实现此目的。

2. 内部贸易价格(转移价格)给跨国公司带来的效益

跨国公司内部贸易价格通常称为转移价格,指跨国公司内部母公司与子公司、子公司与子公司之间在进行货物和服务交换中,公司内部所实行的价格。转移价格包括转移高价与转移低价。转移价格的运用可带来如下效益。

(1) 减轻纳税负担。跨国公司的子公司分设在世界许多国家和地区,其经营须向东道国政府纳税。母公司与子公司所在各国的税率高低差别可能较大,税则规定也不一致。因此,跨国公司往往利用各国税率差异,通过转移价格(转移高价或转移低价)人为地调整利

---

① 跨国公司对其他公司的贸易,称为公司外部贸易。

② 一般的技术转让均存在上述三方面的市场化问题,但高技术产品生产中这些问题更为突出。

润在母公司与子公司之间的分配,以把跨国公司总的所得税税赋降到最低限度。当然转移价格的运用还要考虑关税因素(以及海关估价),并在二者冲突时进行权衡。

(2) 增强子公司在国际市场上的竞争能力。如果子公司在当地遭遇激烈的竞争,或要扩大市场份额,取得新市场,跨国公司就可能采用转移价格,降低子公司的成本,提高子公司的竞争能力以及子公司在当地的信誉,便于子公司在当地发行证券或获得贷款。

(3) 减少或避免外汇风险。首先是减少或避免汇率风险。原理如下:如果预测某一子公司所在的东道国货币将对外贬值,跨国公司就可以通过子公司高进低出的转移价格的方式,将部分资产转移到国外,减少东道国货币对外贬值造成的损失(甚至可能获利)。其次是逃避东道国的外汇管制。当子公司所在的东道国政府对外国公司利润和投资本金的汇回在时间上和数额上有限制时,跨国公司可以通过该子公司高进低出的转移价格的方式将利润或资金调出该东道国。

第五节 国际资本流动与国际贸易的发展

一、蒙代尔的贸易与投资替代模型

早在1957年,美国经济学家罗伯特·蒙代尔(Robert A.Mundell)就提出了他著名的贸易与投资替代模型。

蒙代尔从传统的赫克歇尔-俄林理论的两国家、两要素和两产品的分析框架出发,假定:X国是资本要素丰富的国家,Y国是劳动力要素丰富的国家;在国际贸易中,两国以各自的比较优势生产相应的产品,X国集中生产资本密集型产品a,Y国将集中生产劳动密集型产品b;X、Y两国具有相同的生产函数。

在自由贸易条件下,各种生产要素可以在两国间自由流动。X国将出口a产品,从Y国进口b产品;Y国则出口b产品,并从X国进口a产品。在实现了贸易平衡的状态下,X、Y两国的资本和劳动力的要素报酬率是相等的,因此不存在资本跨国流动的必要。

然而,当两国之间存在着关税壁垒、产业壁垒等可阻止自由贸易的障碍时,情况就不一样了。假定Y国现在对来自于X国的进口商品a征收高关税,这势必提高X国的a商品在Y国的价格,并刺激Y国a商品生产部门生产规模的扩大;伴随而来的必然是生产a商品所需的原来在Y国就相对稀缺的资本要素的国内需求量的上升,进而推动了Y国的资本要素价格的上涨,从而提高了Y国的资本要素报酬率。在Y国资本要素高利润回报的吸引下,X国的资本势必通过直接投资或间接投资等各种方式流入Y国,从而进一步扩大了Y国a商品的生产规模。从整体上看,资本要素的流动并没有增加a商品的总产量,只不过是以Y国进口商品a的国内产量增加,替代了X国出口商品a产量的减少,在Y国对a商品的需求保持不变的情况下,Y国从X国进口的a商品的数量自然就下降了。也就是说,国际资本流动的结果最终取代了国际贸易。

由此，蒙代尔得出的结论是：在存在国际贸易壁垒的情况下，如果直接投资厂商跨国直接投资，那么这种跨国直接投资就能够在相对最佳的效率或最低的生产要素转换成本基础上，实现对商品贸易的完全替代。

二、小岛清的贸易与投资互补模型

20世纪70年代后期到80年代中期，小岛清发表了国际直接投资和国际贸易方面的大量论著。小岛清强调了国际分工原则的重要作用，认为国际分工既能解释国际贸易，也能解释国际直接投资，因此国际直接投资和国际贸易可以统一在国际分工原则的基础上。与蒙代尔不同，小岛清把传统模型中的劳动和资本要素用劳动和经营资源来替代，因此国际直接投资已不再是简单的资本流动，而是包括资本、技术、经营管理和人力资本的总体转移。

在此基础上，结合日本的实践经验，小岛清认为投资国的对外直接投资应从本国处于比较劣势的边际产业开始依次进行；相应产业的对外直接投资与东道国的技术差距越小，技术就越容易为东道国所吸收和普及，进而可以把东道国潜在的比较优势挖掘出来；同时投资国可以集中精力创造和开发出新的技术和比较优势，从而使两国间的比较成本差距扩大，为更大规模的贸易创造条件。由此可见，国际直接投资并不是对国际贸易的简单替代，而是存在着一定程度上的互补关系。在许多情况下，国际直接投资也可以创造和扩大对外贸易。

三、投资替代贸易的产品生命周期模型

1. 产品的生命周期

一种新的产品从诞生，经过发展到衰退，乃至被替代，是该产品的生命周期。有的经济学家将产品的生命周期分为三个阶段，即引进阶段、增长阶段和衰退阶段。有的经济学家将其分为四个阶段，即引进阶段、增长阶段、成熟阶段和衰退阶段。

从需求的方面来分析，在引进阶段，消费者不甚了解新产品的特性，如何使用这种新产品，以及这一新产品给人们所带来的方便和好处。与此同时，与这一新产品的配套工程往往也不完善，新的产品在使用中存在着不少的困难。例如，20世纪初，汽车在开始引进时，市场比较小，与其配套的道路、汽车加油站、汽车修理厂和擦洗等服务业都没有充分发展。特别是汽车作为一种新产品，成本比较高，价格也比较昂贵，因此，这时对于汽车的需求量很小，少数消费者被称为先锋者。增长阶段，产品愈来愈标准化，成本开始下降，并且也愈来愈安全可靠，人们在使用中获得愈来愈多的利益。同时，和该产品使用的配套设备比较完善，其需求量和销售量急剧增长，如汽车、计算机、彩色电视机等都经历过这

样的阶段。成熟阶段，一旦产品为消费者广泛接受，产品价格下降，相当多的人具有使用这一产品的技能，拥有这种产品，该产品的市场开始饱和，产品销售量的增长率开始下降。衰退阶段，新的更新换代的产品出现，人们不再需要这一产品，可能它还会维持一个很小的市场，如黑白电视机，或者已经完全被新的产品所替代，如晶体管收音机。

在产品的整个生命周期中，其成本有着下降的趋势。一旦新产品为广大消费者所接受，两种因素相互影响，使生产成本不断下降：一是由于产量的增加使成本下降；二是成本的下降又为打开新的市场提供条件，而新的市场又为进一步扩大生产降低成本提供条件。例如，个人计算机销售价格的迅速下降，就是这两种因素相互影响的结果。如果一种新产品的引进阶段较长，很缓慢地为人们所接受，那么它就不能很快地降低成本，进入增长阶段。有的产品从发明到推广经过几十年，发展十分缓慢。

从竞争的方面来分析，在引进阶段常常有着许多竞争者，通常是在技术方面进行竞争。例如，在汽车引进时期，有电动的、汽油的、蒸汽的汽车。它们进行着技术上的竞争。录音机最初有 33-RPM 的和 45-RPM 的，录像带有 VHS 的和 Beta 的等。到了增长阶段，产品的技术愈来愈规范化和标准化，消费者倾向于购买标准化的产品，如录像带 VHS 的销售量极大地超过了 Beta。这一阶段，在竞争中一些企业被排挤出去，只有少数企业能成功地壮大，转向标准化生产。成熟阶段，由于技术的扩散，使一些国家新的企业有了发展的机会，特别是一些外国企业发展极为迅速，从而产品也极大地扩散。

2. 产品生命周期和国际贸易

一些经济学家将产品生命周期理论和国际贸易结合起来，说明国际贸易的流动方向。他们认为，在第二次世界大战后相当长的一个时期里，许许多多新型消费品和生产上新型自动化的机器设备，大多数是在美国发明并引进生产的。例如，电冰箱、电视机、录音机、录像机、微波炉、洗衣机、计算机、机器人等，都是在美国发明并最早投入市场的。这是因为这一时期美国的人均 GDP 超过其他国家，创造了一种比较高的消费模式，为新的消费品提供了广阔的市场。同时一种新型产品的诞生需要有大量的科技人才和熟练的劳动者。第二次世界大战后许多国家的科技人才移居到美国，美国吸引了世界各国大部分知识分子。同时美国的劳动者接受过较高水平的文化教育，熟练劳动者较多，此外，由于美国劳动力相对比较稀缺，劳动工资较高；不仅仅在生产中趋向于使用新技术和新的机器设备替代人力，而且在生活中也力求使用新型的设备减少家务劳动。因此，生产中的新型机器设备和家庭使用的各种新型用具源源不断地出现。这些新产品首先由美国市场上销售，发展到一定程度后，才逐渐出口到其他发达国家。

增长阶段，新产品在国内市场上销售急剧增长的同时大量出口。外国的厂商，主要是其他一些发达国家，开始模仿这些产品的生产。它们开始为本国的消费者生产，而后出口，并已成为该产品的主要出口国。这是因为，其一，这些国家的政府为保护本国新产品的生产，实施贸易保护主义政策，利用关税和非关税壁垒阻碍美国产品的进入；其二，国内生产、国内销售和运输的成本比较低,产品的价格相对比较便宜;其三,由于就地生产,就地销售,售后服务比较方便等。这一切都促使这些国家这种新产品的生产和销售迅速增长。与此同时,美国的一些厂商为了绕过贸易壁垒,将企业迁移到这些国家就地生产和销售,从而导致美国国内的生产和出口急剧下降。

成熟阶段,由于外国的技术水平和美国的技术逐渐接近,差距日益缩小,同时外国的工资水平仍然低于美国,因此该产品在其他一些发达国家生产和出口,而美国逐渐成为该产品的净进口国。同时,在这一阶段,由于技术日益陈旧,技术的转让费用愈来愈低,技术逐渐在发展中国家扩散。一些发展中国家开始引进该产品的技术进行生产和出口。最后阶段,由于该产品的技术已经陈旧,相对比较便宜,生产过程也都简单化了,发展中国家成为主要的生产和出口国。根据彼得·林德特《国际经济学》的分析,第一个阶段,美国是出口国,而其他发达国家和发展中国家是进口国。第二个阶段,美国的出口下降,其他发达国家的出口开始上升,发展中国家仍然是进口国。第三个阶段,美国已成为净进口国,发达国家的出口开始下降,而发展中国家的出口上升,这一演变过程可用图9-2来表示。

t_0 至 t_1 为第一阶段,美国是生产和出口国,t_1 至 t_2 为增长阶段。在 t_3 时期,美国已经成为净进口国,其他发达国家从进口国变为出口国。从 t_4 开始,其他发达国家出口开始下降,发展中国家的出口开始上升。

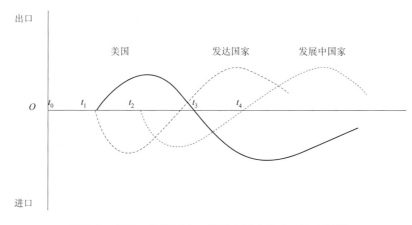

图9-2 美国与发达国家、发展中国家进出口演变过程

四、贸易与投资新型关系的理论新进展

随着全球经济一体化的蓬勃发展,特别是国际直接投资的动机差异、行业差别、东道国政策、出口商品结构和工业结构、技术创新以及其他动态要素的相互作用,贸易与投资的替代已不再是两者关系的必然。事实上,国际贸易与国际直接投资的相互促进和相互补充正日趋明显。近年来,这种贸易与投资的新型关系也逐渐得到了理论界的关注,许多学

者分别从不同角度对此进行了多方面的有益探索,贸易与投资新型关系的理论研究获得了很大的发展。

1. 国际直接投资的动机差异

美国经济学家帕特瑞(P. Patrie,1994)的研究表明,由于激发直接投资的动机不同,贸易与投资的关系也不同。帕特瑞根据投资的不同动机,将国际直接投资划分为三大类。

(1) 市场导向型直接投资(Market-Oriented FDI),是指跨国企业为逃避东道国严厉的贸易保护壁垒,或者出于占领当地市场的需要,通过对东道国的直接投资,在当地生产,当地销售。

(2) 生产导向型直接投资(Production- Oriented FDI),是指跨国企业受到低成本生产区位的吸引,出于降低生产成本的需要而进行的直接投资。

(3) 贸易促进型直接投资(Trade-Facilitating FDI),是指跨国企业出于更好地配合本身的出口贸易活动,为企业的出口提供各种服务而进行的直接投资。

大量的数据表明,在这些源于不同投资动机的直接投资形式中,只有市场导向型直接投资容易成为贸易的替代,而生产导向型和贸易促进型直接投资则一般可以增加投资国和受资国之间的国际贸易。由此,帕特瑞得出的结论是:由于激发投资的动机不同,贸易与投资的关系也不同;替代贸易的投资仅是直接投资中的部分现象。

2. 东道国的政策差异

东道国的政策可以从很多方面影响直接投资。世界贸易组织(WTO,1997)近期对不同开放程度国家投资状况的研究中指出,相对于奉行保守政策的、对外开放程度较低的拉丁美洲来说,对外开放程度较高的亚洲国家,可以吸引更多的能够扩大投资国和受资国之间的国际贸易总量的直接投资。与此形成鲜明对比的是,在那些拉丁美洲国家中,替代国际贸易的直接投资的比重之高却达到了令人担忧的程度。

世界银行(World Bank,1995)对日本制造业位于海外不同地区的子公司或分支机构的出口倾向差别作比较研究,结果发现,位于对外开放程度较高的亚洲地区的日本子公司出口比例高达45%;而在对外开放程度较低的拉丁美洲地区,相应的比例只有23%,相差近一倍。

实践经验表明,低水平的进口保护对以贸易出口为导向的直接投资来说,具有巨大的吸引力;相反,高水平的保护壁垒,则极有可能导致以逃避关税或占领本地市场为目标的直接投资的大量涌入。

因此,东道国严厉的贸易保护主义威胁、高关税壁垒以及金融税收等方面的保护政策,最终只会助长直接投资替代贸易的经济活动。许多国家的经济实践有力地证明了这一点。相比较而言,东道国更应该实行自由的投资和贸易政策,以促进直接投资,同时努力加强直接投资与国际贸易的积极关系。

3. 国际直接投资的行业差异

近年来国际直接投资的发展经验表明，不同行业一般会沿着不同的发展轨迹使直接投资和国际贸易发生联系。世界贸易组织(WTO，1996)指出，一些行业的直接投资与国际贸易具有某种线性的、按部就班的国际化特征，要么是国际贸易导致直接投资，要么是直接投资导致国际贸易。

在制造业，企业在从事直接投资以前，一般从国内的生产和销售开始，然后通过出口、签发许可证和其他合同安排以及海外设立分支机构等方式，实现业务的国际化。由于这种从贸易到直接投资的线性先后顺序，制造业的直接投资往往被认为是对国际贸易的替代。

在自然资源部门，国际贸易和直接投资的相互关系也主要是线性的。它或者从进口贸易开始，然后是进口国在纵向的国际整合过程中对原料出口国进行直接投资，促使东道国更多地出口；或者是先从直接投资开始，进而促进东道国出口。因此，在自然资源部门，直接投资与国际贸易一般是相互促进的。

另外一些行业的直接投资和国际贸易则并不具备这种线性关系。例如在服务业，企业向海外所提供的许多服务都无法用国际贸易来替代。如果企业要满足海外市场的这种需求，它就必须到当地直接"生产"这种服务。一般来说，服务行业在海外建立附属公司，对本国有关服务的出口所产生的冲击不会太大。然而近些年来，由于通信和信息技术的发展，服务的可传输性以及服务可贸易性的技术进步，使服务行业的直接投资和服务贸易的形式开始发生变化。

4. 经济结构变迁、技术创新及其他

东道国和母国的出口商品构成、工业经济结构和技术创新等动态因素的变动，也会对贸易与投资的相互关系产生重要的影响。国际直接投资理论对此给予了充分的重视。

(1) 出口商品构成的变化。随着国际直接投资的发展，母国对东道国的出口构成将逐步从最终产品转向服务、无形贸易、机器设备和中间产品。由于两国出口构成的变化，直接投资与国际贸易的关系就会表现得多样化。

(2) 技术创新和工业经济结构的变化。贸易与投资相互关系的研究还必须考虑到东道国和母国的技术创新和工业结构的动态变化。在其他条件保持不变的情况下，一国的比较优势将主要取决于生产技术的差异。在母国的新技术不断出现，同时旧技术逐渐向东道国转移的条件下，两国之间的比较优势将发生动态变化，进而使两国的工业经济结构发生相应的改变。经验表明，这种源于技术创新的变化，不仅可优化国际贸易格局，而且更进一步促进了贸易与投资的相互补充和发展。

(3) 贸易扩大效应和投资扩大效应。在跨国企业向海外子公司销售新的服务、无形资产以及机器和中间产品的同时，母国同一行业或是不同行业的其他企业对该子公司的相关商品的出口也可能增加，这就是贸易扩大效应。同样的，企业直接投资的增加也会导致相

关投资的增加，从而产生投资扩大效应。

由于存在着较为广泛的贸易扩大效应和投资扩大效应，因此，尽管跟随国际贸易而来的这种直接投资可能在单一产品方面取代贸易，但在产业层次和全局层次来看，则不大可能。它对东道国和母国的进出口贸易构成和贸易量的总影响，也要依据其直接或间接影响的综合效应来确定。

最后需要指出的是，贸易与投资的相互影响往往是跨部门的。因此无论就单独一个企业的经营活动而言，还是就贸易与投资的直接或间接效应而言，各经济部门的界限是交叉的。这种跨部门的交叉运作使贸易与投资的相互关系更为复杂。

五、对贸易与投资关系模型的实证分析

无论是蒙代尔的贸易与投资替代模型，还是小岛清的互补模型，都是在传统理论的分析框架上衍生出来的，并没有经过实证的检验。

20世纪80年代以来，贸易和直接投资的实证研究取得了突破性的进展。研究结果表明，第二次世界大战后的资本流动，尤其是国际直接投资的迅速增加，并没有影响到国际贸易的发展；相反，贸易与直接投资是互相促进、互相补充的。

李普西和韦斯（Lipsey and Weiss，1981）依据美国20世纪70年代的统计数据，研究了美国跨国企业在发展中国家所设立的子公司的生产和出口行为。他们选取了一系列样本商品作研究对象，发现这些公司的相应产品的年产量与美国同年向这些发展中国家出口的同一商品的出口总量呈显著相关。

李普西（Lipsey，1984）等人的进一步研究还发现，这种正相关或至少不相关广泛存在于美国近80%的产业部门中。也就是说，美国对外直接投资对同行业的国际贸易显示得更多的是积极影响。

胡弗鲍尔（Hufbauer，1994）重点研究了美国20世纪80年代以来的情况，他们将美国1980年、1985年和1990年的对外直接投资总量与出口总量作比较，结果发现：在整个时间跨度中，出口总量与对外直接投资总量一直保持着正相关关系。格拉汉姆（Gramham，1996）近期的研究也证实了这一点。

与此同时，许多学者关于日本、德国以及瑞典等国的实证研究也得出了类似结论。

本 章 小 结

国际资本流动的动因主要有：资源寻求型、市场寻求型、效率寻求型、战略资产寻求型、技术获取型、贸易替代（或促进）型。

国际资本流动的影响具体表现在以下几个方面：推进了世界经济一体化、加速了生产国际化、促进并控制了国际贸易的发展。

海默的垄断优势理论认为对外直接投资的行业都是寡头垄断的工业部门，少数拥有垄断地位的公司控制着这些行业的对外直接投资。

内部化理论的主要内容有：外部市场不完全是内部市场形成的主要原因、知识产品是促使内部市场形成的重要因素、内部市场与交易成本有关。

国际生产折衷理论认为跨国公司进行对外直接投资是由垄断优势、内部化优势和区位优势这三个因素综合决定的。

比较优势理论认为比较利润率的差异是和比较成本的差异相关的。国际贸易既受到比较成本的影响，又受到比较利润率的影响；对外直接投资则是受比较利润支配的。国际分工原则和比较成本或比较利润率的原则是一致的。因此，国际分工既能解释国际贸易，也能解释对外直接投资。

跨国公司管理的主要特征有：战略目标的全球化、营运过程的国际化、组织管理的内部一体化和生产要素转移的内部化。

蒙代尔的贸易与投资模型认为，在存在国际贸易壁垒的情况下，如果直接投资厂商跨国直接投资，那么这种跨国直接投资就能够在相对最佳的效率或最低的生产要素转换成本基础上，实现对商品贸易的完全替代。

复习思考题

1. 国际资本流动的动因是什么？
2. 简述跨国公司的形成。
3. 国际资本流动对一国经济的影响。
4. 对市场内部化理论进行简要评述。
5. 小岛清的比较优势理论的主要内容是什么？

推 荐 书 目

1. 王林生，范黎波. 跨国经营理论与战略. 北京：对外经济贸易大学出版社，2003
2. 海闻，P. 林德特，王新奎. 国际贸易. 上海：上海人民出版社，2003
3. 王耀中. 新编国际贸易学. 湖南：湖南大学出版，2001
4. 薛荣久. 国际贸易. 北京：对外经济贸易大学出版社，2003
5. 鲁桐. WTO 与中国企业国际化. 北京：中共中央党校出版社，2000
6. 王俊宜，李权. 国际贸易. 北京：中国发展出版社，2003
7. 张晓虹，郭波，施小蕾. 新编国际投资学. 辽宁：东北财经大学出版社，2005
8. [日]原正行. 海外直接投资理论. 广州：暨南大学出版社，1995

9. [日]小岛清. 对外贸易论. 天津：南开大学出版社，1987
10. Raymond Vernon. "International Investment and International Trade in the Product Cycle", Quarterly journal of Economics, 80, 1996
11. Stephen Herbert Hymer. "The International Operations of National firms: A study of Foreign Direct Investment", MIT Press, 1976
12. Charles P.Kindleberger. "American Business Abroad: Six Essays on Direct Investerment", Yale University Press, New Haver, Conn, 1964
13. Peter J.Buckley and Mark C. Casson, "A Theory of International Operation", North-Holland, Amsterdan, 1978

第十章

世界贸易组织

本章导读：

世界贸易组织是国际贸易领域最大的国际经济组织，涉及当今国际贸易中的货物、服务、知识产权、投资措施等各个领域，并对世界各国的经济发展起着重要的作用。世界贸易组织是由关贸总协定演化而来的。本章通过介绍关贸总协定和世界贸易组织，理解中国加入世界贸易组织的意义以及入世后的权利和义务。

学习目标：

通过本章的学习，了解关税与贸易总协定八轮多边贸易谈判；重点掌握世界贸易组织的宗旨、职能、基本原则、法律框架；了解世界贸易组织建立以来六次部长级会议的内容；理解中国复关与入世的历程及中国入世后的权利与义务。

关键概念：

关贸总协定(General Agreement on Tariff and Trade，GATT)
世界贸易组织(World Trade Organization，WTO)
关税保护原则(Rule of Customs Duties as Means of Protection)
互惠贸易原则(Rule of Reciprocal Trade)
非歧视原则(Rule of Non-Discrimination)
市场准入原则(Rule of Market Access)
公平贸易原则(Rule of Fair Trade)
透明度原则(Rule of Transparency)

第一节　关贸总协定与乌拉圭回合

一、关贸总协定

关税与贸易总协定(General Agreement on Tariff and Trade，GATT)，简称关贸总协定，是关于关税和贸易准则的多边国际协定和组织。世贸组织正式运行之前，关贸总协定是协调和规范缔约方之间关税与贸易政策方面相互权利和义务的主要多边协定。

关贸总协定的产生可以一直追溯到20世纪30年代，当时世界经济陷入危机，国际经济严重萧条，国际贸易秩序混乱。1944年7月在美国的布雷顿森林召开的国际货币与金融会议(44个国家参加)建议成立国际货币基金组织、国际复兴开发银行(即世界银行)和国际贸易组织，作为支撑全球经济的三大支柱来调节世界经贸关系，推动全球经济的复苏和发展。1946年，联合国经社理事会决定召开一次国际贸易与就业会议，并成立了一个筹备委员会，着手起草国际贸易组织章程。1947年4月至10月，在日内瓦召开的第二次筹委会会议，同意将正在起草中的国际贸易组织宪章草案中所涉及关税与贸易的条款抽取出来，构成一个单独的协定，并把它命名为《关税及贸易总协定》，23个国家和地区签署了这份"临时适用"议定书。它于1948年1月1日起正式生效，并根据该文件成立了相应机构，其总部设在日内瓦，其成员发展到130多个。

关贸总协定从1947年至1994年共举行了八轮多边贸易谈判。据不完全统计，在前七轮谈判中达成关税减让的商品就近10万种。第八轮谈判(即"乌拉圭回合")取得了重大的进展，不仅就逐步取消进口许可证或配额、减让关税等方面达成了一系列多边协议，而且最终于1994年4月15日在摩洛哥签署了《世界贸易组织协定》。1995年1月1日，世界贸易组织正式成立，关贸总协定的历史使命随即宣告结束。关贸总协定从1948年1月1日开始实施到1995年1月1日世贸组织正式运行后与之并行一年，共存续了48年。

二、关贸总协定的多边贸易谈判

关贸总协定在48年中积极致力于国际贸易政策的协调，成功主持了8轮世界范围的多边关税与贸易谈判。

第一轮多边贸易谈判于1947年4月至10月在瑞士日内瓦举行，主要进行削减关税的谈判。关贸总协定的23个创始缔约方参加了谈判，并正式创立了关贸总协定。谈判共达成双边减让协议123项，使占应税进口值约54%的商品平均关税降低35%。

第二轮多边贸易谈判于1949年4月至10月在法国安纳西进行，有19个成员参加。谈判达成了约5000项关税减让。

第三轮多边贸易谈判于1950年9月至1951年4月在英国托奎举行,有38个成员参加。谈判达成了约8700项关税减让，从而把1948年确定的关税下调了25%。

第四轮多边贸易谈判于1955年至1956年5月在瑞士日内瓦进行，26个成员参加了谈判。由于美国国会对美国政府的授权有限，使谈判受到严重影响，所达成的关税减让只涉及25亿美元的贸易额。

第五轮多边贸易谈判(亦称"狄龙回合"谈判)，于1960年9月至1961年7月在瑞士日内瓦举行，26个成员参加了这一回合的谈判。谈判达成的关税减让涉及49亿美元的贸易额。

第六轮多边贸易谈判(亦称"肯尼迪回合"谈判)，于1964年5月至1967年6月在瑞士日内瓦进行，有 62 个成员参加。这轮谈判确定了削减关税采取"一刀切"的办法，在经济合作组织成员间工业品一律平均削减 35%的关税。

第七轮多边贸易谈判(亦称"东京回合"谈判)，于 1973 年 9 月至 1979 年 11 月在东京举行，102 个成员参加了这一回合的谈判。最终结果是将世界 9 个主要工业品市场的关税平均削减 1/3，制成品的平均关税由关贸总协定成立时的 40%左右降至 4.7%。另外"东京回合"还产生了一系列关于非关税壁垒的协议。

第八轮多边贸易谈判(亦称"乌拉圭回合"谈判)，是 1986 年 9 月在乌拉圭的埃斯特角城举行的关贸总协定部长级会议，旨在全面改革多边贸易体制，经过近 8 年的艰苦的谈判，于 1994 年 4 月 15 日在摩洛哥的马拉喀什结束。下面将重点介绍"乌拉圭回合"谈判。

三、乌拉圭回合谈判

"乌拉圭回合"多边贸易谈判是关贸总协定主持下举行的第八轮谈判。这轮谈判始于 1986 年 9 月 15 日在乌拉圭埃斯特角城召开的关贸总协定缔约方部长级大会，因此而得名。历经八年艰苦的谈判，于 1994 年 4 月 15 日在摩洛哥的马拉喀什结束，签署了《建立世界贸易组织协议》。参加"乌拉圭回合"谈判的国家和地区从最初的 103 个，到 1993 年底的 117 个，最后增加到 1994 年底的 123 个。

"乌拉圭回合"谈判的主要目标是：①通过减少或取消关税、数量限制和其他非关税措施，改善市场准入条件，进一步扩大世界贸易；②完善多边贸易体制，将更大范围的世界贸易置于统一的、有效的多边规则之下；③强化多边贸易体制对国际经济环境变化的适应能力；④促进国际合作，增强关贸总协定同有关国际组织的联系，加强国际贸易和其他经济政策的协调。

"乌拉圭回合"谈判取得了一系列重大的成果，主要包括：多边贸易体制的法律框架更加明确，争端解决机制更加有效与可靠；进一步降低了关税，达成了内容更为广泛的货物贸易市场开放协议，改善了市场准入条件；就服务贸易和与贸易有关的知识产权达成协议；在农产品和纺织品服装贸易方面，加强了多边纪律约束；成立世界贸易组织，取代临时性的关贸总协定。

第二节 世界贸易组织概述

世界贸易组织(World Trade Organization，WTO)，简称世贸组织或世贸，是负责监督成员经济体之间各种贸易协议得到执行的一个国际组织，前身是 1948 年开始实施的关税及贸易总协定的秘书处。世贸总部位于瑞士日内瓦。

一、世界贸易组织的产生

建立世贸组织的设想是在 1944 年 7 月举行的布雷顿森林会议上提出的,当时设想在成立世界银行和国际货币基金组织的同时,成立一个国际性贸易组织,从而使它们成为第二次世界大战后左右世界经济的"货币—金融—贸易"三位一体的机构。1947 年联合国贸易及就业会议签署的《哈瓦那宪章》同意成立世贸组织,后来由于美国的反对,世贸组织未能成立。1947 年,美国发起拟订了关贸总协定,作为推行贸易自由化的临时契约。1986 年关贸总协定乌拉圭回合谈判启动后,欧共体和加拿大于 1990 年分别正式提出成立世贸组织的议案,1994 年 4 月在摩洛哥马拉喀什举行的关贸总协定部长级会议正式决定成立世贸组织。世界贸易组织共有 164 个成员(见表 10-1),成员贸易总额达到全球的 98%,有"经济联合国"之称。

表 10-1 世界贸易组织的成员

编号	国家和地区	加入世贸日期	编号	国家和地区	加入世贸日期
1	安提瓜和巴布达	1995 年 1 月 1 日	2	阿根廷	1995 年 1 月 1 日
3	澳大利亚	1995 年 1 月 1 日	4	奥地利	1995 年 1 月 1 日
5	巴林	1995 年 1 月 1 日	6	孟加拉国	1995 年 1 月 1 日
7	巴巴多斯	1995 年 1 月 1 日	8	比利时	1995 年 1 月 1 日
9	伯利兹	1995 年 1 月 1 日	10	巴西	1995 年 1 月 1 日
11	文莱	1995 年 1 月 1 日	12	加拿大	1995 年 1 月 1 日
13	智利	1995 年 1 月 1 日	14	哥斯达黎加	1995 年 1 月 1 日
15	科特迪瓦	1995 年 1 月 1 日	16	捷克	1995 年 1 月 1 日
17	丹麦	1995 年 1 月 1 日	18	多米尼加	1995 年 1 月 1 日
19	欧盟	1995 年 1 月 1 日	20	芬兰	1995 年 1 月 1 日
21	法国	1995 年 1 月 1 日	22	加蓬	1995 年 1 月 1 日
23	德国	1995 年 1 月 1 日	24	加纳	1995 年 1 月 1 日
25	希腊	1995 年 1 月 1 日	26	圭亚那	1995 年 1 月 1 日
27	洪都拉斯	1995 年 1 月 1 日	28	中国香港	1995 年 1 月 1 日
29	匈牙利	1995 年 1 月 1 日	30	冰岛	1995 年 1 月 1 日
31	印度	1995 年 1 月 1 日	32	印尼	1995 年 1 月 1 日
33	爱尔兰	1995 年 1 月 1 日	34	意大利	1995 年 1 月 1 日
35	日本	1995 年 1 月 1 日	36	肯尼亚	1995 年 1 月 1 日
37	韩国	1995 年 1 月 1 日	38	科威特	1995 年 1 月 1 日
39	卢森堡	1995 年 1 月 1 日	40	中国澳门	1995 年 1 月 1 日
41	马来西亚	1995 年 1 月 1 日	42	马耳他	1995 年 1 月 1 日
43	毛里求斯	1995 年 1 月 1 日	44	墨西哥	1995 年 1 月 1 日
45	摩洛哥	1995 年 1 月 1 日	46	缅甸	1995 年 1 月 1 日
47	纳米比亚	1995 年 1 月 1 日	48	荷兰	1995 年 1 月 1 日

续表

编号	国家和地区	加入世贸日期	编号	国家和地区	加入世贸日期
49	新西兰	1995年1月1日	50	尼日利亚	1995年1月1日
51	挪威	1995年1月1日	52	巴基斯坦	1995年1月1日
53	巴拉圭	1995年1月1日	54	秘鲁	1995年1月1日
55	菲律宾	1995年1月1日	56	葡萄牙	1995年1月1日
57	罗马尼亚	1995年1月1日	58	圣卢西亚	1995年1月1日
59	圣文森特和格林纳丁斯	1995年1月1日	60	塞内加尔	1995年1月1日
61	新加坡	1995年1月1日	62	斯洛伐克	1995年1月1日
63	南非	1995年1月1日	64	西班牙	1995年1月1日
65	斯里兰卡	1995年1月1日	66	苏里南	1995年1月1日
67	斯威士兰	1995年1月1日	68	瑞典	1995年1月1日
69	坦桑尼亚	1995年1月1日	70	泰国	1995年1月1日
71	乌干达	1995年1月1日	72	英国	1995年1月1日
73	美国	1995年1月1日	74	乌拉圭	1995年1月1日
75	委内瑞拉	1995年1月1日	76	赞比亚	1995年1月1日
77	特立尼达和多巴哥	1995年3月1日	78	津巴布韦	1995年3月5日
79	多米尼加	1995年3月9日	80	牙买加	1995年3月9日
81	土耳其	1995年3月26日	82	突尼斯	1995年3月29日
83	古巴	1995年4月20日	84	以色列	1995年4月21日
85	哥伦比亚	1995年4月30日	86	萨尔瓦多	1995年5月7日
87	博茨瓦纳	1995年5月31日	88	中非共和国	1995年5月31日
89	吉布提	1995年5月31日	90	几内亚比绍	1995年5月31日
91	莱索托	1995年5月31日	92	马拉维	1995年5月31日
93	马尔代夫	1995年5月31日	94	马里	1995年5月31日
95	毛里塔尼亚	1995年5月31日	96	多哥	1995年5月31日
97	布基纳法索	1995年6月3日	98	埃及	1995年6月30日
99	波兰	1995年7月1日	100	瑞士	1995年7月1日
101	危地马拉	1995年7月21日	102	布隆迪	1995年7月23日
103	塞拉利昂	1995年7月23日	104	塞浦路斯	1995年7月30日
105	斯洛文尼亚	1995年7月30日	106	莫桑比克	1995年8月26日
107	列支敦士登	1995年9月1日	108	尼加拉瓜	1995年9月3日
109	玻利维亚	1995年9月12日	110	几内亚	1995年10月25日
111	马达加斯加	1995年11月17日	112	喀麦隆	1995年12月13日
113	卡塔尔	1996年1月13日	114	斐济	1996年1月14日
115	厄瓜多尔	1996年1月21日	116	海地	1996年1月30日
117	圣基茨和尼维斯	1996年2月21日	118	贝宁	1996年2月22日
119	格林纳达	1996年2月22日	120	阿拉伯联合酋长国	1996年4月10日
121	卢旺达	1996年5月22日	122	巴布亚新几内亚	1996年6月9日
123	所罗门群岛	1996年7月26日	124	乍得	1996年10月19日

续表

编号	国家和地区	加入世贸日期	编号	国家和地区	加入世贸日期
125	冈比亚	1996年10月23日	126	安哥拉	1996年11月23日
127	保加利亚	1996年12月1日	128	尼日尔	1996年12月13日
129	刚果(金)	1997年1月1日	130	蒙古	1997年1月29日
131	刚果(布)	1997年3月27日	132	巴拿马	1997年9月6日
133	吉尔吉斯斯坦	1998年12月20日	134	拉脱维亚	1999年2月10日
135	爱沙尼亚	1999年11月13日	136	约旦	2000年4月11日
137	乔治亚	2000年6月14日	138	阿尔巴尼亚	2000年9月8日
139	阿曼	2000年11月9日	140	克罗地亚	2000年11月30日
141	立陶宛	2001年5月31日	142	摩尔多瓦	2001年7月26日
143	中华人民共和国	2001年12月11日	144	中国台北	2002年1月1日
145	亚美尼亚	2003年2月5日	146	马其顿共和国	2003年4月4日
147	尼泊尔	2004年4月23日	148	柬埔寨	2004年10月13日
149	沙特阿拉伯	2005年12月11日	150	越南	2007年1月11日
151	汤加	2007年7月27日	152	乌克兰	2008年5月16日
153	佛得角	2008年7月23日	154	阿富汗	2016年7月29日
155	阿尔巴尼亚	2000年9月8日	156	也门	2014年6月26日
157	瓦努阿图	2012年8月24日	158	塞舌尔	2015年4月26日
159	塔吉克斯坦	2013年3月2日	160	哈萨克斯坦	2015年11月30日
161	利比里亚	2016年7月14日	162	老挝	2013年2月2日
163	黑山共和国	2012年4月29日	164	俄罗斯联邦	2012年8月22日

(资料来源：根据www.wto.org网站资料整理)

二、世界贸易组织的内容

1. 世贸组织的宗旨

提高生活水平，保证充分就业，大幅度稳步地提高实际收入和有效需求；扩大货物、服务的生产和贸易；坚持走可持续发展之路，促进对世界资源的最佳利用，既保护和维护环境，又以符合不同经济发展水平成员需要的方式，加强为此采取的措施；积极努力以确保发展中国家，尤其是最不发达国家在国际贸易增长中获得与其经济发展需要相应的份额。世贸组织的目标是建立一个完整的包括货物、服务、与贸易有关的投资及知识产权等更具活力、更持久的多边贸易体系，包括关贸总协定贸易自由化的成果和乌拉圭回合多边贸易谈判的所有成果。

2. 世贸组织的主要职能

组织实施世贸组织负责管辖的各项贸易协定、协议，积极采取各种措施努力实现各项协定、协议的目标；并对所辖的不属于"一揽子"协议项下的诸边贸易协议(如政府采购协议等)的执行和运作提供组织保障；为成员提供处理各协定、协议有关事务的谈判场所；并为世贸组织多边贸易谈判提供场所、谈判准备和框架草案；解决各成员间发生的贸易争端，负责管理世贸组织争端解决协议；对各成员的贸易政策、法规进行定期审议；协调与国际货币基金组织和世界银行等国际经济组织的关系，以保障全球经济决策的凝聚力和一致性，避免政策冲突。

3. 世贸组织的组织机构

1) 部长会议是世贸组织的最高权力机构

世贸组织的最高权力机构是由所有成员主管外经贸的部长、副部长级官员或其全权代表组成的"部长会议"。部长会议至少每两年举行一次，部长会议具有广泛的权力，主要有：①立法权。从法律角度讲，只有部长会议才有权对其协定、协议做出修改和权威性解释。其他任何机构都没有这种法律权力。②准司法权。对其成员之间所发生的争议或其贸易政策是否与世界贸易组织相一致等问题做出裁决。③豁免某个成员在特定情况下的义务。④批准非世贸组织成员国所提出的取得世贸组织观察员资格申请的请示。

2) 总理事会

在部长会议休会期间由全体成员代表组成的总理事会代行部长会议职能。总理事会可视情况需要随时开会，自行拟订议事规则及议程，随时召开会议以履行其解决贸易争端和审议各成员贸易政策的职责。

总理事会下设：①货物贸易理事会，负责《1994年关贸总协定》及其他货物贸易协议有关事宜。②服务贸易理事会，监督执行服务贸易总协定及分部门协议有关事宜。③知识产权理事会，监督执行与贸易有关的知识产权协定。这些理事会可视情况自行拟订议事规则，经总理事会批准后执行。所有成员均可参加各理事会。

3) 各专门委员会

部长会议下设立专门委员会，以处理特定的贸易及其他有关事宜。已设立：①贸易与发展委员会。②国际收支限制委员会，负责审议以国际收支困难为理由而采取的贸易限制措施。③预算、财务与行政委员会。④贸易与环境委员会等10多个专门委员会。

4) 秘书处与总干事

世贸组织成立由一位总干事领导的世界贸易组织秘书处(下称秘书处)。世贸组织秘书处设在瑞士日内瓦，大约有500人。秘书处工作人员由总干事指派，并按部长会议通过的规则决定他们的职责和服务条件。

总干事由部长会议选定，并明确总干事的权力、职责、服务条件及任期规则。世贸组织总干事主要以下列身份参与世贸组织活动：①他是世贸组织的捍卫者(监护人)。他可以最大限度地向各成员施加影响，要求它们遵守世贸组织规则。②引导人。总干事要考虑和预见世贸组织的最佳发展方针。③调停人。其职责之一就是帮助各成员解决它们之间所发生的争议。④"经理"。负责秘书处的工作，管理预算和所有成员有关的行政事务。⑤主持协商和非正式谈判，避免争议。

世贸组织的组织机构如图 10-1 所示。

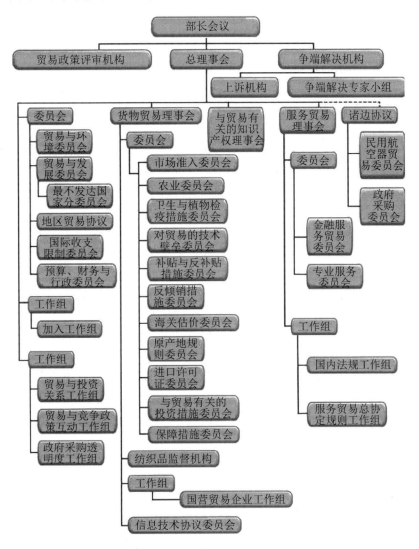

图 10-1　世贸组织的组织机构

三、世界贸易组织的基本原则

世贸组织的基本原则是各成员方公认的、具有普遍意义的、适用于世贸组织全部规则体系一切效力范围的，并构成该规则体系基础的最高共同准则。它们主要来自：《1994 年关税与贸易总协定》、历次多边贸易谈判特别是乌拉圭回合谈判达成的一系列协定以及其他协议和决议，它们的实体规则和程序规则构成了世贸组织的基本法律框架。这些基本原则是：非歧视原则、关税保护原则、透明度原则、公平贸易原则、互惠贸易原则、市场准入原则和公平解决争端原则。

1. 非歧视原则

非歧视原则(Rule of Non-Discrimination)，又称不歧视待遇或无差别待遇原则，是世贸组织全部规则体系的基础，它充分体现了平等精神，完全符合各国主权平等的国际法原则。非歧视原则规定：成员方在实施某种优惠或限制措施时，不得对其他成员方采取歧视待遇。非歧视待遇原则的适用面较广，除了关税减让，还在数量限制、进口配额限制、补贴、国营贸易企业以及在国内税收方面给予进口产品以不低于国内产品的待遇。此外，在海关估价、原产地标记、输出入手续、贸易条例的公布和实施等方面，不歧视待遇原则同样也适用。非歧视原则主要通过最惠国待遇原则和国民待遇原则予以体现。

1) 最惠国待遇原则

最惠国待遇原则(Most-Favored-Nation Treatment)是指一个成员方就任何一个产品或服务给予另一成员在贸易上的特权、优惠和豁免，必须立即和无条件地将这些优惠待遇扩展到所有其他成员。最惠国待遇要求在世界贸易组织成员间进行贸易时彼此不能实施歧视待遇，所有成员一律平等，只要其进出口的产品或服务是相同的，则享受的待遇也应该相同，不能附加任何条件，并且是永久的。该原则包含四个要点。

(1) 自动性。当一成员给予其他国家的优惠超过其他成员享有的优惠时，这种机制就启动了，其他成员便自动地享有了这种优惠。

(2) 同一性。当一成员给予其他国家的某种优惠，自动转给其他成员方时，受惠标的必须相同。

(3) 相互性。任何一成员既是给惠方，又是受惠方，即在承担最惠国待遇义务的同时，又享受最惠国待遇权利。

(4) 普遍性。最惠国待遇适用于全部进出口产品、服务贸易的各个部门和所有种类的知识产权所有者和持有者。

2) 国民待遇原则

国民待遇原则(National Treatment)要求在国内税费和规章等政府管理措施方面，进口商品与本国商品享受同等待遇。这一原则保证了进口商品和本国商品能在同等条件下竞争，避免成员方利用征收国内税费的办法保护国内产业、抵消关税减让效果。这一定义包含三个要点。

(1) 国民待遇适用的对象是产品或服务、服务提供者或知识产权所有人，但因货物、服务和知识产权领域具体受惠对象不同，国民待遇条款具体规定的适用范围不同，因而在其重要性和具体规则上有差别。

(2) 国民待遇只涉及外国产品或服务、服务提供者或知识产权进入本国后，在本国市场上所享受的待遇。

(3) 国民待遇定义中"不低于"一词的含义是指外国产品或服务、服务提供者或知识产权所有人应享有与本国同类产品或相同服务、服务提供者或知识产权所有人同等的待遇，但若一成员方给予前者更高的待遇，也不违背国民待遇原则。

非歧视原则的例外主要包括在反倾销、反补贴、政府对经济发展援助、国际收支不平衡限制等规定之中。

2. 关税保护原则

关税保护原则(Rule of Customs Duties as Means of Protection)是指仅允许"以关税作为保护手段"，原则上不允许其他一切非关税措施，现在实行的数量限制等非关税措施都要逐步转化为关税保护。各成员国之间在互惠互利的基础上进行关税减让谈判，逐步降低关税。实行关税保护原则的主要理由有以下几点。

(1) 市场经济中价格的调节作用要得到保证，关税保护是通过关税税率的高低来影响商品的价格，从而达到管理和控制贸易、保护本国市场的目的。

(2) 征收关税虽会给进出口双方带来国民净损失，造成全球经济福利的减少，但征收关税所造成的福利损失，要比数量限制等非关税保护的损失少。

(3) 一国关税税率的高低基本可用来衡量该国的贸易保护程度，而非关税保护则难以衡量。

(4) 最惠国待遇原则在关税制度下比较容易执行。因此，世界贸易组织一方面规定只能通过关税保护本国的生产，而不得通过其他非关税措施来保护本国的生产；另一方面又规定关税要逐步削减，并通过关税减让表加以约束。

关税保护原则也有例外规定，例如发展中国家以促进经济发展或国际收支平衡需要等为由修改或撤销已做出的关税减让。

3. 透明度原则

透明度原则(Rule of Transparency)是世贸组织的重要原则，它体现在世贸组织的主要协定、协议中。它要求各成员方正式实施的有关进出口贸易的所有法律、法规、条例以及与其他成员方达成的所有影响贸易政策的条约与协定等都必须事先正式公布，否则不得实施。透明度原则对公平贸易和竞争的实现起到了十分重要的作用。根据该原则，世贸组织成员需公布有效实施的、现行的贸易政策法规有以下几项。

(1) 海关法规，即海关对产品的分类、估价方法的规则，海关对进出口货物征收的关税税率和其他费用。

(2) 进出口管理的有关法规和行政规章制度。

(3) 有关进出口商品征收的国内税、法规和规章。

(4) 进出口商品检验、检疫的有关法规和规章。
(5) 有关进出口货物及其支付方面的外汇管理和对外汇管理的一般法规和规章。
(6) 利用外资的立法及规章制度。
(7) 有关知识产权保护的法规和规章。
(8) 有关出口加工区、自由贸易区、边境贸易区、经济特区的法规和规章。
(9) 有关服务贸易的法规和规章。
(10) 有关仲裁的裁决规定。
(11) 成员国政府及其机构所签订的有关影响贸易政策的现行双边或多边协定、协议。
(12) 其他有关影响贸易行为的国内立法或行政规章。

但是，透明度原则不要求成员方公布那些可能会影响到法令的贯彻执行、会违反公共利益或会损害某一公私企业正常商业利益的机密资料。

4. 公平贸易原则

所谓公平贸易原则(Rule of Fair Trade)是让生产商和贸易商能够在各成员市场上开展自由竞争。公平贸易原则也称公平竞争原则，是指各国(地区)在国际贸易中不应采用不公正的贸易手段进行竞争，尤其是不应以倾销或补贴方式出口商品。世界贸易组织公平竞争原则包含了三个要点：第一，公平竞争原则体现在多边货物贸易领域、服务贸易领域和与贸易有关的知识产权领域；第二，公平竞争原则既涉及成员方的政府行为，也涉及成员方的企业行为；第三，公平竞争原则要求成员方公正地维护产品的生产者或经营者、服务或服务提供者在本国市场上的竞争，不论他们来自本国(地区)还是其他任何成员方。

公平贸易原则也是GATT(关税与贸易总协定)自始坚持的原则之一，乌拉圭回合又把这一原则从货物贸易扩大适用到服务贸易和知识产权等领域。从GATT到世界贸易组织，明确予以反对与价格直接有关的不公平贸易手段主要有两种：倾销和补贴。

但是，世贸组织中有一些协议构成公平贸易原则的例外，例如《与贸易有关的知识产权协议》旨在改善涉及智力成果和发明的竞争条件；《服务贸易总协定》规范与改善服务贸易的竞争条件；《政府采购协议》则对政府机构的采购活动予以约束。这些协议与货物贸易相比贯彻公平贸易原则的力度较小。

5. 互惠贸易原则

互惠是指利益或特权的相互或相应让予，在国际贸易中，互惠是指两国相互给予对方以贸易上的优惠待遇，它是作为两国之间确立商务关系的一个基础。世界贸易组织的互惠贸易原则(Rule of Reciprocal Trade)包括在关税、运输、非关税壁垒方面削减和知识产权方面的相互保护，主要通过以下几种形式体现。

第一，通过举行多边贸易谈判进行关税或非关税措施的削减；对等地向其他成员开放本国市场，以获得本国产品或服务进入其他成员市场的机会，即所谓"投之以桃、报之以李"。

第二，当一国或地区申请加入世贸组织时，由于新成员可以享有所有老成员过去已达成的开放市场的优惠待遇，老成员就会一致地要求新成员必须按照世贸组织现行协定、协议的规定缴纳"入门费"——开放申请方商品和服务市场及强化知识产权保护。在现实中，一国或地区加入世贸组织后，其对外经贸体制在符合《1994年关贸总协定》《服务贸易总协定》及《知识产权协定》规定的同时，还要开放本国的商品和服务市场。

第三，互惠贸易是多边贸易谈判及某一成员贸易自由化过程中与其他成员实现经贸合作的主要工具。多边贸易自由化给某一成员带来的利益要远大于一个国家自身单方面实行贸易自由化的利益。因为一国单方面自主决定进行关税、非关税的货物贸易自由化及服务市场开放时，所获得的利益主要取决于其他贸易伙伴对这种自由化改革的反应，如果反应是良好的，即对等地也给予减让，则获得的利益就大，反之，则较小。相反，在世贸组织体制下，由于某一成员的贸易自由化是在获得现有一百多个成员开放市场承诺范围内进行的，自然这种贸易自由化改革带来的实际利益有世贸组织机制作保障，而不像单边或双边贸易自由化利益那么不确定。因此，多边贸易自由化要优于单边贸易自由化，尤其像中国这样的发展中大国。

互惠原则的例外，主要体现在世贸组织允许成员方在某些特殊情况下，可以援引"免责条款"撤销已做出的关税减让。例如，当发展中国家出现严重的国际收支困难时，可暂时免除互惠义务。

6. 市场准入原则

所谓市场准入原则(Rule of Market Access)，是指一成员方允许另一成员方的货物、劳务与资本参与本国市场的程度。市场准入原则旨在通过增强各成员方对外贸易的透明度，减少和取消关税、数量限制以及非关税壁垒，以保证各成员方的商品、资本和服务可以在世界市场上公平自由竞争。但市场准入是一个渐进的过程，市场准入原则具体体现在乌拉圭回合的一系列协定或协议中。

首先，货物贸易领域。市场准入原则体现在关贸总协定的所有有关协议中。例如，《1994年关税与贸易总协定》要求缔约方降低关税和取消对进口的数量限制，允许外国商品进入本国市场。《农产品协议》要求各缔约方将现行对农产品贸易的数量限制(如配额、许可证等)关税化，并承诺不再使用非关税措施管理农产品贸易，并逐步降低关税水平，从而使农产品贸易更多地由国内外市场的供求关系决定价格。《纺织品与服装协议》要求发达国家成员分阶段，用十年时间取消对纺织品与服装的进口配额限制，以避免对国内的过度保护。

其次，服务贸易领域。市场准入原则在《服务贸易总协定》中不是一般性义务，而是具体承诺的义务，只适用于缔约方承诺开放的部门。《总协定》要求各缔约方在非歧视原则基础上，通过分阶段谈判逐步开放本国服务市场，以促进服务及服务提供者间的竞争。

7. 公平解决争端原则

世贸组织争端解决机制以公正、平等为原则，原则体现在调节程序、上诉机构、从关贸总协定的全体一致通过到世贸组织的全体一致否决机制的转变、对违反上诉和非违反上诉的规定以及对发展中国家及最不发达国家的特殊规定等。公平解决争端原则(Rule of Fair Settlement of Disputes)要求缔约方之间一旦出现国际贸易争端，应通过公正、客观、平等和友好的方式使有关贸易争端得到妥善解决。

四、世界贸易组织与关贸总协定的比较

世界贸易组织的建立，不仅继承和维护了关贸总协定形成的多边贸易体制，而且还加强和健全了这种多边贸易体制。

(1) 世贸组织是一个具有国际法人资格的永久性正式国际组织，而关贸总协定只是一个临时性的协定。

(2) 世贸组织管辖的范围较关贸总协定广泛。关贸总协定管辖的范围只是货物贸易，并且在实施中农产品贸易、纺织品贸易和服装贸易又脱离了其管辖，因而关贸总协定管辖的仅是部分货物贸易。相反，世贸组织则不仅管辖货物贸易的各个方面，将一些长期游离于贸易原则之外的"敏感"领域和"灰色贸易措施"予以消除或者加以限制，并将服务贸易和与贸易有关的知识产权、投资直至环保等措施纳入它的管理范围。

(3) 世贸组织成员承担的义务比关贸总协定更具统一性。世贸组织成员对所有多边协议必须一律遵守，以"一揽子"方式接受世贸组织的协定，不能对其管辖的、协议提出保留。而关贸总协定的许多协议，则是以守则式的方式加以实施的，缔约方可以接受也可以不接受，带有自愿选择的性质。

(4) 世贸组织以法律形式确立了争端解决机制的权威性。在关贸总协定体制下，贸易争端的解决机制是"一只没有牙齿的老虎"，只要有一个缔约方提出反对通过争端解决机构提出的裁决报告，关贸总协定就不能对争端做出裁决，从而大大削弱了争端解决机制的权威性和有效性。而世贸组织规定，只要不是全体成员完全一致反对争端解决机构提出的裁决，即视为全体通过，并规定了解决争端的时间表，使其效率大大提高，权威性也得以确立。

(5) 世贸组织成员更加广泛。关贸总协定最初签订时只有 23 个国家，曾被称为"富人俱乐部"，后来一些发展中国家也加入进来，成员达到 100 多个；而世贸组织一成立，成员就有 128 个，截至 2012 年 8 月 22 日，世界贸易组织共有 164 个成员。

五、世界贸易组织的发展

部长级会议是世贸组织的最高决策权力机构，一般两年举行一次会议，讨论和决定涉

及世贸组织职能的所有重要问题，并采取行动。世贸组织自 1995 年 1 月 1 日成立至今，先后召开了七次部长级会议，下面对这七次部长级会议作一简要回顾。

世贸组织首次部长级会议于 1996 年 12 月 9 日至 13 日在新加坡举行，来自世贸组织 128 个成员和相关国际组织的 2800 多名代表参加了会议。会议主要审议了世贸组织成立以来的工作及上一轮多边贸易谈判即乌拉圭回合各项协议的执行情况，并决定成立"贸易与投资""贸易与竞争政策"和"政府采购透明度"三个工作组，同时将贸易便利化纳入了货物贸易理事会的职责范围。会议最后通过了《新加坡部长级会议宣言》、总理事会报告和《信息技术产品贸易的部长宣言》。

1998 年 5 月 18 日至 20 日在瑞士日内瓦召开了世贸组织第二次部长级会议，同时作为建立多边贸易体制 50 周年庆祝大会。会议主要围绕乌拉圭回合各项协议的执行情况、第三次部长级会议的议程以及发动新一轮多边贸易谈判的准备工作等内容展开讨论。会议通过的《部长级会议宣言》除了总结多边贸易体制在过去半个世纪中所发挥的作用外，还就新一轮多边贸易谈判的有关事宜做了安排。会议还提出了一项新议题——电子商务，并就此达成了临时协议：在未来 18 个月内所有世贸组织成员对电子商务实行零关税。

1999 年 11 月 30 日至 12 月 3 日，世贸组织在美国西雅图召开了第三次部长级会议。会议的主要任务是确定新一轮多边贸易谈判也是世贸组织成立以来第一轮多边贸易谈判的框架、议题和时间表。会议召开前，50 多个世贸组织成员和一些地区组织正式提交了 150 多份提案。与会期间，各成员主要围绕农业、乌拉圭回合各项协议的执行、市场准入以及新议题四个主题展开磋商。由于有关各方均提出了代表各自利益的谈判方案，在诸多问题上不愿让步，尤其是在农业、非农产品关税和纺织品等一系列问题上存在严重分歧，最终会议陷入僵局，未能启动新一轮多边贸易谈判。会议决定 2000 年在日内瓦继续进行新一轮谈判议题的磋商。

2001 年 11 月 9 日至 14 日，世贸组织第四次部长级会议在卡塔尔首都多哈举行，142 个成员、37 个观察员和 50 多个国际组织参与了此次会议。会议通过了《多哈部长级会议宣言》，一致同意开始新一轮多边贸易谈判，从而启动了被称为"多哈发展议程"的多哈回合谈判。会议的另一个重要成果是批准了中国加入世贸组织。会议还通过了《关于乌拉圭回合协议执行问题的决定》和《关于知识产权与公共健康问题的宣言》。

2003 年 9 月 10 日至 14 日，世贸组织在墨西哥海滨城市坎昆召开了第五次部长级会议。根据议程，会议的目标是对多哈回合谈判进行中期评估，内容涉及乌拉圭回合各项协议的执行、农产品出口补贴、服务贸易、非农产品市场准入、与贸易有关的知识产权、世贸组织规则、贸易争端解决机制、贸易与环境以及贸易与投资等多方面内容。由于各成员在一些关键领域不愿妥协，尤其是发达成员与发展中成员在农业问题以及"新加坡议题"上存在巨大分歧，最终导致会议无果而终。

2005 年 12 月 15 日，世界贸易组织总理事会正式批准太平洋岛国汤加加入世贸组织。这样，世贸组织正式成员增加到 150 个。

2005年12月13日至18日，世贸组织第六次部长级会议在中国香港举行，会议通过了《部长宣言》，规定发达成员和部分发展中成员2008年前向最不发达国家所有产品提供免关税、免配额的市场准入；发达成员2006年取消棉花的出口补贴，2013年年底前取消所有形式农产品出口补贴。

2009年11月30日，世贸组织第七届部长级会议在日内瓦举行。在金融危机和不利经济形势的大背景下，这次会议的主题被定为"世界贸易组织、多边贸易体系和当前全球经济形势"。除全体会议外，本次会议期间还举行了两场工作会议，议题分别是"审议世贸组织工作"和"世贸组织对经济复苏、增长和发展的贡献"。包括中国在内的世贸组织成员发表声明，呼吁各方尽快行动起来，推动多哈回合谈判遗留问题的解决，以便实现在2010年完成谈判的目标；此外，反对保护主义也成为此次会议共同的呼声。伴随着金融危机，一股保护主义暗流正在全球涌动，并对经济复苏构成了威胁。与此同时，在全球应对气候变化的过程中，一些发达国家威胁征收"碳关税"的"绿色"保护主义正成为各方新的忧虑。

第三节　世界贸易组织与中国

一、中国与关贸总协定的早期历史

1947年10月30日，中国政府签署了联合国贸易与就业大会的最后文件，该大会创建了关贸总协定。1948年4月21日，中国政府签署关贸总协定《临时适用议定书》，并从1948年5月21日正式成为关贸总协定缔约方。1950年3月6日，台湾当局由其"联合国常驻代表"以"中华民国"的名义照会联合国秘书长，决定退出关贸总协定。1965年1月21日，台湾当局提出观察总协定缔约国大会的申请，同年3月第22届缔约国大会接受台湾当局派观察员列席缔约国大会。1971年11月16日，第27届缔约国大会根据联合国大会1971年10月25日通过的2758号决议，取消台湾当局的缔约国大会的观察员资格。1982年11月，中国政府获得GATT观察员身份并首次派团列席关贸总协定第36届缔约国大会，从而能够出席缔约方的年度会议。1982年12月31日，国务院批准中国申请参加关贸总协定的报告。1984年1月，中国政府正式签署第三个《多纤维贸易协定》，成为纺织品委员会的正式成员。1986年4月23日，香港以单独关税地区成为关税总协定缔约方。1986年9月以来，中国政府派代表团参加了乌拉圭回合历次重要多边贸易谈判，并就农产品、非农产品市场准入、服务贸易和知识产权等议题提交了具体义务承诺表。1994年4月15日，在摩洛哥马拉喀什的部长会议上，中国政府和其他122个缔约方代表一起签署了实施乌拉圭回合多边贸易谈判的最后文件。

二、中国复关的历程

中国政府早在1982年就确立了重返关贸总协定的三项基本原则：第一，中国要求恢复关贸总协定的创始缔约国席位，而不是加入或重新加入关贸总协定；第二，以关税减让为承诺条件，不承担具体进口义务；第三，以发展中国家的身份复关，享受发展中国家的待遇。

1986年7月11日，中国向关贸总协定秘书处正式提出了恢复中国缔约方席位的申请，并于1987年2月13日向关贸总协定递交了《中国对外贸易制度备忘录》，同年3月4日，关贸总协定理事会设立了关于中国缔约方地位的中国工作组，负责审议中国复关问题，从此便开始了中国复关的谈判历程，这一历程大致可分为四个阶段。

1. **申请和答疑阶段(1986年7月至1988年1月)**

中国在正式向GATT提出申请后，1987年2月中国向GATT提交了关于其外贸体制的备忘录。此后，GATT中国工作组要求GATT所有缔约方就中国的外贸体制提出问题，对中国的外贸进行了答疑和综合评估。

2. **审议阶段(1988年2月至1989年5月)**

以1988年中国工作组召开首次会议为标志，中国与GATT主要缔约方进行了10多次双边磋商，中国工作组先后召开了7次会议。各方就中国复关中的一些核心问题基本形成了谅解和共识，中国复关议定书框架草案基本形成。

3. **谈判停滞阶段(1989年6月至1992年1月)**

1989年6月以后，以美国为首的西方国家对华实行经济制裁，并把暂时不让中国复关作为其经济制裁的一项主要内容，加之我国国内经济处于治理整顿阶段，复关谈判涉及的双边磋商和以日内瓦中国工作组会议形式进行的多边谈判均陷入停滞阶段。

4. **实质性谈判阶段(1992年2月至1994年12月)**

在1992年2月举行的第10次中国工作组会议上，中国的复关谈判出现转机，谈判在重新启动后进入权利与义务如何平衡的进一步谈判上。1992年12月9日，GATT中国工作组在日内瓦召开第12次会议，继续就中国缔约方地位议定书进行了实质性谈判，并形成了一份非正式的议定书初步框架。1993年3月中国工作组召开第13次会议，在集中谈论了与中国GATT缔约方地位议定书有关的6个具体问题：农业政策、价格政策、外汇分配、贸易制度的统一实施、企业外贸经营权和商品检验标准。1994年3月中国工作组召开第15次会议，继续审议中国GATT缔约方地位问题，会议期间绝大多数代表明确表示希望尽早结束中国"复关"的谈判，但由于美国、欧盟及日本等国家无视中国现实的经济发展水平，不断提出超出我国承受能力的过高要价，导致最终未能达成协议。在1994年年底的第19

轮谈判中，中国未能恢复 GATT 缔约方地位并成为 GATT 继承组织——世贸组织(WTO)的创始成员国。

自 1995 年世界贸易组织成立并正式运行，中国的复关谈判正式转为加入世界贸易组织的谈判。

三、中国入世的历程

世贸组织成立后，中国的复关谈判转为加入世贸组织的谈判。1995 年 7 月 11 日，中国正式提出加入世贸组织的申请，自此从复关转为入世。同年 11 月，应中国政府的要求，"中国复关谈判工作组"更名为"中国入世工作组"。中国政府根据实际情况，多次重申了入世的基本立场，概括起来为以下三个基本原则：第一，根据权利与义务对等的原则承担与本国经济发展水平相适应的义务；第二，以乌拉圭回合多边协议为基础，与有关世贸组织成员方进行双边和多边谈判，公正合理地确定入世条件；第三，作为一个低收入发展中国家，中国坚持以发展中国家身份入世，享受发展中国家的待遇。

1996 年 3 月，世界贸易组织中国工作组举行第一次正式会议。1996 年 4 月 1 日和 1997 年 10 月 1 日，我国政府两次大幅度降低关税税率，逐步取消了各种名目繁多的非关税壁垒。1997 年 5 月，世界贸易组织中国工作组第 4 次会议就中国加入世界贸易组织议定书中关于非歧视原则和司法审议两项主要条款达成协议。1998 年 4 月中国工作组第 7 次会议上，中国代表团向世贸组织秘书处提交了一份近 6000 个税号的关税减让表。1998 年以来，中美双边政治关系的改善为我国入世创造了良好气氛。经过艰苦努力，1999 年 11 月 15 日，中美双方终于签署了《中美关于中国加入世界贸易组织的双边协议》，这标志着中国与美国就此正式结束双边谈判，也为中国与其他主要贸易伙伴的谈判奠定了基础。2000 年 5 月 19 日，中国与欧盟达成双边协议。此后，我国又与多个国家和地区进行了我国入世双边谈判，2001 年 9 月 13 日中国与墨西哥签署双边协议，至此中国和要求与中国进行双边谈判的 37 个世贸组织成员方全部结束了谈判。

中国"入世"法律文件于 2001 年 9 月 17 日下午在日内瓦获得通过，2001 年 11 月 10 日，世贸组织第四届部长级会议以全体协商一致的方式，审议并通过了中国加入世界贸易组织的决定。2001 年 11 月 11 日，中国政府代表签署了中国加入世界贸易组织议定书，并向世界贸易组织秘书处递交了中国加入世界贸易组织批准书，2001 年 12 月 11 日，中国正式成为世界贸易组织成员国。

四、中国入世后的权利与义务

按照中国"入世"谈判的原则，"入世"后，中国可以享受的权利与应尽的义务如下。

1. 应享受的权利

1) 享有多边的、无条件的和稳定的最惠国待遇

"入世"之前，中国只能通过双边贸易协定在某些国家获得最惠国待遇，而这种双边

的最惠国待遇是非常不稳定的，容易遭到双边政治关系的影响。例如，美国虽与中国签订了互给最惠国待遇的双边协议，但根据美国国内的《1974年贸易法》第402节规定，美国政府每年审查非市场经济国家的移民政策，根据该国移民政策的实施情况，决定是否对该国中止或延长最惠国待遇。一旦中国"入世"，美国再在最惠国待遇问题上发难就不仅仅是双边问题，而是破坏多边贸易体制的问题。"入世"后，中国可以在所有的130多个成员方中享受多边的、无条件的和稳定的最惠国待遇，这将使中国产品在最大范围内享受有利的竞争条件，从而促进出口的发展。

2) 享有"普惠制"待遇及其他给予发展中国家的特殊照顾

"普惠制"又称"普遍优惠制"，是根据关贸总协定的第四部分、东京回合的"授权条款"以及"乌拉圭回合"有关规则对发展中国家出口的制成品和半制成品所给予的单方面减免关税的特殊优惠待遇。"入世"将使中国在更大范围内和更大程度上享受到这些优惠。目前，世界上有32个给惠国家，它们分别为欧盟15国、瑞士、挪威、波兰、日本、新西兰、澳大利亚、美国、加拿大、捷克、斯洛伐克、俄罗斯、白俄罗斯、乌克兰、哈萨克斯坦、匈牙利、保加利亚和土耳其。除美国、匈牙利和保加利亚外，其余29个国家都给予我国出口的制成品、半制成品普惠制待遇。

除普惠制这种最重要的优惠外，在世贸组织实施管理的多边协议中，还规定了对发展中国家成员的某些特殊优惠，这些优惠是单方面给予的，发展中国家无须做出对等的回报。

3) 充分利用争端解决机制

随着中国对外开放程度的扩大，各种经济贸易上的纠纷也会逐渐增多。在双边贸易中，发达国家往往利用国内的、单边主义的、甚至过时的法律条款对中国实行歧视待遇。例如，美国、欧盟、澳大利亚等均以中国是"非市场经济国家"为理由，在反倾销案的处理中，专横地以他们主观选定的"类比国"价格或生产成本作为测算中国出口产品倾销率的依据，而完全无视中国已向市场经济体制转轨的已基本完成的这一事实。这种歧视性待遇，使我国劳动密集型产品成本低廉的优势得不到应有的发挥，阻碍了出口的发展。"入世"以前这类问题只能通过双边谈判来解决而不能诉诸比较公正的、多边的贸易争端解决程序。"入世"后，这类问题就可以通过世贸组织特设的贸易争端解决机构和程序，比较公平地解决贸易争端，从而维护中国的贸易利益。

4) 获得在多边贸易体制中"参政议政"的权利

世贸组织是"经济联合国"，"入世"之前中国在这一组织中以观察员身份参加，只有表态权，没有表决权。在"入世"后，中国可以参与各个议题的谈判和贸易规则的制定，充分表达中国的要求和观点，有利于维护中国在世界贸易中的地位和合法权益，并在建立和维护公正合理的国际经济秩序等方面发挥更大的作用。此外，还能利用世贸组织的讲台，宣传中国改革开放政策，积极发展和世界各国的经济合作、贸易和技术交流；可得到世贸组织汇集的世界各国经济贸易的信息资料；可利用世贸组织的基本原则，享有采取例外与保护措施的权利。

【案例 10-1】 加入 WTO——中国与世界经济的双赢

2001年，中国成为世贸组织(WTO)第143个成员。15年后，中国不但登上了世界经济舞台的中央，并为推动世界经济发展做出了卓越贡献。从 GDP 贡献率看，2001年，中国实际 GDP 对全球贡献率为0.53%，2015年，这一数字为24.8%；同时，中国对全球实际 GDP 增长率的拉动度也从0.03升至0.6个百分点。"入世"15年，中国地位与日俱增。加入世贸组织15年来，中国经济获得了巨大成功——目前中国已成为全球第二大经济体，世界第一大贸易国，世界第一大吸引外资国，世界第二大对外投资国。加入世贸组织对促进中国外贸发展和拉动经济增长发挥了重要作用。目前，中国已连续三年稳居世界第一货物贸易大国，成为全球120多个国家和地区的最大贸易伙伴。

官方数据显示，2001年我国进出口总额0.51万亿美元，2015年这一数字为3.96万亿美元，约为"入世"前的8倍。其中，2015年中国出口额达22 765.7亿美元，较2001年增长了约7.6倍；进口额达16 820.7亿美元，增长了近6倍。预计未来5年，中国进出口总额将达到8万亿美元，利用外资总额将达到6 000亿美元，对外投资总额将达到7 500亿美元，出境旅游将达到7亿人次，为世界带来更多的发展机遇。此外，中国对外资的吸引力也在增强。尽管当下全球跨境投资低迷，但2016年前10个月，欧美对华投资同比分别增长79.8%和41.5%。亚洲开发银行高级经济学家许霓妮认为，与量的增长相比，中国外贸更大的成就在深度融入全球价值链，这对下一个15年非常重要。至于那些曾担心被国际同行冲垮的行业企业来说，"入世"15年，它们非但没在竞争中落败，反而脱颖而出。

中国已成为后来居上的世界家电强国，国产汽车也开始崭露头角，商务部研究院国际市场研究所副所长白明告诉每日经济新闻记者，中国"入世"的第一阶段主要是分享红利，第二阶段是红利互动，中国开始给予世界更多红利。对外经济贸易大学中国 WTO 研究院院长屠新泉认为，加入 WTO 激发了中国企业和宏观经济的活力，中国在短短15年间取得的巨大成就远超预期。在如此惊人的贸易规模和发展速度的背后，更是产业结构的优化升级。商务部数据显示，从2001年到2014年，我国初级产品的出口份额由10%下降到5%，而工业制成品中机械与运输设备的出口份额由36%上升为46%，出口增加值不断提升。

一位入行电子产品贸易十多年的老外贸告诉记者，"十多年前我做海运物流，最早几年是把外国货运进来，把我们的资源输出去；随后一个阶段是把我们的廉价产品运出去；近六七年来，随着行业的转型，倒买倒卖赚差价的少了，行业里的人都在拼技术、拼设计、拼品牌，这是外贸行业十多年来极为重要的一个转变"。

根据《中国加入世贸组织议定书》第十五条规定，世贸组织成员对华反倾销"替代国"做法于12月11日终止，即从此之后，世贸组织成员在对华反倾销调查中，不能再采用第三国价格来计算倾销幅度。然而，美欧日等世贸组织成员对这一问题表态含糊其词，企图继续使用替代国做法。就连世界银行在其网页的中国概况描述栏中也陈述道，中国已从中央计划经济体转向了市场经济体，日本丸红株式会社市场业务部中国组负责人成玉麟对媒体表示，数据显示，2015年中国超过97%的商品和服务价格是由市场决定的。非公有制经济在国内生产总值中所占比重超过60%，已高于国有经济的比重。2015年1～11月，中国民营企业出口占全国外贸出口的46.1%。中国对外出口货物总贸易额中，大部分出口价格主要是由非公企业按国际市场价格来决定的。中国最近几年还大幅度扩大了对外开放的投资领域。日本不承认中国市场经济国家的地位，是贸易保护主义的新动作。中国加入WTO已有15年，以中国现在的市场开放程度以及关税水平，欧美日拒绝承认中国市场经济地位是非常不客观的，有一定的意识形态原因。北京大学国家发展研究院副院长余淼杰指出，"虽然中国现在还存在一定程度的国内要素市场扭曲，但这是每一个国家都会有的问题，像得到欧盟和美国认定为完全市场经济国家的印度，其资源错配与市场扭曲情况比中国更为严重。所以欧美日此次拒绝履行承诺，更多是当前发达国家经济疲软，不愿主动放弃这张制衡中国的牌。这背后是贸易保护主义抬头的表现，以此挤压中国的国际市场空间，保护其本国产业"。白明告诉每日经济新闻记者，如果今后欧美日继续以"替代国"标准对中国商品进行"双反"调查，中国完全可以上诉WTO予以公平裁决。

中国反制美欧日的贸易保护主义，将给其带来哪些影响？答案是：它们很有可能搬起石头砸自己的脚。根据美国知名智库彼得森国际经济研究所的研究显示，若中国也对美国进口商品征收同等高额的关税，美国将会出现进出口萎缩，国内物价上升，经济增速不断下滑，失业率攀升的困境。诺贝尔经济学奖获得者斯蒂格利茨则表示，如启动贸易战，美国经济将会成为最大输家。

2009年，中国超过德国，成为最大的出口国。而同年，WTO中新发起的贸易争端案件中有一半涉及中国。这两个事件并不是孤立的。正如WTO总干事拉米所言，贸易的增长会导致贸易摩擦增多。中国和其他国家的贸易争端只会增加，不会减少。中国已经从争端解决机制的观摩学习者转为积极使用者。2001年至2008年9月，中国只提起了2起诉讼，但从2008年9月开始，中国已经发起了5起案件。

从2001年开始，由于发达国家之间的案件在减少，WTO争端解决案件的数量在下降。1995—2000年，美、欧提起的诉讼占全部案件的一半，但在2001—2008年，该比例下降到了27.2%。但是有一半的案件是由发展中国家发起的，因此中国的做法也符合这一大趋势。

随着贸易份额的增加，中国使用争端解决机制也越来越自信，而且也很愿意使用。中国、美国和欧盟相互之间特别重视对方的市场，因此该机制有助于他们化解争端。但也有比较棘手的地方。争端解决机制允许进行报复，大家都会想着对对方政治上比较敏感的产品进行报复，借此让对方的制造商来说服政府调整政策。但这一招对中国不灵，因为中国很多制造业都是美、欧公司投资的。而且如果美国对中国采取报复措施，会抬高美国国内消费品的价格，损害美国消费者的利益。中国从美国进口的消费品也有限，美国报复的能力也就有限。因此，可以预见未来的案件会增多，但是未必能够得到有效解决。

(资料来源：每日经济新闻，2016-12-12)

2. 应尽的义务

1) 削减关税

1994 年《关贸总协定》第二十八条附加第一款规定：各成员方"在互惠互利基础上进行谈判，以大幅度降低关税和进出口其他费用的一般水平，特别是降低那些使少量进口都受阻碍的高关税"，目前发达成员方的加权平均进口税已从 45 年前的 40%下降到 3.8%左右，发展中成员方也下降到 11%左右。而中国由于种种原因，目前平均税率仍高于发展中国家的平均水平。所以，中国"入世"的首要义务就是要逐步将中国关税加权平均水平降到关贸总协定要求的发展中国家水平，并将最高关税一般约束在 15%以下，这将使中国许多产业更直接地面临国外产品的竞争，同时国家财政收入有可能会相应减少，但最终可使广大国内消费者受益。按照《中国入世议定书》及其附件的规定，中国削减关税一直持续到 2008 年，期间各个年份降税幅度，见表 10-2 所示。

表 10-2 降低关税壁垒时间

年 份	关税总水平(%)	工业品平均关税税率(%)	农产品平均关税税率(%)
2002	12.7	11.7	18.5
2003	11.5	10.5	17.4
2004	10.6	9.8	15.8
2005	10.1	9.3	15.5
2006	10.1	9.3	15.5
2007	10.1	9.3	15.5
2008	10	9.2	15.1

(资料来源：赵伟. 国际贸易：理论与现实问题[M]. 大连：东北财经大学出版社，2004)

2) 逐步取消非关税措施

1994 年《关贸总协定》第十一条第一款规定，"不得设立或维持配额、进出口许可证或其他措施，以限制或禁止其他缔约方的产品的输入，或向其他缔约方输出或销售出口产品"，从而为实现自由贸易创造条件。自 1947 年关贸总协定成立以来，由于进口关税一再降低，各缔约方转向求助各种非关税壁垒来达到保护自身贸易的目的。据估计，当今世界各国的非关税措施已从 20 世纪 60 年代的 800 种增加到目前的 2000 多种。1947 年关贸总协定的谈判也主要从关税措施转移到非关税措施。在乌拉圭回合谈判中，对各种非关税壁垒规定了"维持现状和逐步回退"的原则，在谈判结果中要求各参加方拿出基本取消的时间表。中国本来是实行贸易管制的国家，当然除关税外，也存在种种非关税措施，因此在复关和"入世"谈判中主要议题之一就是要求中国削减(如进口许可证、配额以及外汇管制、技术检验标准等)非关税措施，作为"入世"费。这些非关税措施和关税一起被纳入市场准入的谈判，在市场准入的谈判中达成的任何协议都将按世贸组织的最惠国待遇原则，同等给予一切成员方。中国在非关税措施方面的承诺广泛而庞杂，其中最主要的承诺可以用表 10-3 概括。

表 10-3　取消非关税时间

时　间	措施种类	商品种类(比重)	代表性商品描述
加入之时	进口配额及进口许可证	09(28.9%)	部分食糖、烟草、化肥、汽车轮胎、纺织品原料等
	取消特定进口招标措施		部分冷冻机、空调及其压缩机、起重机、纺织机械、洗衣机、录音设备、无线接收器、光缆、牵引车、冷藏船、光学仪器、医疗设备
	单一许可证		23 种粮油制品、9 种酒精饮料制品、15 种感光材料
2002 年	进口配额及进口许可证		部分化肥、汽车轮胎、空调、录音录像设备、无线接收机、监视器、运输车
	取消特定进口招标措施		部分载客电梯、压路机、造纸机械、机床、无线通信设备
2003 年	进口配额及进口许可证		部分手表、照相机、发动机
2004 年	进口配额及进口许可证		部分成品油、天然橡胶、汽车轮胎、客车、运输车、起重机、摩托车、汽车零部件
	取消特定进口招标措施		部分机床、胶印机部件、油船、货船及其他船舶
2005 年	进口配额及进口许可证		绝大部分机动车

(资料来源：赵伟. 国际贸易：理论与现实问题[M]. 大连：东北财经大学出版社，2004)

3) 取消被禁止的出口补贴

1994 年《关贸总协定》第十六条第二节第二、第三款规定：一成员方对某一出口产品给予补贴，可能对其他的进口和出口成员方造成有害的影响，对他们的正常贸易造成不适当的干扰，并阻碍本协定目标的实现。因此，各成员方应力求避免对产品的输出实施补贴。

中国自 1991 年 1 月开始，在调整汇率的基础上，对所有产品，包括工业制成品和初级产品出口实行企业自主经营、自负盈亏的经营机制，已达到了世贸组织的有关要求。取消补贴后，亏损商品主要通过汇率调整和出口退税的方法获得补偿。

4) 开放服务业市场

乌拉圭回合谈判所达成的服务贸易总协定(GATS)，要求成员方对服务贸易执行与货物贸易同样的无歧视和无条件的最惠国待遇、国民待遇、透明度和逐步地降低贸易壁垒，开放银行、保险、运输、建筑、旅游、通信、法律、会计、咨询、商业批发、零售等行业。世贸组织统计的服务行业多达 150 多种，都将属于开放范围。对中国来说，应逐步地、有选择地、有范围地开放一些服务业，引进竞争机制，提高中国服务业的质量，并带动服务业的出口。中国承诺开放服务贸易的领域几乎涉及 GATS 所列举的所有服务贸易的类别，如表 10-4 所示。

表 10-4 中国开放服务贸易承诺

部　门	提供服务方式
专业服务	
法律	
会计、审计和簿记	
税收	
建筑设计	
工程	
城市规划	
医疗和牙医	
计算机及相关服务	每个部门至少涉及四种方式中的一种：
硬件安装咨询	跨境服务
软件实施	境外消费
房地产	商业存在
其他商业服务	自然人流动
广告、管理咨询、科技、地质探测等	
通信服务(速递、电信、视听)	
分销服务(批发、零售、佣金代理)	
教育服务	
环境服务	
金融服务	
旅游及相关服务	
运输服务	

(资料来源：赵伟. 国际贸易：理论与现实问题[M]. 大连：东北财经大学出版社，2004)

5) 扩大知识产权的保护范围

世贸组织实施管理的"与贸易有关的知识产权协定"要求各成员方扩大对知识产权的保护范围。发达国家在先进科技工艺专利、名牌商标、科技文化著作及计算机软件等方面拥有很大优势和利益，扩大知识产权的保护无疑是符合他们的愿望的。中国作为发展中国家在知识产权管理、法规的执行和行政管理方面与发达国家相比尚有差距。中国"入世"后在扩大知识产权保护范围以后(如扩大到对化工产品、药品、食品、计算机软件等),将使中国有关企业必须通过支付专利许可证费用来合法地购买发达国家的知识产权专利,政府也将严惩任何有损国家和企业名誉的侵权行为,如假冒外国名牌商标的行为将受到法律处理。

6) 放宽和完善外资政策

世贸组织实施管理的"与贸易有关的投资措施协议"与我国引进外资工作有密切的关系。中国自改革开放以来已颁布了有关引进外资的各种条例和法律,对外资引进实行各种鼓励和优惠。这些鼓励和优惠不是特定给予某一国家或地区的,而是对一切外国投资者的无差别待遇,这是符合世贸组织非歧视待遇原则的。但中国引进外资法规还不够完善,特别是在给予外国投资者"国民待遇"方面,一方面在税收等重要项目上给予外国投资者"超国民待遇",使国内企业遭受不平等竞争,另一方面在若干国内收费上实行双重作价,就此外商反应强烈。2010年4月国务院公布的《关于进一步做好利用外资工作的若干意见》是一份标志性文件,意味着"过去那种无条件的'外资优先'时代结束了。" 根据意见规定,中国对高科技产业、服务业、节能和环保产业的海外投资表示欢迎,但对重污染和高能耗及产能过剩的产业的投资则受到限制。合格的外资公司甚至可以在华上市,发行公司债券或开展中期票据业务。

7) 增加贸易政策、法规的透明度

世界贸易组织规定,成员方有效实施的关于海关对产品的分类或估价,关于税捐和其他费用的征收率,关于对进口货物及其支付转账的规定、限制和禁止,以及关于影响进出口货物的销售、分配、运输、保险、仓储、检验、展览、加工、混合或使用的法令、条例与法规和一般援用的司法判决及行政决定,都应迅速公布,以使各国政府及贸易商对它们熟悉。此外,世贸组织还要求成员方经常提供国内经济贸易情况的报告,并定期接受审议。世贸组织建立了对各成员方贸易制度定期审查和通报的制度。世界贸易组织分别于 2006年、2008年两次对中国进行了贸易政策审议。

8) 按比例缴纳世贸组织活动费用

不言而喻,"入世"后的权利给中国大经贸发展提供了机遇,"入世"后应尽的义务,又对中国大经贸发展提出了挑战。机遇与挑战并存,关键在于如何利用机遇和迎接挑战。

【案例10-2】 2015年中国度过WTO十五年保护期后的变化

从2016年的7月份开始,全世界的商品将会陆续地进入中国,免除大量的费用,在中国的市场上以很低廉的价格上市,可能直接会进入老百姓的家庭,这会是一个很大的冲击。

(1) 削减关税。全面削减关税,平均税率由221%减至17%;对于农产品税项5年内减至145%~15%;取消所有出口补贴。

(2) 开放农产品市场。对小麦、粟米、稻米及棉花实施"关税比例配额制"以开放市场，逐渐撤销由国家控制的豆油贸易。

(3) 限制对美国出口(包括纺织品)急增。控制中国对美出口品在配额取消后急增的特别条款有效期12年，禁止中国向海外其他国家倾销的条款有效期15年。

(4) 开放零售市场。向外资公司开放更多分销权及售后服务。

(5) 开放专业服务。向外资公司开放的专业服务包括法律、会计、医疗等。

(6) 开放影音产品市场。容许更多外语片进口，每年最少20部，较目前增加一倍。

(7) 开放汽车业。汽车关税税率由现时的80%~100%，每年分阶段削减。允许美国机构提供购车贷款。

(8) 开放电信业。向外资开放电信市场，允许外商在电信服务领域持有49%股权，并于两年后增至50%；外商可全面投资互联网市场。

(9) 开放银行业。加入WTO后两年外资银行可为中国企业办理人民币业务，加入WTO后5年全面开放。

(10) 开放证券业。允许外资金融公司在基金管理企业中持股33%。

2015年中国对外开放各行各业，允许外资进入中国所有行业，包括目前国家控制的矿业、交通、钢铁、证券、金融等。

我国的海关的关税很高，所有进口商品，将全部加上海关的关税，最低的也是100%，最高的420%，也就是说100元的商品进入中国，就有200元。

(资料来源：中国日报，2016-6-10)

本 章 小 结

关税与贸易总协定，简称关贸总协定，是关于关税和贸易准则的多边国际协定和组织。在关贸总协定主持下，到1994年已经进行了八个回合的多边贸易谈判。前几个回合的谈判主要集中在关税方面。从20世纪60年代的"狄龙回合"开始，非关税贸易壁垒也纳入了谈判的范围。"东京回合"扩大了非关税谈判的范围。1994年结束的"乌拉圭回合"谈判在关税、各种非关税壁垒、纺织品、农产品、服务贸易、与知识产权以及贸易相关的投资措施等许多领域达成了协议，取得了重大的进展。

世界贸易组织作为规范和协调当代国际经贸关系的权威组织，主要负责制定国际贸易规则、组织实施多边贸易协定以及审议各成员的贸易政策等，它还是各成员进行多边贸易谈判和解决贸易争端、发展其贸易关系的场所。《建立世界贸易组织的马拉喀什协议》规定了世界贸易组织的地位、范围、职能、机构及决策程序。世界贸易组织建立以来共举行了七次部长级会议。

复习思考题

1. WTO 的宗旨和目标是什么？
2. WTO 的基本原则是什么？
3. WTO 规则包括哪些内容？
4. 中国"入世"的权利和义务是什么？
5. 中国如何利用 WTO 的机制和规则来应对和其他国家的贸易摩擦？

推 荐 书 目

1. 战勇. 世界贸易组织(WTO)规则. 2 版. 大连：东北财经大学出版社，2009
2. 王福明. 世贸组织运行机制与规则. 北京：对外经贸大学出版社，2000
3. 张乃根. WTO 争端解决机制论——以 TRIPS 协定为例. 上海：上海人民出版社，2008
4. 苑涛. WTO 贸易救济措施. 北京：清华大学出版社，2007
5. 蔡珍贵. WTO 时代的国际贸易新壁垒研究. 北京：中国市场出版社，2007

第十一章

发展中国家的经济发展与贸易发展战略

本章导读：

对外贸易和经济发展的关系，尤其是对外贸易在经济发展中的作用历来是国际贸易理论研究的重要问题。在肯定对外贸易对经济发展具有不可替代的重要作用的前提下，一个国家尤其是发展中国家和地区，应采取何种贸易发展战略来更好地发展本国和本地区经济，也是值得深入研究的问题。本章在介绍对外贸易与经济发展之间关系的基础上，主要阐述发展中国家贸易发展战略及其选择等有关问题。

学习目标：

通过本章的学习，了解对外贸易和经济发展的关系；重点掌握对外贸易的静态和动态利益；掌握贸易发展战略的分类及现实选择。

关键概念：

经济增长(Economic Growth)

经济发展(Economic Development)

大宗商品理论(The Staple Theory)

剩余产品出路论(Vent for Surplus Theory)

增长引擎(The engine of Growth)

进口替代(Import substitution)

出口导向(Export promotion)

第一节 对外贸易和经济发展的关系

一、经济增长对国际贸易的影响

在西方经济学中，往往将国民生产总值(GNP)或国民收入(NI)的增长看作是经济增长的重要指标，并用人均 GNP 或人均 NI 来反映一国的经济发展水平。西方经济学者认为，经济增长和人均 NI 提高以后，将引起人们需求的转移，人们的需求格局和需求层次亦将发生变化，由此而影响国际贸易的格局和贸易条件。

1. 恩格尔法则

19世纪以来,许多西方经济学家都热衷于对家庭消费模式的研究,试图在对一国经济中影响很大的家庭消费领域中,找出哪些商品会成为大宗商品,哪些商品会成为奢侈品。这其中最为著名的理论模式学者是德国统计学家E.恩格尔(E. Engel)所得出的理论模式。恩格尔在对德国萨克森地区的工业生产和人口进行调查后发现:家庭收入越少,用于食物方面的支出在家庭收入中所占的比重越大。如果人口保持不变,则随着家庭收入的增加,花费在食物方面的支出占总收入的比重将会下降;人们用于衣着、住宅、取暖、照明等方面的支出所占比重变化不大,而用于文化、娱乐、旅游等方面的支出所占的比重则越来越大。恩格尔由此得出结论认为,在其他条件相同的情况下,居民收入中用于食物部分的比重,可以作为该类居民福利水平高低的标志。这种家庭收入越少,其中用来购买食物的支出所占比重就越大的必然性,或随着收入增长而出现的需求比重上的净变动,被称为恩格尔法则(Engel's law)(定律)或恩格尔效应,也称需求的收入弹性。根据该法则,一个国家越穷,每个国民的平均收入或平均支出中用于购买食物的费用所占的比重就越大。

2. 林德的代表性需求理论

瑞典经济学家林德提出的代表性需求理论,是对于经济增长如何影响需求和对外贸易的一种"富有想象力的论点"。①林德认为,随着一国经济的增长,人均收入随之增加,如像恩格尔法则所证明的那样,就会使一国的代表性需求移向奢侈品,这种需求逐步集中在奢侈品上的情况,必将促使国内生产者改进生产奢侈品的技术,提高劳动生产率,扩大生产规模,提高产品产量,而产品产量的提高往往又会超过国内需求的增长,从而使该国有可能出口这些奢侈品并降低其售价。这样,各国出口的也是他们专门用于消费的商品。由于产量的扩大,可以获得规模经济效益,从而通过商品的出口获得比较经济利益。林德从人均收入的增加导致的需求增加来解释一国产品出口的原因。同时,他还提出了人均收入水平的相近或相异导致人们的需求"偏好"也相似或不同,来说明国际贸易量和范围大小的所谓"偏好相似说"。

3. 哈罗德增长理论的三个命题②

1939年,英国经济学家罗伊·福部斯·哈罗德(R. F. Harrod,1900—1978)发表了《论动态理论》一文,与美国经济学家埃弗西·大卫·多马(E. D. Domar)几乎在同一时期创立了关于经济均衡增长的"哈罗德——多马"经济增长模型。哈罗德还首先提出了影响一

---

① [美]彼得·林德特,查尔斯·金德尔伯格. 国际经济学[M]. 谢树森等,译. 上海:上海译文出版社,1985:60

② 刘崇仪. 国际贸易[M]. 成都:西南财经大学出版社,1988:31~32

国国际收支变化的三个命题。如以Ⅰ国代表本国，Ⅱ国代表整个世界，则其得出的三个命题分别如下。

(1) 如果Ⅰ国的经济增长率大于Ⅱ国，Ⅰ国就会具有入超倾向——增长率差别的收入效果命题。哈罗德认为，国民收入增长率 $\Delta Y/Y$ 和进口的增长率 $\Delta M/M$ 是相等的。因此，$M/Y=\Delta M/\Delta Y=$ 常数，假定进口收入弹性(ε)等于 $\Delta M/M$ 与 $\Delta Y/Y$ 之比，且等于1。加上表示Ⅰ国、Ⅱ国的数字后，第一个命题就是：如果 $\Delta Y_1/Y_1 > \Delta Y_2/Y_2$，则 $\Delta M_1/M_1 > \Delta M_2/M_2$，如果初期 $M_1=M_2$，则 $\Delta M_1 > \Delta M_2$，即Ⅰ国产生入超倾向。

(2) 如果Ⅰ国的比较优势产业中每人平均生产量(即生产率)的增长率超过该国国民收入的增长率，Ⅰ国就会具有出超倾向——偏于提高生产率的命题。如果以 E_1 表示Ⅰ国的出口，则在出口产业部门生产率提高以后，其产量的增加量为 ΔE_1，当 $\Delta E_1/E_1$ 大于 $\Delta Y_1/Y_1$ 时，因 $\Delta Y_1/Y_1=\Delta M_1/M_1$，所以，$\Delta E_1/E_1 > \Delta M_1/M_1$，即Ⅰ国产生出超倾向。

(3) 如果Ⅰ国工资增长率小于人均生产率的增长率，则Ⅰ国就会具有出超倾向——效率工资的命题。这里，效率工资是指工资除以人均产量(生产率)的结果。如果效率工资提高，就会产生出超倾向。如果效率工资比外国便宜，则可能出现以下这样几种情况：①出口商品同外国商品的价格差额扩大，国际竞争力增强，出口量增加；②以前不能出口的商品也可以出口了，从而使得出口商品的范围扩大；③与此相应，进口商品与本国商品的价格差额将缩小，进口数量将会减少；④以前可以进口的商品变成不能进口了，从而使得进口商品的范围缩小。由于这些情况，Ⅰ国必将产生出超。

二、对外贸易在一国经济发展中的作用

1. 马克思主义关于对外贸易对一国经济发展作用的有关论述

马克思、列宁等经典思想家，一向认为对外贸易对经济发展有重要的促进作用。在他们对资本主义生产方式的研究过程中，发现对外贸易在资本主义的发展中起着重要作用。马克思指出："对外贸易的扩大，虽然在资本主义生产方式的幼年时期是这种生产方式的基础，但在资本主义生产方式的发展中，由于这种生产方式的内在必然性，由于这种生产方式要求不断扩大市场，它成为这种方式本身的产物。"[①]在这里，马克思揭示了对外贸易与资本主义生产方式之间的本质联系。对外贸易促进了资本主义生产方式的产生，对资本的原始积累发挥过重要作用，为资本主义的生产提供了劳动力、资本与市场；在资本主义的生产方式确立后，又决定着资本主义国家必须有对外贸易，因为对外贸易能促进资本主义国家的经济发展。马克思进一步指出："投在对外贸易上的资本能提供较高的利润率"；[②]同时，"商业和商业资本的发展，到处都使生产朝着交换价值的方向发展，使生产的规模扩

---

① 资本论[M]. 第3卷. 北京：人民出版社，1975：264
② 马克思恩格斯全集[M]. 第25卷. 北京：人民出版社，2001：264

大，使它多样化并且有世界主义的性质，使货币发展成为世界货币"①。说明了对外贸易成为资本主义经济体系的重要组成部分。

列宁也同样重视对外贸易的作用，他指出"没有对外贸易在资本主义国家是不能设想的，而且的确没有这样的国家"。并且进一步指出其原因："彼此互为市场的各种工业部门，不是均衡地发展的，而是互相超越着，因此较为发达的工业就需要国外市场"，"资本主义生产的规律，是生产方式的经常改造和生产规模的无限扩大……所以每个资本主义工业部门的自然趋向使它需要'寻求'国外市场"②。

2. 西方经济理论中关于对外贸易对一国经济发展作用的有关论点

关于对外贸易对一国经济发展作用的问题，早在古典学派的著作中就已经有所研究，后经新古典学派和发展经济学以及现代经济学的不断修正、补充和完善，理论内容日趋完善。总的来看，对外贸易在经济发展中所起的作用存在截然不同的两种观点：主流的观点认为，对外贸易对经济发展具有重要的推动作用；另外也有一些经济学家对主流观点提出质疑和挑战，认为有些发展中国家的出口增加并未带来经济增长，而且对外贸易并不一定对经济发展有益。历史上，西方经济理论中有代表性的观点主要包括以下几种。

1) 对外贸易对经济发展具有重要作用

(1) 剩余产品出路论。"剩余产品出路论"(Vent for Surplus Theory)是英国古典经济学家亚当·斯密在18世纪提出的，他也是西方经济学家中最早涉及对外贸易与经济发展相互关系问题研究的一位，对以后的理论发展有重要的影响。斯密假定一国在开展对外贸易前，存在闲置的资源或剩余产品。当该国经济由封闭转向开放后，便可出口其剩余产品或由闲置资源生产出的产品，即对外贸易为本国的剩余产品提供了出路。而且，由于出口的是剩余物资或闲置资源生产出的商品，因而无须从其他部门转移资源，也就不必减少其他国内经济活动。出口所带来的收益或由此而增加的进口也没有机会，因而必然促进该国的经济增长。

在斯密的剩余出路论的基础上，当代缅甸经济学家H.迈因特(H. Myint)对这一理论进行了发展和完善。他摒弃了传统贸易理论关于自然资源充分利用和劳动力充分就业的假定，从发展中国家普遍存在资源剩余和就业不足的现象出发，说明了发展中国家可以不必花费多少成本就能扩大生产范围、出口剩余产品、换回进口品和加速经济增长。

(2) 比较优势论和二元经济论。在李嘉图的比较优势理论中，也包含着对外贸易带动经济增长的思想。他认为，对外贸易是实现资本积累从而促进经济增长的重要手段。通过对外贸易，进口廉价原料和其他初级产品，阻止土地收益递减、工资上涨和利润率下降的倾向，就可以保证资本积累和经济增长。李嘉图的比较优势论是以国内的充分就业和一般

---

① 资本论(上)[M]. 第3卷. 北京：人民出版社，1975：371
② 列宁选集[M]. 第1卷. 北京：人民出版社，1972：186～187

均衡为前提的，因此，出口部门的扩张是通过进口替代部门转移资源来实现的，涉及进口替代部门的缩减，并不必然得出经济总量同时增加的结论。因此，剩余产品出路论可与比较成本论互补。

这一基本理论后来被美国发展经济学家刘易斯从"二元经济"的角度进一步发展。他指出发展中国家的经济基本可划分为资本主义部门(工业部门)和非资本主义部门(传统农业部门)两个部门，一国可以通过发展资本主义部门的生产，并出口其产品，同时进口非资本主义部门的产品，提高本国生产要素的使用效率，促进本国经济的发展。就资本主义和非资本主义两部门比较而言，资本主义部门的发展要快一些，而非资本主义部门发展得要慢一些。非资本主义部门产品进口的增加，有助于降低劳动力的工资，从而进一步增加资本主义部门的利润和资本积累，促进经济增长。

(3) 经济增长的大宗商品论。这一理论是加拿大经济学家因尼斯(H. Innis)于20世纪30年代根据加拿大对外贸易和经济发展的经验总结出来的。该理论认为，一国具有比较优势的大宗商品的出口增加，导致对国内现有资源的充分开发和利用，减少国内资源的闲置和增加就业，同时通过进口的扩大可使本国可用资源增加，促进相关部门的发展。这样，国外需求的扩大，通过对外贸易机制引起国内供给机制的积极反应，使国内供给无限的原材料或自然资源产品得到充分利用，并最终导致一国储蓄和投资的增长以及就业和收入水平的提高。

(4) 供给启动论。"剩余产品出路论""经济增长的大宗商品论"主要从需求的角度来分析对外贸易对经济增长的带动作用。澳大利亚经济学家马克斯·科登从供给的角度来剖析对外贸易对经济增长的影响。他将对外贸易与宏观经济变量联系起来，强调对外贸易对生产要素供给量的影响和对劳动生产率的作用。

科登认为，一国开展对外贸易，将产生以下五方面的效应。

① 收入效应。通过对外贸易，可以提高一国收入水平，贸易的静态利益转化为国民收入总量的增加。

② 资本积累效应。当来自于贸易利益的收入中增加部分用于投资时，将使该国的资本积累增加。

③ 替代效应。若投资品为进口含量较大的产品，则对外贸易的开展会使投资品的供给增加，使其对消费品的相对价格下降，从而导致投资对消费的比例提高，而投资率的提高必将推动经济增长率的上升。

④ 收入分配效应。通过对外贸易的开展，将使出口生产密集使用的生产要素的报酬和这些要素所有者的收入大为提高，若这些要素所有者属于国内消费倾向较高的集团，国内的储蓄率就会提高，因而提高资本的积累率。

⑤ 要素加权效应。假定生产要素的劳动生产率增长不一致，则产出的增长率可视为各种生产要素增长率的加权平均。当出口贸易扩大，而且出口生产大量使用的是劳动生产率更高的要素时，出口生产增长率将会提高得更快。

科登进一步认为,对外贸易对宏观经济产生的这五方面影响都是累积性的,这意味着对外贸易对经济增长的促进作用将随着经济的发展而不断加强。

(5) 增长引擎论。1937年,罗伯特逊(D. H. Robertson)在经济学杂志上发表了题为《国际贸易的未来》一文,在文中提出"对外贸易是经济增长的发动机(engine for growth)"。他明确指出一国对外贸易对整个经济的带动作用,将对外贸易摆在该国经济增长动力源的地位上。20世纪50年代纳克斯(R. Nurkse)对此做了进一步补充和完善,认为贸易可以带动一国的经济增长。这一思想后来被总结为"对外贸易是经济增长的发动机论"或"增长引擎论"。

纳克斯在对19世纪英国和新移民地区经济发展的原因进行研究时认为,19世纪国际贸易曾为许多国家的经济发展做出重要贡献。这种贡献不仅来自于对外贸易的直接静态利益,即各国按比较优势原则进行专业化分工后开展贸易,使资源得到更为有效的配置,从而使各国产量增加,提高了世界各国的消费水平;国际贸易为经济增长所做的贡献还来自于对外贸易的间接动态利益,即对外贸易的发展使生产规模扩大而取得的规模经济利益,以及传递经济增长的利益。

罗伯特逊、纳克斯及其追随者认为,对外贸易尤其是出口的高速增长是通过以下途径来带动经济增长的。

① 一国的出口扩大意味着进口能力的增强,而进口中的资本货物对促进经济增长具有特别重要的意义。资本货物的进口大大节约了生产要素的投入量,并有助于提高工业的效益,它是经济增长的主要因素。

② 出口增长使一国的投资流向国民经济中最有效率的领域,即各自具有比较优势的领域,通过在具有比较优势的领域进行专业化生产,就可以提高劳动生产率。

③ 出口增加使一国的市场扩大,从而能够进行大规模生产,获得规模经济效益。

④ 出口发展使一国出口及相关产业面临激烈的世界市场竞争,迫使企业加速技术改造,降低成本,提高产品质量,并淘汰那些效率低下的产业。

⑤ 出口发展会鼓励国内外投资,并刺激相关工业以及交通运输、动力等部门的发展,同时促进国外先进技术和管理知识的引进。

"增长引擎论"的有关论点被历史上许多国家的发展事实所证明是正确的。19~20世纪初的美国、加拿大、澳大利亚、新西兰和阿根廷、南非,以及近年来的"亚洲四小龙"、科特迪瓦和众多的石油输出国等都曾利用出口初级产品实现了经济的腾飞。但纳克斯本人认为到了20世纪后,由于以下原因,这一学说不再适用:一是由于发达国家经济结构的演变,原料的使用量相对下降;二是技术的进步带来对工业原料使用的节省;三是各种合成材料和人造原料的出现降低了对天然原料的使用量;四是对农产品需求的缺乏弹性和农业保护主义的蔓延等。这些原因都使现在的初级产品的生产国很难通过扩大出口来实现经济的增长。

(6) 新增长理论。20 世纪 80 年代中期以来，以罗默(P. Romer)、卢卡斯(K. Lucas)等人为代表的新增长理论的发展，为对外贸易与经济发展相互关系的理论提供了新的依据。其理论通过对增长因素的计量分析，指出发达国家的经济增长大部分应归功于生产率的提高，而技术进步又是推动生产率增长的核心因素。技术进步源自两方面原因，即"干中学"(Learning by Doing)和技术革新(Innovation)。国际贸易可以通过"技术外溢"和外部刺激来促进一国的技术变动和经济增长。一方面，不管什么技术都有一个外溢的过程，作为先进技术的拥有者，有时通过国际贸易将技术传播到别的国家；另一方面，国际贸易提供了更为广阔的市场、更为频繁的信息交流和更加激烈的竞争，迫使各国提高技术水平，开发新产品。因此，国际贸易不仅为技术引进提供了渠道，而且通过推动技术进步来促进一国的经济增长。

(7) 推进国民生产过程的国际互补论。日本著名经济学家小岛清提出了"推进国民生产过程的国际互补论"，他从生产要素的国际移动角度探讨了贸易推动长期经济增长的效应。该理论的基本思想是，一国在资本、技术、企业家才能和熟练工人等各类生产要素中，总是存在一些瓶颈，限制了本国具有比较优势的生产要素作用的发挥，通过短缺的生产要素的进口就可以突破瓶颈的限制，使自身的比较优势得以发挥，提高国际竞争力。市场狭小和资源短缺的日本通过对外贸易的发展实现了经济飞速增长的奇迹就是一个极好的例子。

2) 部分发展经济学家对国际贸易促进经济增长的反论

在众多的经济学家不断发展和完善关于对外贸易促进经济发展的理论的同时，也有一些经济学家根据部分发展中国家出口的增加并未带来经济增长的现实，对传统理论中对外贸易促进经济增长的结论提出质疑。比较著名的包括劳尔·普雷维什和辛格等人的"价格剪刀差论""中心-外围论"、克拉维斯的"贸易是经济增长的侍女"理论以及"贫困化增长理论"。

(1) 普雷维什、辛格(H. Singev)和米切尔(G. Myrdal)等人认为，对外贸易不仅对发展中国家的经济发展是无益的，而且由于存在着初级产品和工业品之间的价格剪刀差，初级产品的贸易条件不断恶化，以出口初级产品为主的发展中国家不可能由于对外贸易的增加而提高其经济增长率，对外贸易已经成为发展中国家经济进步的阻力。对外贸易只会使发展中国家的经济落后领域持久化，甚至创造出更多的落后领域。

(2) 美国的经济学家克拉维斯(I. B. Kravis)否认对外贸易是经济增长的发动机，明确指出"贸易是经济增长的侍女"(Trade as a Handmaiden of Growth)，即对外贸易在一国的经济发展中仅处于从属地位。他认为一国的经济增长主要是其国内的因素决定的，外部需求只构成对经济增长的额外刺激，这种刺激在不同国家的不同时期有不同的重要性。在他看来，对外贸易既不是经济增长的充分条件，也不是必要条件，而且还不一定对经济发展有益。过分地夸大对外贸易的作用对经济增长并无益处。

(3) "贫困化增长"或称"悲惨的增长理论"也是经济学中的著名理论，它从另一个角度阐述了在一定条件下对外贸易的负面作用，指出在满足以下三个条件后，出口商品的扩大不仅不会带来出口值的相对扩大，而且会恶化本国的贸易条件，从而伴随着出口的增加，本国的福利不仅不会随之增加而且会减少。

① 国民经济的增长必须是偏向出口。

② 国外对本国商品的需求必须是无价格弹性的，以至出口供给的扩大将导致价格的大幅度下降。

③ 国家必须在很大程度上依赖于对外贸易。这样，贸易条件的恶化所导致的国民福利的下降足以抵消从增加供给中所得的收益，对外贸易对本国经济发展有害无益。

三、对外贸易的静态和动态利益

对外贸易对经济增长到底起何作用，是以促进作用为主，还是以制约作用为主。在现实生活中，通过种种迹象表明，对外贸易能够促进经济增长。如果各国参加国际贸易后，经济增长的利益受损，那么各国就会退出国际贸易领域。从各国积极开展对外贸易的现实来看，它们来自对外贸易的利益不会是负的。世界银行曾将41个发展中国家和地区的贸易发展战略分为四种类型，即坚定外向型、一般外向型、一般内向型和坚定内向型[①]。他们发现，对对外贸易依赖较大的国家和地区，比对外贸易依赖较小的国家和地区经济发展的速度要快。因而对外贸易对一国的经济增长有促进作用，然而作用程度的大小和影响的幅度却有差别。

一般而言，对外贸易对一国经济的影响程度取决于两个方面的因素。一是一国经济对国内市场和国外市场依赖程度的对比关系。一个对国外市场依赖程度较大的国家，对外贸易促进经济增长的重要性就会相对降低。二是一国的出口产品和进口产品的结构。如果一国长期停留在需求弹性比较低的产品的生产和出口上，那么对外贸易对经济增长的作用就可能只是短期的。根据国际贸易的传统理论，一国来自对外贸易的利益可以分为静态利益(直接利益)和动态利益(间接利益)。

1. 对外贸易的静态利益

对外贸易的静态利益(直接利益)主要是指在各国的资源总量不变、技术条件没有改善的前提下，通过对外贸易所实现的实际福利的增长。贸易的静态利益包括两个方面：一是从交换中获得的收益，即通过对外贸易各国可以获得本国不能生产的或国内生产成本太高的产品，使各国消费者可以获得的商品数量要大于各国在封闭状态中自己生产所得到的数量，从而提高各国的福利水平。二是从专业化中获得的收益，即通过参与国际分工，专业化生产本国具有比较优势的产品，进而提高本国的资源利用效率，实现资源的优化配置。可以通过图11-1进一步说明。

---

① 世界银行.1987年世界发展报告[M].北京：中国财政经济出版社，1987

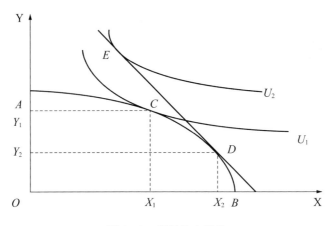

图 11-1 贸易静态利益

假定某个国家只生产两种商品 X 和 Y，AB 是该国的生产可能性曲线，U_1 和 U_2 是两条消费无差异曲线。在开展对外贸易之前，生产可能性曲线和消费无差异曲线的交点为 C 点，此时该国生产两种产品的产量分别为 X_1 和 Y_1，表明在进行对外贸易前，本国可能达到的最大消费满足程度为 U_1。开展对外贸易后，该国增加自己具有比较优势的产品 X 的生产，产量由 X_1 增加到 X_2，减少本国具有比较劣势的商品 Y 的生产，产量由 Y_1 减少到 Y_2，此时国际市场价格曲线为 ED，通过出口一定数量的 X 产品，换回一定数量的 Y 产品，如出口 X_2X_1 的 X 商品，进口 Y_1Y_2 的 Y 商品，此时消费所能达到的水平在 U_2 曲线上，高于贸易发生前的 U_1，说明通过对外贸易，本国的经济福利水平得以提高。

2. 对外贸易的动态利益

对外贸易的动态利益主要是指开展贸易后，对一国增加生产、技术进步的促进作用，以及由此带动本国经济结构调整和长期经济增长的作用。与静态利益相比，这种利益既是间接的，也是长期的，同时又是更为重要的一种利益。它主要包括以下几个方面。

(1) 对外贸易促进经济的增长。贸易的动态利益首先表现在对长期经济增长的促进作用上。这一促进作用从两个方面体现：一方面，通过进口，可以克服国内的资源和要素瓶颈，使国内的生产在扩大的规模上进行；进口先进技术和设备，将大大提高国内的劳动生产率，节约研制成本；新产品的输入对本国的生产和消费活动可以产生"示范"效应，因而可以加速本国新产品的开发和生产，促进经济增长；进口的竞争，会迫使进口生产部门加速技术创新，提高劳动生产率，从而改善本国企业经营实绩。另一方面，通过出口，对外贸易可以为国内过剩的生产能力提供新的市场机会，并刺激国内生产能力的进一步提高；出口的扩大，意味着本国收入的增加，从而可以有更多的资金用于扩大再生产，扩大本国经济规模；出口的扩大也使本国企业的生产规模扩大，可以享受规模经营的优势；出口的扩大也会进一步带动本国相关产业的发展，进而带动整个国民经济的增长；出口的扩大也有助于鼓励外资引进，解决国内资金的短缺问题，同时引进国外的先进技术和管理知识。

(2) 对外贸易促进产业结构的调整。产业结构的不断高级化是长期经济发展的核心内容。对外贸易可以从以下几个方面促进产业结构的演进：第一，通过参与国际分工，一国可以发现自己的比较优势，并围绕其设置自己的产业，使本国的资源得到最合理配置，并随着本国比较优势的变动，产业结构日趋高级化。第二，对外贸易可以为本国的新兴战略产业提供市场条件。新兴战略产业在成长初期，难免会遇到国内市场狭窄，难以达到规模经济的要求，这时，如果不利用对外贸易提供更为广阔的市场，新兴产业很难建立起来，尤其在本国的资源结构和需求结构不一致时更是如此。第三，对外贸易为产业结构的高级化提供"示范"。一国通过参与国际贸易，进口国外的新产品，培育国内需求，进而完成产业结构的演进，客观上也形成了产业结构在国际间的传递。第四，国际市场上激烈的竞争往往也是激励许多国家不断调整本国的产业结构，使之高级化的重要原因。

(3) 对外贸易促进技术的进步。技术进步是现代社会经济增长的最重要因素。对外贸易也可以通过促进技术进步来推动经济发展。这主要表现在以下几方面：第一，对外贸易是一国实现技术进步所需技术的重要供应渠道。一国的技术进步需要大量的技术，这些技术仅靠自身发明远远无法满足。"世界文明的发展，是由1/10的独创性和9/10的移植组成的。"只有通过相当数量的技术引进，一国才能维持长期的技术进步，在发达国家如此，在发展中国家更是如此。第二，通过进口国外的先进物资，实际上间接地引进了外国的先进技术，并通过技术的扩散，带动其他产业的技术进步。第三，通过参与国际市场的激烈竞争，为技术进步提供源源不断的强大动力。为适应国际竞争的需要，避免在激烈的国际竞争中被淘汰，促使各类企业重视技术进步，从而促进本国技术总体水平的提高。

(4) 对外贸易促进制度的创新。制度创新对于经济发展的意义同样重大，而对外贸易也可以反过来促进制度创新。首先，许多制度可以作为商品引进，从而扩大制度创新的选择范围，节约制度创新的成本。其次，对外贸易也可以通过"外溢"和"边干边学"效应，促进整个国家的制度创新，对外贸易活动增强了国内外的信息交流，开阔了人们的视野，有利于建立制度创新所需的意识形态基础。同时，对外贸易部门往往是新制度的最先采用者，对于制度创新具有重要的示范作用，通过学习把新制度"外溢"到其他部门。最后，对外贸易可以从需求方面拉动制度创新。一方面，对外贸易导致市场和经济规模的扩大，需要制度创新以降低交易费用；另一方面，对外贸易所带来的激烈竞争迫使经济主体积极进行制度创新。对外贸易对一国经济增长有何作用是经济学要回答的首要命题，不同的经济学家选取的角度不同，研究的结果也会不同，但无论如何，对外贸易的战略意义不容忽视。尤其在现代社会，经济全球化的迅猛发展使得一国的对外贸易处于一国国际经济合作的基础地位，其对经济增长的促进作用已得到世界各国和地区的广泛认可。

第二节 贸易发展战略

一、贸易发展战略的内涵及分类

1. 贸易发展战略的内涵

贸易发展战略又简称为贸易战略,它隶属于发展战略或工业化战略范畴,是指一国或地区通过国际分工方式和程度的选择而影响国内资源配置和竞争效率的一整套贸易政策或制度。贸易战略体现了造成各国经济增长方式和结构转变绩效差异的基本原因。制定一项正确的适合国情的贸易战略,将使一国通过对外贸易促进本国经济的迅速增长,否则,就会适得其反;贸易战略的选择又受到国际国内各种因素的影响。因此,对于贸易战略我们必须从不同角度加以全面把握。贸易战略的内涵包括以下六个方面。

1) 贸易战略是经济发展战略的组成部分

从贸易和经济发展的一般关系来看,贸易战略是整个经济发展战略的一个组成部分,它必须服从、服务于经济发展战略的要求。

外贸战略作为经济发展战略的一部分,是依据国经济发展战略的总体要求,结合国内外的实际环境,对通过参与国际分工与合作,实现国内资源有效配置的方式,对外贸易的发展目标和实现手段等所作的全局性的战略规划,是一国对外贸易的指导思想。

经济发展战略则是指一个国家在特定的历史时期内根据国情制定的一系列关于未来经济发展方向、目标等的制度和政策集合,集中反映了一国的经济利益和政治利益,是一国经济发展的总体安排。

对外贸易战略作为一国经济发展战略的有机组成部分,从本质上应该服从于和服务于一国的经济发展战略。但是对外贸易战略和经济发展战略不是一般的整体和部分的关系。由于对外贸易战略是在世界经济的大环境下制定的如何参与国际分工、实现资源优化配置、促进经济发展的战略规划,可以决定一国经济战略的多方面的内容,因此处于一国经济发展战略的核心地位。选择哪种对外贸易战略对一国的经济发展非常重要,以国际比较为原则的对外贸易战略在很大程度上就决定了这个国家将把比较优势产业的发展战略作为该国整体经济发展战略的重要内容。因此,在有些经济学家看来,外贸战略和经济战略之间的关系是特殊的整体和部分关系,在一定程度上对外贸易战略可以被看成一国的经济发展战略,它反映了该国经济发展的目标和方向。

2) 贸易战略的本质是工业化战略

贸易战略是发展中国家实现工业化的重要手段,其本质是工业化战略。在发展经济学里,贸易战略常等同于工业化战略。许多经济发展文献中,工业化战略和贸易战略常常是一起讨论的。但大多数学者认为,工业化作为一种实现现代化,进而促进经济、社会全面进步的战略,自然与贸易战略存在区别。美国经济学家基思·格里芬在《可供选择的经济发展战略》一书中，把发展中国家实现工业化的途径分为三条：①主要为国内市场生产消费制成品，对外通常实行高关税壁垒；②在国家计划指导下，集中发展资本品工业；③精心指导制造业部门的对外出口，通常在指导性计划和直接或间接补贴的结合下进行。钱纳里和巴拉萨也从贸易歧视或奖励的角度研究准工业化国家经济增长绩效差异的主要因素。第二次世界大战后，许多发展中国家面临着一系列经济、社会问题，如何实现经济的稳定增长和社会的全面进步，成为急需解决的问题。像西方国家一样实现现代化被认为是经济发展的重要标志，而工业化是现代化的核心内容，制定合适的贸易战略又是实现工业化的主要手段，因而各个发展中国家纷纷制定各自的贸易战略以促进工业化的早日实现。

20世纪以来发达国家的经济增长并没有给发展中国家带来多大好处，发展中国家要彻底摆脱贫困，走向富裕和发达，并能在国际市场上与发达国家展开公平竞争，就必须实现工业化和现代化。在经济发展文献中，贸易战略和工业化战略常常是一起讨论的，贸易政策是工业化战略的支点，对于发展中国家来说，工业化战略与贸易战略在某些情况下几乎是同义语。

3) 贸易战略的核心是参与国际分工的立场和方式

贸易战略需要解决的是一个国家或地区在面对国内、国外两种资源、两个市场的情况下，采取什么样的国际分工方式来促进经济增长。因此，贸易战略可以被视为以国际经济为背景的经济发展战略，即如何依据国际分工和国际经济关系来配置本国资源和发展本国经济。

20世纪50年代，拉美一些国家从初级产品贸易条件恶化的认识出发，纷纷实施贸易保护政策，发展进口替代产业，限制从国外进口，拒绝或有限参与国际分工。这种政策虽然在一定时期起到积极作用，但由于其固有的局限性及其实施过程中遇到的各种问题，最终使这些国家的工业化陷入困境。而韩国从20世纪60年代初开始，迅速从严格保护国内市场的政策转向依据自身的比较优势参与国际分工，实行适度保护和出口促进相结合的政策，结果取得了经济长期高速增长。实践证明，贸易战略的制定必须在遵循贸易理论的前提下，对参与国际分工的原则、立场和方式做出正确的判断。

4) 贸易战略体现着政府对经济的干预

战略是一整套规划、设想、政策措施的集合，它超前于客观事物的发展，其本身就与放任主义相对立。政府是贸易战略的制定者和执行者，制定贸易战略的目的是干预工业化进程。因此，没有政府的积极引导和干预，就不会有贸易战略。

5) 产业政策是贸易战略的灵魂

贸易战略的实质是以国际经济环境为背景的产业发展战略。依据什么原则挑选幼稚产业，对幼稚产业采取何种保护与扶持政策，对国内各产业实行什么样的内销或外销政策，这些是任何一个贸易战略都需要回答的问题。所以，贸易战略不仅包括贸易政策，而且还包括扶持或限制产业发展的财政政策、金融政策、竞争政策等。多种政策复合而生的产业政策是贸易战略的灵魂。

6) 贸易战略的制定必须防止教条主义

(1) 贸易战略没有一成不变的模式。对广大发展中国家和地区来说，不存在可供选择的贸易战略，只存在可以参考的以贸易政策为基点的工业化经验。下文中贸易战略的类型只是理论上的划分，不存在非此即彼的选择，各国需要根据自己的工业化目标、国内外经济环境和其他国家的经验制定自己的贸易战略。

(2) 贸易战略是时间的函数。贸易战略优劣的评价和贸易战略的制定都必须考虑当时的国际和国内经济环境。同一国家在不同的历史时期，由于其面临的国内外经济环境的变化，贸易战略会不断做出调整；在同一历史时期，不同国家由于面临不同的国内外经济环境，其贸易战略也会有所差异。

20世纪50年代进口替代战略的倡导者的立论是符合当时的国际经济环境的，因而使得实施进口替代的国家经济增长、人民生活水平提高。但是，进入60年代以来，国际贸易的增长、发展中国家出口结构的改善使进口替代战略成立的基础不再存在。此时，仍坚持进口替代战略无异于刻舟求剑，从而导致发展机遇的丧失。相反，韩国、中国台湾等东亚经济体根据内外经济环境的变化及时调整贸易战略，促进进口替代向出口导向的转换，最终取得了产业结构持续升级和经济增长相互促进的良性循环。

2. 贸易发展战略的类型

西方经济学家在对贸易战略进行归类时，提出了贸易奖励制度是否中性的标准。所谓奖励，是指政府为影响资源在各种经济活动之间的配置并影响资源的使用是面向国外市场还是面向国内市场而采取的种种措施。如果总体的贸易奖励制度偏向鼓励内销、歧视外销，就是内向型战略或进口替代战略；如果奖励制度对进口和出口、内销和外销没有歧视，或者各种政策作用的结果发生中和或抵消作用，则为外向型战略或出口导向战略。基于对内销和外销奖励制度是否为中性的共识，经济学家和国际组织依据各自不同的研究目的和研究方法，对发展中国家实行的贸易战略进行了归类和总结。其中，比较有影响的分类方法主要有以下三种。

1) 钱纳里的分类法

钱纳里等人基于多国计量模型的分析和比较，总结出准工业化国家有三种贸易战略可供选择，即出口促进战略、进口替代战略和平衡战略。此外，钱纳里在研究贸易战略与经济增长的关系时，还提出了一种贸易自由化战略。该战略的政策特点是："对进口替代和出口活动都无明显的激励。这种情况适合于相对自由的贸易体制，该体制没有什么数量控制，也很少采取同价格相关的措施。"

钱纳里在《工业化和经济增长的比较研究》一书中，为了考察准工业化国家经济发展绩效，将贸易战略划分为三种类型：内向型、外向型和中间型。在阐明各国发展战略对经济结构和发展实绩的影响时，又对实施外向型贸易战略的国家做了细分，分为外向型初级产品生产导向和外向型工业生产导向两类。书中列举了20世纪60年代中期到70年代中期实施不同发展战略的若干典型国家,并对它们的经济政策进行了具体描绘。实施外向型初级产品生产导向的 8 个国家都具有特别强烈的初级产品生产的比较优势,但它们对制造业的保护政策有所区别。其中马来西亚保持外向型发展是通过对不同部门实行较为中性的刺激政策,使得马来西亚在初级产品出口保持高水平的同时,制成品的出口也有显著增长。实施内向型发展战略的国家奉行强烈的贸易保护政策以利于为国内市场而生产,60 年代中期的墨西哥和土耳其是这类国家的典型代表。中间型国家实施中等的贸易保护,70 年代以后的哥伦比亚是最接近典型的中间型经济。外向型工业生产导向的典型国家和地区是中国香港、新加坡、韩国和中国台湾。

2) 克鲁格的分类法

克鲁格在考察发展中国家的贸易与就业问题时,根据统计数据对第二次世界大战后 10 个发展中国家制造业的有效保护率进行了测算,并归纳出发展中国家实际执行的贸易战略主要有三种类型,即出口促进战略、进口替代战略和温和的进口替代战略。克鲁格指出,在进口替代下一般存在相当高的有效保护率,而较高的平均有效保护率通常又伴随着范围很大的单个部门有效保护率。与此相对应的是,实施出口促进战略的国家平均有效保护率较低,单个产业和部门中有效保护率的范围也较窄。在所考察的 10 个国家中,象牙海岸(1973)和韩国(1968)总体上奉行出口促进战略,巴西(1967)和哥伦比亚(1969)正处在转向更加外向型政策的过程中,克鲁格称之为温和的进口替代战略。

3) 世界银行的分类法

世界银行在《1987 年世界发展报告》中,认为贸易战略大体上可分为外向型和内向型两类。这种战略进行区分的主要依据是比较对于为内销生产和为外销生产所给予的实际保护。世界银行根据有效保护率、运用诸如限额和进口许可证等直接控制、采用对出口贸易奖励的办法和汇率定值过高的程度四项指标,对 41 个发展中国家和地区 1963—1985 年的数据资料进行了分析,将贸易战略细分为四种:坚定的外向型战略、一般的外向型战略、一般的内向型战略和坚定的内向型战略。

(1) 坚定的外向型战略。对出口的奖励在不同程度上抵消了进口壁垒对出口的限制,在对外贸易政策上,表现为中性的贸易政策,既不过分鼓励出口,也不严格限制进口,或者两种政策发生中和或抵消作用;不存在对贸易的控制,或者控制程度很轻微;不采用或很少采用直接控制和许可证办法;保持汇率的相对稳定,使之与进口和出口贸易的实际汇率大体相等,实行单一汇率。20 世纪 80 年代中期,采取这类贸易战略的国家和地区有中国香港、韩国、新加坡及中国台湾。

(2) 一般的外向型战略。奖励制度总的结构偏向为内销生产,不重视为外销生产。采用该种贸易战略的国家偏重于进口替代,表现为对本国市场的实际平均保护率较低,对不同商品实际保护程度的差异较小,在某些商品上使用直接的贸易限制和许可证制度,但范围有限;虽然对出口贸易采取一些直接奖励措施,但不能抵消对进口的保护;进口贸易的实际汇率超过出口贸易的实际汇率,但差别不大。世界银行认为,属于这种类型的有巴西、泰国、土耳其、乌拉圭等国家。

（3）一般的内向型战略。奖励制度总的结构明显偏向为内销生产，带有明显的进口替代倾向，表现为对本国市场的平均实际保护率较高，对不同商品实际保护程度的差异较大；广泛实行对进口的直接控制和许可证办法；虽然对出口给予一定的直接奖励，但具有明显的反进口倾向；本国货币的对外定值过高。在考察的41个国家中，有16个国家采取这种战略，占被考察国家总数的39%。

（4）坚定的内向型战略。奖励制度总的结构为强烈地鼓励为内销生产。对本国市场的平均实际保护率很高，受保护的商品范围很广，对不同商品实际保护的程度有很大差异；普遍实行直接的贸易限制和许可证制度；汇率定值高出很多。1973—1985年，在所考察的国家和地区中，有14个实行坚定内向型发展战略，占被考察国家和地区总数的34%。

除以上几种分类，也有学者将贸易战略分为内向型和外向型两类，每一类又分为初级和次级两种。它们各自具有以下特点，初级内向型：在经济上完全自给自足，并以农业生产为主，不与国外进行贸易。一般认为，中国在1979年以前所采取的贸易战略基本上属于这一类。次级内向型：通过采取贸易保护政策，发展国内消费品或制成品生产来取代原先需要进口的同类商品，满足国内需求。初级外向型：利用本国的优势资源，生产并出口农产品、原材料等初级产品，用出口换回的外汇购买国内生产所需的制成品和资本品。次级外向型：采用出口鼓励措施，发展以制成品为主的生产和出口。

以上各种分类是从不同的研究目的出发，采用不同的研究方法得出的结论，由于贸易战略的划分指标并没有严格的间断点，因此"三分法"和"四分法"并无本质区别。根据它们对各类贸易战略的界定，大致可以认为贸易战略包含两种类型：进口替代战略和出口导向战略。其中，一般内向型和坚定内向型属于进口替代战略，出口导向战略和贸易自由化战略属于坚定的外向型战略，中间型战略等同于一般外向型战略，但更接近于克鲁格的温和进口替代战略。

3. 进口替代战略和出口导向战略

1）进口替代战略

所谓进口替代战略，是指在保护本国工业的前提下，通过引进必需的技术和设备，在国内建立生产能力，发展本国的工业制成品以替代同类商品的进口，以期节约外汇和积累经济发展所需资金的战略。从20世纪50年代起，许多发展中国家都相继实施了进口替代战略，试图通过限制工业品进口促进本国制造业生产的方式，加速它们的发展。

（1）理论基础。进口替代战略的实施有一定的理论依据，其中最重要的有"保护幼稚工业论""中心-外围说"以及"二元经济结构论"。根据幼稚工业理论，发展中国家具有制造业的潜在比较优势，但发展中国家新建的制造工业，最初不能与发达国家已经成熟完善的制造业竞争。这时，如果对本国制造业不加以保护，任其参与国际竞争，就有被摧残的危险。为了使新成长的制造业具有竞争力，政府就必须采取进口保护措施，支持新建产业的发展，直到它们足够强大，能够有效地参与竞争为止。根据这一理论，在发展中国家工业化起步阶段，运用关税或进口配额支持国内工业的建立是有现实意义的。

"中心-外围说"的提出者是阿根廷经济学家劳尔·普雷维什。普雷维什将世界经济体系在结构上分为两部分：一部分是由发达工业国构成的"中心"，另一部分是广大发展中国家构成的"外围"。中心和外围在经济上是不平等的：中心是技术的创新者和传播者，外围则是技术的模仿者和接受者；中心在整个国际经济体系中居于主导地位，外围则处于附属地位并受中心控制和剥削；中心向外围出售工业制成品，外围则向中心出售农产品和初级产品。由于中心的技术水平高，生产率高，制成品的价格高，需求的收入弹性也高；外围的技术水平低，生产率低，初级产品价格低，需求的收入弹性也低。因此，经济剩余从发展中国家流向发达国家，产生中心国家剥削外围国家的现象。普雷维什对英国1876—1938年的进出口价格统计资料进行分析，推算出初级产品和制成品的价格指数之比，结果表明外围国家的贸易条件出现长期恶化的趋势。因此，普雷维什认为外围国家应改变过去将全部资源用于初级产品生产和出口的做法，充分利用本国资源，努力发展本国的工业部门，逐步实现工业化。

普雷维什在联合国拉美委员会任秘书长期间，积极宣传他的观点，拉美许多发展中国家接受了他的学说，纷纷采用进口替代战略发展民族经济。

除了以上两种理论，采用进口替代战略的另一个理由是某些国家存在二元经济结构。所谓二元经济是指在一个发展中国家内，相对现代的、资本密集的、高工资的工业部门与传统的、落后的农业部门并存的经济结构。二元经济结构中存在两个发展水平显著不同的部门："现代化"部门与经济中的其他部门存在明显差别。主要表现在：①现代化部门工人的劳动生产率比其他部门高得多；②与工人的高效率对应的是更高的工资，"现代化"部门的工资率明显地高于其他部门；③尽管现代化部门的工资比较高，但其资本回报率相对较低；④现代化部门的资本密集度高于其他部门，其工业设施与发达国家相近；⑤城市中的高工资与大量失业并存。正因为工业化过程中二元经济现象的存在，许多发展中国家都采取关税保护措施，避免制造业部门受进口竞争的影响，它们希望通过保护政策使制造业能够成长起来并吸收、改造传统经济，从而实现国家的工业化。

(2) 两个阶段。进口替代战略一般需要两个阶段：①初级进口替代阶段，建立和发展非耐用消费品工业以替代这些工业制成品的进口。非耐用消费品的生产所需资金少，技术较为简单，且对劳动力的素质要求不高，易于发展中国家掌握并迅速发展壮大。此外，从比较优势上看，发展中国家劳动力相对丰富，因而可以较低的成本生产这类产品以代替同类进口品。在这一阶段，发展中国家通过采取进口保护措施，一方面可以节约外汇，另一方面可以积累资金和经验，为工业化打下基础。属于这一类的工业包括食品、纺织、服装、鞋帽等产业。②高级进口替代阶段，建立和发展耐用消费品工业、资本品生产工业以代替进口品。当非耐用消费品工业发展到一定阶段，可以基本满足国内市场需求时，进口替代就从一般消费品的生产转向国内需要的耐用消费品和资本品的生产。同第一阶段相比，这一阶段，进口替代的难度增大，它需要较多的资金投入、较为专业的技术人才并形成必要的经济规模。这类工业一般包括家用电器业、机器制造业、炼钢业、造船业等。

(3) 保护措施。进口替代无论是初级阶段还是高级阶段都需要实行保护政策以扶持进口替代工业。特别是在进口替代工业建立的初期，需要政府采取保护政策，具体措施主要有以下几种。

① 贸易政策：执行保护贸易政策是实施进口替代战略的基本政策。其主要内容是：通过关税和非关税壁垒手段限制甚至完全禁止外国制成品特别是消费品的进口，以维持本国新建产业的发展空间。

② 外汇政策：实行严格的外汇管理政策，以便将有限的外汇用于经济发展最急需的一些领域，如进口原料、国外先进技术和设备等资本货物。在汇率方面，通常实行复汇率制度，对有关国计民生的必需品和资本货物的进口实行币值高估的政策，以降低进口成本；对非必需品的进口，实行币值低估的政策，提高进口成本进而限制进口。

③ 投资政策：实行优惠的投资政策。为加速国内资本积累，国家给予进口替代工业以财政、税收、价格和信贷等方面的优惠政策，以促进其发展。

进口替代战略作用的发挥是受到经济发展水平约束的，这在拉美国家的实践中得到了很好的证明。拉美国家的经济在20世纪80年代以前一直保持了持续快速的增长，这些地区每年的国内生产总值的增长率几乎一直维持在5.6%左右，超过了发展中国家和发达国家在该时期的平均经济增长水平。然而80年代以后，拉美国家的经济发展速度明显放缓，这主要是由于经过一定时期的进口替代战略的保护，这些国家的国内工业得到了很大的发展，进口替代战略已经表现出和经济发展的不适应性，该战略自身的局限性随着经济的发展也表现得越来越明显。

2) 出口导向战略

所谓出口导向战略，是指一国和地区政府采取各种鼓励措施促进制成品出口工业的发展，用工业制成品的出口代替传统的初级产品的出口，以增加外汇收入，带动工业体系的建立和国民经济的持续发展。由于它是以制成品出口替代了初级产品出口，所以又称为出口替代战略。20世纪60年代中期，韩国、新加坡、中国台湾和中国香港先后采用这一战略，后来拉美的部分国家如秘鲁、智利、巴西等也纷纷转向采用出口替代战略。出口替代战略的普遍实施与当时历史条件的改变是分不开的。60年代中期，一些采用进口替代战略的发展中国家已经初步建立起现代工业，具备了一定的发展出口加工工业的物质基础和技术、人才条件。与此同时，发达资本主义国家经过重大经济关系调整进入了相对稳定的发展时期，贸易保护主义相对减弱，自由贸易有所加强，第三次科技革命的兴起推动了一批新兴产业的建立，带动了发达国家产业结构的升级，许多发达国家将已经丧失比较优势的劳动密集型产业逐步向发展中国家转移。正是在这种国际国内环境下，以"亚洲四小龙"为代表的东亚地区，抓住了这一历史机遇，发挥自身劳动力资源丰富的优势，发展劳动密集型产业，通过鼓励出口的措施，积极参与国际竞争，实现了经济增长。

(1) 理论基础。出口导向战略的理论基础是"资源禀赋论"和自由贸易理论。它要求各国根据各自生产要素的丰裕程度，发挥比较优势，积极参与国际分工，并通过国际贸易，实现贸易利益，推动本国经济增长。

(2) 两个阶段。出口导向战略一般也要经历两个阶段：①初级阶段，以发展非耐用消费品出口加工工业为主，如食品、服装、纺织品、小家电、玩具等。这类工业技术相对简单，资本投入相对较小，多属于劳动密集型产业，既可以发挥发展中国家劳动力方面的比较优势，又可以与初级进口替代工业衔接，比较容易适应国际市场的竞争，风险也相对较小。②高级阶段，发展耐用消费品和资本品加工工业的出口，如家用电器、电子产品、机器设备等。当初级出口替代产品发展到一定阶段，尤其是其中某些产品的市场容量日趋饱和或生产与外贸条件已变得不利时，就应及时转向高级阶段。

根据出口对发展中国家经济增长的重要性的不同，又可将出口替代战略大致分为两种类型：一种是出口鼓励与国内生产并举型的出口替代战略，即一方面鼓励出口，同时又大力发展与出口导向有关的工业，以形成规模经济并满足国内市场的需要。巴西、墨西哥等拉美国家属于这一类型。另一种是坚持出口扩张型的出口替代战略，即一切以扩大出口为主，出口贸易在该国或地区国民生产总值中占很大比例，甚至超过GDP。日本、韩国、新加坡、中国香港和中国台湾省属于这一类型。以1990年为例，根据世界银行对一些国家或地区出口占国民收入的比例的统计，日本为11%，韩国为32%，中国香港为137%，新加坡为190%，其中新加坡和中国香港的出口额超过了GDP。对于不同的国家具体应采取何种类型的出口替代战略，要依据各国的具体情况而定，并主要以国家大小、资源多少、生产与技术条件、人力资源状况、地理位置等为依据。一般而言，一些自然资源匮乏、内部市场狭小的国家和地区，比较倾向于后种类型。

(3) 保护措施。出口导向工业的发展也需要政府实施保护政策，但这一贸易政策与进口替代时期不同，需要实行双向保护政策。

① 贸易政策：推行贸易自由化政策，在放松进口管制的基础上大力促进出口，如出口退税、出口补贴、出口信贷和保险、对出口部门所需的中间产品减免关税等。同时积极参与国际合作，努力拓展外部市场。

② 外汇政策：在外汇和汇率政策上，除了给出口企业和出口商优先提供外汇或实行外汇留成、出口奖励等措施外，还实行本币对外贬值的政策，增强本国出口产品的国际竞争力。

③ 投资政策：在投资政策上，对面向出口的企业提供减免企业所得税、营业税等更大的优惠，对出口工业企业规定加速折旧，对这些企业优先提供原材料、土地、基础设施和其他服务。

④ 外资政策：采取优惠措施，吸引外资和外国的先进技术，以解决国内资金和技术的缺乏。

从20世纪60年代开始，亚洲的韩国、新加坡和中国台湾、中国香港推行出口导向型战略，重点发展劳动密集型的加工产业，在短时间内实现了经济的腾飞。所谓"东亚模式"引起全世界关注，它们也因此被称为"亚洲四小龙"。韩国、中国台湾、新加坡、中国香港都属于幅员不大、工矿资源不多，但地理位置优越且同西方发达国家有特殊关系的国家或地区。它们的经济发展具有一些鲜明的特点：①增长速度快。从20世纪60年代开始，国民生产总值年平均增长速度都接近或超过10%。②出口扩张迅速。中国台湾1970年出口总值是1960年的9倍，1980年为1970年的13倍；韩国1980年出口总值是1960年的534倍；新加坡1980年出口总值是1965年的20多倍。③经济结构发生重大变化。韩国农业在国民经济中的比重从1961年的47.4%降为1985年的15%，工矿业从16.5%上升为33.4%；中国台湾农业比重从1952年的35.7%降为1978年12.1%，工业比重从17.9%上升为40.3%。中国香港与新加坡也从转口港变为工业城市。④人均国民收入水平迅速提高。⑤失业减少，收入分配相对平均。20世纪80年代这些国家和地区的失业率都降到4%以下，收入分配与美、日等国相比较为平均。

对韩国、中国台湾、新加坡、中国香港的经济发展起促进作用的有以下因素：①外部世界比较有利的发展环境。20世纪50～70年代，世界主要发达国家经济高速发展，为"亚洲四小龙"的出口导向发展提供了良好的外部条件。科学技术革命使发达国家生产转向技术和资本密集工业，"亚洲四小龙"拥有质高价廉的劳动力资源，正好发展劳动密集工业。东亚地区的稳定也使它们可以把主要精力放在经济发展上。②实行正确的经济政策。中国台湾从20世纪50年代后期开始，放弃凯恩斯主义政策，采用货币贬值以利出口，提高利率以抑制通货膨胀，并刺激居民储蓄以开投资来源等政策。韩国也仿效中国台湾货币贬值提高利率等方法。新加坡与中国香港则抓住有利时机，将消费城市转变为工业城市。③发挥政府的积极作用。"亚洲四小龙"的政府都为经济发展创造各方面的有利条件，并积极参与投资，适当进行经济管理。④中国优良的文化传统。"亚洲四小龙"同属中华文化区(也称汉文化圈或儒家文化圈)，在经济发展过程中，都注意发扬注重教育、甘于吃苦、勤俭节约等传统。⑤西方价值观的影响。中国香港与新加坡曾受到英国殖民统治，在法律、教育、经济等各方面都深受影响；而中国台湾和韩国则在20世纪50年代以后深受美国影响，能够和西方价值体系及经济体系接轨。但这种发展模式留下许多弊端，过于依赖国际资本成为经济方面的隐忧，被认为是亚洲金融危机造成巨大损失的原因之一。

二、贸易发展战略的经济绩效分析

1. 进口替代战略的经济绩效分析

1) 积极作用

一般认为，进口替代对经济发展有以下积极作用。

(1) 国内工业产品的市场已经存在，给进口替代工业提供了国内的市场基础，从而降低了新建工业取代进口的风险。进口替代战略采用贸易保护政策，为本国幼稚产业提供了一个有保护的、有利可图的市场，使其得以迅速成长，将潜在的比较优势转化为现实优势，有利于发展中国家建立独立的工业体系和国民经济体系。

（2）减少贸易赤字的方法包括扩大出口和减少进口，而对发展中国家来说，限制进口比迫使发达国家降低贸易壁垒以扩大出口制成品要可行得多。

（3）实行进口替代战略国家的工业特别是制造业得到了迅速发展，将推动这些国家的经济发展。此外，进口替代工业的发展，还有利于促进培养本国的管理技术人员，带动教育、文化事业的发展，获得工业化带来的动态利益。

（4）进口替代战略促进了发展中国家产业结构的升级换代，改变了以往单一畸形的经济结构。

（5）进口替代战略加强了一些发展中国家的经济自立程度，具体表现在：进口的制成品在国内总供给中的比重大大下降，一些设备的自给率大大提高。发展中国家经济自给程度的提高有助于减少对外依赖，从而能够缓和他国经济危机与世界市场价格波动对本国经济的影响。

（6）由国内生产来替代进口，可减少外汇开支，减轻国际收支压力。从国际收支角度看，它相当于扩大相同金额的出口，但在发达国家贸易保护壁垒加强的情况下，限制进口以节约外汇，比要求发达国家降低关税以扩大出口更加主动，也更有保证。

（7）具有贸易条件效应。发达国家扩大出口的努力可能因主要进口国实行贸易保护受阻，而进口替代战略的实施则可以降低继续进口的外国产品的进口价格，并增强进口替代国家在国际贸易中讨价还价的力量。

（8）促使发达国家向实行进口替代的发展中国家投资。进口替代战略的实施，使发达国家向发展中国家出口制成品时面临强大的贸易壁垒，为了绕过贸易壁垒的障碍，发达国家会选择向发展中国家直接投资。这有利于解决发展中国家资金短缺、技术落后的问题，对于经济发展无疑有积极作用。

2）消极作用

从 20 世纪 50 年代开始，很多发展中国家相继采用了进口替代战略，在经济建设上取得了一定的成就，但随着工业化进程的进一步发展，进口替代在实施中面临一系列严重问题。

（1）进口替代战略的实施使发展中国家的工业缺乏国际竞争力。进口替代工业是在贸易保护政策的庇护下，在没有国外竞争的环境中成长起来的，企业家满足于国内市场的丰厚利润，缺乏进一步创新和提高效率的刺激，使其国际竞争力难以提高。保护政策本身并不能使本国工业具有竞争性。保护国内市场对缺乏经验的发展中国家的企业家来说是最容易接受的，但如果本国企业家满足于在市场保护下获得的高额利润，而不是去搞创新、搞技术革新和提高效率，那必定会妨碍经济的进一步发展。而且，一旦有了过度保护，出于政治、经济、社会安定各方面的考虑就很难一下子撤掉。

（2）进口替代进一步发展会遇到国内市场狭小的限制。进口替代工业主要面向国内市场，而且由于效率低下、成本高，在国际上缺乏竞争力，致使扩大出口很难实现，无法利用规模经济优势。而且在简单的制成品被国内生产替代后，必须继续生产资本更密集、工艺更先进的进口替代品，而其难度亦会随之增大。

(3) 进口替代政策可能导致发展中国家存在的二元经济结构得到进一步强化。实行进口替代战略的发展中国家，过分着眼于进口替代工业的发展，造成资源配置不合理，非进口替代部门和农业基础设施等的发展被忽视，使农业生产下降，农业更加落后，二元经济结构得到强化，这将阻碍整体经济发展和工业化进程。

(4) 进口替代使消费者的利益受到很大损失。这主要表现在两个方面：①为了使国内替代工业得以发展，替代国采取高关税限制国外同类产品的进入。随着进口范围的扩大，关税保护的范围也相应扩大，国内消费者长期付出巨大代价。②由于国内市场狭小，进口替代工业不能进行批量生产而取得规模经济效益，使进口替代品成本高，价格贵，损害了消费者的利益。

(5) 进口替代战略难以实现改善发展中国家国际收支的目标。这是由于：①进口替代虽然在制成品方面节省了外汇，但建立进口替代工业，必须进口大量的机器设备、原材料和中间产品，这需要大量外汇，所以进口替代战略的实施并未减少替代国的进口外汇支出，只不过是改变了进口商品的结构，从进口最终产品变为进口原材料和资本品。②进口替代过程中的进口限制、外汇高估和向进口替代部门的政策倾斜，都具有反出口倾向，这将使出口受阻，外汇短缺加剧。进口限制使出口产品所需进口投入要素的价格提高，从而可能会引起国内投入要素的价格也趋于上升，最终导致进口竞争产品和非贸易品成本增加，出口产品价格则因受到国际市场的抑制而相对较低，这一影响相当于对出口产品征税，而对进口替代工业的政策优惠将进一步强化这种反出口倾向。

(6) 进口替代战略会造成替代国的经济效率低下。这种影响来自于多方面：①进口替代违背比较利益的原则，发展本国不具有比较优势的产业，导致本国资本密集型工业膨胀，这将消耗发展中国家本来就缺乏的投资基金，并且仅能提供很少的就业机会，使失业问题更加严重。②进口替代采用贸易保护政策，使国内支柱产业寻求内向型发展，与出口产业脱离，不能充分利用国际分工和贸易带来的利润。③从非耐用品的替代过渡到耐用品及资本品的进口替代后，需要大量资本、技术和熟练劳动力的投入，而发展中国家大多缺乏资金、技术和熟练劳动力，这势必造成替代成本的上升，形成高成本的替代工业。④进口替代中大量采用行政手段，会造成经济的低效率。外汇管制、进口限制等不仅破坏了公平竞争的环境，还需付出不菲的管理费用。

(7) 进口替代会造成收入分配不均，扩大发展中国家的贫富差距。这是因为：①发展中国家一般是落后的农业国，农业人口占全国人口的多数。农民是低收入阶层，要改善其收入状况，应当提高农产品的相对价格；而进口替代下的保护措施有利于本国的资本所有者，而不利于初级产品部门和农民收入的提高。②进口替代部门的投资者将享受政策优惠，增加盈利机会，配额、许可证的获得者也可以获得垄断利润；但是，工薪收入者、失业者、

第十一章 发展中国家的经济发展与贸易发展战略

小业主却不能分享进口替代的政策优惠，反而要承受进口替代下可能出现的通货膨胀给他们带来的经济损失。③进口替代下大量的行政措施，可能会造成官商勾结、营私舞弊，从而加剧社会分配不公。

(8) 政府实施进口替代战略时，投资重点往往是那些资本密集型的重要工业，包括大型基础设施建设，这些投资项目对增加国内就业的作用相对有限。

【案例 11-1】 巴西的进口替代

巴西的工业化起步于 19 世纪 80 年代，一直到 20 世纪 30 年代，其工业化进程相当缓慢，以轻工业为主，纺织业和食品加工业是主要的工业部门。30 年代以后，巴西真正开始工业化进程。1929—1933 年经济危机动摇了当时巴西的主要经济支柱——咖啡的生产和出口，迫使巴西转向进口替代工业化。从 30 年代初到 60 年代中期，巴西政府为实施进口替代工业化战略进行了不懈努力，采取了一系列政策措施，包括利用国内外资金、创建国有企业、发展基础工业和基础设施、保护和扩大国内市场等。这些措施使巴西进口替代工业化进程取得了显著成效。1932—1961 年，巴西 GDP 年均增长率达 6.1%，人均国民收入年均增长率为 3.4%，超过了同一时期美、英等国的人均国民收入平均增长率。这一期间，巴西工业年均增长率为 8.9%，主要工业产品成倍增长，同时工业结构也逐渐发生变化。1920—1960 年，传统工业的产值比重由 79.4% 下降到 42.8%，新兴工业产值比重从 12.2% 增至 47.7%。此外，消费工业也渐趋成熟，消费品进口比重由 1929 年的 18.7% 降为 1961 年的 7.4%，中间产品和资本品自给能力也有所提高。但是，随着进口替代工业化战略的进一步深化，其缺陷和弊病也逐渐显现出来，主要表现在：①进口替代内向性严重，进出口部门缺乏活力。进口替代片面强调国民经济的内向发展使巴西进出口能力萎缩，1965 年巴西进出口系数分别降到 4.1% 和 5.7%，达到历史最低水平。巴西的出口结构也未有重大改观，仍以出口初级产品为主。1960 年，咖啡、可可、棉花、蔗糖四种农产品出口值占巴西出口总值的 72.1%，制成品仅占 2.9%。进口结构中虽减少对消费品的进口，但却增加中间品和资本品的进口。1960 年中间产品和机器设备的进口占总进口的 60% 以上。②劳动生产率提高缓慢，工业发展缺乏活力。由于进口替代工业化过分依赖进口技术和设备，而不是依靠自己的技术革命和资本更新，因而工业发展缺乏动力，劳动生产率提高缓慢。1939—1949 年的 10 年间，尽管巴西经济年增长率为 7.9%，但劳动生产率仅提高 4.4%。在工农业生产总值中，工业产值比重从 1939 年的 43% 到 1960 年的 47.8%，20 年只提高了 4 个百分点。③过度保护国内市场，经济发展缺乏竞争力。为了扶持新兴的民族工业，巴西高筑贸易壁垒，对国内市场加以有效保护。60 年代中期，对非耐用消费品的实际保护率高达 50%～60%。巴西对国内市场的保护不仅持续时间长而且覆盖面广。为此，巴西付出了高昂的代价。据估计，60 年代前巴西为贸易保护付出的代价相当于 GNP 的 9.5%。由于国内市场长期受到保护，无法调动企业创新的积极性，企业产品因缺乏竞争力难以打入国际市场。到 20 世纪 60 年代中期，进口替代造成的这些弊病更加明显和严重，巴西不得不逐步转向出口导向的发展战略。

2. 出口导向战略的经济绩效分析

1) 积极作用

与进口替代相比，出口导向战略具有许多优势，它对推动一些发展中国家和地区对外贸易和国民经济的发展，起到了积极作用。主要表现在以下几个方面。

(1) 出口替代战略可以刺激经济效率的提高。由于出口替代工业面向国际市场，必然会给企业带来竞争的压力和提高效率的刺激。同时，由于进口限制放松，国内企业也面临进口商品的激烈竞争，这种竞争的环境，有助于企业改进技术，提高管理水平，促进资源的优化配置，进而从整体上提高工业经济的效率。

(2) 出口导向战略有利于发展中国家发挥比较优势，充分利用国内、国际两个市场。出口导向战略面向国内和国际两个市场，突破了单一的国内市场的局限性，使发展中国家能够根据比较利益原则，把资源集中投入到更为有利的产业，并通过参与国际分工和国际贸易，提高要素生产率，改善经济结构和工业结构。

(3) 出口导向战略有利于企业获得规模经济效益。企业面向国际市场进行生产，其规模不再受国内市场相对狭小的限制，因而可以按照不同行业生产的要求使企业的规模达到最优，获取规模经济效益，提高出口产品竞争力，促进出口替代工业进一步的发展壮大。

(4) 出口导向战略有利于改善发展中国家的国际收支状况。这是因为：①尽管从理论上讲，由进口替代节约的单位外汇和由出口导向所赚取的单位外汇在量上是相等的，但由于出口的是优势产品，因此，赚取每单位外汇所消耗的国内资源成本将少于节约单位外汇所耗费的成本。如果将用于进口替代的资源转移到用于扩大出口，则可以赚取更多的外汇。② 对初级产品进行加工后再出口，可以提高这些产品的附加值，创造更多的外汇。③出口导向下的本币贬值政策，有利于扩大出口，抑制进口。

(5) 出口导向战略有利于增加就业，缓解发展中国家的就业压力。发展中国家一般有着众多的非熟练劳动力，在外向型经济中，劳动密集型产品就是其优势产品，有首先获得出口的机会。生产这些产品的行业会比其他行业发展更快，比在进口替代情况下吸收更多非熟练劳动力就业。这有助于发展中国家就业结构的改善和劳动力素质的提高。

(6) 出口导向战略促进了一些发展中国家和地区，尤其是新兴工业化国家和地区对外贸易和经济的发展。主要表现在：实施出口导向战略后，发展中国家和地区制造业迅速发展，产业结构趋向合理，外贸增长快速且制成品占出口的比重提高，人均国民生产总值迅速增加，外汇储备不断增多，在世界经济和贸易中的地位日益提高。"亚洲四小龙"是实行出口导向战略成功发展经济的典型。

2) 消极作用

出口导向战略在有力地促进经济发展的同时，也存在一定的消极作用。主要表现在以下几个方面。

(1) 使发展中国家的经济严重依赖国际市场，在很大程度上要受到国际市场兴衰的影响。出口替代工业主要面向国际市场,受国际市场需求和世界经济状况的影响较大。当发达国家发生经济危机,世界市场价格大幅度波动时,其影响会迅速波及国内,使出口受阻。

(2) 由于来自发达国家已建立的高效率工业的竞争,发展中国家建立出口工业可能会非常困难。

(3) 发达国家经常采取措施保护自己的劳动密集型产业,而这些产业正是发展中国家已经或很快具有比较优势的产业。

(4) 出口导向战略容易造成国内经济发展不平衡。出口导向政策倾向于促进出口部门的快速发展,而一些面向国内市场的中小型工业和农业部门发展缓慢,处于落后的状态,这不利于整体国民经济的发展和产业结构的优化。

(5) 出口导向战略有可能造成发展中国家的债务负担沉重。实施出口导向的国家,为了发展工业,引进大量外资。外资的流入在为发展中国家带来资金和技术的同时,使一些重要工业部门不同程度地为外资控制,造成大量资金外流,而且每年汇出的利润相当可观;如果国内经济发展受阻或偿债安排不当,可能引发债务危机。

(6) 出口导向战略的实施使出口产业在国家的扶持和保护下成长。如果保护时间过长,保护程度过高,不仅增加政府财政负担,影响其他产业的发展,而且会增强出口企业的依赖意识,阻碍其提高劳动生产率和降低产品成本,从而削弱出口企业的竞争力。

【案例11-2】 **韩国的出口导向政策**

韩国从进口替代战略转向出口导向战略大约开始于1962年。出口导向战略的实施使韩国经济实现了起飞,为其成为新兴工业化国家奠定了基础。韩国政府为鼓励出口所采取的措施主要有:①建立出口振兴机构,政府组建的包括商工部的输出问题处理小组、大韩贸易振兴会、出口扩大振兴会等。②对出口企业实行补贴和税收减免政策。初期,政府对企业实行直接出口补贴。取消补贴后,对出口企业实行税收减免。1967年以前只减让出口企业的所得税、法人税和营业税。1967年扩大为对出口产品生产企业减少50%的所得税、法人税;对出口产品加工企业给予同样待遇并免征营业税。1969年继续减免生产出口产品所需原材料的进口税,1973年取消了对出口的直接税收减免,实行出口退税。1975年以前实行预先减免的办法,1975年以后主要采取退税的做法。③为出口部门提供优惠的信贷支持,对出口金融贷款实行优惠利率,设立出口特别基金,向出口企业提供长期低息贷款,并提供买方出口信贷。④实行奖励出口的汇率政策。从1961年到1965年,韩国政府为鼓励出口,对有关政策进行了重大调整,1961年和1964年官方汇率各贬值100%,1965年确立了统一的浮动汇率体系,韩元不断贬值。1975年以后实行钉住美元的固定汇率,但因国内通胀严重,实际汇率偏高,损害了出口。1980年1月,韩元贬值18%并与美元脱钩,改为有管理的浮动。此后韩元汇率不断下滑,这使韩国在国内高通胀下依然保持了出口汇率的稳定,且出口汇率一直高于进口汇率,对扩大出口产生了明显的支持作用。

在鼓励出口的同时,韩国政府还放松了对进口的限制。1967年韩国开始实行进口自由化，降低进口税。1979—1983 年，实行进口限制的商品由 30%减少到 20%。1984—1988 年实行五年进口自由化方案，进口限制的商品进一步减少到 5%以下，全部取消对机械、电子、纺织部门的进口限制。20 世纪 80 年代放宽了企业外汇持有制度，增加了允许企业无限期保留的外汇数额。由于上述措施的实行，韩国成功地实现了出口导向的经济发展。1962—1985 年，韩国 GNP 增长了 34 倍(按美元计算)，出口也大幅度增长，1965—1975 年间出口保持了年均 40%的增长率，远高于进口 23%的增速。出口中制成品所占比重从 1962 年的 27%升至 1985 年的 93.8%。韩国在实行出口导向政策的过程中，其产业政策起了非常重要的作用，支持了工业品出口的持续、快速增长。1967—1979 年，韩国实现了重工业化，重工业部门在全部工业产量中所占比重从 37.7%上升为 56.7%。出口产品 1982 年也发生了重要的结构变化，重工业品超过了轻工产品。韩国从轻工业到重工业的成功转变为发展中国家的工业化提供了重要的经验。

需要指出的是，韩国在出口导向工业化过程中，也出现了一些问题。主要有：①出口导向战略在促进韩国外向型经济迅速发展的同时，造成国内经济对国际市场的严重依赖，使其经济发展受外部因素影响较大。例如，两次石油危机中，韩国 GNP 增长率下降，外贸额减少，物价上涨，国际收支出现逆差。②农业发展停滞。粮食自给率从 20 世纪 60 年代的 90%降至目前的 60%，大批劳动力从农村流向城市，造成农业生产萎缩。③收入分配不均。韩国出口企业一般为大型企业集团，政府在实施鼓励出口政策的过程中，大力扶植这些企业集团，使大量财富集中于少数企业主手中，造成贫富差距扩大。

(资料来源：www.zwu.edu.cn)

第三节　贸易发展战略的现实选择

一、贸易发展战略的选择：进口替代还是出口导向

进口替代战略和出口导向战略的共同点是二者都主张发展工业化，都主张提升产业结构。其区别在于侧重点不同，进口替代战略侧重于发展能够替代进口产品的工业，而出口导向战略则侧重于发展能够提高出口附加值的工业；进口替代战略强调开拓国内市场资源，出口导向战略则强调开拓国际市场。

进口替代战略和出口导向战略孰优孰劣？20 世纪 60 年代以来世界经济实践似乎证明了出口导向优于进口替代，因为实行出口导向战略的国家和地区，尤其是"亚洲四小龙"实现了经济的高速增长，创造了"东亚奇迹"；而许多一直致力于进口替代战略的国家(如印度、巴基斯坦、阿根廷)没有显现出赶上发达国家的任何迹象，部分国家已转而实行偏重出口导向的战略。这一事实使人们开始对进口替代战略进行攻击，世界银行 1985 年年度报告在对发展中国家的外贸政策进行了广泛的考察后也认为，出口导向战略要优于进口替代

战略。

其实，采用进口替代战略的国家也不乏成功的范例。巴西长期以来推行的是一条进口替代工业化战略，在20世纪60年代末70年代初创造了经济高速发展的"巴西奇迹"，被视为拉丁美洲的新兴工业化国家和地区。据统计，直到60年代中期，巴西的进口依存度一直很低，且逐渐下降，直到1980年才超过10%。巴西由于国内市场广阔，又长期坚持进口替代，出口依存度也很低。到60年代重化学工业化达到了相当发展的阶段，工业制成品的出口额仅占总出口额的8.1%。如果从产业结构来看，尽管当时制造业占国内生产总值近30%，但90%以上的出口产品属初级产品。只是到了60年后半期，尤其是在1968年以后，才逐渐转向实施促进工业制成品出口的政策。此后工业制成品出口比重逐步上升，到80年代中期，工业制成品出口占出口总额达55%。但是，即使是在经济高速成长、出口迅速扩大的时期(1968—1974年)，巴西也没有像韩国、中国台湾那样，实现由进口替代政策向出口导向政策的转变，而是执行的一条进口替代与出口鼓励相结合的政策，仍基本上继承了原来的进口替代政策，贸易政策也是始终服务于进口替代工业化目的。

采取出口导向战略实现经济高速增长的"亚洲四小龙"，除中国香港由于历史原因外，也都曾经实行过进口替代战略。新加坡在经济恢复时期(1959—1965年)实行的是温和的进口替代政策，工业化的重点放在优先发展劳动密集型的进口替代工业上，以解决当时存在的转口贸易衰退和国内严重的失业问题，1965年8月转而实行出口导向发展战略。中国台湾和韩国在20世纪50年代主要是实行进口替代战略，60年代前后开始转向出口导向战略，但与中国香港和新加坡不同的是，即使是在实行出口导向战略时期，也并未完全放弃进口替代的贸易保护政策，而是出口鼓励与进口保护并重，在工业竞争力不断提高的前提下，逐步减少贸易保护，放松外汇管制，实现商品和资金流动的自由化和国际化。

两种战略获得成功都有其特定的条件。一般而言，大国由于内部市场广阔，其在选择贸易发展战略时有较大的余地。在发展中国家中，巴西实行的进口替代战略是比较成功的，这与巴西是一个幅员辽阔、人口众多、资源丰富的发展中大国，国内市场容量较大有关。出口导向战略几乎是小国的唯一选择，获得成功的发展中国家和地区具有一些共同特征，即资源缺乏，内部市场狭小。同时，国际贸易环境对出口导向战略能否奏效和成功关系极大。20世纪70年代前后，也正是国际政治开始走向缓和、欧美工业化国家经济结构出现明显调整的时候。经过第二次世界大战后20余年的高速经济增长，这些工业化国家经济中出现了劳动成本上升、企业之间竞争加剧的形势，一些大型跨国企业组织开始寻求海外加工基地。在这样的背景下，采取出口导向战略的国家和地区的经济获得了快速发展。80年代以来，世界政治进一步走向缓和，以欧美大型跨国企业为主体的力量推动了经济全球化在世界范围内的发展。这些发展中国家和地区实行的出口导向战略客观上与经济全球化趋势相吻合，从而确立了其在发展政策选择上的主流地位。

无论是从理论上分析还是从实践中看，出口导向战略和进口替代战略并不是完全对立的，出口导向战略的成功并不能否定进口替代在发展中国家经济发展进程中的作用。发展中国家的工业品生产有一个赶超外国产品的过程，它出现在国内市场上是进口替代，出现在国际市场上就是出口导向，两者的共同目标是本国的工业化。就是在同一时期，在不同产业、商品之间也会进行着进口替代和出口导向，因而在同一时期内并存着进口替代政策和出口鼓励政策，这在一些发展中国家的发展过程中屡见不鲜。

纵观发展中国家和地区的经济发展历程，凡取得成功的国家和地区，无一不是采取了符合国际经济环境和本国本地区特点的、正确的贸易战略，并根据不断变化的情况进行调整，及时抓住了发展机遇。只要运用得当，进口替代战略和出口导向战略都可能推动发展中国家的经济发展；运用不当，都可能给经济发展带来消极影响。例如，在实行进口替代战略时，如果产业保护导致资源配置过度扭曲，就会影响长期经济的成长过程。另一方面，实行出口导向战略如没有必要的保护，过早地实行"贸易自由化"，国内产业结构又不能及时调整，不具备国际竞争力的产业则根本无法走向国际市场，"出口导向"也就无从谈起。

第二次世界大战后几十年的发展经验和东亚金融危机的教训表明，在各国经济相互依赖、相互联系日益加深的今天，在国际关系相对平等化的今天，发展中国家在制定贸易战略时，所面对的问题不在于要不要利用国际资源，而在于怎样去利用国际资源；不是在自由贸易还是保护贸易之间做出选择的问题，而是以何种方式、何种程度参与国际分工的问题。因此，发展中国家要把进口替代与出口导向结合起来，把以培育长期出口产业为目标的、有选择性的产业培育政策和中、短期的出口扶植政策结合起来。

二、发展中国家贸易战略的现实选择

从上文的分析可知，进口替代发展战略和出口导向发展战略各有千秋，都有各自的优缺点。在现实世界中，发展中国家很难完全采取某一战略就能实现经济发展的目标。各国总是试图能建立一种将两种战略的优点结合起来，能够更好地服务于提高本国国际竞争力的战略。从而在理论和实践中产生了一些探索模式，有些是我国近期在理论界出现的一些新观点，这里做一下简单介绍。

1. 混合贸易发展战略

混合发展战略是在 20 世纪 80 年代由中国学者提出的，该战略主要是对进口替代战略和出口导向战略的结合。该战略的核心是既不过分保护进口也不过分鼓励出口，对进出口采取一种中性的政策。

正是因为进口替代战略和出口导向战略各有利弊，所以很多国家都试图建立一种能兼有两者之长、避开两者之短的贸易战略。20 世纪 70 年代，一些原来奉行进口替代战略的国家(如巴西、印度等国家)为了缓解本国外汇短缺的局面，在原来进口替代战略的基础上实行了不同程度的鼓励出口的措施，也就是混合贸易发展战略。混合贸易战略就是把进口替代战略和出口导向战略的有效部分组合起来，在大力发展进口替代的同时，积极利用出口导向战略的某些政策，兼容并蓄，最大限度地促进经济发展。这些有效部分包括进口替代战略中的面向国内市场的独立自主的工业化、改进后的政府干预和保护以及出口导向战略中的鼓励出口政策等。

有许多学者认为这种战略实质上仍是进口替代战略的翻版，它从根本上仍是如进口替代战略一样是排斥对外贸易的，所以它也被称为"改良的进口替代战略"。这种贸易战略不仅仍具有进口替代战略的不足，而且从实践的角度也是难以实现的。进口替代战略和出口导向战略分别需要不同的政策系统，奉行的贸易政策在方向上是相反的。例如，进口替代战略要求实行汇率高估，而出口导向战略则要求实行汇率中性或汇率低估；进口替代战略要求实行高关税政策，而出口导向战略要求实行低关税政策。也有的学者认为对需要保护的行业实行进口替代战略，对具有竞争力的行业则实施出口导向战略，实质上是混淆了产业政策和整个经济发展战略的关系，对某些产业进行保护还是鼓励出口，这是产业政策的问题，而进口替代或出口导向是在宏观上以何种战略思想来实现整个国家的工业化，与具体的产业政策虽然有关联，但是有本质区别。

在实践中，印度和中国曾经对这两种战略的结合进行了尝试，但是两国的战略结合并不完全符合混合发展战略的内涵。印度在 20 世纪 50~60 年代实施进口替代战略受阻后，从 70 年代初开始尝试采取进口替代和出口导向发展战略结合的新战略，但是由于开放的程度不足，对国内的工业保护过度，它实际采取的战略只是对进口替代战略做了少量的修改，本质上并没有改变，因此实施效果不佳。从 60 年代中期开始，巴西也混合使用两种贸易发展战略，却创造了经济快速发展的奇迹。那么，进口替代战略和出口导向战略能否实现结合，发挥出这两个战略的优点实现优势互补呢？对这个问题的回答还有待于研究。

2. 内撑外开型贸易战略

正如前面所述的那样，进口替代和出口导向战略以及混合贸易战略都有各自的不足，尤其是对于一个发展中的大国来说都不适宜。因此有的学者提出了一种适用于发展中大国的贸易发展战略，即内撑外开型的贸易发展战略。[①]所谓的内撑外开型贸易战略就是以国际比较优势为依据，以国内市场为依托，以适度保护为辅助，全面对外开放的贸易战略。该战略主要由三部分构成。

(1) 充分发挥自身的国际比较优势，走开放型的发展道路。从贸易战略的倾向上说，这种贸易战略属于开放型的贸易战略，实行的是自由性的贸易政策，保护性的进口替代战略和混合贸易战略与其相比在这点上完全不同。

(2) 重视发挥国内市场的作用，以国内市场支撑对外贸易的发展。与进口替代战略强调国内市场而忽视国际市场、出口导向战略强调国际市场而忽视国内市场不同的是，内撑外开型的发展战略既重视国际市场，也重视国内市场。

---

① 刘力. 内撑外开：发展中大国的贸易战略[M]. 大连：东北财经大学出版社，1999

(3) 政府适度保护下的自由贸易政策。实行自由贸易政策并不完全排斥任何形式的保护，只是这些保护手段：一是要采取符合国际规则的适度保护措施，如世界贸易组织中的反倾销、反补贴、保障条款和技术标准等，尤其对于发展中国家来说应充分利用世界贸易组织给予发展中国家的优惠待遇，在宽限期内适当采用一些传统的贸易保护手段。二是应注意将贸易保护"内部化"，即把一些直接排斥外国商品进口的贸易政策，转变为旨在规范和调控国内经济活动的产业政策和市场政策等。

这种贸易政策部分弥补了进口替代战略和出口导向战略的不足，它所提出的战略思想对于国家贸易政策的制定有一定的现实意义，值得发展中大国借鉴。目前这种贸易战略配套措施值得人们进一步的探讨。

3. 全球化经营战略

经济全球化是自 20 世纪下半叶以来，国际经济出现的显著特征。经济全球化的实质就是以科研为动力，以跨国经营为载体，在全球进行的产业调整。[①]在世界主要国家都在不断改善经济结构的过程中，全球经济结构发生了由发达国家不断向发展中国家进行产业梯度转移的现象。在此过程中，跨国公司的作用越来越大，现在全球数万个跨国公司，控制了全球生产的 2/5，国际贸易的 3/5，对外投资的 4/5。大型跨国公司主导国际贸易的主流，以跨国公司为代表的投资-生产-贸易一体化的方式已成为国际贸易的主流。在发达国家产业结构的调整下，跨国公司通过提供各种有形和无形资产，把发达国家已经或即将失去优势的行业的生产活动转移到国外，世界生产在跨国公司的活动下，日益变成不可分割的整体，大世界正在变成"地球村"。在这样的背景下发展中国家，如果不被希望"边缘化"，就必须建立全球化经营战略，发展经济早日赶上发达国家，即树立全球生产、全球经营的观点，积极加入跨国公司的生产经营网络，参与全球化经营体系，抓住世界产业结构调整的机遇，提升自己的产业结构，加快高科技产业和信息工业的发展，利用两种资源、两个市场，在更广阔的背景下发展本国经济。

4. 贸易-投资联合发展战略

贸易-投资联合发展战略是指在现实中存在着各种贸易壁垒和非贸易壁垒限制的情况下，一国利用投资与贸易之间的相互促进作用，以对外投资的方式打开投资国市场，促进对外贸易增长的战略措施。这种战略思想很早以前就出现过，在国际经济发展史中，商品贸易与资本流动往往是结合在一起的。在经济全球化和贸易保护势力同时发展的现实中，采用贸易投资联合发展战略是目前发达国家和一些新兴市场经济国家比较普遍的战略选择。利用跨国公司发展对外投资，参与国际分工，拓展贸易规模，形成"投资—贸易"双向联动、互相促进的良好态势，是我国有些学者针对国际贸易的发展趋势，提出的贸易发

[①] 龙永图. 加入经济全球化的竞争[J]. 外贸经济国际贸易. 2001. 3

展战略[1]。他们认为我国实施"贸易-投资",联动发展战略,主要意义在于:一是可以打破各种贸易壁垒限制,进一步沟通国内市场与国际市场的联系,参照跨国公司规避关税壁垒在海外直接投资设厂的做法,将我国成熟产业、技术和产品转移出去,建立生产线,利用当地资源发展加工贸易,带动国内原材料、零部件和半制成品的出口;二是建立国际营销体系,提高国内企业生产的国际化水平,形成自己的跨国公司,并通过跨国公司的聚扩能力带动我国对外贸易的快速发展;三是实现产业结构的调整,提高贸易层次和改进贸易方式,让对外投资的发展成为连接国内外产业梯度转移的纽带。

三、影响贸易发展战略选择的因素

选择外贸发展战略,不仅要熟悉不同外贸战略的特点与具体作用,而且必须充分考虑影响这些战略形成和运用的因素。一般来说,一国在选择和运用贸易战略时,应充分考虑国际和国内因素的影响。

1. 影响贸易发展战略选择的国际因素

1) 别国贸易政策的制约

国际贸易的相互性,意味着一国的进出口在给本国带来贸易利益的同时,也会给别的国家造成影响;这种贸易可能增进双方的利益,也可能是此长彼消的。当一国的进出口给伙伴国带来不利的影响时,对方一定会运用某种贸易政策加以抑制。因此,单纯的进口替代或出口替代都容易招致别国的贸易报复,必须审慎运用。

2) 世界经济发展水平

一般来说,当世界经济发展水平普遍较低时,各国为本国产品寻找海外市场的压力较小,这时实行进口替代所面临的外部压力就相应比较低;而当世界经济发展水平普遍较高,众多国家都要为本国的剩余产品寻找国际市场时,某个国家实行进口替代的压力就比较大,会面临外部要求其开放市场的威胁;单纯的出口替代则会因对进口国市场的冲击而产生伙伴国要求限制出口的压力甚至引起报复。这就是为什么 20 世纪 50~60 年代,一些国家运用进口替代和出口替代贸易战略使本国经济取得了成功,而今天却行不通的基本原因,因为当时许多国家都致力于战后重建,而今天世界经济环境已与以前大为不同了。

3) 国际政治的影响

政治和经济是相生相伴的。一个政治的大国与小国在实施本国贸易战略时抵御外国压力的能力的差异是不言而喻的。当然,决定一国国际政治地位高低的因素不只是国土的大小、人口的多寡,而是综合国力的强弱。1949 年前后的中国,其国际政治地位与如今的差异可以说天壤之别。也正因为如此,新中国成立前我国根本谈不上什么贸易发展战略。而现在,中国则能根据国情,制定和实行符合中国实际的出口导向贸易战略。

---

[1] 龙永图. 加入经济全球化的竞争[J]. 外贸经济国际贸易. 2001.3

2. 影响贸易发展战略选择的国内因素

1) 注意贸易作用的发挥

在一个国家的经济发展中，对外贸易不仅可以带来静态利益，而且具有促进经济增长、产业进步、技术进步和制度创新等动态方面的作用。既然对外贸易在经济发展中的作用如此重要，那么，任何一个国家所选择的贸易战略就必须保证而不能抑制对外贸易作用的发挥。

2) 一国的整体经济发展战略

作为整体经济发展战略的一个组成部分，贸易战略必须有利于而不是相悖于整体经济发展战略目标的实现。例如，在一个正在推行工业化战略的发展中国家，其贸易战略必须有利于工业化目标的实现。具体一点来说，贸易战略必须有利于满足工业化所需的资本、外汇、技术、市场等条件。

3) 本国的经济发展水平

经济发展水平不同的国家，贸易战略是不同的。例如，发达国家由于建立了现代化的经济结构，其贸易战略对静态利益的追求往往优先于对动态利益的追求；与此相反，发展中国家由于面临实现工业化和建立现代经济结构的繁重任务，其贸易战略对动态利益的追求就被摆在首要的位置。又如，发达国家由于具有较大的竞争优势，其贸易战略的自由性很强；而发展中国家由于在许多产品上都不具有竞争优势，其贸易战略往往具有浓厚的保护色彩。

4) 国内资源和要素禀赋

客观上讲，国内资源和要素禀赋是影响一国贸易战略的基础性因素，只有充分考虑国内资源和要素禀赋，才能正确区分本国的优势和劣势，才能制定出适宜的贸易战略。具体内容有：人口数量与劳动力状况；自然条件，包括地理位置、资源禀赋和国土面积等；社会文化，包括消费行为、教育水平等；相关政策，包括经济开放观念与程度等。

贸易发展战略虽然种类并不繁多，但发展中国家的选择却可能不易，各国应根据自己的情况，注意选择一些能够促进本国经济发展的贸易战略。结合发展中国家历史发展情况来看，鼓励初级产品出口只是发展中国家经济发展初期的战略步骤，在它发展到一定阶段后，发展中国家就应该不失时机地转向更高层次的发展战略，主要是进口替代战略。绝大部分国家都需要经历进口替代战略，随后，随着进口替代战略的弊端对经济增长作用阻碍的增强与明显，也随着影响贸易战略选择因素的变化，发展中国家应审时度势地及时地转入出口导向贸易发展战略。发展中国家对外贸易发展战略不仅不应该一成不变，而且在不同的经济发展时期确定不同的贸易战略的同时，还应注意吸收其他贸易战略中若干内容，充分发挥不同贸易发展战略的长处，形成综合效应，更有力地推动经济增长。

本 章 小 结

西方经济学者从不同角度对国际贸易如何依赖于经济增长、经济增长对国际贸易的影响等问题,提出了具有一定参考价值的看法或思想。

关于对外贸易对经济增长的作用存在着不同看法。从各国的对外贸易实践来看,对外贸易对经济增长的促进作用是主要方面,当然对外贸易在不同时期不同国家的具体作用是可能不同的。归根到底对外贸易只是经济增长的外因或必要条件,它必须通过内因起作用,只有同时具备经济增长所需要的相应机制,对外贸易对经济发展的战略作用才能顺利发挥。

在古典经济学中,传统的国际分工理论主要是就贸易对经济增长的静态利益进行阐述,而贸易对经济增长的动态利益研究则认为贸易只有在能够促进技术创新或带动相关产业发展的条件下才会导致经济的增长,因而在考察贸易对经济增长的贡献时不能只局限于福利分析,还应考察贸易对技术进步、产业结构的变化和制度创新等的影响,在综合分析的基础上来评估对外贸易对经济增长的贡献。

贸易战略体现了造成各国经济增长方式和结构转变绩效差异的基本原因。制定一项正确的适合国情的贸易战略,将使一国通过对外贸易促进本国经济的迅速增长,否则,就会适得其反;了解贸易发展战略的内涵与分类,有助于我们选择贸易战略。通过对贸易发展战略绩效的详细分析,以及对发展中国家贸易发展的现实选择的介绍,使我们对进口替代战略和出口导向战略有了更清楚的认识,为发展中国家选择贸易发展战略奠定了一定的理论基础。

纵观发展中国家和地区的经济发展历程,凡取得成功的国家和地区,无一不是采取了符合国际经济环境和本国本地区特点的贸易战略,并根据不断变化的情况进行调整,及时抓住了发展机遇。贸易发展战略的选择都要受到国际和国内很多因素的影响,我们需要特别注意。

案例与分析

"一带一路"倡议意义

"一带一路"分别指的是丝绸之路经济带和21世纪海上丝绸之路。"一带一路"作为中国首倡、高层推动的国家倡议,对我国现代化建设和屹立于世界的领导地位具有深远的意义。"一带一路"倡议构想的提出,契合沿线国家的共同需求,为沿线国家优势互补、开放发展开启了新的机遇之窗,是国际合作的新平台。"一带一路"倡议在平等的文化认同框架下谈合作,是国家的战略性决策,体现的是和平、交流、理解、包容、合作、共赢的精神。

多边合作的契机:"一带一路"倡议将是上海合作组织、欧亚经济联盟、中国—东盟(10+1)、中日韩自贸区等国际合作的整合升级,也是我国发挥地缘政治优势,推进多边跨境贸易、交流合作的重要平台。2014年4月10日下午博鳌亚洲论坛"丝绸之路的复兴:对话亚洲领导人"分论坛开启了"一路一带"倡议,构想提出丝绸之路沿线国家合力打造平等互利、合作共赢的"利益共同体"和"命运共同体"的新理念;描绘出一幅从波罗的海到太平洋、从中亚到印度洋和波斯湾的交通运输经济大走廊,其东西贯穿欧亚大陆,南北与中巴经济走廊、中印孟缅经济走廊相连接的新蓝图。

改革开放30多年来,我国对外开放取得了举世瞩目的伟大成就,但受地理区位、资源禀赋、发展基础等因素影响,对外开放总体呈现东快西慢、海强陆弱格局。"一带一路"将构筑新一轮对外开放的"一体两翼",在提升向东开放水平的同时加快向西开放步伐,助推内陆沿边地区由对外开放的边缘迈向前沿。在遵循和平合作、开放包容、互学互鉴、互利共赢的丝路精神基础上,中国与沿线各国在交通基础设施、贸易与投资、能源合作、区域一体化、人民币国际化等领域深度合作。

"一带一路"倡议是我国构筑国土安全发展屏障,摆脱以美国为首国家的不平等国际贸易谈判,寻求更大范围资源和市场合作的重大战略,被称作世纪大战略。这是中国在近200年来首次提出以中国为主导的洲际开发合作框架,将彻底摆脱原来依附大国,被动挨打的地缘政治局面。

"一带一路"有望构筑全球经济贸易新的大循环,成为继大西洋、太平洋之后的第三大经济发展空间。"一带一路"地区覆盖总人口约46亿(超过世界人口60%),GDP总量达20万亿美元(约占全球1/3)。区域国家经济增长对跨境贸易的依赖程度较高,2000年各国平均外贸依存度为32.6%;2010年提高到33.9%;2012年达到34.5%,远高于同期24.3%的全球平均水平。根据世界银行数据计算,1990—2013年,全球贸易、跨境直接投资年均增长速度为7.8%和9.7%,而"一带一路"相关65个国家同期的年均增长速度分别达到13.1%和16.5%;尤其是国际金融危机后的2010—2013年,"一带一路"对外贸易、外资净流入年均增长速度分别达到13.9%和6.2%,比全球平均水平高出4.6个百分点和3.4个百分点。2015年,我国同"一带一路"沿线国家进出口贸易总额近1万亿美元,我国同沿线65个国家中投资49个国家,共计150亿美元,同比增长18%。

当前,世界经济融合加速发展,区域合作方兴未艾,积极利用现有双多边合作机制,推动"一带一路"建设,促进区域合作蓬勃发展。

加强双边合作,开展多层次、多渠道沟通磋商,推动双边关系全面发展,推动签署合作备忘录或合作规划,建设一批双边合作示范;建立完善双边联合工作机制,研究推进"一带一路"建设的实施方案、行动路线图;充分发挥现有联委会、混委会、协委会、指导委员会、管理委员会等双边机制作用,协调推动合作项目实施。

强化多边合作机制作用,发挥上海合作组织(SCO)、中国-东盟"10+1"、亚太经合组织(APEC)、亚欧会议(ASEM)、亚洲合作对话(ACD)、亚信会议(CICA)、中阿合作论坛、中国-海合会战略对话、大湄公河次区域(GMS)经济合作、中亚区域经济合作(CAREC)等现有多边合作机制作用，相关国家加强沟通，让更多国家和地区参与"一带一路"建设。

继续发挥沿线各国区域、次区域相关国际论坛、展会以及博鳌亚洲论坛、中国－东盟博览会、中国－亚欧博览会、欧亚经济论坛、中国国际投资贸易洽谈会，以及中国－南亚博览会、中国－阿拉伯博览会、中国西部国际博览会、中国－俄罗斯博览会、前海合作论坛等平台的建设性作用。支持沿线国家地方、民间挖掘"一带一路"历史文化遗产，联合举办专项投资、贸易、文化交流活动，办好丝绸之路(敦煌)国际文化博览会、丝绸之路国际电影节和国际书展。倡议建立"一带一路"国际高峰论坛。

(资料来源：作者根据2016-02-24新华网内容整理)

讨论：
从国际贸易和国际投资的角度分析，"一带一路"战略的实施，对中国和沿线国家有何重要意义？

复习思考题

1. 对外贸易对一国的经济增长有何重要意义？
2. 简述"对外贸易是经济增长的发动机"的内容及对其如何评价。
3. 影响对外贸易促进经济增长作用发挥的主要因素包括哪些？
4. 试述对外贸易的静态和动态利益。
5. 何谓对外贸易发展战略？它与一国的经济发展战略有何关系？
6. 何谓进口替代发展战略？有何优缺点？
7. 何谓出口导向发展战略？它与进口替代发展战略有何异同？
8. 何谓混合贸易发展战略？如何评价？

推 荐 书 目

1. [美] D. R. 阿普尔亚德. 国际经济学. 3版. 龚敏，陈琛等，译. 北京：机械工业出版社，2001
2. 林毅夫. 发展战略与经济发展. 北京：北京大学出版社，2004
3. 白万纲. 中国外贸企业战略转型. 北京：中国发展出版社，2009
4. 赵伟. 国际贸易——理论政策与现实问题. 大连：东北财经大学出版社，2004
5. 张相文，曹亮. 国际贸易学. 武汉：武汉大学出版社，2004
6. 尹翔硕. 贸易战略的国际比较. 上海：复旦大学出版社，2006
7. 姜文学. 国际贸易. 大连：东北财经大学出版社，2014
8. 刘振林. 中国对外贸易概论. 大连：东北财经大学出版社，2014

第十二章

国际服务贸易

本章导读：

国际服务贸易与国际货物贸易不同，属于无形贸易的范畴，特点是交易的标的物往往不具有实物形态。第二次世界大战后，国际服务贸易发展迅速，尤其是20世纪70年代以后，国际服务贸易的增长速度超过了国际货物贸易的增长速度，使得国际服务贸易在世界贸易中的地位越来越重要，引起了各国政府和理论界的重视。

学习目标：

通过本章的学习，在了解国际服务贸易的产生与发展的基础上，重点掌握国际服务贸易的概念与特点；理解并掌握国际服务贸易的分类；了解服务贸易理论模型与实证分析；掌握《服务贸易总协定》(GATS) 的主要内容和对中国服务贸易的影响。

关键概念：

服务贸易(Trade in Services)
货物贸易(Goods Trade)
无形贸易(Invisible (Intangible) Trade)
服务贸易总协定(General Agreements on Trade in Services，GATS)
过境交付(Cross-border Supply)
境外消费(Consumption Abroad)
商业存在(Commercial Presence)
自然人流动(Movement of Personnel)

第一节 国际服务贸易的产生与发展

一、国际服务贸易的产生

国际服务贸易是在一国生产力的发展和产业结构调整的基础上逐渐发展起来的。随着经济生活的国际化和国际分工的发展，各国经济活动的相互依赖程度不断提高，国内市场逐渐联结在一起形成同一的国际市场，国民经济活动越来越呈现出国际化趋势，在传统的商品贸易的基础上，服务贸易开始形成和发展。国际分工和对外经济交流是导致国际服务贸易产生和发展的基本动因。社会生产力的发展引起各国产业结构的不断调整，产业结构高度化、产值结构高度化以及就业结构高度化上升，具体表现为各国产业结构依次调整，经济发展的重心逐步从第一产业过渡到第二产业，再从第二产业过渡到第三产业。而第三产业就是以服务业为主的，第三产业的发展为服务贸易的发展奠定了客观基础。

二、国际服务贸易的发展

自20世纪60年代以来，世界服务贸易作为特殊的贸易活动正在加速度发展，其增长的速度远远超过了世界货物贸易的增长速度。

1. 国际服务贸易的发展

国际服务贸易的发展大致可分为三个阶段。

第一阶段(20世纪40年代到70年代初)：第二次世界大战后，由于第三次科技革命的发展，劳动生产率得到了普遍提高。从1948年到1973年，世界工业生产年均增长率为6.1%，劳动生产率年均增长3%。生产力水平的提高使国际分工越来越细，混合型分工迅速发展，并带动了国际贸易的发展，国际服务贸易也随之增长。20世纪50~60年代世界经济的迅速发展，个人收入水平的不断提高，使居民的消费倾向以高消费为特征，刺激了对高消费的服务产品的需求，使第二次世界大战后的服务贸易有了惊人增长。到1970年，国际服务贸易已达662亿美元，占整个世界贸易总额的17.6%。

第二阶段(20世纪70年代初到80年代末)：自20世纪70年代起以美国为代表的主要资本主义国家进入了长达十几年的"滞涨"阶段。世界经济发展步履维艰，增长速度缓慢。但国际贸易，特别是国际服务贸易却保持较高的增长速度。从20世纪70年代开始，国际服务贸易的年均增长速度(14%)超过了国际商品贸易的年均增长速度(13%)。按照IMF的统计，国际服务贸易在国际贸易中的份额已从1970年的29%上升到1987年的34%，而国际商品贸易所占比重则从1970年的71%下降到1987年的66%。这期间，劳务输出、技术贸易、国际旅游、银行保险等服务部门的发展速度较快，使国际服务贸易整体的增长速度提高。

第三阶段(20世纪80年代末至今)：进入20世纪90年代以后，国际服务贸易继续保持增长，发达国家在世界服务贸易中仍占主导地位。国际服务贸易一直是以发达国家为中心而发展的，在全球近200个国家和地区中，排名世界服务贸易前15名的国家和地区占世界服务贸易额的80%，并且它们主要是发达国家和地区。在发展中国家中，亚洲尤其是东亚地区的服务贸易发展迅速，亚洲国家和地区在世界服务出口中所占的比重已超过所有发展中国家和地区服务出口的一半。在亚洲服务出口中，海上运输业、旅游、金融服务、劳务输出等占据重要的地位。

2. 国际服务贸易发展的特点

近年来，随着信息技术发展，国际分工深化，全球服务贸易格局正在发生深刻变化，未来走势也日趋明朗，并呈现出如下明显的特点。

1) 从服务业的全球分布看，所有收入类别国家的服务业在 GDP 中的占比均有提升

服务业是服务贸易发展的基础。世界银行的数据显示，1997 年至 2014 年，所有收入类别国家的服务业在 GDP 中的比重均有提升。其中，高收入国家由 69.5%增至 73.9%，中高收入国家由 48.9%增至 56.9%，中等收入国家由 48.1%增至 55.8%，低收入国家由 40.4%增至 47.7%。从地域分布看，2014 年除中东和北非地区外，所有地区服务业增加值在 GDP 中的占比均超过 50%。

2) 从规模与增速看，国际服务贸易以高于 GDP 和货物贸易的速度增长

在 1990 年至 2013 年的 24 年里，国际服务贸易增速发生了三大变化：一是国际贸易的出口增速超过全球 GDP 增速；二是服务贸易出口增速超过货物贸易出口增速；三是近 10 年来，转型经济国家、发展中国家服务贸易出口增速超过发达国家，其中，转型经济国家出口增速最快。国际服务贸易快速发展，使全球服务贸易规模达到了一个新的高度，2005 年至 2015 年，全球服务贸易规模翻一番，接近 10 万亿美元。2015 年，虽然全球贸易增速低于经济增速，且出现 13.23%的负增长，但服务贸易增速下滑速度仍低于货物贸易。在全球价值链的形成中，服务业也发挥了重要作用。联合国贸易和发展会议数据显示，2010 年在贸易总出口中，虽然制造业占总出口的 71%，服务业占总出口的 22%，但按照新的增值贸易统计方法计算，在出口增加值的创造上，服务业(46%)大大高于制造业(43%)，出口增加值的 46%来自服务业。服务贸易已经成为拉动经济增长和扩大就业的驱动力。

3) 从国家分布看，发展中国家是国际服务贸易出口的新生力量

近 10 年来，全球服务贸易的国家分布出现了三大变化：一是发展中国家打破了长期以来发达国家主导国际服务贸易的利益格局，不仅在全球服务贸易出口中的占比突破了 30%，而且在旅游、建筑、运输服务、其他商业服务、计算机与信息服务五大产业出口中占比接近或超过 40%。二是世界前两大发展中国家中国和印度已经跻身于全球十大服务贸易出口国行列。其中，2015 年中国仅次于美国，成为全球第二大服务贸易国。三是转型经济国家、发展中国家对全球服务贸易增长的贡献度增大。世界贸易组织(WTO)公布的最新数据显示，2015 年，发展中国家的服务贸易额在全球占比达到了 36%。

4) 从产业分布看，新兴服务将成为未来服务贸易新的增长点

联合国贸易和发展会议数据显示，2005 年至 2015 年，国际服务贸易出口结构出现了三个变化：一是在服务贸易四大类统计中，运输、旅游两项传统服务的出口比重下降，由 2000 年的占比超过一半下降到 2015 年的 43.7%，而包括计算机与信息服务等新兴服务在内的其他服务在出口中占比提高，由 2005 年的 48.97%提高到 2015 年的 53.19%，占服务贸易出口的一半以上。二是在其他服务出口中，其他商业服务、计算机与信息服务的占比明

显提高。2015 年，其他商业服务占比最高，由 2005 年的 19.36%增至 2015 年的 21.25%；其次是电信、计算机和信息服务，占比由 7.78%增至 9.79%；再次是金融服务，占比由 8.07%增至 8.63%。三是计算机与信息服务、通信服务、技术服务等新兴服务增速较快，正在成为未来国际服务贸易新的增长点。其中，计算机与信息服务增速最快，2005 年至 2013 年，年平均增速为 14%。

5) 从区域分布看，全球约 70%的服务贸易进出口市场集中在欧洲和亚洲

在国际服务贸易规模的区域分布上，欧洲、亚洲是全球第一和第二大服务贸易进出口市场，2015 年两大区域在全球服务贸易出口市场的占比为 73.6%，在服务贸易进口市场中占比为 74.2%。在国际服务贸易产业的区域分布上，2015 年欧洲在与生产相关的服务、运输、旅游、保险和养老服务、金融、电信、计算机与信息服务、商业服务、文化娱乐服务出口中全球占比最高。特别是在保险和养老服务、金融、电信、计算机与信息服务、商业服务、文化娱乐服务方面，欧洲占据绝对优势，出口超过全球一半以上。亚洲在建设服务市场上具有较强的竞争优势，出口超过全球一半。北美则在技术服务上具有较强的竞争优势。

6) 从国际收支分布看，发达国家在服务贸易中占据比较优势

总体来看，发达国家在服务贸易中占据优势，发展中国家在货物贸易中占据优势。1996 年至 2013 年，在服务贸易上，发达国家顺差，发展中国家逆差；在货物贸易上，发达国家逆差，发展中国家顺差。而从近 10 年发达国家与发展中国家国际贸易收支的走势看，发达国家服务贸易顺差额逐年扩大，发展中国家服务贸易逆差额逐年扩大，双方的比较优势差异有扩大的趋势。美国是全球第一大服务贸易顺差国，中国是全球第一大服务贸易逆差国。

7) 从限制手段看，外资所有权和其他市场准入限制是主要手段

国际服务贸易壁垒分为五大类：外资所有权和其他市场准入限制、人员流动限制、其他歧视性措施和国际标准、竞争和国有化要求、监管透明度和管理要求。服务业行业特点不同，各国限制服务贸易的手段和重点也不同。从国际服务贸易限制的主要手段看，2016 年经济合作与发展组织(OECD)发布的服务贸易限制指数显示，在 18 个行业中，外资所有权和其他市场准入限制是各国实行服务贸易限制的主要手段，主要分布在电视广播、海运、公路运输、保险、分销、电影、快递、商业银行、会计、空运等行业；人员流动限制是法律、工程和设计三大行业服务贸易限制的主要手段；其他歧视性措施和国际标准是建筑服务贸易限制的主要手段；竞争和国有化要求是音像、电信、铁路运输三大行业服务贸易限制的主要手段；监管透明度和管理要求是计算机行业服务贸易限制的主要手段。

8) 从各国监管看，全球性规制协调和规制合作将推动建立合理有效的监管体制和政策

与降低关税、取消非关税壁垒实现货物贸易自由化不同，由于服务贸易的无形性，无法通过关境交易，一国国内规制或者说服务贸易的政府监管成为影响国际服务贸易自由化的重要因素。与此同时，近年来信息技术发展和全球经济一体化深化引发的规制缺位、规制壁垒也对现行国内规制提出了新的挑战，并对开展全球性的规制协调和规制合作提出了

新的要求。为确保一国为实现国内政策目标实施的服务业监管措施不会造成服务贸易壁垒，推动全球服务贸易自由化，近年来，世界贸易组织一直致力于构筑新的服务贸易监管国际框架。可以预见，在世界贸易组织框架下，未来国内规制改革将在明确国内监管的形式、透明度、必要性测试、国际标准、规制协调等方面出现新的变化。在全球价值链生产的国际背景下，改革和完善国内监管体制、促使国内监管与国际规制协调正在成为各国面临的重要课题。

9) 从贸易规则看，全球将迎来新一轮服务贸易自由化浪潮

国际服务贸易协定(TISA)谈判是由美国、澳大利亚倡议实行的新一轮服务贸易谈判。美欧积极推动 TISA 谈判，旨在促使 TISA 诸边谈判协议与世界贸易组织多边谈判协议《服务贸易总协定》兼容。新的服务贸易谈判将覆盖所有的服务部门，包括金融服务、ICT 服务(包括电信和电子商务)、专业服务、海运服务、空运服务、快递服务、能源服务、商人临时进入、政府采购、国内管制的新规则等。随着国际社会对服务贸易认识的深化，世界贸易组织成员也对在扩大市场准入、完善国内规制，以及跨境电子商务等方面推动全球服务贸易多边谈判显示了浓厚的兴趣。预计随着世界贸易组织多边贸易体制的推进和 TISA 的进展，全球将迎来新一轮服务贸易自由化浪潮。

10) 从发展趋势看，货物贸易与服务贸易协同发展将促使全球服务贸易发展进入新时代

信息技术的发展打破了三大产业间的传统界限，出现了服务业制造化和制造业服务化的产业融合发展新趋势。与此同时，全球价值链生产引发的中间产品贸易的增加也表明，货物贸易与服务贸易两者并非分离，而是彼此互动共生，有机地融为一体。2017 年世界贸易组织最新研究显示：运输、物流、分销为货物贸易的发展提供了必要的基础设施；服务使全球价值链生产成为可能，如果没有跨境服务，就不可能有效地协调跨境生产，有效服务是提升制造业产品出口的决定性因素；服务贸易在数字经济时代将发挥重要作用。德国相关研究也认为，如果成功地将基于网络的服务整合进工业 4.0，将极大发挥制造业的创新潜力。这意味着货物贸易与服务贸易的协同发展，将促使全球服务贸易发展进入一个新的时代。

3. 国际服务贸易迅速发展的原因

第二次世界大战后国际服务贸易之所以发展非常迅速其主要原因有以下几个方面。

(1) 世界产业结构的调整和转移促进了服务贸易的发展。第二次世界大战后，世界经济结构调整步伐加快，传统制造业比重相对下降，服务业地位提升，在各国 GDP 和就业中的比重不断提高。1999 年在世界 GDP 中，服务业的产值占 61%，制造业占 34%，而农业仅占 5%；发达国家服务业占 GDP 的比重由 1980 年的 59%提高到 1999 年的 65.3%，服务业就业人数占国内就业人数的比重在 55%～75%。美国第三产业产值占 GDP 的比重 1997 年为 72.6%，2003 年达到 75.9%。第三产业中信息产业的发展尤其快，1993—1997 年的 5

年间信息产业为美国直接增加 1580 万个就业岗位，产值占美国 GDP 的 28%以上，美国经济增长的 25%来源于信息产业的增长。发展中国家第三产业虽然起步较晚，但自 20 世纪 60～70 年代以来也有了长足的发展，占产值和就业中的比重都呈上升趋势，发展中国家服务业占 GDP 的比重也从 1980 年的 41%提高到 1999 年的 51%，服务业就业人数占国内就业总数的 36%～65%。在国民经济日益向服务化方向发展的趋势下，国家间相互提供的服务贸易量也就大大增加了。因此，第二次世界大战后各国服务业的迅速发展，服务业在各国国民经济中的地位(见表 12-1)不断上升是国际服务贸易迅速发展的基础。

表 12-1　2012 年部分国家和地区三大产业在 GDP 中的比例　　　　单位：%

国家及地区	农业	工业	服务业
世界水平	5.9	30.5	63.6
美国	1.2	19.1	79.7
日本	1.2	27.5	71.3
法国	1.9	18.3	79.8
中国	10.1	45.3	44.6
印度	17.0	18.0	65.0
德国	0.8	27.1	72.1
英国	0.7	21.1	78.2
巴西	5.4	27.4	67.2
俄罗斯	3.9	36.1	60.1
意大利	2.0	23.9	74.1

(资料来源：世界银行数据库整理所得)

(2) 国际直接投资和跨国公司的迅速发展起到扩大国际服务业的作用。第二次世界大战后跨国公司对外投资和跨国经济技术合作的迅猛发展，促进了专家、技术人员和劳动力的国际流动，极大地带动了与之相关的金融、电信、保险、信息、咨询、广告、法律和会计等服务业的发展。具体内容如下所述。

① 跨国公司在世界范围扩张的过程中所带进的大量追随性服务，如设立为本公司服务的专业性公司，这些服务子公司除满足本公司需求之外，也向东道国的消费者提供服务，从而促进了东道国服务市场发展。

② 跨国公司在国际服务市场上提供的银行、保险、会计、法律、咨询等专业服务，也随着跨国公司的进入在东道国市场上获得渗透和发展。

③ 制造业跨国公司对海外的直接投资，产生了"企业移民"。这种企业移民属于服务跨国流动的一种形式，随着设备技术的转移，其技术人员和管理人员也产生流动，因而带动了服务的出口。

(3) 各国经济生活水平的提高、服务需求的迅速扩大也促进了国际服务贸易的迅速发展。第二次世界大战后,随着各国经济生活水平的发展,服务业在各国经济中的比重不断上升,各国消费的服务产品在社会总产品中的比重也越来越大,服务业成为世界各国市场主要的竞争对象,促使各国根据自己的比较优势大力发展国际服务业。例如,发展中国家大力发展劳务输出等劳动密集型的服务业,而发达国家则大力发展国际运输、通信、金融和保险等资本、技术密集型的服务业,这些都促进了国际服务业的迅速发展。从需求的角度来看,随着世界经济的发展,各国人民生活水平普遍提高,对各种服务的需求迅速增长。首先,根据马斯洛的需求层次理论,人的低层次需求是与物质产品有关的生理需求,在生理需求满足之后,人们开始产生其他的和服务有关的安全、社会尊重和自我实现需求。其次,人们对环境和可持续发展的关注随着收入的提高而加深。服务行业基本属于绿色行业,污染小,能源消耗少,各国政府普遍把服务行业作为重点发展行业之一。最后,解决失业和平衡国际收支的需要。传统服务行业(如餐饮业等)属于劳动密集型产业可以解决大量的就业问题,新型服务行业的发展进一步拓宽了社会就业渠道;服务业也是许多国家出口创汇的重要行业,如美国在货物贸易领域的巨额贸易逆差,是通过电信、金融保险等方面的服务贸易顺差来弥补的。

(4) 科学技术的进步推动世界服务贸易的发展。科技进步极大地提高了交通、通信和信息处理能力,为信息、咨询和以技术服务为核心的各类专业服务领域提供了新的服务手段,使原来不可能发生贸易的许多服务领域实现了跨国贸易,如原来不可贸易的知识、教育服务现在可以存储在光盘中,以服务产品的形式交易,或者通过卫星电视、互联网直接发送。这与国际间的技术、产品和产业梯度扩散紧密相关。新技术不仅为附加服务提供了贸易机会,而且使高新技术服务成为一些跨国公司的核心竞争力。

(5) 国际货物贸易的发展成为服务贸易发展的重要动力。国际服务贸易是伴随商品贸易的发展而发展起来的,其中金融、保险业和运输业表现最突出。例如,2013 年,以海运业为主,包括铁路运输业、公路运输业、航空运输业等在内,各国国际运输业的年收入已超过 9 000 亿美元,约占世界服务贸易出口总额 46 250 亿美元的 19.46%。

(6) 发展中国家采取开放政策,积极参与世界服务贸易。发展中国家为了发展经济,普遍采取了开放型经济政策,积极地从发达国家引进资金和技术。与此同时,为增加外汇收入,实现本国经济现代化,发展中国家也积极参与国际服务贸易,随着外贸政策不断趋向自由化和经济实力的增强,贸易范围不断扩大。近年来,发展中国家除积极参与国际运输、劳务输出外,还大力发展旅游业,千方百计吸引外国游客,并且积极扩大其他服务出口,推动了世界服务贸易的发展。

(7) 各国政府的支持是国际服务贸易迅速发展的重要原因。服务业有两个非常重要的特点,即一是环境污染少,二是抗经济萧条的能力强。因此,第二次世界大战后,世界各国政府都非常重视服务业的发展和出口,服务业的发达与否已经成为衡量经济是否发达的重要标志。当今经济比较发达国家和地区(如美国、英国和中国香港地区等)都是服务业发达的国家和地区，同时也是服务贸易的主要出口国家和地区。当前国际服务贸易的格局主要表现为少数发达国家对国际服务贸易的垄断优势与发展中国家的相对劣势。

随着《服务贸易总协定》(General Agreements on Trade in Services，GATS)的实施，世界各国的服务市场会逐步地扩大开放程度，将成为刺激国际服务贸易发展的新动力(见表 12-2)。据世界银行和其他国际组织的数据显示，未来国际服务贸易仍将保持较快增长，其增长速度会继续高于货物贸易(见表 12-3)。目前，国际上已经形成了西欧服务贸易市场、中东服务贸易市场、北美服务贸易市场、非洲服务贸易市场、东南亚服务贸易市场和拉美服务贸易市场六大国际服务贸易市场。

表 12-2　2014 年世界服务贸易进出口总额排名前十的国家　　单位：亿美元

国　别	进出口总额				
	2013 年	占比(%)	2014 年	占比(%)	增速(%)
世界	93 868.00		98 006.90		4.4
美国	11 495.44	12.25	11 877.12	12.12	3.3
中国	5 388.73	5.74	6 069.50	6.19	12.6
德国	5 851.78	6.23	6 005.21	6.13	2.6
英国	5 172.12	5.50	5 288.34	5.40	2.2
法国	4 854.74	5.17	5 085.59	5.19	4.8
日本	3 060.97	3.26	3 544.54	3.62	15.8
荷兰	2 948.27	3.14	3 224.11	3.29	9.4
印度	2 749.05	2.93	2 796.16	2.85	1.7
爱尔兰	2 448.42	2.61	2 757.63	2.82	12.6
新加坡	2 954.28	3.15	2 629.74	2.68	1.4

(资料来源：WTO 网站相关数据计算整理)

表 12-3　世界贸易货物出口与服务出口对比

项　目	金额(亿美元)	增长率(%)			
	2013 年	2011 年	2012 年	2013 年	2005—2013 年
货物出口	182 700	20	0	2	8
服务出口	46 250	12	2	6	8

(资料来源：WTO 网站相关数据计算整理)

【案例 12-1】　美国制定"服务先行"的出口促进策略

美国服务贸易十几年来获得显著增长，继续保持着全球领先优势的主要原因，首先应归功于"国家出口战略"的实施。这是因为，不仅历年《国家出口战略》报告的所有战略、策略、政策、具体措施完全适用于服务贸易出口，而且更重要的是，根据《国家出口战略》的"商业优先次序"等原则，从一开始，"服务先行"策略就成为《国家出口战略》的最重要内容。

美国出口促进"服务先行"策略的主要内容包括如下几方面。

1. 加强对外谈判，扩大市场准入

在国际市场上，美国的许多有形产品竞争优势正在逐步减弱，但多数服务产品在全球却拥有竞争优势，只是这种优势因世界上许多国家在服务贸易准入上设置"壁垒"而未能达到其应有的程度。因此，要促进美国服务贸易出口，首先就必须通过加强对外谈判，提高各国对美国服务产品的市场准入程度。按照这一战略指导思想，10多年来，美国在国际多边、双边贸易谈判中不断加强旨在促使外国开放服务市场、为其服务出口提供动力和保障的一系列努力，并且取得了诸多成效和突破。

2. 巩固传统市场，打开新兴市场

1994年美国贸易促进协调委员会(TPCC)在其第二个《国家出口战略》报告中就指出，美国促进服务贸易出口发展的市场战略方针是：服务业出口要巩固传统市场，打开新兴市场，"两个市场"兼顾。所谓传统市场主要是指欧洲和日本，所谓新兴市场主要是指已确定重点开发的墨西哥、阿根廷、巴西、中国经济区(包括中国香港、中国台湾)、印度、印度尼西亚、韩国、波兰、土耳其和南非等十大市场。

对传统市场的策略主要是：一方面，利用其高新技术产业的优势，不断扩大其计算机信息、软件程序编制和数据库开发等优势服务业的出口；另一方面，根据GATS的成果，要求相关国家开放新的服务贸易领域，在美国相关服务产业和相关公司的配合下与这些国家展开具体谈判。对于新兴市场，主要是通过谈判和具体的贸易促进措施逐步打开市场。由于新兴市场的政治、经济、社会情况复杂多样，对服务贸易的准入政策差异很大，因此，美国十几年来在服务贸易出口方面对新兴市场做了大量针对性调查，根据不同地区的不同情况采取不同的策略，并通过美国贸易代表办公室的谈判为服务出口公司提供更好的市场准入机会。

3. 与企业密切合作，注重务实性、技术性出口促进措施

美国商务部等主要贸易促进机构除了注重通过立法、设立专门机构等手段，建立起较为完善的服务贸易法律、法规体系和促进机制，为服务业和服务贸易的健康、迅速发展创造一个良好的制度环境外，特别注重与企业间的密切合作，更多的应用深受服务出口企业欢迎的务实性、技术性出口促进措施。

在促进方式上，通过派出大量政府与企业联合商务团组，包括利用类似于召开中美商贸联委会等双边贸易协商方式开展游说与促进工作，以及举办各种商务对接、商务会议、展览等商务促进活动，帮助企业寻找商机。针对服务出口不同于货物出口的不同特点，举办大量务实性、技术性很强的专业培训活动，帮助分析出口目的地国家的市场和投资做法、消费趋势及习惯等，以帮助中小服务企业提高服务出口技能。

4. 确定重点行业，实施重点支持

美国服务出口重点产业基本上是具有强大竞争优势的旅游、商务与专业技术服务(包括环保、能源等工业服务)、运输、金融、保险、教育、影视娱乐、电信等领域。对重点行业，由商务部分别与能源部、环境保护署、卫生部、教育部等相关机构以及行业协会的官员与专家组成专门的协调委员会，采取有针对性的促进措施。对金融、旅游和商务服务，商务部国际贸易管理局内部则有专门的办公室专司促进。

5. 改进数据采集，加强市场调研

尽管美国的服务贸易统计已经做了大量工作，早在1985年就由国会制定了《国际投资与服务贸易调查法》，其统计数据和统计方法在全球居于领先，但美国总统在1994年第二个《国家出口战略》报告的致信中仍特别指出美国服务贸易统计与"服务先行"策略的要求存在较大差距，要求进一步加以改进完善。为此，从1995年开始，商务部等机构在服务贸易的数据采集和市场分析方面采取了一系列强化措施。10多年来，其服务贸易统计与分析不断改进完善，建立了一整套目前世界上对服务贸易统计最科学、最完整和最有借鉴价值的统计体系与统计方法。

6. 改进跨部门合作及与各州的合作，提高促进与服务效率

1994年以后，TPCC下专门组成了由各部门专家组成的服务业出口工作小组，主要集中进行跨部门合作与协调、数据采集与分析；共同确定为推动促进工作所必需的各服务行业的专业技术与专家人选；研究建立与民间企业最为有效的联系与沟通办法；共同制订在传统市场和新兴市场的出口促进活动计划与方案。由于服务贸易涉及面很广，有许多州的法律在服务贸易市场准入等方面的规定与双边谈判或多边谈判存在矛盾，因此，"国家出口战略"还要求联邦政府与各州及地方政府建立合作伙伴关系。

(资料来源：中国商务部网站)

第二节 服务贸易的概念及其特征

一、服务、服务业、国际服务贸易的概念

1. 服务的概念

服务，一般来说是指以一种特殊使用价值存在的劳动产品。马克思指出："一般来说，服务不过是用以表示劳动所提供的特殊使用价值，和其他商品都提供自己的特殊使用价值一样；但是劳动的特殊使用价值在这里用了'服务'这个词，原因就是服务不是以实物的形式而是以劳动的形式提供的。"[①]这表明：首先，服务是一种劳动产品，和其他产品一样

---

① 马克思. 剩余价值学说史[M]. 第1卷. 北京：人民出版社，1975

能够提供某种特殊使用价值；其次，服务与其他产品的区别只是形式上的，即前者不具有实物形态，而后者具有实物形态。经济学意义上的服务，是指以等价交换的形式，为满足企业、公共团体或其他社会公众的需要而提供的劳务活动，它通常与有形的产品联系在一起，如图 12-1 所示。

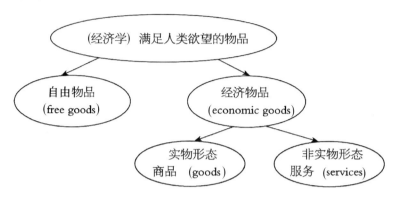

图 12-1 经济学的服务

1960 年，美国市场营销协会(AMA)最先给服务下的定义为："用于出售或者是同产品连在一起进行出售的活动、利益或满足感。"这一定义在此后的很多年里一直被人们广泛采用。

1974 年，斯坦通(Stanton)指出："服务是一种特殊的无形活动。它向顾客或工业用户提供所需的满足感，它与其他产品销售和其他服务并无必然联系。"

1983 年，莱特南(Lehtinen)认为："服务是与某个中介人或机器设备相互作用并为消费者提供满足的一种或一系列活动。"

1990 年，格鲁诺斯(Gronroos)给服务下的定义是："服务是以无形的方式，在顾客与服务职员、有形资源等产品或服务系统之间发生的，可以解决顾客问题的一种或一系列行为。"当代市场营销学泰斗菲利普·科特勒(Philip Kotler)给服务下的定义是："一方提供给另一方的不可感知且不导致任何所有权转移的活动或利益，它在本质上是无形的，它的生产可能与实际产品有关，也可能无关。"我们也可以这样来理解服务：服务就是本着诚恳的态度，为别人着想，为别人提供方便或帮助。

服务既然是以一种特殊形式存在的产品，那么与一般的货物产品相比，具有以下几个特点。

(1) 服务一般是无形的。众所周知，货物产品在具体形态上是有形的、可视的，而服务在具体形态上一般是无形的、不可视的。对于大多数服务来说，购买服务并不等于拥有其所有权，如航空公司为乘客提供服务，但这并不意味着乘客拥有了飞机上的座位。

(2) 服务的异质性。服务是由人表现出来的一系列行动，而且员工所提供的服务通常是顾客眼中的服务，由于没有两个完全一样的员工，也没有两个完全一样的顾客，那么就没有两种完全一致的服务。

服务的异质性主要是由员工和顾客之间的相互作用以及伴随这一过程的所有变化因素导致的,它也导致了服务质量取决于服务提供商不能完全控制的许多因素,如顾客对其需求的清楚表达的能力、员工满足这些需求的能力和意愿、其他顾客的到来以及顾客对服务需求的程度。由于这些因素,服务提供商无法确知服务是否按照原来的计划和宣传的那样提供给顾客。有时候服务也可能会由中间商提供,那更加大了服务的异质性,因为从顾客的角度来讲,这些中间商提供的服务仍代表服务提供商。

(3) 服务在生产和消费上的一致性。一般来说,服务在生产(提供)的同时,也要消费(接受),否则该项服务产品会随即消失。当然,在使用某种手段使服务得以物化的情况下,服务的生产和消费也可以不同时发生。这通常意味着服务生产的时候,顾客是在现场的,而且会观察甚至参加到生产过程中来。有些服务是很多顾客共同消费的,即同一个服务由大量消费者同时分享,比如一场音乐会,这也说明了在服务的生产过程中,顾客之间往往会有相互作用,因而会影响彼此的体验。

服务生产和消费的同步性使得服务难以进行大规模的生产,服务不太可能通过集中化来获得显著的规模经济效应,问题顾客(扰乱服务流程的人)会在服务提供过程中给自己和他人造成麻烦,并降低自己或者其他顾客的感知满意度。另外,服务生产和消费的同步性要求顾客和服务人员都必须了解整个服务传递过程。

(4) 服务一般是不可储存的。如上所述,服务的生产(提供)和消费(接受)必须同时发生,否则该项服务产品会随即消失,从而造成浪费。但是随着科技的发展,可以对某些服务进行物化,如磁盘、录像带和光盘可以对歌曲、文字等进行物化,这样的服务就可以长期保存了。

服务的易逝性是指服务不能被储存、转售或者退回的特性。比如一个有 100 个座位的航班,如果某天只有 80 个乘客,它不可能将剩余的 20 个座位储存起来留待下个航班销售;一个咨询师提供的咨询也无法退货,无法重新咨询或者转让给他人。

由于服务无法储存和运输,服务分销渠道的结构与性质和有形产品差异很大,为了充分利用生产能力,对需求进行预测并制订有创造性的计划成为重要和富于挑战性的决策问题;而且由于服务无法像有形产品一样退回,服务组织必须制定强有力的补救策略,以弥补服务失误。例如,尽管咨询师糟糕的咨询没法退回,但是咨询企业可以通过更换咨询师来重拾顾客的信心。

2. 服务业的概念

服务业的概念在理论界尚有争议。一般认为服务业指从事服务产品的生产部门和企业的集合。服务产品与其他产业产品相比,具有非实物性、不可储存性和生产与消费同时性等特征。

服务业是随着商品生产和商品交换的发展,继商业之后产生的一个行业。商品的生产和交换扩大了人们的经济交往。为解决由此而产生的人的食宿、货物的运输和存放等问题，出现了饮食、旅店等服务业。随着城市的繁荣，居民的日益增多，不仅在经济活动中离不开服务业，而且服务业也逐渐转向以为人们的生活服务为主。社会化大生产创造的较高的生产率和发达的社会分工，促使生产企业中的某些为生产服务的劳动从生产过程中逐渐分离出来(如工厂的维修车间逐渐变成修理企业)，加入服务业的行列，成为为生产服务的独立行业。

服务业从为生活服务，扩展到为生产服务，经历了一个很长的历史过程。服务业的社会性质也随着历史的发展而变化。在前资本主义社会，主要是为奴隶主和封建主服务；资本主义服务业以营利为目的，资本家和服务劳动者之间的关系是雇佣关系。社会主义服务业是以生产资料公有制为基础，以提高人民群众物质文化生活为目的，是真正为全社会服务的行业。

服务业包括：软件和信息技术服务业，信息传输、仓储和邮政业，租赁业，科学研究和技术服务业，金融业，水利、环境和公共设施管理业，居民服务、修理和其他服务业，教育，卫生和社会工作，文化、体育和娱乐业，公共管理、交通运输、社会保障和社会组织，农、林、牧、渔业中的农、林、牧、渔服务业，采矿业中的开采辅助活动，制造业中的金属制品、机械和设备修理业，住宿和餐饮业，国际组织等。

服务业与其他产业部门的基本区别是，服务业生产的是服务产品，服务产品具有非实物性、不可储存性和生产与消费同时性等特征。

服务业和第三产业在日常应用上是有区别的。一般来说，通过国民经济具体产业部门(如农业、工业、建筑业等)来描述国民经济产业部门时，就采用"服务业"；通过国民经济产业发展层次[如第一次产业(简称第一产业，下同)、第二产业等]描述国民经济产业部门时，就采用"第三产业"。

3. 国际服务贸易的概念

目前，各国对服务贸易还没有一个统一的表述。但可以简单来讲，当服务作为交易的标的物进行交换时，就构成了服务贸易。也就是说，服务贸易是一种以服务作为交易对象的交易活动。应当指出，在当今社会，并非所有的服务都可以用来交换以获得某种报酬，如面向大众的广播、公共交通和娱乐设施等虽然向社会提供了服务，但并不索要报酬，这只能视为一种社会公共服务，是一种服务工作而不是服务贸易。

国际服务贸易是指国际间服务的输入和输出的一种贸易方式。贸易一方向另一方提供服务并获得收入的过程称为服务出口或服务输出，购买他人服务的一方称为服务进口或服务输入。国际服务贸易狭义的概念是指传统的为国际货物贸易服务的运输、保险、金融以及旅游等无形贸易。而广义的概念还包括现代发展起来的、除了与货物贸易有关的服务以外的新的贸易活动，如承包劳务、卫星传送和传播等。

服务贸易大致可分为14类：①国际运输；②国际旅游；③跨国银行、国际融资公司及其他金融服务；④国际信息处理、传递、计算机及数据业务；⑤国际资讯业务；⑥建筑和工程承包等劳务输出；⑦国际电信业务；⑧广告、设计、会计管理等服务项目；⑨国际租赁；⑩维修、保养、技术指导等售后服务；⑪国际视听服务；⑫教育、卫生、文化艺术的国际交流服务；⑬商业批发和零售服务；⑭一个新兴的服务产业，即寻找篮球运动员。

世界贸易组织《服务贸易总协定》的定义已为世界各国所普遍认同，该定义包含了国际服务贸易的四种提供方式。

(1) 跨境提供(cross-border supply)。它是指从一成员方境内向另一成员方境内提供服务，其中的"跨境"是指"服务"过境，通过电信、邮电、计算机联网等实现，至于人员和物资在现代科技环境下则一般无须过境。例如，国际金融中的电子清算与支付、国际电信服务、信息咨询服务、卫星影视服务等。

(2) 境外消费(Consumption Abroad)。它是指在一成员国的国境内向另一成员国的消费者提供服务，如接待外国游客、为国外病人提供医疗服务、接收外国留学生等。

(3) 商业存在(Commercial Presence)。它是指一成员方的服务提供者通过在另一成员方境内的商业实体提供服务，它是四种服务提供方式中最主要的方式，也是服务贸易活动中最主要的形式。它主要涉及市场准入和直接投资，即允许一成员方的服务提供商在另一成员方境内投资设立机构并提供服务，包括投资设立合资、合作和独资企业，该机构的服务人员既可以从提供商母国带来，也可以从东道国雇用。例如，外国公司到中国来开酒店、建零售商店和开办律师事务所等。

(4) 自然人流动(Movement of Personnel)。它是指一成员方的服务提供者通过自然人的实体在另一成员方境内的商业现场提供服务。进口方允许个人入境来本国提供服务。例如，外国教授、工程师或医生来本国从事个体服务。

应当注意，国际服务贸易与国际无形贸易的概念并不完全相同，后者所包含的内容更广，除了国际服务贸易所包含的内容外，还包括国际直接投资的收支、捐赠和侨汇等。

二、国际服务贸易的特征

一般而言，与国际货物贸易相比，国际服务贸易通常表现出如下的特征。

1. 贸易标的一般具有无形性

无形性是服务贸易的最主要特征。由于服务产品大多都是无形的，服务产品在被购买之前，消费者不可能去品尝、感觉、触摸、观看或听见"服务"，所以大部分服务产品属于不可感知性产品。

2. 生产、交易和消费过程的一致性

货物产品贸易从生产到消费的过程，一般要经过一系列的中间环节。比如，卖方要将货物交给承运人进行托运，然后由承运人交给买方，这中间存在着一系列复杂的过程(如保

险、装运、索赔等)。而服务贸易则不同，它具有不可分离的特征，即服务的生产过程与消费过程同时进行(如医生给患者看病)。服务发生的交易时间，也就是消费者消费服务的时间，这两个过程同时存在，不可分割。而且，有时候消费者在消费服务产品时，只有加入到服务的生产过程中，才能最终消费到服务，这种服务特征随着科学技术的发展，全球一体化进程的加快，越来越显示出国际化的趋势。这种一致性是服务贸易的另一个主要特征。

3. 不可储存性

由于服务产品的无形性和生产与消费的一致性，使得服务产品不可能像实物产品那样被储存起来，以备用出售。一般情况下，对于服务产品来说，服务的生产者和消费者如果不同时进行，那么服务产品就会遭受机会损失或者根本无法进行下去。

4. 贸易主体地位的多重性

服务的卖方往往就是服务产品的生产者，并以消费过程中的物质要素为载体提供相对应的服务；服务的买方则往往就是服务的消费者，并作为服务生产者的劳动对象直接参与服务产品的生产过程。

5. 服务贸易市场的高度垄断性

由于服务贸易市场的开放涉及医疗、通信、网络、教育和自然人跨界流动等直接关系国家的主权、安全和伦理道德等敏感领域，因此，国际服务贸易市场的垄断性较强，受到各国政府有关部门的严格控制。

6. 服务产品的营销管理具有更大的难度和复杂性

无论从国家宏观方面，还是企业微观方面，国际服务产品的营销管理与实物产品的营销管理相比都具有较大的难度与复杂性。从宏观层面上讲，国家对服务进出口的管理，不仅仅是对服务产品载体的管理，还必须涉及对服务的提供者与消费者的管理，包括劳动力服务要素的衣、食、住、行等各项活动的管理，具有更大的复杂性。另外，约束国家对服务形式采取的管理方式主要通过法律的形式加以约束，但是立法具有明显的滞后性，很难紧跟形势发展的需要。从微观层面上讲，由于服务本身的特性，使得企业在进行服务产品营销管理过程中经常会受到不确定性因素的干扰，控制难度较大。例如，服务产品质量水平的不确定性，导致服务产品不可能做到"三包"。再如，货物贸易可以通过供求关系的协调，使其达到供需平衡，从而使消费者与生产者达到均衡；而服务贸易就不可能通过时间的转换来解决供需矛盾，实现供需平衡。

7. 贸易保护方式更具隐蔽性

由于服务贸易标的物的特点，各国对本国服务业的保护，无法通过像货物贸易中常用的关税壁垒和非关税壁垒等方法进行限制，而只能采用一些国内的政策、法令进行限制，如运用市场准入制度对服务贸易的进口进行限制或对进入本国市场的外国服务业不给予国民待遇。此外，货物贸易的贸易保护方式除了通常的"限入"式保护手段外，还有如出口补贴等"奖出"式保护方法，而国际服务贸易只能采取防御式的"限入"式保护手段。上述这些都使得国际服务贸易的贸易保护方式更具隐蔽性。

8. 国际服务贸易难以进行统计

由于服务贸易的标的物(服务)是无形的，一个国家的海关不可能像统计货物贸易统计服务贸易，也就是说服务贸易额并不反映在海关的统计表中。此外，由于服务业产品的多样性和国内服务贸易与国际服务贸易的连续性，使得国际服务贸易更加难以进行准确统计，有专家认为现有的国际服务贸易的统计数字可能大大低于实际发生的数字。

随着科学技术、全球经济一体化和贸易自由化的发展，国际服务贸易将会呈现出更多的特点，同时也会给服务产品的生产者、消费者带来更多的机遇和挑战。

三、服务贸易与货物贸易的关系

货物贸易是以实物商品作为交易对象的交易活动。在货物贸易下，必须将实物商品通过一定的方式交给或运达买方，这时商品的需求者才能享受到该商品为其提供的服务。所以货物贸易是货物本身发生的真实移动，而服务贸易是一种以服务作为交易对象的交易活动。

1. 服务贸易与货物贸易的区别

服务贸易与货物贸易主要的区别表现在以下几方面。

(1) 服务一般是无形的，而货物一般是有形的。
(2) 服务一般不可储存，而货物则可以储存。
(3) 服务的生产和消费往往具有同步性，例如医生给患者提供服务、教育活动和导游人员给游客介绍景点等，而货物的生产和消费往往不具有同步性。

2. 服务贸易与货物贸易的联系

服务贸易与货物贸易的联系表现在以下几方面。

(1) 服务贸易常常是以货物贸易为基本载体，是货物贸易的延续，如售后服务通常被称之为"追加的服务贸易"。
(2) 有些服务可以进行物化，而物化之后的服务贸易往往就具有了货物贸易的特征。

第三节 服务贸易理论

对于服务贸易理论的研究起步比较晚，西方发达国家始于 20 世纪 70 年代，而我国理论界对于此问题的研究到 90 年代才开始。与货物贸易理论不同，即使目前，也尚未形成普遍为学术界所接受的服务贸易理论。在西方发达国家,服务贸易理论也是借助传统的贸易理论来解释服务贸易问题的。当前,由于服务贸易的迅速发展,西方学者对服务贸易理论的探讨也日渐深入,在世界范围内掀起了服务贸易理论研究的高潮。1995年1月1日世界贸易组织成立后,随着《服务贸易总协定》的生效,国际服务贸易得到了迅速发展,并在多边贸易体制下,各成员方就金融服务和基础电信服务达成了多边协议,进一步规范了国际金融和基础电信服务贸易活动,推动了国际服务贸易自由化进程。

一、服务贸易理论的规范分析

1. 对传统比较优势理论在服务贸易中的适用性分析

1) 否定观点

否定观点认为传统的比较优势理论不适用于国际服务贸易,代表人物是 G. 菲科特克蒂。其理由有以下三个。

(1) 国际服务贸易是以提供活的劳动与货币进行的交换,而不是实物与货币的交换。

(2) 国际服务贸易中服务的生产和消费大多是同时发生的,提供的劳动活动一般不可储藏。

(3) 国际服务贸易的统计虽然体现在国际收支平衡表中,但在海关进出口统计表中没有显示。

2) 肯定观点

肯定观点认为传统的比较优势理论适用于国际服务贸易,代表人物是理查德·库伯。其理由有以下两个。

(1) 作为一个简单的思想,比较优势说是普遍有效的,即每个团体都专注的共同利益正是自身效率更高的那项活动所带来的。

(2) 正如存在于商品生产中那样,比较优势也存在于服务业中。

3) 塔卡和森德伯格的观点

1988年,塔卡(K.Tucker)和森德伯格(Sundberg)提出,虽然传统的国际贸易理论适用于分析服务贸易,但也存在以下局限性。

(1) 要素禀赋理论是从供给的角度分析国际贸易,而在许多情况下国际服务贸易主要是受到需求条件而不是生产成本的影响。

(2) 商品和服务在研发投入和广告效用上存在着差别,这将使服务的出口同国内市场有不同的需求特征。

(3) 许多服务往往作为中间投入品出现在生产过程中,在生产的不同阶段会出现两种不同的生产函数。

(4) 市场结构和国内管制环境对服务的生产与分配更具影响。

因此,他们主张,为了克服缺陷,在运用国际贸易原理分析服务贸易时,需要更多地关注相关的市场结构和需求特征等因素。

2. 国际服务贸易理论模型

1) 迪尔道夫模型(Deardoff Model)

1985年,迪尔道夫首先运用了H-O原理建立了"一种商品、一种服务"的模型来探讨服务贸易的比较优势问题。他选择了服务业三个假设的重要经济特点进行分析,具体如下。

(1) 与货物贸易互补的服务贸易。在很多情况下,货物贸易与服务贸易存在着互补关系,即服务贸易通常是作为货物贸易的副产品发生的。例如,国际结算、运输和保险等服务贸易就是伴随着国际货物贸易的发展而发展起来的,是一种派生性需求。也就是说,如果不发生货物贸易,就不会出现与之相关的上述服务贸易。

(2) 流动性服务要素的服务贸易。它是指通过生产要素的跨境移动并结合东道国的相关资源优势,从而能以较低的价格提供服务。事实上很多具有比较优势的服务贸易是不能自由移动的,但这种服务的某种生产要素(如劳动)是可以在国际间自由流动的,这样就可以利用生产要素的流动来代替服务的流动。例如,中餐在世界许多国家或地区广为人们所喜爱,虽然这种服务是不能自由移动的,但是可以通过越来越多的华人走出国门到世界各地去开中餐馆来为世界各国的消费者提供服务。

(3) 非流动性服务要素的服务贸易。在服务要素不具有流动性的情况下,也能进行国际服务贸易。假设有A、B两个国家,都生产两种产品,即一种是可贸易品X,另一种是不可贸易品S。两个国家对两种产品的需求一致。再假设生产两种产品需要投入两种要素:劳动L和管理M。在服务要素不流动的情况下,分析如何进行国际服务贸易活动。

在封闭状态下,如果A国服务要素价格比B国低,可能是由三种情况引起的:①要素禀赋的不同,A国管理要素丰富,且S属于管理密集型产品;②要素禀赋存在差异,A国劳动要素丰富,且S属于劳动密集型产品;③技术差异,A国在S产品的生产上具有中性技术优势。

从封闭状态转向自由贸易后,A国在第一种情况下,将出口(非实体流动)管理要素M,进口可贸易商品X。在第二种情况下,A国将出口X、进口M,此时考虑的只是可贸易商品X和非流动管理要素M的价格,所以在要素禀赋不同的情况下(第一种和第二种情况),比较优势理论能够成立。在第三种情况下,尽管管理要素M的价格比B国高,但A国享有中性技术优势,两国间技术差异更大,抵消了要素价格差别,A国将向B国提供管理要素M的"非实体"服务,这样要素价格较高的A国反而成了该要素的出口方。其实决定管理要素M是否参与国际贸易,不仅取决于要素M的价格还有非贸易品S的价格。只要A国劳动密集型产品S的价格低于B国,A国就"出口"管理要素M,也就是说比较优势同样存在。

迪尔道夫模型的主要贡献在于:在比较优势说的适用性上取得了突破性进展,同时进一步证明了货物贸易与服务贸易的不可分性。

2) 伯格斯模型

1990年,伯格斯通过对赫克歇尔-俄林-萨缪尔森(H-O-S)模型的修正,分析了服务贸易、服务技术出口对服务贸易双方的影响,提出了关于服务贸易的一般模型。

(1) 该模型揭示了不同国家的服务提供者的服务技术差别如何形成比较优势,从而决定服务贸易的格局。

(2) 在市场完全竞争、规模报酬不变的情况下,如果技术相同的两国商品可自由贸易,即使没有一种要素能在国际间流动,两国的要素价格和国内服务价格的差异也会缩小或完全消失(不考虑交易成本),从而降低市场参与者从事服务贸易的动机。

(3) 如果存在技术或贸易政策壁垒阻碍服务贸易,各国在服务供给上的技术差别将成为一国商品比较优势的重要决定因素。但具有服务技术优势的国家不一定会给相对密集使用服务的部门带来比较优势,其原因有三:①服务提供上的技术垄断优势可能造成服务价格的昂贵;②即使由于技术先进可能使得服务价格相对低廉,但也可能造成服务密集部门相对于其他部门规模上的扩张,以及那些大量使用服务部门中密集使用的要素的部门规模的扩大;③服务技术的国际扩散也会对收入分配和贸易条件产生影响。

伯格斯认为传统的国际贸易理论也可以用来解释服务贸易,但要把标准的 H-O-S 模型进行修正才可以成为解释服务贸易的一般模型。而且他还认为服务贸易的自由化和服务技术的出口一般会改善出口国的贸易条件,提高出口国的经济福利水平。

二、服务贸易理论的实证分析

由于服务贸易大多是无形的,往往不体现在各国的海关统计中,而且其涉及的领域和行业众多,一些新型的服务业也不断地涌现,这样就导致服务贸易的实证分析由于缺乏准确的资料而变得十分困难。尽管如此,仍有许多学者致力于服务贸易的实证分析并做出了卓有成效的贡献。

1. 显性比较优势论

R. 迪克和 H. 迪克是最早进行服务贸易实证分析的学者[①]。1979 年,他们运用"显性比较优势法"(Revealed Comparative Advantage,RCA)对 18 个 OECD 国家的资料进行了跨部门回归分析,来验证传统国际贸易理论是否适用于服务贸易,最后得出的结论是没有证据证明比较优势在服务贸易模式的决定中发挥了作用。

"显性比较优势法"可具体表述为

$$RCA = \frac{某国某种产品的出口额 \div 该国全部产品的出口额}{世界该种产品的出口额 \div 世界全部产品的出口额}$$

若 RCA>1,则意味着该国以出口该种产品为主。 RCA 说明了一国在某些服务方面实

---

① 赵春明. 国际贸易学. 1 版. 北京:石油工业出版社,2003

际的对外贸易地位或竞争地位。

1992年,豪克曼和卡森迪运用显性比较优势法分析了不同收入水平的国家在服务贸易上的比较优势。其结论是:收入水平越高服务贸易的比较优势越大,人均收入在6000美元以上的国家在服务贸易上的优势较大。但是,低收入国家在某些服务贸易部门也拥有自己的比较优势,而且发展中国家在世界服务贸易中的地位也在不断上升。

2. 萨皮尔和卢兹的结论

1982年,萨皮尔和卢兹通过一系列实证分析后,验证了比较优势对于服务贸易的适用性问题,并描绘了由比较优势所决定的现实中的服务贸易格局。

他们认为传统的国际贸易理论完全适用于服务贸易,没有必要把服务贸易同其他的国际贸易区别开。其主要结论如下:

(1) 传统的国际贸易理论不仅适用于货物贸易,也完全适用于服务贸易。要素禀赋在货物贸易和服务贸易模式的决定上都具有重要作用。

(2) 一个国家的要素配置对其在国际服务贸易中的地位有重要影响。经验分析表明:有形资本(实物资本)充裕的国家在运输服务业上享有比较优势,而人力资本丰富的国家在保险和其他私人服务业等方面拥有比较优势。

1985年,萨皮尔对服务贸易中的南北问题进行了专门考察,分析了发达国家和发展中国家当时的服务贸易结构和比较优势格局,强调发达国家和发展中国家之间要加强合作,共同推进服务贸易的自由化。1986年,萨皮尔通过对工程服务贸易的实证研究,再次肯定了比较优势的动态性和发展中国家作为潜在的服务贸易出口国的作用。

第四节 服务贸易总协定与中国服务贸易

一、服务贸易总协定

1. 服务贸易总协定的产生

第二次世界大战以后,随着科技革命的兴起,发达国家的服务业迅速发展,在产值比重和就业比重方面都超过了第二产业,服务业对国民经济的贡献大大提高,而且成为改善发达国家国际收支的重要措施。例如在美国,自1976年以来,服务贸易出口年年保持顺差地位,1986年出口顺差为108亿美元,到1991年顺差高达444亿元,1993年为569亿元,1994年为582亿美元。服务贸易的巨额顺差,大大弥补了美国在货物贸易方面的长期巨额逆差地位,如1994年服务贸易582亿美元的顺差,弥补了当年1663亿美元货物贸易逆差的大约35%。

发达国家服务产业的发展壮大,国内服务市场的日趋饱和,加之服务贸易出口为发达国家在弥补国际收支逆差和提供就业等方面所起的重大作用,以美国为首的发达国家开始积极倡导在全球范围内实现服务贸易的自由化。在这种趋势的推动下，始于 1986 年 9 月的关贸总协定第八轮多边贸易谈判——乌拉圭回合，将国际服务贸易列入了多边谈判的内容。1990 年 7 月，经各方磋商并在广泛吸纳各方意见的基础上拟订了《服务贸易多边框架协议草案》。1990 年 12 月，在比利时首都布鲁塞尔召开的关贸总协定部长级会议上将上述草案正式更名为《服务贸易总协定》(General Agreements on Trade in Services，GATS)。1993 年 12 月 15 日，关贸总协定各成员方共同签署了《服务贸易总协定》(GATS)。这是自关贸总协定成立以来在推动世界贸易自由化发展问题上的一个重大突破，也是迄今为止第一套有关国际服务贸易且具有法律效力的多边贸易协议，并为国际服务贸易的自由化开辟了通道。1994 年 4 月 15 日，关贸总协定各成员国在摩洛哥的马拉喀什签署了乌拉圭回合谈判的最终协定。1995 年 1 月 1 日，随着世贸组织的成立，《服务贸易总协定》正式生效并成为世贸组织的重要协定之一。

2.《服务贸易总协定》的内容

作为有关国际服务贸易的多边贸易规则，《服务贸易总协定》与有关货物贸易的那些协议一样，其运作也有三个层次：正文包含普遍适用的原则和义务；附件是关于处理具体服务贸易部门所适用的一些规则；各国提供市场准入的具体承诺。但与货物贸易有所不同的是，《服务贸易总协定》还有第四个特别的部分，即关于最惠国待遇豁免的清单，它列明了各国分别在哪些服务领域暂时不适用最惠国待遇原则。各国的具体承诺《货物贸易总协定》(GATT)下的关税减让表一样，是《服务贸易总协定》的一个组成部分，最惠国待遇的豁免也是如此。

《服务贸易总协定》由序言、6 个部分(29 个条款)和 8 个附件组成。

1) 适用范围

《服务贸易总协定》适用于所有国际服务贸易，其确定的国际服务贸易的提供方式有四种，即过境交付、境外消费、商业存在和自然人流动。

2)《服务贸易总协定》的基本原则

(1) 最惠国待遇(市场准入)原则。最惠国待遇意味着要平等地对待所有贸易伙伴。GATS 的最惠国待遇原则适用于除被各国一次性列为暂时豁免的那些部门以外的所有服务部门。

(2) 国民待遇原则。国民待遇原则是指对外国的公民、企业和本国国民给予同等的待遇。对于货物贸易总协定(GATT)和知识产权协定(TRIPS)来说，国民待遇是一条普遍适用的原则。但在 GATS 中，仅仅适用于所有已经做出承诺的服务部门。

(3) 透明度原则。GATS 要求各国有关服务贸易的法规应遵循透明度原则，各国政府必须公布所有与服务贸易有关的法律和规定，并且要求在世界贸易组织建立后 2 年内(即 1997 年底前)，在政府机构中建立咨询点。这样，外国企业和政府便可利用这些咨询点，获得有关服务部门的法律法规信息。此外，对于已经做出具体承诺的服务部门适用的法律法规，各国政府还必须将任何变动情况即时通知世贸组织。

(4) 国内法规的客观合理性原则。由于国内法规是影响和控制服务贸易的最重要方式，因此，GATS 要求各成员方政府应客观、合理和公平地管理服务贸易。

(5) 确保国际收支平衡的原则。GATS 要求对国际支付一般不应予以限制。唯一的例外只能是在出现国际收支平衡困难时，但是即使在这种情况下，对国际支付和转移的限制措施也应该是临时的，并应取决于其他的条件和限制，而不能滥用。

(6) 相互承认。GATS 规定，当两个或多个政府达成协议，相互承认资格时(如服务提供者的许可证或资格证书)，其他成员也应享有谈判类似协议的机会，对其他国家的资格的承认不应带有歧视性。

(7) 集体承诺。各成员方承诺开放哪些具体服务部门，这些部门的开放程度如何等，都是谈判的结果，这些承诺应体现在各成员方的服务贸易减让表中。减让表列出了开放的部门，这些部门所允许的市场准入的程度(如对外国投资比例有无限制)以及在国民待遇上有怎样的限制(如一些给予本国公司的权利是否给予外国公司)。这些承诺都是约束性的，就像关税约束一样。它们的修改或撤销只能在成员国与受影响的国家谈判之后进行，而谈判的结果往往是要做出相应的补偿。

(8) 逐步自由化。乌拉圭回合仅仅是个开始。GATS 提出，要进行更多的谈判，其中第一轮已经在前 5 年开始并达成了一些多边协议，其目标就是要通过不断的提高减让表中市场开放承诺的水平，逐步实现服务贸易的自由化。

(9) 紧急保障措施。GATS 允许成员方在由于没有预见到的变化或某项具体承诺使某项服务的进口数量太多而对本国的该项服务业造成损害或损害威胁时，该成员方可以采取紧急保障措施。但这种紧急保障措施的实施必须有确切的数据证明并向有关各方磋商，接受全体成员的监督，而且受影响的各方也可采取相应的措施。

3. 《服务贸易总协定》的主要局限

GATS 是各类国家妥协的结果，各类国家有不同的诉求(发展中国家热衷于自然人流动的自由化，发达国家则在乎服务产品流动的自由化和服务业资本流动的自由化)，因而 GATS 包含了很多缺陷，其主要表现在 GATS 约束力不强，各类国家减让结果不尽如人意。

1) GATS 的约束力有限

各项规则包括两类，一类是普遍适用的规则，包括最惠国待遇，透明度原则等；另一类是做出承诺部门的规则，包括市场准入与国民待遇。

在第一类原则中，规定了各种各样的例外，而第二类原则中，是按照"肯定清单"方式承诺的，使各国的开放程度出现较大差距。而且很多领域仍然是"规则的真空"，如政府采购、政府补贴等。

2) 减让结果不尽如人意

首先是自由化含量比较低(减让部门覆盖率不高,不同类型国家之间的差别大;发达国家和发展中国家利益不均衡);其次是透明度不高,特别是国内政策部分;再次是减让的对等性比较差。货物贸易的关税是可以进行国与国比较的。

二、中国服务贸易

我国在1986年提出恢复在关贸总协定中的缔约国地位的要求后,一直以积极的姿态参与关贸总协定乌拉圭回合各项议题的谈判,并且签署了"最后文件"。中国与其他关贸总协定的缔约方一样,是《服务贸易总协定》的起草者和创始方。我国同其他各缔约方针对服务贸易市场准入的减让问题进行谈判,并于1994年9月13日正式提出了我国服务贸易市场准入的减让表。在我国加入世界贸易组织后,面对国际服务贸易的自由化,我国服务业的国际化势在必行,机遇与挑战并存。

1. 中国服务贸易发展概况

我国服务贸易起步于20世纪80年代,虽然起步较晚但发展迅速。目前,我国服务贸易的发展呈现以下特点。

1) 服务贸易规模迅速扩大,但在对外贸易总额中占比仍然很低

我国服务贸易进出口总额从1982年的44亿美元增长到2015年的6701亿美元,33年间增幅接近152倍,出口世界排名第三位,进口世界排名第二位,我国已成为世界第二服务贸易大国,其增速远高于世界平均水平。尽管服务贸易规模不断扩大,但在对外贸易总额中的占比仍然很低,一直保持在10%左右,而全球的平均水平已经达到20%,很多发达国家(包括英国)已经达到30%,发展中国家(如印度)也已经超过了30%,见表12-4。

表12-4 2006—2015年中国服务贸易进出口情况统计

年度	服务贸易出口额(亿美元)	服务贸易进口额(亿美元)	服务贸易总额(亿美元)	服务贸易同比增长率(%)	服务贸易占对外贸易比重(%)
2006	941	1008	1949	22.19	10.13
2007	1254	1291	2545	30.58	10.55
2008	1453	1564	3017	18.55	10.41
2009	1226	1460	2686	-10.97	10.50
2010	1175	1409	2584	-3.80	7.70
2011	2010	2478	4488	73.68	10.48
2012	2016	2813	4829	7.60	10.56
2013	2097	3306	5403	11.89	10.73
2014	2320	3830	6150	13.83	11.74
2015	2304	4397	6701	8.96	13.42

(资料来源:国家外汇管理局公布数据)

2) 占世界出口总额比重不断提高

20世纪80年代,中国服务贸易出口额占世界服务贸易出口额的比重一直在1%左右徘徊,90年代后期以来,所占比重呈高速上升趋势。"十二五"期间,中国服务贸易年均增长超过13.6%,服务进出口全球排名不断提升。据世界贸易组织统计,2015年中国服务出口与进口增长速度均大幅高于全球水平,服务出口额与进口额的全球占比分别达到4.9%和9.6%,服务贸易总额位居全球第二位,其中服务进口额与排名第一的美国差距大幅缩小至320亿美元(按世界贸易组织发布数据计算),服务贸易规模居发展中国家之首。表12-5列示了1985—2015年中国服务贸易进出口情况。

表12-5 中国服务贸易进出口情况　　　　　单位:亿美元

年 份	中国出口额	世界出口额	占 比(%)	中国进口额	世界进口额	占比(%)
1985	29	3 816	0.8	23	4 011	0.6
1990	57	7 805	0.7	41	8 206	0.5
1995	184	12 710	1.6	224	12 697	1.8
2000	301	14 922	2.0	359	14 796	2.4
2005	739	24 147	3.1	832	23 613	3.5
2008	1 464.5	37 300	3.9	1 580	34 700	4.6
2013	2 097	46 250	4.5	3 306	43 400	7.6
2014	2 320	49 404	4.7	3 830	486 02.9	7.9
2015	2 304	46 750	4.9	4 397	45 700	9.6

(资料来源:商务部国际贸易统计、世界贸易组织数据库)

3) 服务贸易行业结构情况有所改善

中国服务贸易传统领域出口保持增长态势的同时,部分新兴领域的进口增长显著,服务贸易结构不断优化。

传统服务进出口占比缩小。2015年,三大传统行业(旅游、运输服务和建筑服务)服务进出口合计3 703.5亿美元,占服务贸易总额的51.9%,份额比2014年下降10.7个百分点。三大传统服务出口合计1 534.5亿美元,占服务出口总额的53.2%,份额比2014年提高2.8个百分点。其中,旅游出口增长7.8%,占服务出口总额的比重为34.2%,仍居各类服务之首;运输服务出口同比微增0.5%,占比降至13.4%,位居第二;建筑服务出口增长5.7%,占比降至5.7%,位居全部服务出口的第六位。境外游持续升温,旅游进口额同比大增44.5%;建筑服务进口同比增长14.1%,运输服务进口则同比下降9.3%。

新兴服务进出口表现不一。2015年,三大传统服务以外的各类新兴服务有升有降。电信、计算机和信息服务进出口同比增长22.1%,文化服务进出口同比增长25.6%,专业管理和咨询服务进出口同比增长9.3%,技术服务进出口同比微增0.6%。出口方面,知识产权使用费和文化服务出口分别大增 64.9%和 37.2%，电信、计算机和信息服务出口增长 25.1%，专业管理和咨询服务出口增长 13.6%，金融服务和技术服务出口则分别下降 52.2%和 4.5%。进口方面，电信、计算机和信息服务以及文化服务进口增长较快，分别达到 15.6%和 14.1%，保险服务、金融服务进口则大幅下降 64.4%和 52.7%。

4) 服务贸易持续逆差，并逐年扩大

自 1992 年我国外汇管理体制改革以来，我国服务贸易一直呈逆差状态。2002 年我国加入 WTO 后，服务贸易对外开放力度加大，服务贸易发展速度也随之加快，服务贸易逆差也在逐年扩大。2009 年至今，服务贸易出口受金融危机影响，服务逆差加速扩大。而自 1992 年以来，我国货物贸易持续顺差，形成了服务贸易逆差与货物贸易顺差并存、并双双扩大的态势。我国自 2011 年起就成为世界第一服务贸易逆差大国。2015 年我国服务贸易逆差 2094 亿美元，货物贸易顺差 5781 亿美元。

5) 服务贸易国际竞争力偏低，是我国对外贸易的"短板"

我们使用贸易竞争力指数(Trade Competitive Power Index，TC)测量主要经济体服务贸易的国际竞争力。TC 指数计算公式为

$$TC=服务贸易差额÷服务贸易总额$$

TC 取值范围为(-1～1)，取值大于 1 时表示处于比较优势，越接近于 1，表示该经济体服务贸易的国际竞争力越强，等于 1 时表示该经济体服务贸易只出口不进口；取值小于 1 表示处于比较劣势，越接近-1，表示该经济体服务贸易国际竞争力越弱，等于-1 表示该经济体服务贸易只进口不出口。取值为 0 时，表示该经济体服务贸易竞争力和国际平均水平相近。计算结果显示：从纵向来看，近十年来我国服务贸易 TC 指数均为负值，2006—2015 年，我国服务贸易 TC 指数最高为-0.030(2007 年)，最低为-0.246(2014 年)，这表明我国服务贸易在国际上一直处于比较劣势。从横向来看，2014 年我国服务贸易 TC 指数在 10 个主要经济体中排名第 8 位，仅高于俄罗斯和巴西，这反映出我国服务贸易国际竞争力较弱，在国际分工中处于不利地位。表 12-6 列示了 2014 年 10 个主要经济体服务贸易 TC 指数排名。

表 12-6　中国服务贸易进出口情况

国家	英国	美国	印度	南非	韩国	日本	德国	中国	俄罗斯	巴西
TC 指数	0.262	0.207	0.029	-0.003	-0.037	-0.091	-0.102	-0.246	-0.294	-0.373

(资料来源：世界贸易组织(WTO)公布数据)

6) 服务贸易区域发展格局初步形成

北京、上海、广东、浙江、天津等东部沿海省市，发挥地理区位优势，立足于扎实的现代服务业基础，成为服务贸易发展的主力军；中西部地区、东北地区发挥独特优势，不断加快发展步伐。

当然，我国服务贸易发展总体仍比较落后，存在服务贸易部门结构不平衡、市场与地

区发展过于集中、服务贸易进出口波动明显高于世界平均水平、统计体系不健全等问题，与我国经济和社会发展的要求还有较大差距，需要我们积极采取措施，妥善应对，以保证我国服务贸易的可持续健康发展

2. 中国服务贸易面临的机遇与挑战

在近年来我国经济面临结构性放缓、经济下行压力增大的形势下，大力发展服务贸易会给中国经济增长带来新的契机。而目前我国对外贸易仍然以货物贸易为主，服务贸易占比较低且国际竞争力不强，整体发展水平滞后，对拉动经济增长的作用十分有限，是我国对外贸易的突出"短板"。供给侧改革对服务贸易而言是难得的发展机遇，面对新的形势，如何抓住供给侧改革机遇，提高服务贸易生产效率，实现跨越式发展，这些问题研究对于推动我国服务贸易发展，优化产业结构，寻找我国经济增长新动力具有积极意义。

1) 机遇

(1) 产业结构优化，为服务贸易发展提供新格局。优化产业结构，进一步提升服务业在经济中的比重，解决经济发展不协调不平衡的问题，是"十三五"经济发展的关键。"十二五"后三年，我国服务业占 GDP 比重超过工业并一直保持比重上升态势。2015 年我国服务业占 GDP 比重达到 50.5%；首次超过 50%；2016 年第一季度我国服务业占 GDP 比重达 56.9%，同比增长 7.6%。我国经济从工业导向型向服务导向型转变趋势更加明显。而服务业和服务贸易是相辅相成的，服务业的发展可以提升我国服务贸易的整体竞争力，而服务贸易的发展可以反过来为服务业引进新的商业模式，培养服务业人才，带动服务业整体水平的提高。在供给侧改革的大趋势下，国内优化产业结构，大力发展服务业为服务贸易发展提供了新格局。

(2) "简政放权"为服务贸易发展提供新活力。目前我国正在进行以"简政放权"为主的政府改革，激发市场活力，减少行政审批环节，严防"把市场关进权利的笼子里"。2014 年，国务院部门行政审批事项削减 1/3 的目标提前实现，2015 年，国务院又取消了一批行政审批事项，截至 2016 年 4 月末，共累计分 9 批取消下放国务院部门行政审批事项 618 项，占原有审批事项的 38%，为企业"松绑"。国家外汇管理局在 2013 年 9 月 1 日进行了服务贸易外汇管理改革，改革内容包括：小额交易无须审单、清理整合法规、放宽境内企业服务贸易外汇收入境外存放条件、强化事后管理等，切实推进服务贸易便利化。这些简政放权措施降低企业运行的时间成本和人力成本，为服务贸易企业发展提供了新活力。

(3) 结构性减税，为服务贸易发展提供新动力。"供给管理"要求减少干预，提振企业和经济活力，其中一个重要手段就是结构性减税。2015 年我国支持"双创"共减免税 3000 多亿元以上，其中落实小微企业和个体工商户起征点政策及小型微利企业所得税减半征收政策减免税近 1000 亿元，落实高新技术有关税收优惠政策减免税 1400 多亿元。服务贸易企业多数为需要技术创新的小微企业，这些针对小微企业和落实高新技术企业的减税政策对服务贸易企业是重大利好。2016 年 5 月 1 日，我国全面实行营业税改增值税试点，从整

体上降低企业税负。这些减税措施降低了服务贸易企业运行成本，减少了企业负担，为服务贸易发展提供了新动力。

(4) "一带一路"为服务贸易发展提供新平台。"一带一路"的作用不仅仅是出清我国过剩产能，也为服务贸易的发展搭建了广阔的平台。一方面，随着自由贸易区网络的建立，与这些国家在金融、信息、旅游、物流业等服务贸易领域的合作将进一步扩展。2015年，仅服务外包一项，我国承接"一带一路"沿线国家合同金额 178.3 亿美元，执行金额 121.5 亿美元，同比分别增长 42.6%和 23.4%，其中东欧、西亚、北非沿线重点国家服务贸易同比增长均超过 20%。中石油下属勘探企业，为沙特石油公司提供数据服务工作，服务金额高达 1.7 亿美元。我国国家旅游局也将 2015、2016 国家旅游主题年确定为"美丽中国——丝绸之路旅游年"，推进与"一带一路"沿线国家旅游发展的深入合作。预计到 2017年，中国与"一带一路"沿线国家三年累计双向交流客流量达 1.1 亿人次，双向旅游服务贸易总额达到 1000 亿美元。另一方面，"一带一路"将为我国成为服务贸易规则的"引领者"创造机会。从世界范围来看，新的服务贸易规则正在形成中，尚未定形。"十三五"期间，我国有条件以自贸区为平台，形成辐射"一带一路"、高标准自贸区网络，并在自贸区内探索适应中国特点、平衡中国利益的服务贸易规则，在国际规则制定中发出更多中国声音，注入更多元素，如我国倡导的亚投行的成立，就是一个重要标志。

(5) 发展"绿色经济"，为服务贸易发展提供新的空间。近年来各地出现"雾霾"引起了社会各界的广泛关注，"绿色发展"成为建设"美丽中国"的必然选择，也是世界各国经济发展的广泛共识。相对于高污染高耗能、消耗土地资源的制造业，服务贸易有其"资源消耗低、环境污染少、附加值高"的先天优势，必将成为作为国际合作和竞争的焦点。尤其是服务外包，已成为许多国家参与国际分工与协作、发展绿色低碳经济的重要选择。2015 年我国企业签订服务外包合同金额 309.3 亿美元，执行金额 966.9 亿美元，分别同比增长 22.1%和 18.9%。 服务外包已成为中国绿色经济发展的一个新增长极。

2) 挑战

(1) 垄断和准入限制过多，服务业市场化程度低。服务业的整体开放和市场化程度，是影响服务贸易发展的关键因素。长期以来，我国对服务业管制较严，部分服务行业进入壁垒较高，服务业开放程度低。例如，目前我国金融保险、电信、电力、教育等现代服务业具有很强的垄断色彩，市场在资源配置中的作用远没有发挥出来。服务业的发展需要许多中小企业作为市场主体，而我国服务业市场化程度低，将绝大多数潜在投资者拒之门外，造成服务部门资源流入不足，抑制服务业供给能力的扩张。服务业竞争力和发展动力不足，直接影响了我国服务贸易发展。

(2) 服务贸易管理水平不高，监管力量分散。一是，我国服务贸易管理涉及部门众多，如我国商务主管部门只在承包工程、劳务输出、技术进出口、文化出口和离岸服务外包等领域拥有政策和业务管理权，而对外运输、旅游、保险服务、金融服务等服务贸易的重要领域均分散在不同的行政主管部门，服务贸易管理多头且力量分散，缺乏有效的沟通和协调机制。二是，管理落后造成对服务贸易统计的不规范，在统计范畴以及划分标准上与发达市场经济国家及国际惯例不相一致，服务贸易统计数据的全面性和准确性较低，这些都影响了我国服务贸易的发展。

(3) 服务贸易立法尚不完善。虽然我国近年来颁布了一些涉及服务贸易领域的法律法规，如《商业银行法》《保险法》《旅游法》等，但目前我国尚没有一部关于服务业的一般性法律，部门立法的局限性使我国服务贸易立法凌乱而不统一。例如，在电信行业，涉及法律众多，基本法律有《中华人民共和国电信条例》，对外商投资方面还有《外商投资电信企业管理规定》《中外合资企业法》《外商投资产业指导目录》，各地地方的通信管理局又有各自的实施条例或暂行条例，政出多门。另外，在世界贸易组织统计的12大类服务部门和143个服务项目中，目前我国很多服务贸易行业基本上是无法可依、无章可循的，如对外工程承包、劳务输出等。

(4) 服务贸易高端人才稀缺，技术创新不足。我国服务贸易方面的人才严重稀缺，特别是在知识密集型服务贸易业和新兴服务贸易业，所需的外向型高级技术人才更是严重匮乏。以服务外包为例，2014年的一份调查显示，服务外包企业总从业人数为559万人，然而在市场快速发展的需求下，行业平均人才缺口为20%~30%，而高端人才更为短缺，服务外包企业中级管理人员占比为10%，高级管理人员占比仅为2%~3%，中高级人才的年需求缺口达5万人左右。缺乏服务贸易高端人才，直接导致我国服务贸易技术创新不足，高端服务业海外竞争力较弱。2014年，我国服务贸易中通信服务、保险金融服务，专有权利使用和特许费TC指数均为负值，尤其是专有权利使用和特许费进口额为226亿美元，出口额为6.3亿美元，TC指数为-0.946，接近于-1，说明其国际竞争中基本处于绝对劣势地位。如何培养高端服务贸易人才，对原有服务贸易进行转型升级，引导服务贸易企业创新发展，是我国服务贸易发展亟须解决的问题。

(5) 服务贸易金融支持薄弱。服务贸易企业因其自身特点，一般没有过多固定资产，可供抵押的资产较少，而目前企业向商业银行申请贷款时，往往需要有效担保，使服务贸易企业融资困难，缺乏相关的金融支持成为制约服务贸易企业发展的重要因素。世界上服务贸易发达的国家和地区，一般都有一整套促进服务贸易企业融资的体系。例如，在美国，给服务贸易融资的部门有美国贸易开发署、美国进出口银行、海外私人投资公司和小企业商务管理局，各州也有专门的出口促进机构直接为服务贸易出口企业提供担保，如加利福尼亚世界贸易委员会就可以为本州服务贸易出口商提供担保额高达90%的出口贷款担保。尽管我国有中国进出口银行和中国出口信用保险公司两家政策性金融机构，但两家金融机构没有专门为服务贸易融资的部门，难以对服务贸易进行全方位支持。2014年中国进出口银行发放贷款9210亿元，出口卖方信贷仅有37.81%投放给服务贸易相关企业，中国出口信用保险公司2014年承保金额4456亿美元，出口信用保险对我国出口覆盖率为15.6%，低于发达国家20%~30%的水平，缺乏多元化的金融支持是制约我国服务贸易发展的重要因素。

3. 加快发展我国服务贸易的对策

1) 打破垄断，切实推进公平准入

打破垄断是服务贸易供给侧改革的重中之重，除个别涉及国家安全和必须由国家垄断经营的服务业领域外，绝大多数服务业应打破垄断，推进市场化改革。在金融、电信等行业进一步放宽市场准入，打破医疗、教育等行业对社会资本的限制，将党中央和国务院有关服务业公平准入的有关规定落到实处，消除社会资本在设立和经营服务业企业中的隐性壁垒，处理好政府和市场关系，真正发挥市场在资源配置中的基础性作用，培育多元化市场主体，让服务贸易企业在竞争中做大做强，并逐步建立属于中国的服务贸易企业品牌。

2) 深化管理体制改革，形成有序的服务贸易管理体系

对我国服务贸易实施有效宏观管理的关键，是要建立科学的管理体制。一是建议由商务部承担服务贸易日常管理、服务贸易出口促进等具体管理工作，并加强电信、保险、金融、运输、旅游等服务领域各主管部门的沟通协调机制，逐渐形成由商务部负责服务贸易规划及日常管理工作、并与各行业主管部门以及金融机构和行业协会相互配合的服务贸易管理体系。二是规范服务贸易统计制度，深入进行服务贸易指标体系研究，统一口径，加强服务贸易的监督和管理，提高服务贸易发展水平。

3) 完善服务贸易立法，为服务贸易发展提供良好法律环境

建议在我国《对外贸易法》之外，结合目前中国服务贸易发展的实际情况，制定一部独立的服务贸易法，确立对服务贸易调整的法律原则和范围，并结合世界贸易组织对服务贸易的分类，对12大类服务业分别开展立法，从而完成我国服务贸易法律体系的构建，填补我国服务贸易法律的空白地带，使服务贸易真正实现法制化、规范化，为发展服务贸易创造良好的法律环境。

4) 加快培养和引进精通服务贸易业务人才，引导服务贸易创新发展

一是调整目前我国教育结构，打破以应试为导向的教育模式，突破现有考试型、封闭型教育体制，创新教育方式，激发学生好奇心和想象力，形成以创新为导向的教育新格局，从源头上培养创新型服务贸易人才。二是要加强对现有服务贸易从业人员培训，培养了解和掌握服务贸易和国际惯例的复合型人才。三是加大服务贸易科研投入力度，引导服务贸易创新发展，在"大众创业、万众创新"的大背景下，积极探索信息化大背景下服务贸易发展新模式，依托大数据、物联网、云计算等新技术，打造服务贸易新型网络平台，降低服务贸易成本，提升我国服务贸易质量。

5) 构建我国服务贸易多元化金融支持体系，为服务贸易企业融资提供便利

一是建立专门为服务贸易融资和提供担保以及保险的机构，或在中国进出口银行、中国信用保险公司等政策性金融机构中设立专门为服务贸易融资和提供保险的部门，以便更好地为我国服务贸易企业提供融资服务。二是建立不以营利为目的的服务贸易出口专项担保基金，该基金由中央、地方政府和服务贸易企业共同出资，来解决现行服务贸易企业贷

款担保风险大、融资难问题。三是开展多方面的商业性金融支持,商业银行可根据服务贸易企业自身业务特点,创新对流动资金贷款的风险评估体系,探讨对无形资产价值评估,为服务产品抵押创造条件,扩大银行对服务贸易企业的信贷投放,提高服务贸易企业融资便利化水平。

本 章 小 结

本章介绍了国际服务贸易的产生与发展,国际服务贸易的概念与特点,国际服务贸易的分类,有关的服务贸易理论,《服务贸易总协定》的内容以及对我国服务贸易的影响等问题。尤其是《服务贸易总协定》的签订,标志着关贸总协定所倡导的贸易自由化原则已经从货物贸易领域扩展到了服务贸易领域,国际服务贸易自由化的浪潮已经到来,对此,我们除了积极应对之外,别无选择。

案例与分析

【案例12-1】 发展中国家对服务贸易自由化的态度

发展中国家在世界服务出口总值中的份额上升主要是由其海外投资收入、运输服务收入和旅游创汇的迅速增加所致。1970—1980年,发展中国家这三项对外服务贸易收入分别增长了17.3倍、8.7倍和5.6倍。广大发展中国家日益认识到服务部门与国际服务贸易对其经济发展和国际收支的重要作用。服务部门包括一个国家基础结构的许多部分,如运输、通信、金融、保险、医疗、教育等部门。服务贸易逆差的扩大是大多数发展中国家面临的一个紧迫问题。在此局面下,发展中国家一方面正在振兴本国的服务业并积极推进服务出口,另一方面也加强了对国内新兴服务业的保护,采取了一些抵制服务贸易自由化的措施。

具体来说,绝大多数发展中国家抵制服务贸易自由化有以下几个方面的原因。

第一,发展中国家一旦放弃对本国服务部门的保护,其内一些新建的重要基础产业,如银行、保险、电信、航空等产业就会直接暴露于发达国家强有力的竞争面前,本国公司的业务就很容易被发达国家的跨国机构夺走或控制,从而给整个国民经济的发展带来灾难性的影响。

第二,服务贸易自由化还会从多方面影响发展中国家的就业,它不但会迫使一部分劳动力从受到国外竞争压力而萎缩的服务业中游离出来,而且还会给其他产业带来联动作用。例如,若对电子装备较多的电信业和银行业实行贸易自由化政策,国内电子行业的就业也会受到影响。

第三,数据处理服务的大量进口将加深发展中国家对发达国家的依赖,甚至影响到本国的安全,因为这类服务意味着本国的信息资料将大量外流到发达国家加工处理,这就易导致某些潜在的危险。

第四,对于许多发展中国家来说,西方发达国家的企业进入本国的新闻媒介、艺术和娱乐等服务业后,还会带来社会和文化方面的影响,因而有可能损害本国的长期利益。

第五,作为一个整体,发展中国家在国际服务贸易中连年出现逆差,尤其在知识和技术密集型服务方面更是日益处于净进口国的地位。仅在1980—1984年,其用于进口此类高技术服务的支出便增加了一倍。这种局面使得许多发展中国家认识到,它们目前在国际服务贸易中仍处于较为不利的境地,如果接受自由化,其国际收支将受到更严重的影响。

因此,对服务贸易进行国家调节,是当代国际服务贸易中的一种新趋势。为了维护本国服务部门的正常发展和提高其国际竞争能力,大多数发展中国家对其国内的一些关键性的服务业都采取了某些必要的保护性措施。在不少发展中国家,银行业和保险业是由本国资本所控制的,外国分支机构基本上不能介入。例如,秘鲁就禁止外国保险公司向本国渗入;阿尔及利亚、土耳其和坦桑尼亚等国都禁止外国机构在境内开设银行;还有几种服务部门,如运输、教育、医疗、保险服务等,在多数发展中国家也都在政府严格控制之列。一些国家的政府还专门对许可证与专利进口的数量、价格及方式进行审核。印度、韩国、尼日利亚和安第斯条约国对技术输入都有管制条款,并确定付款的最高水平。总之,这些保护性的贸易政策对维护有关发展中国家的长期利益和阻止其对外服务贸易逆差的扩大起到了较大的积极作用。

(资料来源:陈宪,程大中.国际服务贸易——原理·政策·产业[M]. 2版.上海:立信会计出版社,2003:276~278)

讨论:
1. 为什么发展中国家在国际服务贸易的发展中一直居于从属地位?
2. 发展中国家对服务贸易自由化持怎样的态度?为什么?

【案例12-2】 成功的飞跃:印度软件业的崛起

印度在独立后的30多年里,一直实行进口替代的工业发展战略,促进了重工业和劳动密集型加工工业的发展,在满足国内市场需求、扩大就业、增强经济自给能力等方面起到了重要作用。但是,由于其忽视了产业结构的调整和产品出口,产品竞争能力不尽如人意。20世纪80年代中期,印度出口占世界出口总额只有0.5%左右。

20世纪80年代中期,印度政府决心"用电子和教育把印度带入21世纪"。印度政府在第七个五年计划(1985—1990年)中提出要实现软件出口30亿印度卢比。为了达到这一目标,政府制定了计算机软件出口、软件开发和培训的政策,此后又陆续推出了一系列放宽许可证、降低进口税的政策。

从20世纪80年代开始,印度电子部(现为通信及信息科技部)软件发展局每年都有一笔专款用于开拓国际市场。印度电子部还经常会同驻美软件企业的联合会和美国电子协会,联合发起在硅谷和波士顿召开"印度软件会议",在国内外举办各种专门针对软件出口的研讨会和展览会。印度电子部还常常就软件出口对策进行大规模的专项研究，比如对国际软件市场潜力、数据库、市场渠道、价格及价格分布结构、数据通信、人才需求以及相关硬件发展条件等方面进行研究。

1990年，政府通过了促进软件产业发展的新政策：第一，对所有出口软件的企业免除所得税；第二，对实际出口量高于国外订货任务3倍的软件企业的进口关税从65%减至25%；第三，免除进口软件的双重税收。1998年，印度政府提出了"信息产业超级大国"战略目标和发展软件业的108条措施，备受世界瞩目。

除了促进软件出口外，印度政府通过兴建一批软件技术园来带动全国软件产业的发展，通过创造良好的投资环境吸引更多的外国公司来印度投资。20世纪80年代末，印度电子部开始建设普那、布巴内斯瓦尔和班加罗尔三个软件技术园。政府给每个软件国投资了5 000万印度卢比，并建立了相关的配套设施，如卫星与数据通信、基础设施等。软件技术园的主要目标是出口软件，它成为印度软件出口的一个基地。1991年，印度政府又提出"软件技术园区(STP)计划"，通过提供优惠政策和良好的设施服务，推动园区内软件开发和出口企业的发展，帮助企业开拓国际市场。新德里、海德拉巴、甘地拉加尔等地设立了10个国家级软件技术园区。政府已在这些园区中批准建立了出口型软件企业750多家，其中绝大部分企业已经开始正常运行。这些企业的软件出口增长十分迅速，总的出口额占印度整个软件行业出口额的一大半。

印度政府十分重视教育和人才的培养，推出了一系列提高教育质量的计划。印度电子部下属的人才局负责各类软件人才开发计划的制订、实施、协调、检查等。印度在美国等西方发达国家有一大批留学或者工作的中高级软件人才。从20世纪80年代开始，印度政府为海外留学或者工作人员回国开办软件企业或者从事软件开发工作大开"绿灯"。这些归国的软件人才具备了从事软件开发与服务的良好技能，积累了丰富的经验，也拥有一定的资金，特别是与海外同行有着十分密切的联系，他们当中的每个人都形成了一张巨大的海外"关系网"，对促进软件出口起到了重要的作用。2008年年底，印度本土已经有250万～300万人投身软件业，积累了丰厚的人力资源。

1985年12月19日，印度政府在颁布其长期财政政策时声明：当务之急，在于强化经济增长要素，利用世界上飞速发展的新技术，有效解决长期困扰印度的贫穷与失业等问题。该项政策建议成立一个初始资本额为1亿印度卢比的风险投资基金作为试点，为那些有意推广本国科技的试点厂家提供权益资本，同时也可以促使印度将以前引进的科学技术在国内更广泛地应用。考虑到项目有一定的风险性，其中很大一部分可能会蚀本，这项基金由一个名叫IDBI的组织管理，该组织从1987年下半年开始运作。除了印度政府提供的初始资本以外，该基金还得到5%的研发税。

1986年5月，印度国会曾制定了《科研开发税条例》，对所有技术引进项目征收研发税，为风险投资基金聚集财源，资助国内的民族科技企业。该条例规定，对所有用于国外技术引进的费用(包括专利支出费、国外合作一次性劳务费、设计费等)征收5%的税款，其中一部分收入(每年从约 2.5 亿印度卢比中抽取 1 亿印度卢比)划归 IDBI 下属的风险投资基金。

为推动及规范风险投资业，1988 年 11 月 25 日，印度经济事务部颁布了风险投资指导方针，就风险资本的筹集方案和风险投资公司的运营作了全面的阐述，其内容涉及风险投资公司和风险投资基金的建立与管理、风险援助的范围与规模、资产负债率、包销与挂牌以及税收优惠条件等诸多方面。

由于目标明确、措施得当，尽管印度软件产业发展历史不长，但却取得了令人瞩目的成绩，在竞争激烈的全球软件市场中悄然崛起。2012 年，印度软件及服务业总产值已达约 1000 亿美元，直接雇用约 250 万人。软件产业成为印度高新技术产业中出口增长最快的产业，也是在印度国民经济中具有举足轻重作用的经济部门。印度的 IT 产业在全世界 25 个国家设有 77 个研发中心，自身产业的发展已经完全融入全球发展模式当中。IT 产业吸引投资达 100 亿~150 亿美元。以软件技术为核心的信息技术推动了印度经济的高速增长。

(资料来源：林珏. 国际贸易案例集[M]. 上海：上海财经大学出版社，2013)

讨论：
1. 印度政府为发展软件业采取了哪些手段和措施？
2. 为什么印度政府选择软件产业为其战略性贸易政策的目标？
3. 为什么要运用战略性贸易政策？它的理论依据何在？谈谈你对这一贸易理论的认识。

复习思考题

1. 什么是国际服务贸易？它有哪四种提供方式？
2. 国际服务贸易的特点有哪些？
3. 简要介绍国际服务贸易的类型。
4. 为什么美国积极倡导服务贸易自由化？
5. 《服务贸易总协定》(GATS)的原则有哪些？
6. 服务贸易自由化对我国有什么影响？
7. 论述中国发展服务贸易的应对策略。

推荐书目

1. 范爱军. 国际贸易学. 济南：山东人民出版社，1998
2. 薛荣久. 国际贸易. 北京：对外经济贸易大学出版社，2003

3. 赵春明. 国际贸易学. 北京：石油工业出版社，2002
4. 马克思. 剩余价值学说史(第 1 卷). 北京：人民出版社，1975
5. 朱钟棣. 国际贸易教程新编. 上海：上海财经大学出版社，1999
6. 高成兴. 国际贸易教程. 北京：中国人民大学出版社，1997
7. 刘东升. 国际服务贸易概论. 北京：北京大学出版社，2009
8. 姜文学. 国际贸易. 大连：东北财经大学出版社，2014
9. 刘振林. 中国对外贸易概论. 大连：东北财经大学出版社，2014
10. 魏巍，冯琳. 国际服务贸易. 大连：东北财经大学出版社，2015
11. 王珆媛，施锦芳. 中国对外贸易. 大连：东北财经大学出版社，2016